本书为河北省社会科学基金项目“小产权房问题及其民法规范研究”
研究成果（批准号：HB11FX028）

物权法律制度构造基础研究

——以物权绝对性为核心

王玉花 著

法律出版社
LAW PRESS·CHINA

序

《物权法律制度构造基础研究》一书，是中国社会科学院研究生院法学系毕业的民商法博士王玉花的作品，是在其博士学位论文基础上整理而成的。这篇论文2008年曾获得全国优秀博士论文提名、首届北京市优秀博士学位论文、中国社会科学院研究生院优秀博士学位论文。这篇论文写得好，近10年来，作者又进一步将其修改完善，现在予以出版，我非常高兴为其作序。

本书选题围绕物权的根本属性及其实现逻辑展开，属于民法学中的基础理论研究，意义很大。物权的法律技术属性是物权法研究领域的难点和热点，也是一个既旧又新的问题。事实上，关于物权性质及相关问题自近代以来一直就有不同看法，大陆法系内，德国和法国的立法就有不同，仅仅德国之内，从萨维尼到鲍尔·施蒂纳尔，看法也不尽一致。亚洲引入该理论后，在中国学者和日本学者之间长期以来看法不一。即使是我国大陆学者和台湾地区学者也还有争议。这些基础性的争议，很有可能导致我们对于涉及物权的立法和裁判出现认识混乱。

在我国物权法制定前后的学术争论中，关于如何改革传统、引进新制度等理论创新的论著已经很多了。而有关物权属性这个基本问题的研究，却常常被很多学者避开，或者以习惯性的折中思维不做确定结论。这种学术欠缺带来了具体制度建构和研究缺乏基本理念指导的问题，对物权法总体制度建设也造成隐患。比如，在一些学者特别热衷的"物权变动模式选择""公信原则"等话题中，常常没有基本理论的坚持，只有政策选择方面的思考。这说明，我国相当一部分学者的物权基础理论欠缺严重。近年来推行的统一不动产登记制度、最高人民法院所做的物权法司法解释，虽然从法律实践的角度解决了一些物权法基本法理方面的问题，但是其实际效果并不令人乐观。关键的原因是立法者在这些规则的制定过程中就已经进行了大量的折中，而且司法解释编撰者也有受其基本理论掌握不足而未能实现必要的突破，甚至连必要的周到也没有顾及。凡此种种顾头不顾尾，制度虽然不断进步而缺陷却一直得不到及时弥补，皆因类似于物权属性这样的基本理论研究缺陷所致。在民法典编纂过程中这些问题还是一再出现。

当前我国市场经济体制已经发展稳固，司法实践和人民权利保护中的物权问题逐年增多，而立法以及司法方面的障碍如何克服，需要基础理论的研究。2017 年恰好是我国《物权法》颁布与实施 10 周年的纪念之年，我们也已到了对现行《物权法》利弊得失加以检讨的时机。我们不难发现，相关基础理论研究不足带来的问题似乎越来越多了。2016 年某地地方政府在城市居民住宅建设用地使用权上提出收费续期的做法，差点引起了整个社会的轩然大波。而民众权利保护方面的问题，总是和物权直接或者间接相关。在一些人看来，物权法是"纸老虎"，而民众却想把物权法当成"真老虎"。2016 年 9 月 2 日，中央全面深化改革领导小组第二十七次会议审议通过了《关于完善产权保护制度依法保护产权的意见》。2016 年 11 月 27 日，中共中央、国务院联合发布了《关于完善产权保护制度依法保护产权的意见》,该意见再一次旗帜鲜明地喊出了“有恒产者有恒心”的时代呼声。中共中央、国务院的联合意见被舆论称为“首次以中央名义出台的产权保护的顶层设计”,社会各界寄予热望,特别是对于物权法学界来说,成为继2007年《物权法》出台10年来的一件大事,为该领域的学术研究掀开新的篇章,可以说物权理论研究的第二个春天已经来临。但是,保护产权仅有中央文件提出要求是不够的,必须落实到物权法律制度建设上来。

正是因为这样,我们会进一步看到物权法基础理论研究的重要。也就是因为这样,我认为,王玉花博士将她的博士学位论文仔细修改出版是很有意义的。本书讨论的是物权基本属性问题,在写作过程中,作者紧紧抓住民法社会民事主体意思自治原则这一核心,对于物权的基本属性作出了最准确的界定。作者收集了大量的中外文资料,仔细而谨慎的理论梳理,使这一题目具有长期的理论价值。当前我国社会转型基本成功,但是随着改革向深水区发展,而所有权等物权领域恰恰就是这样的深水区,我国的民法典正在编纂之中,相关的物权法也要得到修正,因此本书完全可以作为相关立法和司法的参考。近年来,作者进行了多次认真仔细的修改,提高了本书的可读性,加强了论证的严密性。

谨依此为序。

孙宪忠

2017年6月北京

目　录

导　论

一个基本问题:物权是什么

物权的概念内涵及根本属性问题,应当说是民法学特别是物权法领域的第一个基本问题,也是一个历时久远的老问题。学者对于物权的根本属性以及物权的定义,一直在争论中而没有统一的结论,认识分歧从德国民法典的理论准备过程中,萨维尼等学者之间,关于物权本质是对人关系还是对物关系的不同见解中就已经存在,到当今学者关于物权定义以及关于直接相关的物权变动等微观制度的不同设计构想中,其实延续的都是同一个问题:物权是什么?

物权这个看起来如此确定的概念有时并非真的如此简单,这首先可以从各家学者关于物权定义的不同主张窥见一斑,其中,"对物关系说"强调权能,认为物权是直接支配物的权利,主张支配性为物权本质;"对人关系说"强调效力,认为物权是得对抗一般人的权利,主张排他性是物权本质,同时,对于何为支配性、绝对性等语词理解上,也有实质的歧义,更增加了对基本概念理解的分歧与混乱程度,并直接影响到关于物权一般性质的任何有意义的探讨能否顺利进行。

观点分歧背后折射出方法论、法哲学、法观念等方面的差异，因此，欲探究物权概念之本质属性，也离不开对物权法乃至财产制度法观念基础的探索，不能忽视财产制度的历史演进，不能忽视社会文化、法学方法论、法哲学等对构建财产法律形式的重大影响，具体到物权这种法律形式，特别不能忽视理性的思维传统而从经验世界中探寻，在此，本书着眼于物权概念鲜明的形而上学色彩，拟从康德先验唯心主义法学思想中追溯其本质，探究物权概念背后那些隐含的先天特性，在此基础上寻求对物权法中一系列制度、观念得到统一理解和说明。

在回答"物权是什么"的问题时，本书第一部分主要采用了概念分析的方法，力图把科学的物权概念与泛化的"支配物"意义上的一般财产观念分开，并力图使物权性质的绝对性与那种强调刚性的权利行使方式的"绝对性"区分开，为进一步论证物权概念的一般性质，并为回应对于物权以及对于绝对性的种种不恰当的责难打下基础。

一个基本立场：什么是物权

与"物权是什么"直接相连的另一个问题是"什么是物权"，如果前一个问题还是在物权法体系内对概念科学表述的追寻，那么第二个则站在物权法体系外，把物权概念看作解决财产问题的诸多法律形式之一，与其他的形式——如财产权、所有权等体系区别看待，从区别中追寻物权作为一种独特财产制度的特性所在，这也是研究物权一般性质必须要回答的问题。

正如谢在全先生指出的，"所有权为社会之产物，故其为历史之观念而非逻辑之观念"，[①]物权亦如是，物权作为精确内涵的法

---

① 谢在全：《民法物权论》（上、下册），中国政法大学出版社1999年版，第118页。

学概念,不是自古就有的,也不是各国固有法自生之物。据信,物权来源于罗马法上的对物诉讼,正是在对物之诉与对人之诉的基础上,区分出对物权和对人权,在十三四世纪,注释法学派通过研究罗马法首创"物权"概念。德国民法正式用"物权"命名,物权法制由此成为一种有独特法系文化特征的崭新制度。因此,对于作为一套制度体系的物权法的总体特性的完整把握,还需求诸历史。

基于上述认识,本书注重历史的方法,第二章通过分析罗马法所有权制度、日耳曼占有制、中世纪封建地产制等制度变迁,考察了罗马法的所有权到近现代物权的发展过程,以及在概念演进过程中,作为概念核心的绝对性是如何逐步抽象、精确并被确立为概念构造基础的,通过这些考察,从中试图归纳出物权概念演进的一般规律,以及作为一种制度体系,其构建的社会历史背景和条件,以期从历史中追寻其内在的合理性,为构建科学的物权体系,揭示概念构建背后的观念源流做出一些有益的探索。

与物权的历史性紧密相关的是其法系文化属性。与那些认为物权有一个古今中外普适意义的看法相反,笔者坚持认为,物权是以法律手段调整财货的支配秩序,但"支配"问题本身不是物权,而是物权调整的对象,支配问题古已有之,各民族都曾用各自的习惯法和制定法加以调整,从不同的调整方法之中产生了不同的财产权形式,物权是其中之一。有学者为了强调这种类似制度间的分别,提出了"实质物权与形式物权"的分类法,形式物权专指德国法意义上的物权,实质物权则兼指德国法之前所有其他法制之下的财产权。[①] 其实更严格说来,德国法意义上的物权与英美法系的财产权及法国法的所有权等概念不可通约,物权作为一个严密的法学概念,其本质决定于自身特殊的形式,构筑我们的物权法体系之时,也应始终准确把握并忠于物权与生俱来的独特品质,以

---

① 参见孙宪忠:《德国当代物权法》,法律出版社1997年版,第20页。

求名至实归,保证物权法体系的科学性。

因此,有必要借助比较的方法,把物权与其他财产制度区别开来,并进而找出是什么把它们分开的,才能从中发现物权作为一种独特制度得以自立的基础,这种比较研究也应当是对物权性质探索的必要内容。本书第二章、第五章有关部分运用了比较的方法,分析了罗马法所有权制度、日耳曼占有制度、中世纪英国地产制度、近代物权制度的不同,并在强调形式区分的意义上,试图勾勒出统一"财产"命题的两种民法实现方式,即绝对所有权和相对所有权两种构造模式,强调了两者在具体侧面的区别之上,更根本的构造基础上的差异,从中互相对照地探寻物权作为一个法律制度体系的总体特征,本书经分析认为绝对性是专属于罗马法—现代物权法的体系特征,也是这一体系与日耳曼—英美财产权制度体系的主要区别,是物权法作为一个制度体系的标志。这样不但在一般的概念表述中,也在作为一种财产制度的法系文化特征上,回答"什么是物权"的问题。

一个主要忧虑:泛化、庸俗化与体系破碎

按照体系化的思维,物权的根本属性必须要追问清楚,找到根本属性并坚决贯彻下去,才能避免在物权分则和具体制度层面的迷惘和摇摆不定,回答许多制度层面的问题,都需要回过头来重新从出发点审视物权的概念,特别是面对种种思潮、英美法系的新观念冲击之时,找到根本属性是我们的立足之地,才不会轻易被似是而非的非体系化观念冲倒,而发生体系违反、张冠李戴现象。遗憾的是,关于物权一般性质的讨论往往被论者一笔带过,或认为是已经解决了的问题而避而不谈,直接研究更具体的微观制度,但在这些具体问题的讨论中我们却往往发现,不可避免地要遇到关于物权性质的认知差异,具体制度层面的许多尖锐观点冲突,其最终根源也是关于物权概念的不同理解直接导致的。

忽视或淡化物权根本属性的直接结果，不仅带来具体问题上的认识困扰，进一步还会因为这种困扰而影响到物权法体系构建的科学性，突出的表现是在具体制度设计中的种种体系违反和逻辑混乱。这在关于物权变动及善意取得的制度构想方面表现得最明显，学者为了阻击物权行为及无因理论而强调“公信原则”、以保护第三人的功能替代思路夸大善意取得，甚至通过实行所谓“对抗主义模式”变相地制造物权的相对性，这样在出发点上背离了物权绝对性原理，而在实际效果上又对绝对性造成更大损害，并为解决这些主张直接造成的更多“相对权利”情况而要求更进一步夸大善意取得等特殊制度进行外部平衡，于是在解决一个问题的时候产生十个问题，然后再来解决这十个问题并再产生一百个问题，最终破坏了体系的完整性而使法律学的研究陷入不可救药的混乱境地。另外，降低物权概念的技术性，直接后果是降低其稳固性，成为脆弱的描述性概念，很容易在异质文化和新的社会思潮冲击下被瓦解，突出表现就是为一些学者极力推崇的“所有权解体”理论，以及与此相关的英美法财产权“权利束”观念引入物权法中的物权概念进行侵蚀，种种思潮，总的根源在于对物权概念的构造基础不能坚守，并对物权绝对性的真正含义不能明确，最终导致了对这个概念本身的价值产生动摇。

反体系的思维在我国物权法草案讨论过程中，在许多焦点问题的交锋中表现得淋漓尽致。有学者根本否认物权立法，称物权立法违宪、物权法保护富人等。在民法学者中间，在忽视物权构造基础方面的绝对性本质，在相同的“支配”表象认识下，一些论者热衷于寻求不同制度间的互补与替代问题，更多人在“取各家所长而自成一体”的思路上寻求创造符合中国特色的，更具灵活性的“物权”，甚至津津乐道于“草案内容70%是西方国家物权法里没有的”，其任意不受拘束的创新达到了极端的程度；在物权法价值取向上，区分不同主体进行区别保护的原则曾被许多论者奉为主枭;在物权设定原则上,《物权法草案(六次审议稿)》突然改物权法定为物权自由;在物权规范特征上,在许多学者提出的构想中,大量的刑法、行政法规范都必须塞进物权法;在物权法的整体性质上,甚至定位为公法还是私法都成为争论的一个话题,虽然多数民法学者力拒公法化倾向,视其为"倒退",但淡化其私法性质和体系色彩而制定"关于财产的法"或"国有资产保护法"的呼声显然不乏支持的声音,宪法学者对"防止公权入侵私权"的立场轻蔑地指出,这不过是"少数物权法起草者的主张"各种体系混乱乃至根本背离私法精神的具体主张,乃成为我国物权法立法的最大威胁,物权法治建设的最大危险不在于物权法能否通过,而在于通过的物权法"质量如何"。有人提醒:存在一种"体系破碎"的危险,即物权法会因各种新思潮和"国情化"而逐渐通俗、逐渐破碎,面临着尚未精细化即被庸俗化的危险。①

因此,物权概念及其根本属性的研究,对维护物权法体系的严整具有重大意义,如果物权法真的是一个内部结构合理、逻辑一致的规范体系,而不是许多"与财产有关的规定"简单罗列而成的"大杂烩",那么这整个体系就应当有一个灵魂,一个总的构造基础,有一个主线把许多零散的规定贯穿起来,这个灵魂应当存在于物权概念的根本属性之中,对此属性的探讨就是对物权体系构造基础的发现和巩固过程。物权的根本属性不应停留在概念层面的一般认识,它更在整个物权法的制度层面贯彻下去,其影响要反映在物权法的整体结构性特征方面,要在静态和动态中都保持一致,其主要的贯彻工具是物权的各种衍生效力、物权法的基本原则等,并因此而确保整个物权法在这一共同构造基础之上,围绕一个统一的灵魂和主线,而形成高度体系化,并以此来保证物权法的科学性与稳固性。而对此根本属性予以淡化,或只是笼统停留在支配

---

① 参见王洪亮:《物权立法需警惕破碎化危险》,载《法制日报》2006年11月24日。

表象的非本质把握上，不仅不能科学定义物权，而且易于模糊物权的法系文化属性而等同于一般的财产权概念，使物权的理论魅力黯然失色，也使许多具体制度的研究成为孤立命题。在物权法的原则、物权效力、物权变动等方面就产生的分歧和模糊认识，促使人们重新思考物权概念，寻找整个物权法规范群及下位概念的共同“灵魂”。因此，重新考量物权的这一根本属性，还其本来的核心、本质地位，并考察其与物权法各项具体制度的内在联系，在理论上可以澄清一些模糊认识，为物权公示、第三人保护、占有制度等找到可靠的理论平台。此外，还有助于对当前物权法领域内其他有争论和异见从侧面做出回应，如所有权的限制、所有权的解体、物权变动模式、财产法与物权法之争等问题，其争论的焦点就在于要不要坚持物权的绝对性。

从我国借鉴物权法的过程来看，物权法本来是《德国民法典》中高度理性抽象的产物，对其任何错解、误解，对其自身本质属性的淡化也必将引起“体系破碎”和“庸俗化”，法律的移植不仅是规则的移植，更重要的是观念的移植和整个体系的移植，在移植过程中严守物权的真正本质，从而找准物权法真正的灵魂，把它忠实地反映在我们的立法中，保证制定出“原汁原味”的科学物权法体系，而不是以特色为名淡化科学体系的徒具其名的泛财产法，并保障物权法内部制度间有机统一体系严谨，名至实归，这才是物权法立法成败的关键。

在社会公众中，物权基本属性的明晰稳固，有助于物权法基本原理、基本理念、原则和法律文化的普及。我国缺乏私法传统，社会上私权观念淡薄，正需要明晰的概念和稳固可靠的制度体系，不但是法律自身顺利运行的需要，还要执行一定的宣示功能和法律文化补课任务，所以首要的问题是先要把体系建起来，让物权绝对理念真正深入人心，真正把物权确立为一种明确、严谨、刚性的东西，告诉人们什么是不可逾越的，扎紧私权的篱笆，不为任何思潮和美好借口而动摇。

一个基本信念:物权法的形式理性

本书试图从更广泛的哲学基础和观念流变的角度来探寻物权最基本的问题,从各种观念交织和演变的过程中,精细地把握物权概念的理念基础和性格,因此特别注意体系、逻辑,坚持体系化思维,同时注重概念分析、历史分析和比较的方法,对相关具体问题,不作为一个一个的孤立分散命题对待,不认为任何制度是偶然的可供任意选择的权宜之计。因此,本书尽力从系统的、整体的角度,强调物权法体系内部制度与结构的内在理性,考察其内在逻辑的自洽一致性,为尊重体系科学,以逻辑为唯一导向,在指导思想上,坚持价值中立的立场,淡化功能与目的分析,努力克服"致命的自负",特别是反对经济分析和社会法学的方法。

对体系和逻辑一致性的强调,其出发点在于对民法包括物权法体系自身理性的信仰,潘德克吞体系构建的高度科学性是这一方法论倾向的最终依据。作为整体的物权法体系,具有那种被马克斯·韦伯高度赞扬为"形式理性"的内部自洽一致的特色,D. 特鲁伯克把这个含意进一步解释为:法律思维的理性建立在超越具体问题的合理性上,法律具体规范和原则被有意识地建造在法学思维的特殊模式里,那种思维富于极高的逻辑系统性,因而只有从预先设定的法律规范或原则的特定逻辑演绎程序里,才能得出对具体问题的判断。这种形式理性,据信"只存在于德国法中"。[①] 艾伦·沃森则提出,罗马法及潘德克吞体系财产权制度有一种"体效应"(block effect),着重揭示了其在整体上的可移植性。体系化和概念法学的信仰是,如果把物权法作为一个整体的体系,人们适

---

① [美]艾伦·沃森:《民法法系的演变与形成》,李静冰、姚新华译,中国政法大学出版社1997年版,第33页。

用了其中某一条规范，就等于适用了这个体系的全部规范，在向外移植的过程中，也只能作为一个整体统一借鉴，部分的借鉴和对具体制度的修改亦将损害整个体系的安全，借鉴过来的也就不再是那个东西了。潘得克吞的这种形式理性决定，论者在体系中是不自由的，既无法对有关具体规则任意取舍，又不能返回来对概念、原则层面的基本判断有所偏离，任何随意更改基本原则，降低概念技术内涵的做法，必将带来对体系自身完整性的损害，致其体系破碎和“庸俗化”。这种形式理性和“体效应”意味着：物权法的整体体系不仅体系自身仿佛有生命，其规范群形成一套制度群，内部互相说明、互相印证，具有生生不息的力量，而且适合向外法域移植，不因具体民族地域社会实际情况的不同而发生困难。此外，体系的科学甚至可以超越民族、国家、时代的局限而超然存在。这与当今盛行的经验主义、利益法学、分析法学、现实法学和社会法学等立场显然不同，后者更注重直接以社会目标、价值等角度直接切入具体问题，并为达到可欲的结果而视概念的拘束和体系的羁绊为敌，必欲除之而后快。

怀疑体系和逻辑，怀疑传统法学信仰的理性和法律客观性，似乎是20世纪法学的一个特征，来自欧洲的自由法学、美国的现实主义法学以及法律社会学派在不同的角度对传统法学方法进行反思。这些倾向最早的思想渊源来自德国利益法学派对概念法学进行的批判，耶林指责概念法学的玄想，强调法律的目的性，赫克强调环境的因素，主张概念法学的逻辑至上要被检查和评价生活至上所代替。利益法学派还强调体系的缺陷，认为通过逻辑推出令人满意的决定不总是可能的，强调法官面向法律目的的创造性活动，以合理性的诠释去平衡相互冲突的利益，[①]这样利益法学就

① 参见张文显：《二十世纪西方法哲学思潮研究》，法律出版社1996年版。转引自陈金钊：《拯救客观性——关于法治方法的理论探索》，载《法律科学》2001年第6期。

“撕开法律是逻辑自足的体系理论的缺口”。现实主义法学怀疑规则的客观性，卢埃林强调法官无意识的偏见对判决的重要影响，弗兰克怀疑依法裁判的可能性，认为传统法学相信法律确定性是一种“恋父情结”。[①] 社会法学关注“活的法”，其与社会政策目标挂钩直接面向法的社会效果的思维，天然要求突破体系禁锢。这些学派的方法论都有不同程度的反体系倾向，发人深思的是，在物权法领域，这些倾向分别从不同的切入点对物权概念进行解构，从这些方法出发的种种思潮，分别侵蚀着物权法的体系完整及其体系化基础——物权绝对性。比如，分析法学在分析所有权的过程中，倾向于分解统一的所有权概念而代之以权利束的观念，霍菲尔德等人的分析结论直接为托马斯·格雷的“所有权解体”理论提供了依据，而社会法学、利益法学把规范功能解释为法律目的的习惯，则直接为所有权的“社会化”和“公法化”提供了依据。不顾逻辑而片面从“保护第三人”的特定目标出发，以功能替代思路夸大善意取得以阻击物权行为无因理论，并为此不惜破坏体系，侵蚀物权的绝对性基础，亦其表现。重价值轻逻辑的思维方式更是视概念法学为虚妄，当前种种反思物权、所有权的新思潮，大多是通过以特定目的要求来代替逻辑推导，从而提出物权债权化、物权社会化、泛化、公法化等各种“化”，各种思潮正是通过淡化绝对性，来试图对物权进行解构，最终把严谨的物权概念“化”掉，因此，物权法的体系性以及体系的基础——绝对性，在这些新潮思维面前面临着被任意解构的危险。

不同方法论的分歧，显然主要是在法律的价值和逻辑、目的和形式、自身和环境上各有侧重。社会法学强调法律的目的，认为“目的是法律的创造者，无目的的法律规则是不存在的”，以价值

---

① 吕世伦：《现代西方法学流派》。转引自陈金钊：《拯救客观性——关于法治方法的理论探索》，载《法律科学》2001 年第 6 期。

干预逻辑是其必然选择。但概念法学则认为,“法律的目的在法律之外”,法律“只不过是形式而已”。[①] 讲形式理性,就意味着对体系本身的信心,在依照逻辑解释法律的过程中,社会因素毫无立足之地。从对体系自身理性的信奉来对抗环境和社会因素的干预,强调规范群与非法律的社会因素不同,从而能够使法律规范被当作具有独特的合理性、独特的逻辑和存在理由(*raison d' etre*),独立于社会环境之外的存在物,这就是韦伯所说的“理性”所揭示出来的罗马法体系的方法论特征。[②] 法典时代的德国法学家的态度是:法律是科学,有其自身的科学统一性,当政治涉足入法律科学领域,科学便降格为有国界的法理学,这是为科学所唾弃的事情。[③] 法律有其自身的生命,相信体系自身的良好运行能解决面临的具体问题,人要克服“理性的致命自负”那种时刻准备越俎代庖直接干预法律逻辑的冲动。基于体系自身这种非凡的形式理性和强大的体效应,罗马法学家对体系有着无比的信心,“罗马法学家是真正的逍遥派”,他们“面对历史无动于衷”,“法律的本土特色极其遭到轻视”。[④] 他们坚信体系自身的运行可以解决任何当前和潜在的问题,相信体系可以完善自己,相信体系可以超越民族国界和时代的界限,不随社会现实状况而左右,罗马法在千年之后的完整移植似乎证明并支持了这一信心。

各学派在方法论方面的这一总体分歧,难以轻率断言其优劣,但可以肯定的是,概念法学对体系、逻辑的强调,对法律形式理性的信仰,对于法典编纂有着更重要的建构作用,这对我们当前物权法的借鉴和立法实践有着非凡的参考意义。在法典编纂时代,在

---

① [美]艾伦·沃森:《民法法系的演变与形成》,李静冰、姚新华译,中国政法大学出版社1997年版,第33页。

② 同上书,第31页。

③ 同上书,第36页。

④ 同上书,第44页。

法国和德国征服人们心灵的是概念法学，基于乐观理性把体系、逻辑、法典化奉为基本信仰，这正是两大法典编纂的方法论基础。概念法学主张体系强制，给定的体系是不可逾越的，一旦进入这个领域，任何思考不能是自由任意和孤立的，这一立场对法律体系的构建，尤其是对我国这样初步移植物权法的情况下，强调体系强制有着特别的意义，反体系思维很容易从功能主义出发，认为某个制度、规则、概念是为了某个政策目的而设计的，并试图肢解体系，把某方面的问题单独拿出来单独改善，代之以更完美的设计，如此推动法律的进步，这才是真正的幻想。在当前制定物权法过程中，面对英美法财产观念的强势影响，面对国内学界反概念法学的方法论影响，功能主义目的论的思考方式占主导地位，物权法的制定如何能最忠实地反映潘得克吞的体系要求？如果降低技术标准和体系特征，制定出一部泛化了的万能"实质物权"法，那才是立法的最大危险，在移植与制定一门全新的科学法律体系时，任意轻率地对其体系加以裁剪，任意"头痛医头、脚痛医脚"地在各具体问题上规定反体系的内容，甚至推行物权自由、扩大善意取得，这样的态度恐怕对立法的科学性弊大于利。

基于此，本书特别强调体系与逻辑，更强调概念法学的方法，并尽力避免以目的、价值、环境、社会等因素干扰体系，本书总体的写作特色是坚持价值中立、逻辑优先的立场，在社会法学甚嚣尘上，在怀疑传统的各种解构倾向正在成为真正陈词滥调的"新思潮"面前，坚决避免追随流俗人云亦云，重新审视传统观念，得出对物权一般性质的科学结论，指导思想是要捍卫经典的物权观念，维护物权法的构造基础，为此正本清源。

第一章　物权的根本属性：绝对性之发现

物权的概念与根本属性为何，这应当说是物权法中的第一个问题。物权是一个历史的概念，既非自古就有，且非始终含义一致，在观念制度的变迁与其固有法性质的影响下，学者对物权概念的本质及属性并无明晰准确之共识。认识的分歧主要存在于在物权的定义表述中，以及对物权根本属性的归纳中，重"支配性"还是重"绝对性"与"排他性"，这两个方面的属性谁主谁次，以及能否折中统一起来，学者间见仁见智，对这个问题的回答更间接地影响着学者之间关于物权法领域许多具体问题上的态度分歧，也就是说，物权法中许多理论分歧的出发点都在这里，许多问题其实在本质上是一个总的问题。

对物权本质的追问，首先的一步是在物权法内部展开的，也就是在物权法体系内回答"物权是什么"，这不仅要从物权概念自身思考，还要从一般权利的共同本质去思考，更要从物权与债权的区分中思考，从而去发现是什么把一些零散的制度统一起来，是什么把许许多多表面如此不同的具体权利统归于“物权”谱系内，使物权作为一项私权成立起来而区别于非权利的事实占有，并能与债权清晰地区分开来。能够做到这些方面要求的，就应当认为是物权的根本属性，也就应当在物权的科学定义中加以强调，并在物权法制度设计中被符合逻辑地贯彻下去。

第一节　物权概念与性质的归纳

一、从所有权开始：从权能列举到本质概括

一般认为，所有权制度是整个物权制度的集中表现，所有权之上负载着物权体系中几乎所有的重要方面，“物上最重要的权利就是所有权，通过对所有权的分析可以最佳地揭示物权的法律特征”。[①] 因此，在讨论物权的时候，往往以所有权为其代表，乃至在不太精确的表达中以此代彼，对物权的说明往往始于对所有权的说明，关于物权定义根本性质的讨论，首先就反映在关于所有权的不同定义方法中。

（一）两种定义方法

对所有权概念的说明，一直有两种思路。

一种是权能列举思路。列举式的定义法以《法国民法典》为代表，其第544条对所有权在法律上下了一个定义，即“所有权是对于所有物有绝对无限制地使用、收益及处分的权利”，影响到大陆法系各国除德国外的立法，也大多以这样列举诸权能的方式对所有权加以定义或说明，我国《物权法》也是如此定义。受其影响，在国内众多民法学教材、著述中，对物权的认识思路，多侧重于权能列举，一般认为，物权法就是关于权利主体对权利客体享有什

---

① [德]曼弗雷德·沃尔夫：《物权法》，吴越、李大雪译，法律出版社2004年版，第4页。

么样的权利的法律,也就是关于物权主体可以做什么、如何做的法律。在英美法学者的著述中,所有权、财产权、产权都是具体的东西,大多也是以列举具体内容方式说明之,布莱克斯通式的概括说明并不占主导地位,特别是受分析法学派影响,“权利束”(bundle of rights)观念甚为流行,在此观念中,所有权显然是个复数名词,一系列具体权利的聚合体。《牛津法律大词典》对所有权概念的解释也是如此:产权“亦称财产所有权,它包括占有权、使用权、出借权、转让权、用尽权、消费权和其他与财产有关的权利”。①

另一种是罗马法高度抽象的说明方式。罗马法学者将罗马法上的所有权概念定义为“对物的一般的实际主宰或潜在主宰”,②其他常见的表述还有“所有权是以所有人的资格支配自己的物的权利”“所有权是所有人除了受自身实力和法律的限制外,就其标的物可以为他所想为的任何行为的能力”等,③按这种认识思路,罗马法所有权定义实质上就是对物的完全的、绝对的支配的权利。④ 罗马法学者认为,罗马法的“所有权”一词体现了以经济利用为目的,对要式买卖的标的“要式物”和“非要式买卖的标的“略式物”的拥有和支配的观念,⑤这一思路被称为所有权定义方式的“抽象概括主义”。后世的注释学派遵从了这种思路,巴特鲁斯将所有权定义为:“所有权者,除法律禁止外,得对有体物享有不受限

---

① [英]戴维·M.沃克:《牛津法律大词典》(中译本),光明日报出版社1988年版,第729页。

② [意]彼德罗·彭梵得:《罗马法教科书》,黄风译,中国政法大学出版社1992年版,第194~196页。

③ 参见周枏:《罗马法原论》,商务印书馆1994年版,第299页。

④ See P. Birks. *The Roman Concept of Dominium and the Idea of Absolute Ownership.* (1986), Acta Juridica 1. 转引自王涌:《所有权概念分析》,载《中外法学》2000年第5期。

⑤ 参见[意]彼朱塞佩·格罗索:《罗马法史》,黄风译,中国政法大学出版社1994年版,第111页。

制的处分的权利。”[①]作为其集大成者的《德国民法典》,对所有权的描述是一个高度概括的规定,该法典第 903 条规定:“以不违反法律和第三人的权利为限,物的所有人得随意处分其物,并排除他人的任何干涉。”在英美法系,享有“普通法之父”的布莱克斯通亦从罗马法的研究中总结了所有权的概念:“财产权(所有权)是一个人能够在完全排斥任何其他人的权利的情况下,对世间的外部事物所主张并行使的那种专有的和独立的支配权。”财产权是“某人凭借着一种完全排他的、对外在的物的请求或行使的权利。”[②]显然,布莱克斯通的财产权概念深受大陆法系绝对所有权观念的影响,其定义的基点在于绝对的支配权,而显然又以排他(绝对)为核心,这是一个高度概括的定义,被认为是关于所有权的经典定义。

大陆法系各国在其民法典编纂过程中,一度因为法国法的影响而使列举主义思路占据所有权观念的主导地位,直到 18 世纪 50 年代开始受到批判,抽象概括主义重新抬头。主张抽象概括主义的学者认为,所有权不是诸权能的简单相加。德国物权法体系下的“所有权”概念直接秉承了注释法学派的结论,其对所有权的认识并非泛泛等同于法国法的所有权,它有着鲜明的理性主义色彩,反映了一个从经验观察的权能列举,到内在本质的理性抽象过程,这并不仅仅是漫不经心的表述方式上的差别,也是一种深化、发展,更是一种回归,向罗马法传统的回归,是坚持理性抽象的德国法学家试图从更深层次上把握所有权的理性本质的结果。据信,抽象概括主义经过长时间的发展,已成为现今学者之通说,抽象概括主义“乃是各国民法关于所有权含义的基本定义主义”。[③]

---

① 王泽鉴:《民法物权(通则、所有权)》,中国政法大学出版社 2001 年版,第 127 页。

② Blackstone, *Commentaris on the Law of England*, London. 转引自王利明:《物权法论》,中国政法大学出版社 1998 年版,第 21 页。

③ 梁慧星:《中国物权法研究》,法律出版社 1998 年版,第 229 页。

(二)权能列举式定义的缺陷

1. 权能列举不可穷尽

权能列举式的所有权定义思路，最明显的缺陷在于列举的不完全。事实上，权能列举不但“至难”，甚至根本上“不可能”，罗马法学者彭梵得对此指出，之所以要把所有权概括定义为“最一般的主宰”，而未对这种主宰权的内涵做进一步确定，这是因为所有主的权利是不可能以列举方式加以确定的，“人们不可能在定义中列举所有权人有权做什么，实际上所有主可以对物行使所有可能行使的权利；物潜在的用途是不确定的，而且在经济社会运动中是变化无穷的，在某一特定时刻也是无法想象的。法只以否定的方式界定所有权的内涵，确定对物主宰权的一般约束，即规定法律限度”。① 权能是权利成立之后权利人如何行使的自由问题，自由不可穷尽，则权能亦不可穷尽，只要不与法律和公共利益冲突，所有人皆可为之，权能是无法列举穷尽的，以至于盖尤斯干脆把所有权定义为“对物得为滥用的权力”。

2. 混淆权利的体与用

权能列举不可穷尽的根本原因在于权能不是权利本身而是权利的现象，或曰权利的作用，这种作用随着实际生活具体情势的多样性而呈现出多样性，并且必然随着物质生活条件的改变而改变，故不但多种多样而且变动不居，把法律概念建立在变动不居的现象之上显非妥当。因此，权能种种，最多只是人们在物权存在以后，就其发生作用的表现种种进行经验观察的结论，这种观察最多是描述性的而不可能是规定性的，不能拿来作为定义，民法里很少对法学概念以现象描述来定义，所有权权能列举思路在整个民法权利体系的研究中别具一格。梁慧星老师多次指出，权能只是所

---

① ［意］彼德罗·彭梵得：《罗马法教科书》，黄风译，中国政法大学出版社 1992 年版，第 194 页。

有权的现象而非本质，权能列举“混淆了所有权本身与所有权之作用（所有权产生的效果）的界线”。换言之，占有、使用、收益、处分乃是所有权作用的结果（或表现），这些权能之总和并非所有权本身。

孟勤国先生直接对“权能”这一概念本身提出质疑和批评，反对把所有权看作这四种权能的组合，认为它们不是整体和部分的关系，而是本质和现象的关系。[①] 学者一般认为，权能列举式的定义只是从外观上对所有权的近似描述，并未能深入本质去把握其法律内涵。占有、受益、使用、处分等权能，最多只是所有权存在以后，其运行过程中表现出来的方式而已，是现象而不是本质，是作用而不是本体，从权能描述出发是不足以把握所有权本身的。

3. 权能分离状态下的逻辑难题

这种列举方式的缺陷，反映在实践中就是难以解释许多问题，最大难题是它无法解释权能分离状态。特别是在四项权能完全分离出去的情况下，所有权依然不受影响，说明所有权的实体恰恰不在这些权能上面。一方面，在社会交往发达的当代，权能分离是常态，此时判断所有权所在成为难题；另一方面，由于分离的具体程度不同，每个特定的所有权所包含的具体的权利内容在“量”上是不同的，所有权不仅是一束权利之集合，而是一束变动不居的权利之集合，如此从权能把握所有权，无疑将使所有权的观念建立在流沙之上。此外，还有一个很大的问题是，权能主义在采用信托的情况下无法解释有关法律关系。此时，受托人获得了全部的占有、使用、收益、处分四项权能，但此时他还须服从委托人的意志行事，则此时所有权到底由谁享有，遂成为一大难题。[②] 另外，在特殊时期

---

① 参见孟勤国：《物权二元结构论》，人民法院出版社 2002 年版，第 15～16 页。按其观点，甚至把大陆法系流传甚广的权能分离说也斥为“离奇”学说。

② 参见孙宪忠：《中国物权法总论》，法律出版社 2003 年版，第 39 页。

的企业两权分离理论中，权能列举思路也曾受到严重的挑战。

学者曾提出各种理论来说明权能分离状态下的所有权。最常见的是弹性理论。如郑玉波说的，所有权有着好像皮球的特性，按下去的力量消失后它就自动回复圆满状态；还有诺耶斯（Noyes）的磁性内核理论，他认为所有权是一个磁性内核（a magnetic core），一个所有权人可以将所有权中的许多权利转让出去，但是，他仍然是所有权人。这些理论其实也正好从反面说明了权能于所有权本体存在之不必要，而"弹性""磁性"之源才是其根本属性。

（三）对权能学说的补救

1. 更多权能说

对权能理论研究最有力的苏联法学家最先发现权能主义的缺陷，但未能从根本上抛弃这一思路，反而试图列举更多的权能以概括所有权的全部内涵。如维涅吉克托夫提出：仅以占有、使用、处分为内容的传统、限于三位一体的所有权定义并不能概括所有权人的全部主观权利的内容，以此证成"国家所有权"原则下的企业两权分离问题，因为在两权分离状态下掌握了所有权全部已知权能的企业并未享有所有权，因此，推论一定还有一些未被发现的权能存在着。其他一些学者试图从扩展所有权权能的角度来完善所有权概念，他们认为：国家作为所有人所拥有的，不只是上述三项权能，而至少是四种权利，或者是五种权能，甚至更多的权能。实际上这种补救是不可能成功的，因为通过事实形态来说明一种抽象概念在外延上的可能内容，这种方法只能列举常见的形态，而不能穷尽一个抽象概念一切可能的外延，因此，五权能与六权能或N权能本质上面临同样的困难，这种列举思路从根本上是不可行的。

2. 消极权能说

另外一种弥补的努力是有的学者提出的"消极权能"理论。谢在全先生提出了"五权能"学说，认为所有权的权能不仅有占有、使用、收益、处分这四项"积极权能"，另有"消极权能"，即排除他人干涉的权能，消极权能的作用方式与积极权能相反，其特点在于只有受到他人不法干涉之时方能显现，平时则隐而不显。[①] 我国一些学者从之，号称“通说”：把所有权的权能分为所谓的“积极权能”和“消极权能”，把“消极权能”作为所有权的一项独立权能。

对此“通说”笔者表示怀疑。一方面，消极权能说缺乏有力的依据，因为它不符合“权能”一词的传统含义；另一方面，这个权能的实现方式是物上请求权制度，此权能不仅本身不是目的，没有本体，甚至没有自身的存在方式，则其作为一个法律概念何以自立？很难不让人相信这个概念乃一完全虚构之存在。

此外，即便加上“消极权能”，对所有权的全部内涵的把握仍然是不完全的，两面五项权能说较之此前的四权能列举定义法，无非五十步与百步之别而已。它们都不过是所有权的主要权能而非全部权能，也就是说，诸权能相加的结果还不是所有权本身，所谓系统大于要素之总和，所有权不是占有、使用、收益、处分四项权能之和，也不是这四项权能和所谓的“消极权能”之和，而是它们背后的那个“权能之因”，所有权的本质在其任何权能之外。

3. 关键权能说

权能论者为应对权能分离的难题，还曾作出一种尝试，就是对诸权能不再平行看待，而试图从中寻找一项关键权能，作为所有权存在的标志，认为所有权诸权能中总有一项最重要的核心，在权能分离状态下，这个核心所在即所有权本身所在。一个可能的答案是“处分”权能，在一般情况下，处分权能很难从所有权分离出去，处分权所在即所有权所在，我国一度双重所有体制下对企业财产的“处分权”曾被认为最本质的核心。但是这样的界定无法解决信托财产问题。另外，在抵押、留置等场合也会发生相似状况，以

---

① 参见谢在全：《民法物权论》（上、下册），中国政法大学出版社 1999 年版，第 125 页。

及在某些管理权中,处分权也是可以由非所有人行使的,使人不敢确信处分为所有权标志。

另一个答案是“剩余权理论”。有英美法学者认为,不应当定义所有权概念(ownership),而应当定义所有者(owner),所有者只是某物的最终的剩余权人(the ultimate residuary),而所有者的权利就是所有权。与此类似的是“最大利益理论”,一些学者用 ultimate, most enduring 等词语试图揭示所有权的性质。[①] 剩余权理论在解释法人财产权和出资人股权之间关系的情况下常常被引用,特别是我国经济体制改革过程中,按“两权分离”解决国企归属关系时,这也是经济学家所乐于采用的说明问题方式。但是显然,这种尝试在法学上并非特别成功。且不说“剩余权”是一项尚未被传统民法理论证实的传统意义上的“权能”,而且在权能分离程度更高的地方,如何判断剩余权到底在哪一方手中,本身又成为另一难题。

例如,奥诺雷(A. M. Honoré)亦以“剩余权”来判定所有权之所在。奥氏在对所有权的内涵分解为 11 项“标准权利义务”之时,是从量上来区分所有权与其他财产权,其中所有权属于“法律认可的对某物的最大利益”,物上其他权利称为“次要利益”(lesser interest),奥氏一方面坚持他的 11 项标准权利义务是一切制度下所有权的共同本质,另一方面也承认“所有权的每一项标准权利义务,都可以适用于财产上次要利益的持有者”。这里他就把自己陷入尴尬的困境中,即如何清楚地区分、界定所有权?在此,他提出了所有权的“剩余性”回答之。“作为所有权的特征,所有权人对于所拥有的物具有剩余性权利”,剩余权作为“所有权标准权利义务”的第 11 项内容,为专属于所有权而不属“次要利益”者,所有权人的地位与次要利益持有者的唯一区别,就在于他是剩余权利

---

① 参见王涌:《所有权概念分析》,载《中外法学》2000 年第 5 期。

人,故所有权的本质,在于它是包含了这项剩余权的"物上最大可能之利益"。但问题在于这些"剩余权利"的存在只是一种逻辑假设,笼统地指代某些可能存在的东西,而缺乏任何证据,在实践中难免遇到这样的问题,即"如何断定何种权利是被分离出去的权利,而何种权利又是剩余下来的权利"?如果这个问题不解决,我们又如何确定谁是剩余权人,谁是非所有者呢?此外,正如奥氏自己所言:"困难在于,这样一个序列还可以继续下去,因为当所有权人自身的利益终止时,国家可能取得相应权利,那么国家对该物的利益是所有权呢,还是仅仅是一种期待呢?"在分割所有权的情况下问题将更加困难,封建领主的土地回归权、永佃权等关系中,所有权无从判断,特别是在"剩余权交叉"(cross-residuarity)情况下,例如,某项财产之上设定信托遗赠,受托人和受赠人互为剩余权人,所有权关系根本无法明确。[①] 这样看来,把所有权的内核归结为"剩余性"是一种失败的尝试。

总之,正如罗马法学家已经指出的,"罗马法的所有权有时被表述为可以合法的使用、收取孳息、拥有和占有,但这不是一个科学的定义"。[②] 权能理论因其明显的弊端,无法很好地说明物权、所有权的根本性质,难以科学地以之来定义所有权,而且其支持者提出的各种补救措施并未奏效,权能列举的方式定义所有权,此路不通。因此,现今大陆法系民法学者很少有采用这种列举式的定义法了,大多数著述中都是奉行抽象概括路线的,分歧仅仅存在于抽象到何种层次,在最根本点上概括为什么。

---

① 参见[法]奥诺雷(A. M. Honoré):《所有权》,金可可译,载公法评论网:http://www.gongfa.com/caichanquanaonuolei.htm,最后访问日期:2018年8月17日。

② [意]桑德罗·斯奇巴尼:《民法大全选译·物与物权》,范怀俊译,中国政法大学出版社1993年版,第2页。

二、物权定义与性质的抽象归纳

(一)物权定义的不同见解

与所有权定义分歧直接相连的就是对更上位的物权概念，而学者对“物权”内涵及根本属性的认识，向来争议颇大，各家著述中对物权概念的表述也是莫衷一是，而且往往含糊其词。据好事者统计，近代以来各家关于“物权”的定义，约有50种，[①]谢在全在其《民法物权论》中择其要者列举了20余种，这些定义大多是在物权的支配物、排除干涉、享受利益三个要点上各有侧重，按其强调的要点不同可分为四类：

支配性一要素说。着重于物权支配性的定义，强调一个要素，直接认为物权是“直接支配特定物的权利”。例如，梅仲协在《民法要义》中谓物权为“支配物之权利”；李宜琛《民法总则》定义为“物权者，直接支配物之权利”；洪逊欣《中国民法总则》定义为“直接支配管领物之权利”；日人浅井清信《物权法论》谓“物权者，乃对一定之物为直接支配之权利”等。[②]

支配与享受利益性二要素说。兼顾支配性与享受利益，强调物权是支配物与享受物之利益之权利，以有别于各类管理权。姚瑞光先生谓物权是“直接支配特定物并享受其利益的权利”，谢在全先生的《民法物权论》坚定地奉行此说，对姚氏的定义完全赞同，并特意指出了排他性要素列入物权概念之不必要，[③]梁慧星老师也持此说。

支配与排他二要素说。兼顾支配性与排他性二要点，强调物权为“直接支配物而得对抗一般人的财产权”。例如，孙宪忠老师

---

① 参见陈华彬：《物权法原理》，国家行政学院出版社1998年版，第1页。

② 参见梁慧星：《中国物权法研究》，法律出版社1998年版，第17页。

③ 参见谢在全：《民法物权论》(上册)，中国政法大学出版社1999年版，第15页。

的定义为“所谓物权，即权利人直接支配物并排除他人干涉的权利”。[①] 此说当为我国现今通说，我国《物权法》采用了这一立场。立法上，《德国民法典》第903条规定，“以不违反法律和第三人权利为限，物之所有人得随意处分其物，并排除他人干涉”，于支配外附加排他，我国《物权法》第2条则规定：“本法所称物权，是指权利人依法对特定的物享有直接支配和排他的权利。”

三要素说。一并兼顾支配性、排他性、享受利益三要点。郑玉波先生谓物权乃“直接支配标的物而享受其利益的排他性权利”，可谓面面俱到，史尚宽亦持此说，说法大体相同。这种定义法大概受日本法学家影响很深，以我妻荣为代表的法学家，多对物权做此面面俱到的定义。[②]

在上述不同的定义思路中，关于享受利益这一要素，笔者认为，并列意义上的所谓“享受利益”，是受到耶林利益法学的影响，对“权利”的本质认识存在犹豫所致，其实利益本身并无权利性格，而享受物的利益是支配物的主要经济目的和直接结果，故此这项内容完全可以由“支配”所涵盖。而选择意义上的“享受利益”，应当是作为一种例外的特则的情况，这种提法可能是为了因应信托所有权带来的观念困惑而产生的，或按北川善太郎所见，享受利益说是为了使物权不至于混淆于“财产管理权”定义仍然归入支配说，是一种修正补充过的支配说。

此外，还有学者试图绕开支配、排他的两难困境，另辟蹊径来从第三个角度来把握物权。德国学者韦斯特曼（Westermann）提出了“归属说”，认为支配与排他（绝对性），皆不足以说明物权的根本属性，二者皆肇源于财货的归属功能，故物权的本质在于归属，

---

① 孙宪忠：《中国物权法总论》，法律出版社2003年版，第20页。

② 参见梁慧星：《中国物权法研究》，法律出版社1998年版，第18页。

此说据信已为德国学界之通说。[①] 然而归属说的观点,与其说是解决了支配与排他的矛盾,不如说它是回避了问题的本质而顾左右而言他,马上接下来的问题就是,如何来从法律上把握和表达"归属"? 这里又离不开支配、排他这两个思维工具,问题并未最终解决,把物权本质归结为归属,只是名词的替换而已。

总体来看,上述四类定义的主要分歧就在于支配、排他二者之上。具体说来就是物权概念的表述中,支配之外,是否需要加入"排他性"这个要素。

(二)物权属性归纳:支配性与排他性(绝对性)

物权属性是物权定义的具体化,二者应当保持一致,则物权的特性,与各家定义相呼应,亦应无外乎支配、排他。但一个有趣的现象是,即便是在物权定义中否定了排他性的学者,其关于物权特性的阐述中也都是不得不重新将其列入,而与"支配性"并列。比如,谢在全和梁慧星先生坚持支配物与享受利益之二要素定义法,其认为物权定义中无须纳入排他性这个要素,但在归纳物权特征时却不约而同地把排他性要素重新纳入,将二者并列。

谢在全把物权的特性归纳为两项,即"直接支配性"与"保护之绝对性",并认为二者都是物权本性中直接存在者。按其认识,物权是指一定权利主体对该特定物在法律上享有一定支配领域,在此支配领域内,权利主体得直接支配该特定物,且任何人非经此权利主体同意,不得侵入此领域或加以干涉,基于前者,物权具有直接支配性,基于后者,遂有保护之绝对性。"保护之绝对性"得与事实支配并列为物权内在的性质,二者同源而正反并立,都是直接来源于物权自身的"归属"本质,是物权作为"归属"的必然要求。

---

① 参见王泽鉴:《民法物权(通则、所有权)》,中国政法大学出版社 2001 年版,第 37~38 页。

梁慧星先生对“物权特性”则归纳为三项,即直接支配性、保护之绝对性、物权目的性及手段性。同时,单独讨论了“物权本质”并归纳为四个要点:物权为直接支配物的权利(直接支配性);物权为支配特定物之权利(客体特定性);物权为享受物之利益的权利(享受利益性);物权为就特定物的支配及享受利益的绝对性权利(绝对性或对世性),以支配性、绝对性(排他性)为两大主干。

孙宪忠老师归纳的“物权特性”则有四项,即客体限于特定物、支配性、绝对性、排他性。[①] 陈华彬《物权法原理》总结的“物权性质”则更多,而认真分析可见,这里的众多“性质”多停留在现象罗列上,有些内容是互相重复交叉的,有的是下位的具体制度层面的,是衍生的,难谓“物权性质”,故概括性不高,若以提取公因式的方式重新把这些内容分类整合,最终亦无非归于支配性(直接支配、独立处分)、排他性(独占、绝对、对世)两个基本点上。

国内其他物权法著述,对物权特性的表述亦大同小异,无论是否在物权定义中强调排他性要素,论者无一例外地在物权的特性(有的称属性、性质、本性等,不一而足)对排他性(绝对性)加以强调和重述,各家关于物权特性的归纳有多有少,而不约而同地都包括了支配性与排他性两项,并且都是作为两个核心要点来阐述的,据此可以说,无论关于物权定义上的立场为何,关于物权性质的认识总是大同小异的,支配性和排他性两者同为物权的重要性质,此为学者共识。

把物权本质概括为支配性还是排他性的分歧,直接源自关于权利本质认识上的分歧。权利本质上是什么,是一个迄今都在争论而没有共识的话题,有人统计的各家关于权利概念的定义就不下 10 余种,大致有 8 种权利本质学说,即资格说、主张说、自由说、利益说、可能说、规范说、选择说,可被归入 3 个主要流派,即意思

① 参见孙宪忠:《中国物权法总论》,法律出版社 2003 年版,第 40～43 页。

说、利益说及法力说。此外,新的研究方向则是从内部做要素分析。[①] 很显然,在物权问题上主张支配者大概多从利益说着眼,注重物权的经济实质和目的,或从意思说着眼,注重权利人行为自由的内容,利益说与意思说都指向支配性;而主张排他者,多从分析法律关系效力出发,着重其法权方面的内容。鉴于更高层面权利的本质尚无定论,难免影响到学者观察物权时各有侧重了。唯应注意的是,当代德国民法学者对权利的认识似乎偏向于法力说,"对权利的通常定义是,权利是法律为了满足某人的需要而赋予他的一种'意思的力'或'法律的力',一个确定的、对这个人非常合适的权力关系"。[②]

其实在最根本点上来说,笔者认为,权利首先一种法律上的"正当",就此来说,物权是一项关于"正当"的判断依据才对,是一个应然的范畴,以区别于任何单纯事实。

支配与排他的分歧,背后更深层次上反映出早期德国民法学者研究物权时的方法论分歧:一派是强调权能,主张支配性为物权本质,认为物权是直接支配物的权利的,是谓"对物关系说",反映到物权定义上,必然表现为支配性定义思路;另一派强调效力,主张排他性是物权本质,认为物权是得对抗一般人的财产权,形成"对人关系说",其关于物权的定义,当然为支配排他二要素式的,其中又显然以排他性(或绝对性)为侧重点。

现在我们要追问的是,这两大属性之间的关系,以及二者在表现物权本质中的作用之高下,在排他性和支配性之间何者为最核心的要素。正如霍布豪斯所说:"财产的抽象权利容易忽略这些微小的区别:财产权的这两个功能,一个是对物的支配,这给人以自

---

① 参见孙宪忠:《中国物权法总论》,法律出版社 2003 年版,第 40 ~ 43 页;张恒山:《权利与法律权利概念再辨析》,载《中外法学》2002 年第 4 期。

② [德]卡尔·拉伦茨:《德国民法通论》,王晓晔等译,法律出版社 2003 年版,第 278 页。

由和安全;另一个是通过物来支配人,这给所有权人以权力。这两种功能是非常不同的。在某些方面,它们甚至是完全相反的”。[①]由此出发,本书以下检讨对物关系说与对人关系说。

第二节 观察的角度:对物关系与对人关系

一、对人关系与对物关系之分歧

总体来看,关于物权概念的四类定义和关于物权本质的四种学说,均难脱对人、对物的窠臼,物权就其根本点来说是表现一种对物关系还是对人关系,这是一个观察的立场问题。对物关系说出现较早,原是中世纪的一种流行认识,主张物权的本质属性在于人对物的直接支配,并以此区别于表彰对人关系的债权。对人关系说在20世纪前后由萨维尼和温德夏伊德(Wendisscheid)等所提倡,按其观察,既然物权人可以对抗任意第三人,那么物权法律关系就是物权人和任意第三人之间的关系。萨维尼主张,任何法律上的权利都是人对人的关系,物权债权概莫能外。温德夏伊德指出,权利存在于人与人之间,而非存在于人与物之间,“债权与物权在表现人际关系这一点上是共通的,不同之处仅在于债权作为对人权仅得向特定人主张,而物权作为对世权得对抗一般人。据此,物权的本质属性在于它具有禁止任何人侵害的消极作用的财产权”。[②]

民法学者大体上除了遵循这两派思路外,还对这两方面属性加以重新整合,形成了一些次要的主张。例如并重上述两方面的折中说,主张支配性与排他性是物权本质的两个方面,我国多数学

---

① T. H. Hobhouse. “The Historical Evolution of Property”, in *Fact and in Idea*. Property: Its *Duties and Rights*. Macmillan and Co Limited, 1915.

② 尹田:《论物权的定义与本质》,载《中外法学》2002年第3期。

者都持此折中立场，认为“物权反映和表现人与人之间对财产的所有和（物权的）利用关系”，因而物权本质是二者相加的总和，前文所述关于物权定义的支配排他二要素说和三要素说，也都是折中的结果，是大多数学者关于物权定义的共识。德国学者根据其民法典第三编将其总结为物权是民事法律关系主体支配特定物并就物的支配排除他人一切干涉的权利的总称。简言之，物权就是排他的对物支配权。[①] 也是折中主义的定义法，为当前关于物权性质的主流认识。此外，尹田老师提出“层级说”，主张物权从一个层次来看是对物关系，从另一个层次来看是对人关系，并行不悖，无须折中。[②]

二、对物关系辨析及“对物权”的对人本质

（一）“对物权”概念：实际上表述对人关系

1. “对物权”概念的不恰当暗示

对物关系说显然更为历史悠久和影响广泛，其支持者曾对“对人关系说”进行过无情的嘲讽，认为对人思维的成因第一个是受苏联法学理论影响，坚持任何法关系的实质都是阶级关系，李由义、马骏驹等论著皆宗此；第二个是立足于廓清物权的对世性，认为对人关系说误会了对世权的本意，不恰当地理解为“排除第三人侵害”，而排除侵害是一切权利的共性，从这个意思出发把握物权，无法区分物权和债权，也不能揭示物权的本质。进而提出，正是对物关系能清晰地区分物权债权，物权被定义为“对物权”。这里古老的“对物权”观念被引用来作为支撑对物关系说的主要论据。

“对物权”一词（*jus in rem / ius in re / iura in re/ iura in rem*），是欧洲的中世纪注释法学家在解释罗马法时提出的。据信，

---

① 参见孙宪忠：《德国当代物权法》，法律出版社1997年版，第20页。

② 参见尹田：《论物权的定义与本质》，载《中外法学》2002年第3期。

这种权利起源于罗马法时代的“对物之诉”(Acitio in rem),在中世纪被用来与“对人权”(*jus in personam*)所区别,以指称“权利人按照自己的意思即可实现支配意思”的那些权利,这个概念与现代物权大体相当,其主要区别在于其客体广泛,不限于有体物,故基本含义是“支配权”,[①]这个概念与物权关系密切,很多人更是直接把二者等值,物权最早出现在《奥地利民法典》第 307 条中的形态就是“对物权”,在英语世界里“*iura in rem*”往往被理解为“right to things”。[②] 很明显“对物权”的提法更旗帜鲜明地表达了对物关系的性质,物权与对物权的渊源,给人以深刻的印象,仿佛对物关系是其核心内容,使人注意其支配方面。一段时间以来,正是基于这个原因成为人们认识物权本质的主要思路,也正因此招来普通法学者针对物权法片面强调对物忽视人的因素而进行的批评。

2.“对物”即“对世”

从来源来看,对物之诉、对物权这些名词,就容易使人望文生义地强调“对物关系”,但这只是表面现象。罗马法学家对此的认识是:在比较一般的意义上,对物之诉是指为维护可能遭受任何第三人侵犯的绝对权利的诉讼,这类权利除物权外还包括身份权或资格权利或家庭权利。[③] 后世学者亦多认同,对物之诉是指为维护某项得对抗任何第三人的绝对权利而提起的诉讼,其客体则包括物、身份,或资格。也就是说,“对物”本意实为“对世”,即绝对性——对人范围的意义上。

在《布莱克法律大词典》中,“right in rem”亦被解释为针对世

---

① 孙宪忠:《中国物权法总论》,法律出版社 2003 年版,第 35 页。

② 至今在一些国家的民法典文件中,如菲律宾民法中,都叫“对物权”(right to things)而不叫物权。

③ 参见[意]彼德罗·彭梵得:《罗马法教科书》,黄风译,中国政法大学出版社 1992 年版,第 196 页。

上所有人的一种权利,[1]其实,对世权和对物权本来是一个意思。比如,胡长清先生就直接把“right in rem”称为“对世权”,把“right in personam”称为“对人权”。在英语中的对物权提法强调了物,然而针对一些人把“对物权”理解成“对物关系”的倾向,凯尔森特地做出澄清:所谓“对物权”并不是说这是对于物的权,“对物”在法律上的含义仅是指“对世”,即这是一种对于一切其他人的权利。“对人权和对物权的区分可回溯到相对权利和绝对权利之间的区分。但对物权这一用语是引人误解的。严格地说,**对物权也是对人权**,是对人的权利,而不是像这一用语所意味的对物的权利。”[2]这里强调了对物权、对物诉讼不是字面上显示的那样规范对物关系,相反,也是表现人与人法律关系的概念。霍菲尔德坚持了相似的立场,其坚决摒弃对物权是人对物的权利的观念,他认为这种观念是粗陋的,只能妨碍我们进行清晰思考和准确表达。“人与物的物理联系绝不属于法律关系”,霍氏特别“警告我们不要混淆支配的事实与法律权利”。[3]

3. 对物权背后的对人权利

凯尔森解释了从对物关系来理解对物权为何讲不通,他提醒我们,法律规则只能关乎人的行为,就此而言,对物关系说就不能成立,所有权的规则并未构建出另一类“对物的关系”,而是和其他规则一样是规范人们相互间的行为的。凯尔森说:“典型的对物权利(rights to things/real right)是所有权,传统法学定义其为“一个人在物上享有的排他性支配权”,以区别于请求权,这种区分对

---

① See Bryan A. Garner (editor). Black's Law Dictionary. 7th edition, West Publishing Company, 1999, 1324.

② [奥]凯尔森:《法与国家的一般理论》,沈宗灵译,中国大百科全书出版社1996年版,第96页。

③ See Pavlos Eleftheriadis. "The Analysis of Property Rights". *Oxford Journal of Legal Studies*, 1996, Vol. 16, No. 1, 34-50, Oxford University Press, 1996. p. 42.

民法法系来说至关重要的。法律作为社会的规则是规范个人的行为的,这种规范通过各种法律关系进行,所有权也不例外,其法律内涵也是特定的人与人关系,所有权也只能是在个人与其他人之间的特定关系中有法律上的存在。即他人有义务不去干涉所有者处分特定物。而被视作某人对某物独占性支配的,其法律内涵就是排除其他人对该物的处分,某人的支配只是反映了这种排他性。①

对人权、物权的二分法是由奥斯丁介绍到普通法世界的,而奥斯丁区分两种权利,不是基于其内容为对人或对物,而是着眼于权利的“**范围**”(compass),对物权是说该权利对一切人都有效,并不是说该权利是一项针对物的权利,而对人权的“对人”一词,同样指的是范围,对人权是说该权利对特定人有效。奥斯丁对二分法的见解是:“对物就是总括地、普遍地针对他人的权利,对人权是单纯地针对特定或他人的权利。对物(对世)这个词指的是范围,它的确切含意是该权利总括地普遍地对抗他人,并非是说这个权利是针对物的。对人权的概念是一个关于相对和特定性的简要的表达,也是表示权利的范围,它指的是该项权利在特定的封闭关系中,针对特定的一人或多人而有效。”②

据此认识,帕夫洛斯·埃尔弗雷亚蒂斯(Pavlos Eleftheriadis)讨论了对物权对人权二分法的真正含义,指出其区别或许在其他方面,但在表现对人关系这方面二者完全一致,都是人与人之间法律关系的内容。据其考证,对物权(rights to things)与其他权利的区别,源于对世权(rights in rem)与对人权(rights in personam)的之分,但在最高层面上在于大陆法的绝对权与相对权之分,因此,

---

① Pavlos Eleftheriadis. “The Analysis of Property Rights”. *Oxford Journal of Legal Studies*, 1996, Vol. 16, No. 1, 34 – 50, Oxford University Press, 1996.

② Ibid.

二分法的实质，是相对权与绝对权划分。如是，则"rights in rem"到"rights to things"，也是一个概念偷换了，在偷换的过程中悄悄地把"绝对的、对世的"换成了"对物的"权利。因此，在语词上把对物权还原到对世权是个进步，两种权利分别是物上的绝对权与相对权，凯尔森亦指出这是二分法的真正含义。在这一点上，在统一于人对人法律关系这个前提之下，霍菲尔德也赞同这种二分法，其对大陆法系物权概念的分解，主要在于反对"对物"思路。①

此外，凯尔森就所有权学说还阐明重要的一点，以解释"对物"暗示的目的，认为坚持"对物权"这个提法的唯一原因，是为了掩盖其经济基础方面的"阶级剥削关系"。帕夫洛斯赞同其用对物关系掩盖占有法律保护的对人关系本质的解释，并提醒，时时需注意这只是个对复杂真相的概括的近似说法，忘了这一点而去构想对人权与对物权两种截然不同的权利性质，是错误的。

（二）对物关系说的困境：混淆物权与占有

从对人关系理解"对物权"并未混淆二分法的界线，相反，离开对人关系谈论对物关系，并将其当作物权本质所在，最大的问题是混淆了作为权利的物权与作为事实的占有。

1. 单纯对物关系：无权利品格的占有事实

人物之间关系表现为日常生活状态下自由使用，与任何归属规则无关，是一种物理占有状态，这一状态或许会受到法律保护，但占有是事实而不是法律。霍菲尔德对此区分得很清晰，他提醒我们"不要混淆支配的事实与法律权利"，并指出，某人可以在物理上控制某物，甚至可以成功地把他人排除在外，以强力保卫占有、抗拒他人侵入，但这一系列物理关系无论多么安全稳定，也不是法律关系，不可把法律的规范内容等同于这些可见的规律或

---

① Pavlos Eleftheriadis. "The Analysis of Property Rights". *Oxford Journal of Legal Studies*, 1996, Vol. 16, No. 1, 34－50, Oxford University Press, 1996.

事件。

普通法中把物权理解成“与他人无涉”的人—物支配关系，据称来自布莱克斯通介绍的罗马法所有权概念。沃德伦(Jeremy Waldron)在反对霍菲尔德对人关系说时表述了类似于布莱克斯通式的所有权观念，认为所有权是人与资源之间的关系体系，其提出的资源分配理论实际上是以占有的思路来认识所有权，沃德伦在这样说时也曾努力避免把所有权降低为占有，其引入“最终决定权”以标志所有权，这样，所有主就不仅仅是现有的占有者了，但这种努力显然收效甚微。[①] 沃德伦力图避免其所有权概念崩塌为占有概念，但通过一个莫名其妙的“最终决定权”的无力辩护，使问题回到开始：所有主与其物之间的关系，如果不是简单的物理占有事实，那又是什么呢？如何看待主人对物的“决定”？此外，即便以人对物的使用自由来取代“最终决定权”也于事无补，对物的使用自由仅仅使所有主免于“须以特定方式使用该物”的义务，仍无法区分所有主与非所有主，第三人同样可以在该物上有极大的自由。单独的自由概念引入不足以为所有主确立那种排他的占有，欲建立这种能第三人排除在外的关系，必须要借助权利(claim)和义务观念。但这个时候，已经是在对人关系的框架内思考所有权了，而背叛了“对物权”的对物关系说。

因此，对物关系如果指单纯占有，则它并无任何确定内容，也不成其为权利。若想区分于单纯占有则离不开法律关系思维，除非借重所有权加诸他人之上的义务，根本无法说明一项对物权或对物的关系，而这些义务的引入，正是人与人之间法律关系观念的引入。

---

① 对此帕夫洛斯嘲笑道：如果所有权与占有的区别在于能否获得社会支持的权威的“最终决定权”，那么我们就完全有理由推论西方社会的全体社会财富都归大法官所有，因为法官才有这项最权威的决定权。

2. 对物关系的对人本质

按说,一切法律关系都应当是人和人之间的意志关系,乃至为广泛之共识,人和物之间怎么会产生权利义务为内容的法律关系呢?物对人负法律义务吗?当然不可能,为什么简明的法律关系到了物权这里就产生对人、对物的困惑呢?原因是直接支配物的物理外观及经济实质遮挡了观察的视线,把对物关系还原为对人关系,在某种程度上反映了普通法系学者对大陆法的“对物权”概念认识的一个去伪存真的过程,其实物权的对人关系本质上是一个谁也没法反对的判断,哪怕对物关系的表象往往横在观察者之前。德国当代民法学家拉伦茨对此亦有相似之说明,他指出物权本身“是一种存在于人与人之间的法律关系”,在此关系之下,对物关系是另外一回事,“这种和客体相联系的性质对所规定的所有权人的活动划定了一定的范围”,所有权人可以对已经确属于他的物,随意进行处分、利用、放弃和转让。胡布曼亦主张:对物的支配权,更多的是相对于他人而言,“这是一种人与人之间关系到物的关系”。[①] 支配是在权利存在之下的权利行使过程,与物的关系仅仅表明了一定的活动范围罢了。

故学者一般都赞同,物权、所有权外在的表现为对物的权利,而实质上是一种人与人之间的关系,“我拥有某物”的唯一法律含意就是“他人不得拥有之”,故其法律实质为我和他人之间关于某物归属的关系。非唯法学的观察如此,经济学家也有同样的理解,据信,对于应从人与人之间关系理解产权的思路,目前已在经济学界,特别是“法经济学”的论著中得到广泛赞同。例如,费希尔(Fisher)就宣称:产权不是有形的东西或事情,而是抽象的社会关系。[②] 产权的界

① ［德］卡尔·拉伦茨:《德国民法通论》,王晓晔等译,法律出版社2003年版,第286页。

② 参见易继明、来辉凤:《财产权及其哲学基础》,载《政法论坛》2000年第3期。

定是因为资源稀缺性,从而引起社会主体之间就资源的占有和使用达成的相互关系状态,而确定财产的这种不同归属和分配秩序,即所谓“定分止争”是物权的核心内容,这一切正是通过构建法律关系的途径进行的。不同于野蛮时代依靠篱笆和“限定武斗”,现代法律是通过设定权利、构建法律关系来划界的。故法律关系存在于每个人的边界,在其自由王国的外部,而自由难以从其本身为说明,我们只能确定何者为不可为,故须以否定的方式为之,规定他人不得干涉的普遍义务就足够了,这样,存在一种外部的、否定式的消极关系便是权利之所在。在此权利外壳之下,人在物上享有的自由和权能,不过是这种法律关系构建之后,权利存在之后的事情,在“不涉及他人”的意义上的“支配”只能是权利覆盖之下的结果,不是权利本身,这是笔者所理解的对物关系的对人本质。

三、物权对人关系的具体内容

对物关系支配说有众所周知历史悠久的权能分析思路,亦有一般生活经验的感性支持,相比之下,对人关系、绝对性观点似乎一直停留在“排他”“对抗”这些一般性的的词汇上面而欠缺更精深的分析论证,缺乏充足的分析工具,更缺乏任何实体内容的支撑,使对人关系的主张看起来单薄空洞,难免沦于形而上学空想之讥。人们要疑问,说物权是一种对人关系,那么它是一种怎样的关系呢? 这一判断除了空想之外有何确指? 在回答上述问题方面,20 世纪的分析法学派的学者作出了卓有成效的努力。

(一)边沁的分析

边沁在其《立法原理》一书中提出:“财产是在诉讼中受到法律保护的,从物中获取利益的期待(expectation)。”[①]边沁的所有权

① See Roger A. Cunningham, William B. Stoebuck, Dale A. Whitman, *The Law of Property*, 2 Edition, West Publishing, 1993. p. 1.

分析被认为是打破人—物关系的开端,使"财产变成了基于物而产生的人与人之间的法律关系",按照其指明的方向,所有权表现为一系列具体之法律关系。边沁的分析思路,克服了传统法学在权利概念上的笼统说法,特别是在所有权方面,克服自罗马法以来"jus"和"dominius"等概念以及布莱克斯通式"绝对支配"定义中表现出来的那种模糊和不确定,从所有权的法律效力方面分析其法权表现,从而把握其对人关系的具体内容。

(二)霍菲尔德的分析

继边沁之后,在所有权分析方面最引人注目者当属威斯利·N.霍菲尔德(Wesley N. Hohfeld)。他反对用所谓"对物支配"这样空泛的用语把可能存在于财产所有者和其他人之间的复杂法律关系混在一起的倾向,创立了一种著名的8个基本概念两两对应的法律关系结构,用以分析一切法律规则和概念,以克服"P对X享有一项权利"这种表述方式的模糊性。① 其8个基本概念包括四个权利方面的(entitlements),即"权利"或"有权"(right or claim)、"自由"(liberty or privilege)、"权力"(power)和"免受"(immunity);以及四个义务方面的(disentitlements),即义务(duties)、无权(no-right)、责任(liabilities)、无能力(disabilities),8个概念构成相反或相对的关系。霍菲尔德把所有权在概念实质上看作所有权人在法律上的地位,从而研究所有权人根据这一地位可能具有的权利,即所有人可能参与其中的法律关系。而这些法律关系,按其对世权性质,是一个法律主体与多个法律主体之间的关系,在此框架之下为把握关于所有权概念中内涵的对人关系内容,即所有权人可能具有的具体权利之形式:

1. 权利—义务:所有权人有权利要求其他人尊重自己的权利,

---

① See Wesley N. Hohfeld. "Fundamental Legal Conceptions as Applied in Judicial Reasoning". *Yale Law Journal*, 1919, p. 23.

其他人有义务不侵占其财物并不妨碍其使用其物。

2. 自由—无权：所有权人有自由对其财物进行任意行为，其他人无权禁止。

3. 权力—责任：所有权人有权力处分其财物，其他人有责任忍受该处分的法律效果。

4. 免受—无能力：所有权人可以对抗他人处分其物的行为，免受他人处分行为约束，其他人的处分不得对抗所有权人。

霍菲尔德分析模型曾受到对物关系论者多方责难，其追随者帕夫洛斯对这些批评做了回应，其指出：对物关系论者误解了对物权的含义，对物权实为对世权，就其本质而言仍然是对人关系，故这项批评没有道理；关于其双方相对的分析维度不符合所有权“绝对性”的批判，也是对霍菲尔德的误解，在霍氏分析模型之下，所有权涉及的法律关系不是单一的而是很多个。霍菲尔德对“绝对性”的理解稍稍异于其他学者，他不是把不特定的相对人当作一个统一整体，而是当作无数分别独立的个体看待，不是“一切人”而是“每个人”，这样，法律关系的数目也是很多个，义务人各自承担“相同但分立的义务”。这种复合性的关系可以分解为若干“一个法律主体与一个法律主体之间”的关系（简称“一对一”的关系），即所有权人与每一个其他人之间的关系。这样一个放射状的法律关系群，而不是一个统一之法律关系整体，应当说已经解决了对世性所提出的难题。第一点上彰显了所有权的对人关系性质，第二点上也照顾了对世权的特点，所有权的特性在此分析模型中恰恰得到了很好的说明。

（三）奥诺雷的权利束

奥诺雷（A. M. Honoré）以“标准的附属于财产之上的权利义务”（the standard incidents）来分析所有权权利束的构成要素，认为所有权由 11 种权利义务组成，即占有权（the right to possess）、使用权（the right to use）、经营管理权（the right to manage）、收益权

(the right to the income of the things)、处分权(the right to the capital)、安全保障权(the right to security)、可继承以及无期限的权利(the rights or incidents of transmissibility and absence of term)、有害使用之禁止(the prohibition of harmful use)、执行的责任(liability to executiom)以及剩余权(the incident of residuary)。[①]这 11 项内容表现为一系列的规范和关系,其要素包括了权利、自由、义务、责任和禁止诸方面。奥诺雷还宣称,上述"标准权利义务"作为整体构成了所有权的充分条件,但其中并非每 1 项都是必要条件。

奥诺雷的分析与霍菲尔德不同之处在于他兼顾了所有权的自由方面与法权方面,把所有权对人、对物的所有可能利益都包括进去,其前 5 项内容大体相当于大陆法学者的权能列举,似乎有兼顾权能分析与效力分析之意,但在具体的分析阐述过程中,他显然强调了所有权的义务和责任方面,把滥用禁止和责任财产性质都包括进去了,更倾向于对人关系,不仅着眼于权利人在物上的自由。而鉴于所有权的现代发展使对人关系方面特征日益显著,一些论者对此惊呼债(obligatio)"吞噬"了物(res),奥诺雷则对此解释说,吞噬的说法太夸张,这只是所有权诸要素中,"权力"的比重增加了,而"自由"则相对减退了。即对人关系的要素超越对物关系要素而日益彰显。

由上述学者不同角度的分析可见,物权对物关系方面的支配性,固然可以通过权能列举来论证,而其对人方面的排他性,照样也可以进行庖丁解牛式的分析论证,其内涵是相当丰富的,物权对人关系有着实实在在的内容,绝非空洞虚幻。这里,相对于大陆法学者,那种总是企图用一个词汇代替很多词汇来抽象概括单一"本

---

① 参见[法]奥诺雷(A. M. Honoré):《所有权》,金可可译,载公法评论网:http://www.gongfa.com/caichanquanaonuolei.htm,最后访问日期:2018 年 8 月 7 日。

质”的内在冲动，普通法学家提供了另外一个思考的方式，很有启发意义。

四、调和与折中的努力

有学者由于对物关系思路长期潜移默化的影响而坚持支配说，但在更深入的研究思考中却不得不承认其背后的对人关系，这样，折中调和的动机就油然而生。[①] 在企图两者兼顾的动机之下，寻找最根本点与最重要者的努力从来没有停止过，学者在各自的调和方案中又各有侧重，提出过各种折中方案，但是，各种折中思路都有各自的缺陷，并无理想的解决方案，分述之：

（一）通说式折中：并合关系

这是主流的折中模式，即德国、我国国内物权法研究之“通说”所主张的，并重对人对物两面，于物权属性的表述中分述之，而于物权概念的归纳中尽可能地把这两个方面内容都包括进去，于是成就了关于物权使用最广的定义方式：“物权是直接支配物，且排除他人干涉的权利。”这实际上是一种兼顾，因其并未否认对人说与对物说任何一个，而企图并容之，这是最纯粹的简单折中，尹田称为“并合”。

这样面面俱到的说法当然无法推翻，却也根本没能主张任何东西，同时，在解决实际问题时不仅无益而且有害。比如，同时坚持对人对物、绝对性与支配性的双重标准，在很多情况下就难以清晰地区分某项权利到底是物权还是债权，反而会产生更多的困扰，因为以双重标准判断事物性质总会遇到矛盾，总会有一些权利既表现为某种支配，对物关系明显，但又表现为相对，实际上是对特

---

① 另外，值得注意的是，分析法学通过瓦解统一的“支配权”命题，在批判对物关系经验思维的错谬方面确实有益，但因批判对物支配而过分瓦解所有权则走得太远，为后世“所有权解体”学说否定所有权提供了依据，主要原因在于权利束切断了所有权和实物的必然联系。

定人的关系,如使用借贷、变动不动产物权但未登记时的权利等。

(二)层级式折中:平行折中

认识到强为并合的非科学性,尹田教授提供了另一种解决方式:同样兼顾二者,并认为两方面并不存在冲突,并不互相否定,无须去此存彼,也无须强行折中,其观点实质上是主张对物说与对人说各自表述,在不同层面上平行共存。[①] 很显然,他与通说式折中方案的区别是不主张把这两方面捏在一起。

尹田式折中的第一个问题是把对人关系的内涵理解得过于狭窄,按其理解,对人关系只是"宏观"地揭示了物权之上存在的一切权利的通性,使物权的支配有了权利性,并指出在不可侵性方面债权也具有这一性质。他对排他性、对人关系说的理解显然过于狭窄,对人关系不仅要揭示这种关系的法律效力即权利不可侵,还要揭示这种关系牵连到的相对人(权利性)、主体范围(对世)、义务内容(容忍与尊重)等方面,既要表现物权关系的性质,又要表现其样态,并非一句"不可侵"所能概括的。缩小理解对人关系的直接结果就是导致了自相矛盾,该文最后说:对人关系说反映物权人与义务人的关系,对物关系说反映物之归属关系。而"物权人与义务人的关系"除了物之归属关系又是什么呢?而在社会中确定归属方面的法律权利,除了对人关系又是什么呢?

第二个问题其位阶关系的说法亦存在问题。尹田认为,对人关系说对物权定义的表述与债权定义的表述不对称,是站在更高位阶,在债权的"楼上",没有平等对话。这里,与第一个问题中存在的狭义理解相联系,对他来说"之权利" = "排他性",是其断言对人关系说的定义在"楼上"的理由,如前所述不够妥当。总之,与其说对人关系说表述的物权概念在债权的"楼上",不如说对物关系说给出的答案到了其"楼下"。

---

① 参见尹田:《论物权的定义与本质》,载《中外法学》2002 年第 3 期。

层级关系方案试图避免在同一层面讨论不同位阶话题的困扰,但其通过主张两个平台并存,对本质属性的追问被这样规避了,如果说在一个平台上能找到答案,则第二个平台并无必要;如果必须借助第二个平台才能准确地把握,其理亦然。

(三)奥诺雷的折中:主从结构

坚持对物关系说的论者通常并不真正否认所有权中存在人对人的关系,只是强调,对人关系是第二位的,起源并附属于第一位的对物关系。奥诺雷就构想了一个"**双层关系结构**",认为次位的对人关系只有在首位的对物关系遭到侵扰时才值得一提,据此指责霍菲尔德把所有权关系完全看作对人关系是舍本逐末。通过这样一种层级折中,奥诺雷试图把对人方面的对抗内容作为对物关系方面支配内容的附属,奥诺雷解释这种主从关系时说道:当我们想到赋予所有权的目的,我们就想到持有者与物的关系,当我们想到其保护的模式,我们就想到持有者和其他人的关系,这两种关系同时存在。[①]

但在关于所有主和物之间关系的说明中,奥诺雷把他心目中的这种某物归属于某人的关系称为"特殊关系",认为这是所有权的主要方面,就是该物归属该人而与他人无涉这个意思。但是如尹田的情形,该归属关系在法律社会自身不能存在,非得借助法律的排他之力才能实现。这里奥诺雷以"普遍地排除他人的权利"解释"特殊关系",把对物关系归结为排除他人的关系,以对人关系来确立对物的"特殊关系",自相矛盾,背弃了其本来的出发点。

霍菲尔德的追随者帕夫洛斯指出了奥诺雷两层关系主张的逻辑混乱之处:他企图在所设想的"对物关系"及想象中的"关系之保护"之间作出区分时,遇到这样的问题:他试图名之为"权利之

---

① See Pavlos Eleftheriadis. "The Analysis of Property Rights". *Oxford Journal of Legal Studies*, 1996, Vol. 16, No. 1, 34 – 50, Oxford University Press, 1996, p. 32.

保护"的那个东西,却刚刚已经把它称为"权利"本身了。他设想排他性发生在第二层关系上,而在第一层关系上的是"持有者与物的关系",但现今却不得不把对物关系称为"权利目的"。改口称权利目的是当然的,因为在这一级上,"权利"思想荡然无存,取代其地位的是"权利目的"。这项"权利目的"如今处在权利及其保护之间。本来要区分权利及其保护,结果却成了区分权利目的及权利保护。因此,奥诺雷所说的"权利之保护"与"物权本身"是一回事,他需要引入第三个"权利目的"概念,才能区分"权利保护"与其他的东西。结果就是,奥诺雷描绘的"对物权利"无非是一组对人关系。

可见企图把对物关系当作权利本身,把其对人关系方面的对抗内容当作"权利保护",也就是说,把对物对人两方面解释成本权及其救济在逻辑上是不成立的。其原因就是 Pavlos 所揭示的,那样的对物"权利"离开对人关系方面的效力,一秒也不可能存在。使单纯占有获得法律效力的那些相对人义务,并非居于第二位的对在先权利的"保护""救济",而恰恰是所有权本身的内涵所在。可以说,区分在先的"对物权利"与其"第二位的"权利保护关系,才是舍本逐末。

只有当权利的关系在人与人之间已经确定存在以后,单个的每一个人才能明确其支配领域,在各自的领域内去享受对其物的"特殊关系"。这种在封闭空间内的安稳享受却往往给人以假象,好像自己的权利与他人无关了,直到受到侵扰之时才忽然想起与他人的关系,这可能是产生主从双层关系印象的原因。这一假象及其带来的暗示会产生很多错误想法,最常见的是完全忘记他人存在,认为每一个人在其特定空间内有类似君主的地位,想象自己在特定物之上垄断一切权利,不受任何外来的限制。那当然是一种不恰当的想法,因此,帕夫洛斯认为法律关系观念对正确理解经典的私人所有权有极大的理论意义,否则只就个人观察,则私人所有权体系内,所有主拥有对于该物的一切权利,这种思路很容易在所有物之上形成某种“帝国”的主权思想。

(四)主客体式折中:双重客体结构

对于对人关系常见的批评是说过于抽象或者玄虚,然而,“支配性”的提法除了在表述物权概念时候承担些辅助功能外,在物权法中鲜有提及者,也使人怀疑物权概念中固有的东西为何到了具体制度中就消失不见,这样的话,“支配性”比绝对性显得还要神秘。如果坚持对物关系是现象,对人关系视角能达致物权根本属性,这是一个最高的抽象结果,但又如何表述它呢?

王涌博士的《所有权概念分析》提出了另一种兼顾的方案,就是把对物关系代表的内容,不归入物权的性质而归入其客体,这样统一于物权概念中。确切地说,就是“对物的支配行为”是法权关系指向的对象,物权的客体不再理解为物,代之以“支配行为”,物是该行为之后的间接客体。如此重构,概念中欲兼顾对人、对物就很容易了,如一般的定义“物权乃对物直接支配,且得对抗一般人之财产权”,可以修改为“物权乃就物之支配,得对抗一般人之财产权”。

王涌提出一个行为—物的“双重客体结构”。在把客体理解为法律规则直接的规范对象这个前提下,认为第一层的客体是人的行为,第二层客体是该行为本身的作用对象(物或“广义的物”即一切法律权利所保护的利益)。“行为”和“物”构成了权利法律关系的双层客体结构,物包含在行为之中。而物权所规范的行为,主要通过界定行为之客体(物)来界定。直接被规范的行为可界定为“不侵占某物”“任意地使用占有某物”“处分某物”等。然后以某物为客体形成了一个行为的集合,对这些行为进行规范,进而形成一个权利的集合,而这个权利的集合就是物权。

以这样的“双重客体结构”引入物权根本属性的思考过程,或许能够处理对人、对物之间的关系:物权是绝对性财产权,对物支配是其客体;同时也能很好地解释他物权,并突破物权客体限于“有体物”的局限而与知识产权法对接。

总体来说,对于物权的不同观察角度中,对人关系能真正把握物权作为权利的本质,而对物关系更多的是现象的描述,以对物关系理解物权难以区分物权与事实占有,因此,在表述物权方面,对人关系与对物关系是本质和现象的关系,对本质和现象的各种折中兼顾尝试也大多不成功。

第三节　绝对性:物权对人关系本质的最好概括

一、语词之困境

前述三个问题,即物权的定义、特性归纳、物权关系的性质,实际上是紧密相连的一体的同一个问题在不同层级中的具体化。这个问题就是物权的本质所在,物权应该有一个核心的根本属性,是为回答上述一系列问题的最终答案,而这一问题在不同领域、层面上一再被提及和讨论,一方面说明其作为终极问题的重要性,另一方面也反映了学者对此问题认识的极大分歧和困惑,此外还有一个因素,就是语词的问题了。综观各位学者的阐述,发现他们在表述中,关于各自所用的术语,确切地说,关于支配、排他、归属、管领、绝对等,理解并非一致,用法各不相同,甚至有的自己前后含义都有差异,人为增加了讨论的难度。因此,在展开进一步的讨论之前,有必要对有关语词的确切含意有明确一致的厘清,才有助于进行有效的探讨,避免各说各话无法沟通。

(一)支配

对于“支配性”,可以有事实支配和法律支配两种理解,第二种理解重在抽象的、观念与法律效果上的支配,此外“观念支配”以及康德所说的“意思支配”也是这个意思,但这实非通常表述之语义习惯,而且其中还不可避免地掺杂了“排他”的因素,实际上是归属的意思。在有关定义的表述中学者较多说的是“直接支配物”,即第一种理解,主要指人对物具体的现实掌握,强调了人对物的自由,概括权能的一切方面,这是大多数学者使用“支配”时的原意所在,也是日常生活中支配的本来含意,今从之,故本书对支配性的用法仍按支配一词的原本含义,专指事实支配。

(二)排他

对于“排他性”的意思,第一种理解是指“一物一权”。例如,郑玉波先生就主张,排他性的本来含义,即同一物上不得成立两个内容不相容的物权。谢在全先生在讨论物权概念时也如此界定排他性,并以此为理由把排他要素排除在物权概念之外,其《民法物权论》关于物权意义、物权效力的说明中,都明确排他的含意是,同一标的物上不能有两个以上同一内容或性质之物权同时存在,先成立之物权,具有排除互不相容物权再行成立之效力。[①] 这种说法的起源应该在日本法学家中,如我妻荣主张“物权是排他性的权利,同一标的物上存在某一物权时,便不允许互不两立之物权与之共存”。[②] 在这个意思上理解,所谓排他性与绝对性,是有联系而区别存在的,相应的,这些学者在论述物权属性之时,也往往把排他性与绝对性并列。第二种理解是指权利的不可侵性,王泽鉴先生就主张,物权排他性即物权可以排除他人侵害、干扰、妨害,[③]这个理解约略等值于谢在全所称之“保护之绝对性”。第三种广义的理解是兼指上述二者,既包括同一物上不许有内容不相容之物权并存,又包括物权人有权排除他人对物其行使物上权利的侵害、

---

① 参见谢在全:《民法物权论》(上册),中国政法大学出版社1999年版,第31页。

② [日]我妻荣:《日本物权法》,台北,五南图书出版股份有限公司1999年版,第9页。

③ 参见王泽鉴:《民法物权(通则、所有权)》,中国政法大学出版社2001年版,第37页。

干涉及妨碍。[1] 第四种理解则是物权对债权的优先性。

以笔者理解,第一种、第四种理解即一物一权及优先于债权并非排他性之本初意义,而是排他性造成之结果,本身是果非因,不足以用以解释根本问题;而不可侵性系一切权利之共性,非物权特有,如果把排他性解释为不可侵性,则难免又一次在对物权本质的追问中得到一个零。如此,一物一权、不可侵性、优先效力都不等于排他,但又与排他性有密切联系。孙宪忠老师总结道:"物权依其法律性质为排他性支配权,在我国法学界并无争议,所谓排他性支配权,即物权人只按照自己的意思支配权利客体并依法排斥任意他人干涉的权利。"[2]据此,**排他即独占**,意味着权利人单方面实现自己的意志时排斥他人的意思进入。据此排他性的本初含意,与第三种定义相应,排他的本义应是"得对抗一般人",今从之。

(三)绝对

在更广视野内,我们讨论物权一般性质时所说的"绝对性",不同于法国法系"所有权绝对原则"命题下,那种"权利行使方式"的绝对性,后者重在强调权利行使不受限制,与权利的性质定位无关。在关于权利性质绝对性的说明中,学者间意指也不一致,多数用以指代物权对世性方面之要求,有的用以表示权利的不可侵性,有的与各自理解的排他性互换使用,有的认为绝对性和排他性不是一回事。[3] 而鲍尔·施蒂尔纳的解释是"绝对性包括两重含义,一指可以针对任何人而主张,二指法律所赋予的法律地位在人身

---

① 参见钱明星:《物权法原理》,北京大学出版社1994年版,第12页;李开国:《民法基本问题研究》,法律出版社1997年版,第272页;陈华彬:《物权法原理》,国家行政学院出版社1998年版,第8页。

② 孙宪忠:《物权法的基本范畴及主要制度反思》,载孙宪忠:《论物权法》,法律出版社2001年版,第2页。

③ 谢在全就是就绝对性与排他性分别讨论,认做各自不同的东西,其中"保护之绝对性"重在"绝对不可侵",参见谢在全:《民法物权论》(上册),中国政法大学出版社1999年版,第31页以下。

上是不可分的”。[1] 拉伦茨的理解约相当于对世性，即“它赋予权利人可以对抗所有他人的一种法益，从而每一个他人就此负有义务，要允许权利人享有这种法益，还要不侵犯这种法益”。[2] 为行文方便，本书从后两位著者，正合罗马法上“所有权遍及全部，不得及于二人”之经典本意，其说明详见本节最后部分。

（四）归属

一般认为，物权的本质即归属，在对物权进行说明的过程中很多论者常常用到这个表述，特别是关于物权本质的“归属说”更是如此。但是如上文所述，这个语词的问题，一是把哲学抽象层面的语词直接拿到规范层面，是规避问题；二是同语反复。

如果把归属的意思做最大引申，则任何权利都是确认一种归属关系，至少在权利分类体系不发达的英美法系一些学者中就是这样思考的，在他们看来，拥有某物和“拥有某物的权利”不必区分。在这里，我们遇到的不仅是语词的匮乏，还有逻辑上的困扰，如果物权确认了某种利益的一般归属关系，而认为其本质是归属权，那么任何权利都确认了某种归属关系，是否任何权利的本质都是归属权呢？如何从本质上区别归属权和其他权利呢？把物权的根本属性归结为归属没有揭示所有权的任何本质。

如果上述理解的归属意义过于宽泛，按照狭义的严格限定来理解，那么在面临他物权的时候又是一个难题。

的确，物权法的根本任务在于规范财货归属秩序，但这是物权面临的问题，并非物权本身，用“归属”解释物权，那又用什么来解释“归属”呢？除了支配排他之外，实在想不出什么更好的思维工具了。归属与管领，其用实践形态来表达就是某种支配地位，而其

---

① ［德］鲍尔·施蒂尔纳：《德国物权法》（上册），张双根译，法律出版社 2004 年版，第 58～61 页。

② ［德］卡尔·拉伦茨：《德国民法通论》，王晓晔等译，法律出版社 2003 年版，第 300 页。

在规范上的表现方式就是排他，某物归属于我的唯一含义就是他人不得染指，这里又回到了问题的源头。

二、支配与排他：哪个更接近本质

（一）物权对人关系的规范表述：排他

关于如何看待物权性质的立场方面，我国主流观点赞同对人关系说，主张物权对物关系为表象，对人关系为本质的思路。从法律关系的角度来观察，对人关系说关于物权的认识更合乎物权作为法律权利的本性，因为对物关系并非法律关注的对象，人与物之间怎能产生法律上的权利关系？物权的核心问题是解决“是谁的”，物权关系产生的前提是财货的相对稀缺性，人们之间由于僧多粥少而产生定分止争的要求，它不是僧与粥的关系，而是众僧之间如何分粥吃的关系。离开人与人的关系，则物权既无意义，又无必要，物权正是以法律的手段定分止争，以构建法律关系的方式调整资源分配关系而形成的人与人之间的关系，这一点当无疑问。作为法律关系的物权只对人与人边界处潜在的利益冲突发挥作用，而边界之内被认为属个人自由领域，与他人无涉，法律也不应介入，故物权外壳之下诸项支配权能，并非法律关注的对象。

从法律关系的角度来看物权，它必然体现为一种权利义务的对应关系，权利人的权利在于反对他人对物的染指，义务人的义务则表现为对物权人归属地位的承认、尊重和容忍、不干涉，又由于物权是一个人和任何人的关系，该是普遍、抽象的，平摊到每个人头上，据此所有主得对抗一切人，因此，物权以对抗他人为内容，以普遍的对抗为特征。在具体的效力方面，则集中表现为物权排他性。可见，排他性（绝对性）是对物权内容、特性的全面直接的落实。

据此毫无疑问，在表现物权法律关系性质方面，显然排他性更接近于对人关系这个本质，事关物权根本。而支配，则偏重对物权权能,对其经济内容的描述,侧重在现象方面。物权作为一种法律关系,对物关系为表象,对人关系为实质,其表里统一于某种法律状态,这里不是折中。人对物难谓权利,权利只存在于社会关系中,作为私权,只存在于平等主体的市民关系中。对物为法律上之支配必然要获得普遍的对抗效力才为可能,否则难为支配,故排他效力,是在社会中对财货定分止争所必需者,这是其权利性之所在。

(二)支配性的表述缺陷:理性抽象不彻底

在物权定义中坚持支配一要素说、在物权观察视角上秉持对物关系主义者,都主张支配性为物权最本质属性,排他性为其包含或居于从属地位。王利明先生的《物权法论》持此论点。谢在全称物权为"直接支配物之权利",认为在物权的诸属性中,支配为第一性者,关于物权本质更是明白地归纳为"直接支配性",其含义为"所谓物权之直接支配性,是指物权人得依自己之意思,无须他人意思或行为介入,对标的物即得为管领处分,实现其权利内容之特性"。[①] 这里,如上文关于语词的分析可知,坚持一要素说的论者所称之支配,意为事实支配,内容是人对物的管领控制、利用及处分。

支配说的最大缺缺陷是停留于现象描述而未进行理性把握,有学者曾在所有权定义问题中所批评的权能列举主义的弊端,在这里同样显现出来。占有、使用、收益、处分4项权能,如其所说,确实是所有权的表现,是所有权的现象;然而,这些学者接下来所发现的本质又是什么呢?其所归纳的所有人对所有物的支配权,或者说支配力,也只是占有、使用、收益、处分这四项权能的综合,正如有学者所指出的,"仍属于所有权的现象范畴,并非所有权的

---

① 谢在全:《民法物权论》(上、下册),中国政法大学出版社1999年版,第16页、第125页。

本质”。[①] 实是五十步笑百步,而其追寻所有权、物权本质的抽象化之努力,也前功尽弃。以支配性来概括物权本质属性,其抽象过程是不彻底的。

支配说上述缺陷的一个原因在于“支配”的含义过于宽泛,正如有论者已经指出的:什么是支配力?无非是指支配作用。什么是支配?无非是指主体对客体的一种自主作用,即主体在客体上实现自己的意志的作用。任何权利都包含主体和客体。任何权利主体对权利客体的自主作用,都是支配。在这一意义上,任何权利都可称为支配权。人身权是权利人对自己的人身的支配,财产权是权利人对自己的财产或行为的支配。如果因为所有人对所有物的占有、使用、收益、处分属于所有人对所有物的支配,就认为所有权的本质是支配权,那么,任何权利主体行使权利都是对权利客体的支配,是否任何权利的本质都是支配权呢?如何从本质上区别所有权和其他权利呢?

因此,支配性对物权内涵概括得不成功,根本原因就在于“支配权”这个词本身的含义模糊,所谓支配的说法含义太空泛,而且使用不规范,往往为人所任意引申,我们可以支配现实,也可以“支配”精神,支配“命运”等不可捉摸的东西。非唯常人,前辈大师们亦常如此,比如,萨维尼在论证物权与债权的二分体系时说,它们分别意味着“意思支配的标的为‘不自由的自然’和‘他人’两种”,这样非但物权,债权也被解释成支配,甚至(在引申的意义上)他人亦得为支配对象;另外,从“请求”角度来观察,债权、物权也可以都被解释成请求权,“请求权”这个名词的发明人温德夏伊德就是在这一统一的解释下,将物权与债权分别理解为对一切人的请

① 李锡鹤:《所有权定义形式之比较》,载《法学》2001年第7期。

求权和对特定人的请求权。[①] 相比与“支配”“请求”这些语词的含糊，排他性、绝对性则有比较确切的含义和更为规范的用法了。若由此而严格界定“支配”的语义，限于言法律上的支配，则这个意思与“归属”，与物权本身等价，不足以自己形容自己，且非引入排他性要素难以表述之，下文分析之。

（三）排他性能否为支配性包含

主张支配性为物权本质的学者，为了以支配性统一涵盖物权性质，有时试图把支配性作为排他性的根源来看待，认为排他是支配的结果和内容。谢在全认为排他性为支配性天然所涵盖，“物权系以支配特定物为内容……实则物权之排他与否，乃因对物直接支配所使然。故对物直接支配已足以说明此项特征，况属于支配权之权利同具此项性质，故不以排他性为物权定义之一部尚不成问题”。[②] 在强调了“直接支配性”的对物关系与他人无关后，又提出支配性的效果导致物权的排他性（在一物一权意思上），此种认识应当是来源于北川善太郎，其主张“对物之直接支配，即表明构成物权要素中的法律上之力为直接支配力，所谓排他性为此直接支配力之当然具有性质”。[③]

这里存在两件事需要明确：一是谢在全先生坚持支配说并非否定排他性本身，是因为他认为排他性已隐含在支配性之中了；二是认为支配包含排他是否有理？如前文语词的分析，如对支配理解为归属意义上的“法律支配”，则其与“所有”同价，自然是一种独占地位，自然包含了排他的意思。而谢在全先生对支配的理解，恰恰不是法律支配而是“直接支配物”之事实支配，并对此“直接”

① 参见冉昊：《论中间型权利与财产法二元架构——兼论分类的方法论意义》，载《中国法学》2005年第6期。

② 谢在全：《民法物权论》（上册），中国政法大学出版社1999年版，第14页。

③ ［日］北川善太郎：《民法总则》。转引自尹田：《论物权的定义与本质》，载《中外法学》2002年第3期。

特意解释为“所谓直接，乃指物权人对于标的物即客体之支配，无须他人意思或行为介入即得实现之谓”，强调不需他人，完全自足。对此支配的含意解释为“所谓支配者，指依权利人之意思，对物加以管领处理而言”，并举了许多例子来说明这些支配，其反复描述者，亦无非占有、使用、受益、处分诸项，实际上仍然未能脱离权能列举的思路。那么说这种事实的支配也天然地包含了法律上的排他效力，恐怕不能自圆其说吧。

谢在全反对排他性纳入物权定义，是通过缩小解释排他性的内涵（理解为“一物一权”），而“理所当然”把它降到为支配性所包含的从属地位去，这当然是不恰当的。一方面，当然没有人会去说“一物一权”是物权的本质属性；另一方面，真正的排他性实际上是被规避了。令人注意的是，少去排他性要素后，剩下的“支配性”顿时意义不完全起来，由此使人再一次意识到排他性要素之不可或缺，也意识到排他性与支配性二者间的深厚渊源，而这可能也是论者认为排他被支配当然涵盖的原因。谢在全先生在探讨过程中，在把排他限定为“一物一权”并将其从物权定义中否弃之后，深感于关于物权本性中的普遍对抗效力无从表达，一方面特地在物权的效力、物权的属性部分着重探讨“保护之绝对性”；另一方面对支配性做两面之扩大解释，杜撰出一“消极支配”，称“物权系对物直接支配，此区别于债权，又其他人既负有不得侵害之义务，则他人之意思与活动亦因此受限制，谓为对人之消极支配，亦不为过”。[①]

且不说这种“消极支配”的提法多么牵强，仅仅“支配他人”这一观念，在自由平等市民社会的今天，亦足以骇人听闻，其不恰当是非常明显的。其做这样的说明尝试，也确属无可奈何之举，动机无非是为了弥补排他性缺失之不足，因为此时剩下的支配性已不

---

① 谢在全：《民法物权论》（上册），中国政法大学出版社1999年版，第25页。

是理想状态的“支配性”了,其意义已不完全。然而,因为排他性不可或缺而说它是支配性的内容或结果,则完全是一种倒果为因的逻辑,这里的要点是“支配性必须要加上排他性的内容”,而不是“天然包含了排他性”。总之,认为排他性被支配性包含的说法需要三个前提:一是缩小解释排他性;二是扩大解释支配性(积极支配+消极支配);三是在直接和引申两种意义上使用“支配性”。这三点显然都是不太妥当的。

(四)对物支配获得物权性的关键

在上述情况中,论者直觉到的支配、排他二者间有密切之联系,以致往往想当然地认为排他是支配的当然内容,说明大多数情况下二者是结合在一起的。但当我们说到“排他地支配”“绝对地支配”之际,却确切地并未感到有任何同语重复、画蛇添足之嫌疑,而那种非排他性的支配,亦非不可想象者。比如,公有制下的支配,双重所有的国企产权安排体制下,国家或企业本身对企业的支配等皆是。拉伦茨还曾专门提出一个“相对的支配权”概念,以指称使用承租人、用益承租人、借用人根据债物关系而享有的占有和使用的权利,认为其也是对物的直接支配权,但并非物权,原因就在于其权利绝对性之缺失。[①] 这些“相对性支配”的存在,一方面说明了绝对性(排他性)与支配性之结合并非必然,无绝对性内容的债权之支配,乃至纯粹事实之支配亦得单独存在,此时其性质不是物权;另一方面则说明了正是绝对性之存在,使单纯的支配(或为债权支配)获得了物权性质。

故支配可以有多重方式的支配,可以是物权之下的支配,也可以是某项管理权之下的支配;可以是独断的支配,也可以是共管的支配,还可以是“相对所有”“分层所有”“双重所有”体制下的分别

---

① 参见[德]卡尔·拉伦茨:《德国民法通论》,王晓晔等译,法律出版社2003年版,第285页。

支配。但这些支配状态都不足以成为物权,唯有排他之支配,单一权利人对抗全体义务人而言的那种支配,才是物权支配。

如此,则排他性是对支配的进一步限定,是支配的权利形式。排他性与支配性之间的关系如此紧密,是怎样的一种关系呢?如上文所分析,其不应当是因果关系或包含关系,也不应当是并列的或非此即彼的关系,正如尹田分析,二者存在一定的层级关系。二者是对物权在不同层面上的把握,其中支配把握物权的权利内容,排他则重在其权利的形式,而对确定物权本质来说,形式要高于内容,这是形而上学的看法,而物权这个权利类型本身,本来就有浓厚的形而上学色彩。

在物权概念的诸要素中,支配是一个描述性的要素,排他是其限定性要素,从支配性人们可以大致把握物权的外观和经济内容,而唯有从排他,才可以准确把握其法律性格,才能看到物权作为一项严密精致的权利类型,其效力、范围以及其发挥作用的方式何在。经其界定,对物的支配表现为"独占",对物之利益的享用表现为"独享",对物的控制处分表现为"独断",物权之权利色彩跃然纸上,至此才为一项法律效力的权利类型,而区别于生活事实与经济内容本身了。

因此,尹田指出:"物权一定是对物的直接支配权,但对物的支配权并不一定是物权,一项对有体物的支配权之所以是物权,其根本原因并不在于主体享有一种对于该物的支配权利,而在于法律认可该支配具有物权效力。"[①]质言之,对物支配之所以成为权利的原因,在于该支配有了排他性,对物关系有了对人效力。在边缘的情况下,有无排他性正是判断某项权利为物权或债权的标志,特别是在支配关系复杂的情形中更是主要标志,学者们在讨论某些债权的"物权化"问题时,也正是以该债权有了对抗第三人的效力

---

① 尹田:《论物权的定义与本质》,载《中外法学》2002 年第 3 期。

为依据。故某些权利表象为某种对物的支配，但由于欠缺排他性而不能归入物权，如孙宪忠断言："不能对抗第三人的权利，其本质就不能说是物权，因为凡物权就必然有对世性的特征，如抵押不登记，抵押权就根本未成立。"[①]同理，某项权利虽然表面上并无支配物之客观表象，但因其具有对抗第三人的性质，从而具有排他性，也是一种物权。

（五）物权法中诸多原则、制度的逻辑总起点

就潘德克吞体系而言，排他性贯穿物权法的始终，在整个物权法体系中处处皆有表现，是对于物权一切理论说明的逻辑总起点，更与物权的各方面效力均有因果关系，与物权三大原则更是甚有渊源；排他性与物权行为理论及物权转让形式主义都出于同一思考。可以说，作为整体的物权法体系，其所有制度、原则、规定中都遗传了物权排他性这一前设，并在此一点上形成了统一的体系。反观支配性，论者对其谈论一般仅仅停留在总论部分，确切地说是概念和特性这些部分加以讨论，进入分则和具体制度、规则中的层面则鲜有提及者，可见直接支配物这一要素，无非物权之最为直观的、初步的印象而已，仅仅是对物权停留在表面的认识上的一般描述，说其为根本属性，显然牵强。

（六）绝对性、排他性与物权概念本身的同步发展

有学者总是强调支配性、对物关系是自古就有，而排他性、对人关系是晚近以来才有的观念，但这恰恰说明，正是随着排他性从隐到显的发展过程，事实支配才逐步成长为法律支配，物权法的体系才逐渐形成并日趋精致，物权及物权观念本身就是一个晚近以来才出现的新事物。从古代的占有制到中世纪财产权到现代物权，排他性经历了从隐到显的过程。

在早先的占有和财产权中，排他性是支配性的结果，因为支配

---

① 孙宪忠：《德国当代物权法》，法律出版社 1997 年版，第 76 页。

某物的三维实体,如果被认可为一项权利,权利人当然可自由地采取任何手段确保其支配利益,如随身携带、筑起篱笆、武装守卫、日耳曼占有法中的追迹程序等,法律虽然认可权利人的自己支配,但并未直接赋予权利以排他效力,而只是当作一件事实来对待,基于自力救济,产生类似排他的结果,但这种排斥力既不能离开占有实体,又无自身的权源依据,仅是个别的、偶然的、事实上的对抗,不是稳定规范的普遍对抗意义上的排他性。即如霍姆斯(Holmes)所说,排除他人对自己当前持有之物的侵夺,是一种连孩子都具有的本能,甚至连动物都具有这种本能,如海豹的习性就是一个明显的例子。可以抗辩说海豹的例子和小孩抢夺玩具的情形与法律无涉,但正如奥诺雷正确地指出的那样,甚至在法律社会里,"以法律来确认这种本能,就是保护占有,但这并不是保护占有权,因而也并非对所有权的保护",[①]也就是说,这种作为外在保护手段的排他,与所有权本身无涉。

然而,对于成熟的物权制度来说,排他性不但可以离开支配性,而且,物权可以仅仅在排他性基础上建立而不问事实支配,如土地抵押的情况等。"当占有脱离于物时,仍得假定有归属关系覆盖其上,此系一种抽象的想象,拟制的观念占有在此产生"。[②] 这时,物权的排他性凸显为所有权最重要效力,表现物权的最好形式,甚至直接成为所有权本身,此时的排他性已不再是支配的必然和附属性质了。物权发展的历史是权利从生活事实中步步抽象的历史,在此过程中,排他性从作为现实支配的必然结果和附庸,上升为权利的直接来源,从幕后走到前台,后来居上,反客为主,一跃而成为物权的核心内容,直接表现一种意志的、法律的支配力,但

① [法]奥诺雷(A. M. Honoré):《所有权》,金可可译,载公法评论网:http://www.gongfa.com/caichanquanaonuolei.htm,最后访问日期:2018年8月17日。

② [英]亨利·梅因:《古代法》,沈宗灵译,商务印书馆1959年版,第143页。

此时,“支配”已经是一种隐喻的用法了。

总之,对人关系、排他性、绝对性,比起对物关系和支配性更接近物权的本质,排他性并非附属于支配的外在的东西,恰恰是物权成为一种独立权利类型和制度体系的真正基础。

三、从排他性到绝对性

(一)“排他性”表述面临的语词困境

物权对物关系的一面是其现象,权利的本质在于对人关系这一面,但如何把对人关系的本质表述出来?常用的表述工具就是排他性和绝对性。其中,对排他性的理解在很多学者中并不一致,产生了很多歧义,渐失其本意所在,而且往往与对世、对抗、绝对诸语词混用,更增其意义的不确定性。此外,物权的排他效力是有其专门内涵的另一术语,但论者往往混淆于排他性,由于未能抓住根本,叠床架屋、反复论及,许多现象在不同层面上互为说明循环论证不已,在此过程中,论者还容易轻而易举地用名词替代实行概念偷换,如此,鉴于语词之困境,实有统一称谓、统一表述之必要。

排他性产生歧义的根源在于“他”的含义不明,是指他人还是其他物权,是他人侵害还是他人协助,怎样理解都不算错,于是大家各执一端,才发生相同的术语却有不同的用意的情况。而各种理解都仅仅是某方面的一个碎片而已,难为整体意思之准确把握,这就可归因于排他二字表现力不足。作为物权对立面之债权,可称为相对权,而物权与此相对权对照却难谓“排他权”,一般以绝对权称之。绝对性比排他性能更好地表现其对人关系的法权属性,因此,对物权对抗第三人这个意思,更好地表达应该是物权的绝对性。

(二)绝对性是排他性背后的“因”

除语词问题之外,排他性按其字面揭示的意义,更多的是从消极方面着眼,侧重于描述物权在权利的效力、作用方面的表现,显然不是第一性的问题,所以排他性仍未能对物权本性进行最高概括。相比之下,绝对性则更涉及根本,直抵物权自身性质,这里是一个认识上的层级关系:排他停留在规范层面,绝对性到达物权的性质层面,是最高之"应然"了。从这个角度来说,可以认为排他性是绝对性的外在表现,对此本书赞同尹田老师的说法,即物权的排他性不应做字面理解,排他应当理解为"排斥",某人支配某物,即排除他人支配之可能,则排他性表现了物权人与"任何人"的法律关系,这种对"任何人"的普遍对抗,正是物权之绝对性所在。孙宪忠老师亦曾指出,排他性是绝对性的表现,因为绝对性意味着权利人的独占,权利人单方面意思压倒一切他人的意思得以优先实现,这在客观上必然表现为强烈的排他性。[①] 如此,二者成为表里关系,虽然意思大体相当,但绝对性是其内核。

(三)物权绝对性的完整含义

鉴于排他性在表现对人关系方面的缺陷,本书统一以"绝对性"来指称物权在普遍对抗他人这方面的特性,认为绝对性是对物权本质的最高概括。作为物权对人关系本质的最高抽象,绝对性隐含的意思在于"一项物权对一切人来说皆为正确",即物权相对于整个世界是有效的(good against the world),"'绝对'一词在这里是用来指这种权利不会发生无效,而且也不是相对的"。[②] 根据拉伦茨所把握的"它赋予权利人可以对抗所有他人的一种法益,从而每一个他人就此负有义务,要允许权利人享有这种法益,还要不侵犯这种法益",[③]此"绝对性"之完整内涵,应包括以下诸要点。

1. 在正面之本意上,着重强调权利人单方意思之对人优越地

① 参见孙宪忠:《中国物权法总论》,法律出版社2003年版,第42页。

② [英]F. H. 劳森、B. 拉登:《财产法》,施天涛等译,中国大百科全书出版社1998年版,第43页。

③ [德]卡尔·拉伦茨:《德国民法通论》,王晓晔等译,法律出版社2003年版,第300页。

位,在确定的领域内,法律认可物权人一人的意思对全体他人为唯一正确者,这里表现为权利人意思对他人意思的优先性,即独占、独断、独享这个意思上的“排他”与“对抗”。

2. 反面之意思,着重强调全体他人承认、尊重、服从这一单极意志的消极义务,在确定领域内,可以排除来自他人之干涉,即所谓“对抗第三人”,按帕夫洛斯理解的,消极义务也是义务而不是“nothing”,相对人只是负消极义务,而不是不存在或完全无关脱身事外。

3. 在范围上,强调对抗的普遍性,义务人的范围为不特定的第三人,既非某一特定债务人,也非实施侵害行为的侵权人,此即物权的对世性。这里对应着债权的相对性,在体制上也对应着任何相对所有权制度,其要点是对一切人有效。

4. 在法律效果方面,确保某物在任何时点,其归属都有明确可靠的定在,权利对任何人都有效,“不得及于二人”,以消除任何仅有片面对抗效力的“权利相对性”状况。

上述要点可从两个层次来把握,前两个要点重在强调物权是“人对抗人”而非“人支配物”,正反两面归结为一种人与人之间的“对抗”关系;第三个要点强调了这种对抗范围的普遍性和确定性。结合起来,对绝对性完整内涵的把握是:绝对性 = 普遍对抗 = 排他(唯一正确) + 排他(排除干涉) + 对世 + 确定。这样理解的“绝对性”,是排他效力、一物一权、对抗效力、对世性等方面的最终依据,而其本身不需要其他理由来证成,是第一因,故称其为根本属性方为妥当。对绝对性内涵做严格的准确把握,庶几可免于重蹈语词困境的覆辙。这里进一步需要明确者,是将其区别于一些近似的说法,本书不认为其是绝对性的含义。

一种理解即一些著者所说的“保护之绝对性”,以及一般所理解的不可侵性。这些理解强调的仍然是排除他人侵害的意思,仅仅是绝对性之一个结果和侧面。例如,谢在全对保护之绝对性说明为:“所有权神圣不可侵犯,不仅他人不得侵害,亦非政府所得任意剥夺,是为物权典型之所有权绝对性。”“物权人于其标的物之支配领域内,非经其同意,任何人均不得侵入或干涉,无论何人若擅行侵入或干涉均属违法,此即为保护之绝对性”。[①] 表面来看,意思接近,但实际上很有问题。这种理解只强调了绝对性的第一层意思——对人关系,而未强调出其效力的对世性,而且其对人关系方面的全部内容中也只强调了反面的意思,并未突出正面之本意,其概括是很片面的,并且给人以误解以为绝对性在遭受侵犯指示才显露。

首先,这样界定物权的本质难免令人怀疑:物权本性为不可侵性,难道其他权利就可以侵犯么?很容易使人得出结论说,绝对性在不可侵性这个意思上是一切权利共性,因此难谓其为物权之“特性”,理解的偏颇必须纠正。正如孙宪忠所指出的,任何权利均有排除他人侵害的效力,针对侵权的排斥力不是物权的特征,排他性重在表达一人意思对全体他人意思的优先。从人对物的优先到人对他人的优先,于特定领域内某人的意志对一般人为唯一正确者,这是法律观念进化的结果,不宜简单等同于不可侵性,而失却其理性魅力。其次,“他人侵害” 比“他人干涉”,意思上要窄,这般界定,人为减少了绝对性的含义。如果绝对、排他仅仅侧重于“排除侵害”这个方面,则忽视了相对人对物权人义务的全部内容,除了不得侵害,还应包括一定正面的承认、尊重,甚至积极义务,如在一物二卖、无权处分等情况下,绝对性的作用就不限于排除侵害了。再次,又一个逻辑难题是,任何人对物权人的干涉与妨害,在何时为被确定为“不法”?若其本身天然地已经确定为不法侵害,如上所述,则是一切法律所禁止、一切权利得对抗者,不足命名为物权

① 谢在全:《民法物权论》(上册),中国政法大学出版社 1999 年版,第 24 页、第 27 页。

特性,如果行为在逻辑上因物权绝对效力之故才被确认为不法,确认某行为是否为侵害的依据是绝对性本身,再用事后的结论来作为事先确认不法侵害的依据,显然又是循环论证,难以说明问题。所以,这里排他、绝对、对抗的本意重点是说仅依权利人单方意思独断地实现权利,并不是说排除他人侵害的意思。最后,“保护之绝对性”的提法,表现出强烈的公法倾向,是在物权之外,居高临下的为专断之“保护”,令人难以接受,而事实上,“保护之绝对性”起初正是在诉讼中的提法,以之限定实体私法上的权利,恐非妥当。

还有一种理解的绝对是在“私有财产神圣不可侵犯”旗帜下的“权利行使方式的绝对”,有时称“所有权绝对原则”等。其问题,一是与“保护之绝对性”提法类似,公法色彩;二是意思上还停留在“支配”的附属品质中,是关于权利行使方式的绝对而非权利性质的绝对,如法国法上的“所有权绝对”更多的不是关于所有权做理性分析的认识,而更多的是一种观念,一个口号,并无多少技术内涵。它意在强调所有权的刚性,特别是对抗公权力方面的强大,强调一己之无限自由,权利的边界无限大,上至天空、下至地心,不仅对抗他人意志,甚至公共福利等亦得对抗。这些本属政治性的观念于探讨物权的根本属性并无实益,而且更易于招谤聚讼,授人以攻击诋毁所有权之口实,实际上,近代以来许多反对物权绝对性的著述,其正是由此作为借口之一的,本意在于强化物权效力的口号反而成了物权最易受攻击的缺陷,弊大于利。故本书所说之绝对性,与这个意思上的绝对性含义不同,划清界限。

第四节　物权与债权的区分标准

一、物债二分体系对研究物权根本属性的意义

按对人关系的思路理解物权,在克服了物权“支配”的迷雾后,透过其对物关系的现象发现了物权对人关系的本质,如此发现

了对物权与对人权这对概念(及其后裔物权债权)的权利共性——都是人与人之间的法律关系,并无对人、对物的本质上的差别。但关于物权本质的追问是否就可以到此止步了呢?霍菲尔德就是这么认为的,他认为这一对本质相同的概念,如果有差别也仅仅是外在的无关紧要的量的差别。但对于民法法系的学者显然不是如此简单,在发现了物权债权的共性后,接下来的问题就是如何区分这两者了,所谓"对事物的本质的思考是一种类型学的思考",如果不能确切明晰地把物权与债权区分分开,则对其任何一种权利的性质认识也不算完整。所以为进一步追寻物权、所有权的全部特性,在论证了物权、债权统一于对人关系之后,必须要进一步探讨物权债权的根本区别何在。

德国法系民法在财产方面的显著结构性特征就是物债严格区分,故所谓物权根本属性,也就隐藏在这种区分之中。从某种意义上来说,这样的类型化倾向本身就是学说汇纂式的,其界分思路本身就有明显的法系文化色彩,由此导致的区分结果——物权与债权这对概念,本身就具有这种法系文化属性,它们是潘德克吞体系化的产物。① 日本学者北川善太郎对此背景概括为物权法与债权法的体系,是在一定历史条件下被规定和形成的东西。在严格的权利类型体系内,某个权利概念的性质是由其上位概念的共性加上其在分类中的个性构成的,故物权性质的另一部分内容存在于其与债权的区别点上,故我们在讨论物权本质的话题中不可越过债权与物权的区分。正如孙宪忠先生所说,讨论物权应该放回到潘得克吞体系的债权与物权二分法体系中去,离开这种体制空谈物权及物权性质是没有意义的,物权应与同一级对立面的债权比

---

① 也许,只有大陆法系的学者,在思维里渗透"概念法学"基因的那些人,才会煞费苦心的思考某项财产权利的精确性质,为正名分而绞尽脑汁,因此讨论债物区分,应当时时不忘这一法系背景。

较,从债物对比中才能发现其特性。[①]

二、非主流区分方式:量的区分

非主流的区分思路主要反映潘得克吞体系外的学者谈到债权、物权时的一种态度。在"实质物权"理解下,以国际通用和各国固有观念冲淡这对概念固有的概念法学色彩之后,其区分就表现为一些现象层面的、次要方面的、量上而非质上的差异,这些差异也就无关紧要了。比如,从经济内涵来看,物权无非是一种现实的直接的物质利益,债权则是预期的间接利益;从权利功能来看,物权比债权有更强的刚性,债物二分法是利益保护上强弱的两个极端,它们是强度的区别。[②]

量的区分的代表之作无疑是霍菲尔德的"权利数量"观。对于罗马法系对物权(*jus in re*)和对人权(*jus in personam*)这种二分法,在通过法律关系模型分析,论证了这两种权利在表彰对人关系方面的本质相同性之后,霍菲尔德提出单一权利和多重权利学说。这种思路从构成法律关系的权利群(权利束)数量来区分两种权利类型,认为对人权是对人的少量权利,而对物权是多重权利。其看法是:"少量权利(paucital right or claim),也就是对人权,要么是赋予某人的单一的针对另一个人权利……或者是包含几个基本相同但各自分立的权利群,分别针对几个特定他人;而多重权利(multital right or claim),也就是对物权,却总是一大堆基本相同却各自分立的权利群,这些权利群统归一人享有,而分别针对庞大而不特定的人群中的每一个人。"[③]

---

① 参见孙宪忠:《中国物权法总论》,法律出版社2003年版,第40页。

② 参见冉昊:《论中间型权利与财产法二元架构——兼论分类的方法论意义》,载《中国法学》2005年第6期。

③ Pavlos Eleftheriadis. "The Analysis of Property Rights". *Oxford Journal of Legal Studies*, 1996, Vol. 16, No. 1, 34 - 50, Oxford University Press, 1996, p. 43.

霍菲尔德的数量观是在分析“对物权”概念的过程中产生的，表明与民法法系学者的分歧所在。他在赞同奥斯丁关于两种权利区别在于“范围”而不在于“对象”的前提下，对奥斯丁的主张进行了“微小却意义重大”的纠正，其权利束的思路从另一个方向上来诠释对世性。奥斯丁的认识是“对物权是普遍地总体地(universally or generally)对抗他人的效力”，就是把义务人——所有世人当作一个整体看待。霍氏则认为，不能说对物权是“普遍的总体的对抗”，而应当说它**分别地**约束每个义务人，每个义务人都分别地对权利人负有一项单独义务：不能说有一个统一的权利，对应着除权利人本人外赋予全体他人的统一的义务，而应当说，有许多分立的权利，现实地或潜在地对应着另一个人的义务。在这个放射状的法律关系结构中，义务人各自承担“分别的、单独的义务”，纵这些义务内容相同亦不得联结为一个共同义务，其中任何一个义务人违反其义务，不影响他人地位。这样所有权关系构成的无数对单独的“权利—义务”各自独立着。经过这样“原子化”的透视后，以法律关系统一说明所有权与其他权利的性质，对人对世的区分在这一层面意义不大。①

据其思路，根据合同产生的对人权，与对物权有相同之性质，都指向分立而不相联结的数个他人的对应义务，对物权的每一项具体权利(claim)都对应着某个他人的某一项义务。就此而言，对人权与对物权在本质上并无“内在”之区别，区别当然存在，即权

---

① 霍菲尔德还通过一个假设案例的说明，以强调物权债权的区分无关紧要。比如在某情形下，土地所有权人A与另一个人B达成一个契约，约定B不得进入某一块属于X的土地。嗣后，A又与当事人D和C分别达成了内容相同的契约，在此情况下，大家都会同意说A对这三个人分别享有的是内容相同而各自独立的三个债权；设想在另一种情形下，A与B、C、D分别达成了与上述相似的契约，唯一区别是约定这三人不得进入A本人所拥有的土地。霍菲尔德指出后一种情况下，B、C、D负有的义务与前一种情形完全相同，都是独立、相同、分别的义务，两种情形下的三对权利—义务对应关系的状况完全一致。

利数(companion)之多寡,但这"外在于"作为法律关系的权利之构成。并认为"除了这些外部存在的权利数多寡之别,对人权与对物权再没有别的区别了"。[①] 所以其结论是,对人权与对物权的区分,只是外部的、数量的区分,内部的"权利—义务"关系结构都是相同的,就其法律关系的重要方面而言就无关紧要了。[②] 这种量化区分在某种程度上代表了英美法学者对大陆法财产权二分法的理解,在英美法系学者中得到广泛的认同。

这般单纯从数量区分两种权利类型亦很成问题,有学者质疑,按照这样的理论,当物权受到侵犯之时,义务主体就由不特定变为特定了,单纯的物权关系在未受到侵犯时却是不重要的。因此,这种单纯的数量分析,不可能对物权、债权做出明确区分。[③] 对此,霍氏坚持债物区别不在于权利本身,而在于其各自存在的背景,而背景则随环境而变动不居,如果某些"成员权利"消失,则今日之某项对物权,明日就可能变异。为避免这样说造成的不稳定性,霍氏又加了个条件:这种权利群中有些权利成员总是存在的,而且是根据更稳定的条件存在,那这个保持恒定而使物权有其确定定在的核心又是什么呢? 霍菲尔德并未说清。

普通法学者认为,这样以数量区分与大陆法学者区分绝对权相对权异曲同工。确实,本质上而言这一权利群数量研究,仍然是对"对世性、绝对性"的说明,但其区分的不彻底性可以摧毁体系,就其表现的量化分析方法而言,它不仅可以统一财产权的二元划分,还可以进一步统一财产权与人身权,乃至一切权利的差别,最终可以把整个权利分类体系彻底解构掉。所以这种权利群数量淡化绝对、相对二分法的主张,其要点不在于怎样区分,而更多的是

---

① Pavlos Eleftheriadis. "The Analysis of Property Rights". *Oxford Journal of Legal Studies*, 1996, Vol. 16, No. 1, 34 – 50, Oxford University Press, 1996. p. 43.

② Ibid.

③ 参见梅夏英:《财产权构造的基础分析》,人民法院出版社 2002 年版,第 46 页。

一种强调共性而弱化个性的路线，这种思路本身未必不对，只是其表现了明显的反类型化倾向，不是区分而是解构，且对于我们探讨的区分标准问题，已经离题太远了。

三、主流界分方式：质的区分

在民法法系内，坚持债物二元对立的框架，把债物二权当作有相反性质而互为对照的一对矛盾概念。从宏观着眼，它们反映两种不同的法律关系状态，“债权反映着动的财产关系，物权反映着静的财产关系”。而从规范层面着眼，则要从法律关系的构成及权利的作用方式区分；从权利内容上的支配权与请求权；从客体为物或为给付；从权利产生方式上法定意定等，是一般的观察角度。除此以外，权利的效力、权利的保护方法等也常被用来作为区分物权与债权的分析材料。①

史尚宽教授大体概括为：债权与物权在性质上不同，前者为请求权而后者为支配权；物权有排他性而债权有平等性；物权有追及性而债权无此性质。就同一物而言，如物权与债权并存时，物权通常优先于债权。② 为彰显规范层面的多元区分标准，梁慧星教授就债权物权的区别统一做了条分缕析的说明，共归纳为五点区别。而孙宪忠基于“从债物对比中才能发现物权特性”的指导思想，在债物对照的方向上，总结出物权特性为有体性（物权客体只能是特定物）、支配权、绝对权、排他性。总体而言，就债权、物权进行质的区分主要从**权利性质、发生依据、效力范围、具体效力、存在期限、客体这几个角度**，这六点代表了当前就物债区分的主要方法。

李开国《物权与债权的比较研究》一文，对物权与债权的区别

---

① 参见尹田：《物权与债权的区分价值：批判与思考》，载《人大法律评论》编辑委员会组编：《人大法律评论》，中国人民大学出版社 2001 年版，第 2 页。

② 参见史尚宽：《债权法论》，中国政法大学出版社 2000 年版，第 1～3 页。

作了“新的归纳和阐述”。[①] 仔细分析这些“新的概括”可以发现，其思路仍未超出传统的六点界分方法，只是改换了一些提法而已。该作者认为，其经济区分有超越传统的意义，其实，这一点观察仍然是传统区分视野的宏观总体观察，而所添加的“利益状态”标准是利益法学的透视结论，这样去认识权利是一种法律之外的观察方式，物权、债权的区分可以用此去描述和传达，却不能反过来拿它去作为判断一项权利是物权还是债权的标准，并无多少可操作性，故这一界分标准与其说是个标准不如说是个界分结果。

所以可以归纳：债权与物权在规范层面的界分标准，一直未能超出这六点的范围，这些多元标准大多都是对其某一侧面、某一具体问题上的区分，那么这些标准之间，可否相加、互补、折中、共容和密切合作？

在这六个标准中，首先说期限标准，它主要是着眼于所有权的永久性所下的判断，但非全体物权特征，可以剔除。其次看发生依据，意思自治仅仅是合同法的原则，而债权的种类不限于合同非全体债权特征，这个标准也可剔除。再次看具体效力的区别，这些区别是存在的，但该标准本身却不是孤立的，直接来源于权利本身的性质，以及“效力范围”。最后关于客体标准，这个标准本身无问题，而且是很显著的区分标准，但是这个标准一方面如前文所述效力标准一样，是附随于权利性质者，（财产）支配的客体当然是实物，请求的客体当然是给付行为，此不待言。另一方面，本书还认为，物权的客体限于有体物，乃是基于物权绝对性的一个必然理性结论（第三章论及此问题），故认为客体区分标准亦不孤立存在。

剔除了不恰当、不充分的区分标准，再合并了彼此有因果和包含关系的标准，在最根本的层次，债物的多元标准结构就可以简化成两项，即“权利性质”和“效力范围”了。这两个标准也因此在最

---

① 参见李开国：《物权与债权的比较研究》，载《甘肃社会科学》2005年第2期。

一般的讨论中一直被论者作为债物的基本区别，通常来说，在两相对照的态度下，把物权理解为在特定物上享有的支配权、绝对权，把债权理解成就特定给付享有的请求权、相对权，物债二权如此相互对照而并立存在。这样统一理解的二分法结构是为大家广为接受的观念。

问题在于，同时具备这二性的权利形态只是物权和债权中的典型形态——所有权和合同债权，而在大部分并非典型的情况下二者是无法兼备的，在具体情势中总有某方面特征不够明显，这里就产生如何找出最终标准的需求问题。同时，以性质和效力标准区分二者乃是共识，但能否兼顾，能否把这两项标准统一起来，统一于何，则是另一个问题。显然，这两项标准本意并非互补分述的，亦非截然无关者，而是交叉的，如果并用，会发生很多错综复杂现象，明显的情况是在“有支配而无绝对”，或“有绝对而无支配”等情况下，发生的“相对支配”和有绝对效力的请求权，则此时权利性质为债为物的判断则至为困扰。交叉标准的并用，在其交叉重叠部分是一种资源浪费同语重复，在之外单个标准的独立部分，则发生认识困扰，所以严格的类型化是不容许使用交叉界分标准的。如此，在性质标准和效力标准之间，为求其严格的科学性，则不是兼容的问题而是取舍了。

四、物权绝对性在型构二分法体系中的作用

（一）二分法体系的演进与效力标准的确立

若说两大财产权类型的区分关键是权利性质的区分，但“权利性质”的区分到底是支配权——请求权的区分还是绝对权——相对权的区分，则见仁见智。前述内容标准和效力标准的支持者或许都有各自的理由，对此更有意义的做法是切实考察物债区分的由来及制度演进，从中发现前辈法学家是如何成功地搭建二分法体系的，从中获得对区分标准认识的启发。

1. 对物之诉—对人之诉时期

财产权利二分法思路最早亦可追至罗马法,与统一的财产转让形式的进化,即要式交易行为“奈克逊”一分为二地分解为两个过程:直接发生转让后果的“曼兮帕地荷”与此前仅发生类似债的拘束力的“新奈克逊”是否有关,尚不得而知,[①]但罗马法对财产利益一分为二的观察思路并非陌生。至帝政后期,罗马法虽仍未有债权物权的明确定义,类似债的内容仍然附属于物法,但在诉讼程序上,因其权利多隐含于程序救济之中,罗马法程式诉讼的一个重要模式即对物之诉(actions in rem)和对人之诉(actiones in personan),是后世对物权对人权二分法之滥觞。[②] 但这种区分当然是粗疏的,盖尤斯对其说明为对人的诉讼是向负债人要求其“应当给、做或履行”,对物诉讼则主要是主张自己享有某种权利。[③]

2. 对物权——对人权时期

从罗马法复兴运动至近代自然法学,二分法体系开始定型。在此阶段,中世纪的注释法学派学者在对《学说汇纂》进行系统化整理的过程中,受到罗马法两种诉讼格式区分的启示,明确形成了对物权(*jus in re*)与对人权(*jus inpersonam*)的二元划分。后注释法学派对其含义作出各种说明,对人权与对物权相区分的理论在17 世纪、18 世纪得到了广泛的传播。直到康德时代,在其权利科学体系内,采纳了对物本身的占有(对物权)和对他人自由意志的占有(对人权)这对范畴。[④] 受到人文主义和康德伦理人格主义思

---

① 亨利·梅因《古代法》第八章探讨了统一交易过程分化为合同和交付这两步过程的详细情形,确切地说,是一个独立的契约行为从统一交易过程中独立出来的过程。

② 这种区分影响之广超过了国家和法系的界限,中世纪、后世大陆法各国,还有英美法系都有其传承,应当说肇示了一个“一分为二”的类型化开端。

③ 参见[古罗马]盖尤斯:《法学阶梯》,黄风译,中国政法大学出版社 1996 年版,第 288 页。

④ 同上。

想的影响，对物权与对人权的区分通常被归结为支配权和请求权。进入近代以来，在注释法学派所做工作的基础上，区分两种财产权的思路为大陆法系各国广为接受，但其嗣后的发展中却呈现了两种不同的方向。

法国学者接受了中世纪注释法学派提出的物权（实际上是"对物权"）概念，并认为物权（*le droit réel*）是权利在物上的一种具体体现，是人对物的权利，即"对物权"（*jus in re*）；与此相应，还存在一种一方当事人对另一方当事人的权利即"对人权"（*le droit personnel*），也就是债权。[①] 其理论认识仍然未超出中世纪"对物权—对人权"的区分框架，而且仅仅停留在学理的探讨，《法国民法典》并未就债权物权作出明确区分。因此，虽然"对物权"概念在法国现代民法理论中仍然被广泛使用"，但其理论就实质而言仍然是中世纪的对物权—对人权模式，区分的关键还是请求—支配标准。

3. 物权—债权时期：效力标准在德国法上的确立

而在德国和奥地利这一发展进程却在继续深入下去。在《德国民法典》立法过程中，学界对原有的二分法认识发生了重要的变化，二者的区分从此前采用的对象标准：人对物的权利抑或人对人的权利，转向了效力标准，即对世生效抑或仅拘束相对人。坚持对人关系说的学说汇纂大师温德夏伊德将物权与债权分别理解为对一切人的请求权和对特定人的请求权，于是，物权等于绝对权，债权等于相对权就成为通说。[②] 在理论成熟的基础上，《德国民法典》直接采纳了潘德克吞法学的这些成果，明确地区分物权与债权，首创相互独立的物权编和债权编。物权和债权的分类，就从法

---

① 参见尹田：《物权与债权的区分价值：批判与思考》，载《人大法律评论》编辑委员会组编：《人大法律评论》，中国人民大学出版社 2001 年版，第 2 页。

② 参见冉昊：《论中间型权利与财产法二元架构——兼论分类的方法论意义》，载《中国法学》2005 年第 6 期。

学家创造的抽象概念走入他们编纂的法典中。

在民法典制定前后,学者们就区分标准问题也是有过一些争论的,有些学者仍然把物权归结为支配权,因为其表现为一种人对物的“意思支配”,广义地引申使用支配权的结果,是以“意思支配”,可以解释一切权利。例如,萨维尼认为债是“针对其他人格的具体行为的支配关系”“债权以对他人行为的部分支配为其内容”;普赫塔认为债权是支配或“统治”他人行为的权利。如此这般,“潘德克顿体系内的四大权利都可以被解释为支配权”,最终难免取消权利类型区分。为解决这一困局,学者们只好再提出别的词汇对“支配”加以修饰限定,来进一步解释是怎样的一种支配,如齐特曼所提出并被拉伦茨多次使用的“绝对支配权”和“相对支配权”。① 依然绕不过绝对相对之区分,于是,问题又回到了最初。

显然,《德国民法典》及通说最终采取的区分标准是效力标准,乃至有不同意见的学者对此抱怨道:对物权与对人权的区分,都是直接从罗马法上的对人之诉与对物之诉的区分引申出来的,由于诉永远表征着一种人与人之间的关系,这种背景下的对物权概念也就必然只能在人与人之间的关系上转圈,即只有能够针对一切占有人提起对物之诉的权利才是对物权;人与物之间的关系作为一种事实关系虽然为人所共见,但在其判定标准中却并不占重要的地位。②

(二)绝对性标准对传统二分法体系的理论改造

从上述发展历程中可以清晰地看到财产权二分法体系在不同发展时期的表现形态并不一致,从古代的对物之诉—对人之诉,到中世纪的对物权—对人权,再到德国物权法的绝对权—相对权,绝

---

① 参见金可可:《论支配权概念》,载《中国法学》2006 年第 2 期。

② 同上。

非仅仅是称谓的变迁,它反映了认识的不断深化过程,是一种渐进的发展,期间旧标准被新标准替代,二分结构本身因此而日趋完善精确。在这个过程中,结构的进化是随着界分标准的精确化而完成的,其最关键的发展阶段,重大的变革发生在关于"对物权"性质的说明角度上。德国法学家将"对物"解释为对世(绝对),从而把中世纪对物权(支配权)改造成了我们所知道的现代物权,绝对性标准的引入,使德国的财产二分法一变而非同昔日,成功改造成了物权—债权体系。所以严格来说,以绝对性之效力标准区分债权与物权,是一个基于历史的事实判断,这里无关任何哪个标准更优的比较,因为《德国民法典》的编纂者显然已经做出了选择。

中世纪和法国的"所有权"兼有债物两方面内容,不是德国法意义上以排他性抽象出的所有权,此点是学者共识。而在德国形式主义看来,物权与债权的不同之处主要在效力上,有无排他效力、能否对抗第三人是其标志。这样,有些权利虽有支配内容,但缺乏排他性,则被划入债权,如借用、租赁形成债的相对支配关系,只能对特定人有效,与第三人之间则无任何法律关系,学者们在讨论某些债权的物权化问题时,也正是以该债权有了对抗第三人的效力为依据的。物权不同于笼统财产权,就在于它不包含任何仅有相对性的权利,绝对性正是区分物权与债权两大体系的标志性特征。绝对性标准的确立,标志着债物二元体制的定型和物权法的形成。

《德国民法典》通过以效力范围的绝对性标准界分体系,获得了广泛的共识,英美法学者则通过另一种理解的"对世性",提出两种权利的数量区分。例如,劳森认为:对物关系与对人关系的区别在于受法律关系拘束的人的数量的差异,如在"我拥有一部汽车"这个说法中,义务人是其他所有人,其地位是无关紧要的;而

‘有人欠我100镑’这一提法则表明特定的义务人”,[①]这里要强调的是,区分不在于对物对人而在权利作用范围上的对世性,这符合后来德国的看法,故英美法的学者承认,对人权与对物权的区分,本质上应归结为相对权与绝对权的区分,因此基本上予以赞同。[②]但在关于如何理解“范围”方面,是把义务人作为整体还是分别作为无数个体上,存在分歧。

(三)绝对性标准对成功构建二分体系的重大意义

同样在扬弃对物权—对人权之划分之后,德国法学在把这对概念统一理解为对人关系的基础上,进一步明确具体规范怎样的对人关系,从而着重考虑义务人范围,把对物权提炼为对世权,提出了其绝对性与相对性之别,与古典的对物、对人观念不同,而把这对概念在财产法之下发展为物权与债权。而在法国法系,后世学者在一定程度上亦认同了对物权概念的对人关系本质,但进而在二权统一理解为对人关系的方向上,产生类似英美法系学者的思维,强调其对人关系的共性方面,倾向于将财产权利视为一体。这些学者中,有的主张将物权并入债权,提出“人格主义理论”(les théories personnalistés);有的主张将债权并入物权,提出“客观主义理论”(les théories réalistés)。

普拉尼奥的“人格主义”理论在批判对物关系说之谬误方面很有见地,看到了对物权对应着的他人义务,在统一规范对人关系这个方面找到了其与债权的权利共性。但又强调共性而淡化物债分野的趋向,致力于否定物权债权的性质差别。普拉尼奥的理论因为摒弃了对物思维而显得玄虚,被讥为“泛灵论”式的说明,其观点遭到法国大部分学者的反对。他们认为,所谓“普遍的消极义

---

① [英]F. H. 劳森、B. 拉登:《财产法》,施天涛等译,中国大百科全书出版社1998年版,第2~3页。

② See Pavlos Eleftheriadis. “The Analysis of Property Rights”. *Oxford Journal of Legal Studies*, 1996, Vol. 16, No. 1, 34 - 50, Oxford University Press, 1996.

务”是虚构的，只不过是法律的直接要求而已，这些批评之声折射出对物思维的传统是如何的根深蒂固。萨莱耶的客观主义理论与人格主义理论相反，其继续沿着对物关系的思路走下去，并且走到极端，不仅把对物权归结为对物关系，进而把债权亦如此归结，只是不如对物权那么“积极”而已。认为大多数情况下债权将物作为标的，也是对物的关系，这就消除了物权与债权之间的一切区别。因其过于极端亦受到大多数学者反对。①

据学者介绍，直到今天，在概念上把物权看作对物关系的说法仍然是法国主流学说，但在具体的制度层面，法国民法理论在比较物权与债权在法律效力上的特征时，又认为物权与债权最根本的区别在于其对抗力的不同，而物权的这种绝对对抗力则赋予物权以追及效力与优先效力，从而使物权在法律效力上高于债权，②这是实质上默认《德国民法典》物债区分理论的结果，唯欠缺统一之理论体系架构。

上述思想反复的轨迹给我们以充足启示，即类型化的成败在于能否确立一个恰当的界分标准。德国学者在批判继承中世纪注释法学派有关分类的过程中，克服了其区分的固有缺陷，当支配—请求的表征区分功能不足之时，绝对—相对的新标准应运而生，以绝对性取代所谓内容的区分标准，成为区分两种财产权类型的标志，认识趋于精致，为更加精确合理充分地划分提供了最好的工具，在大多数情况下经受住了各种新思潮的考验。因此，其对二元体制的科学性，对建构潘得克吞体系大厦的坚固功不可没。

一方面，扬弃对物思维，看到了债物共性在其对人关系上的权利性，使得债物可以因此共性而联结，进入法权视野而为统一之观

---

① 参见尹田：《物权与债权的区分价值：批判与思考》，载《人大法律评论》编辑委员会组编：《人大法律评论》，中国人民大学出版社 2001 年版，第 2 页。

② 参见尹田：《法国物权法》，法律出版社 1998 年版，第 28～29 页。

察,在物权等支配权与债权等对人权之间找到了共性,“为建立民事法律关系的一般理论提供了依据”,也使《德国民法典》第二编、第三编得以共存。另一方面,以绝对性为区分债物标志,这也是《德国民法典》第二编、第三编逻辑上分立的基础。拉伦茨关于《德国民法典》体例的说明中就是如此断言:根据形式逻辑的观点对权利进行划分,是在德国民法典中起着重要作用的一种划分方法,是把权利分为绝对权,即针对任何人的权利和相对权,即针对特定人的权利”①梅迪库斯《德国民法总论》对此亦很明确,“法典对先买权的规定处在两个不同的地方,第 504 ~ 514 条将先买权作为债务关系予以规定,第 1094 ~ 1104 条,则将先买权作为具有对抗第三人效力的土地负担予以规定”。因而,“上述事实说明,对于第三编和第二编的内容,起关键作用的**并不是生活事实的相似性**,而是另外一个原则:权利可以分为相对权和绝对权。这一原则就**是法律后果层面的相似性**:第二编调整的债务关系存在于两个人即债权人和债务人之间,具有相对性;而第三编调整的对象是物,物的归属是绝对的,即任何人都必须尊重这种归属。例如根据第 903 条所有人有权排除其他任何人对物的干涉”。② 王泽鉴先生也谈到,在权利体系中以物权和债权最为基本,最属重要。传统见解认为,二者是绝对权与相对权之别,③界分物权债权、确定权利性质、支撑第二编与第三编并立法典结构的,都是基于权利效力方面的绝对性标准,而根本不曾提及所谓支配权方面的“权利内容”。总之,绝对性是一个很清晰的单一区分标准,使《德国民法典》体系内物债二分的财产权分则体系成功构建起来。

---

① [德]卡尔·拉伦茨:《德国民法通论》,王晓晔等译,法律出版社 2003 年版,第 300 页。

② [德]迪特尔·梅迪库斯:《德国民法总论》,邵建东译,法律出版社 2000 年版,第 21 页。

③ 王泽鉴:《民法总则》,中国政法大学出版社 2001 年版,第 88 页。

五、绝对性标准对维系二分体系的作用

（一）体系背景与概念泛化

德国法学对传统二分体系的改造是有鲜明的个性色彩的，其他未完成这一理论改造的欧洲国家，其立法上既无关于物权和债权的明确体系化界分，其学说上对此问题的认识亦非如此明晰。日本在继受民法过程中，在财产权的类型问题上并未遵从物权—债权二元区分，"**完全不同于德国的绝对权与相对权的区分**，而是吸收了法国法的物权为直接支配物的权利的理论，将两种权利类型的区别定位为物权为支配权、债权为请求权这一基点"。在这些国家，虽然学者有时倾向于把法国民法规定的财产制也说成某种二元体制，对于法国法学家波蒂埃关于两种权利的那段说明，把"对物权"与"受领物的给付的权利"很轻松地替换成物权债权。[①] 但这些近似的不严格的说法产生的很坏影响是，由于原有的对物关系惯性思维影响，学者往往借用德国民法的区分结果——物权与债权，却同时偷换或更改其区分标准，或代之以原先的对物、对人关系标准，或把这方面的内容与绝对性标准叠加、混同，这个过程中就产生了巨大的观念错综复杂与认识混乱。

观念混淆与有关概念的交互使用是有关系的，法国人所说的债权、物权其实是真真正正的"对物权"和"对人权"。[②] 为了强调其相对应的关系（对物对人），在法国学者关于财产法的著作中，一般不使用"债权"（it de créance）或"债务"（obligation）的概念，而使用"对人权"（le droit personnel）的概念，有学者亦承认"时至今日，法国民法理论仍然更多的是从'对物权'与'对人权'的角度

---

① 参见冉昊：《论中间型权利与财产法二元架构——兼论分类的方法论意义》，载《中国法学》2005 年第 6 期。

② ［法］雅克·盖斯旦、吉勒·古博：《法国民法总论》，陈鹏等译，法律出版社 2004 年版，第 168 页。

去理解物权和债权”。[①] 显然，这是一种泛化的用法。

据介绍，对人权和对物权这两个术语在德国学者中也有时会被继续用到，对物权的概念是一个比物权的概念更高一级的概念，物权只是对物权的一种类型。与“对物权”相对应的是“对人权”，即权利主体相对于某个特定的人所享有的权利。对人权也不仅仅表现为债权，在亲属法和继承法中也存在对人权。如此，在德国，对物权对人权这对概念，外延比物债二权都广，分别相当于“支配权”和“请求权”。如此使用只是一种宏观的类称，用以指称群概念时的近似笼统称谓。

在这些分歧而错综的称谓面前，不同制度内的相应概念不应该“泛化”地将其在统一的二元体制名目下混为一谈。而诸多新问题的产生，本身就是划分标准不一致所致，并非完全相当，有历史的、法系的侧重，不能自由兑换，也不可互为替代，不应当兼顾，而应当择一善者而从之。以绝对和相对区分是德国立法者的本意，至少应尊重作者本意，离开这一点，仍然在债物区分中泛泛地引入支配性，已经违反体系了，是“观念返祖”现象。

（二）重叠使用多重标准造成的区分混乱

基于前文分析，以绝对权与相对权的区分代替对物权与对人权的区分，是《德国民法典》的制定者对传统二分法思路进行改造的结果，绝对性标准的引入为其赋予了新的内涵，其关键作用也正是在克服和扬弃旧的区分标准的前提下才得以发挥。如此，作为这种区分结果的物权和债权，其区分不再等同于对物权和对人权的区分，这是一个质变的飞跃，既然如此，在运用这一区分结果时，就有必要摒弃以前的旧区分思路，而以新代旧之际，任何标准混淆和混同都是不应该的，在这一点上使用多重标准，不仅没有必要，

---

① 尹田：《物权与债权的区分价值：批判与思考》，载《人大法律评论》编辑委员会组编：《人大法律评论》，中国人民大学出版社2001年版，尾注8。

而且因这些标准间本身就是互相否定的结果,并用只会带来区分的困难,更容易使旧的区分思路经由旧标准的重新引入而潜入新的概念里来,从而使“对物权”及“对物关系”的思维不知不觉间“借尸还魂”。所以,使用有无绝对性效力这一单一界分标准区分债权和物权已然足够,再为其添加支配性等其他多重标准,可谓有害无益。

现在有一种夸大二元体系中间模糊状态的说法,途径就是把物权的对世性含义与支配性含义之间加以混合,通过使用多重区分标准,先搞乱债物的明晰界分,主要是仍用旧思维的支配—请求的权利表象区分来下一个判断,然后再去拿绝对—相对的标准下第二个判断,这样如果两个判断得出的结论不一致,就会反过来指摘债物二分法体系本身不科学。固然可以有很多理由指摘潘得克吞的债物二元体系多么僵化,采用灵活的多元综合性区分标准多么合理,但是使用多重区分标准的做法就是在背离其科学界分的本意。我们为什么不尊重《德国民法典》的制定者对自己体系的解释,而非要引进外法域的东西,甚至更古老的东西来说明此间的问题呢?我们有什么理由仅以“通用”为借口,降低概念的技术含量,损害其好不容易找到的新内核,从而发生概念的返祖,并最终背叛体系,把温德夏伊德等前辈大师的努力与理论成就一笔抹杀呢?这是毫无道理的要求。

其实反过来想,若非绝对性标准引入二分法,仍然以支配性标准区分,则恐怕这种债权物权化情况将更多,所谓的中间状态恐将成为大部,“混合形式”将成为常态,因为很多权利的主要权能自支配一面观之是支配,在请求一面观之则也可以说是请求,仅以支配和请求,无法判明大部分情况下财产的确切性质。当前关于区分债权物权的多重标准做法,无疑正是这种观念混乱的产物,但绝对—相对的单一区分标准则简明多了。

多重标准之所以必然会交叉而出现矛盾,根本的原因就在于

绝对性标准是基于逻辑的判断，而支配性更多的是基于经验的观察，支配—请求在逻辑上并不对立，丧失了支配性未必会具有请求权性质，所以在这层含义上发生的只是支配权的缩小或请求权的扩大问题。而且在很多情况下，很难判断一项权利是支配还是请求，反过来，判断其有无绝对性则要明晰得多了，如果从权利本身无法判断，直接的判断依据是法律规定——基于物权法定原则，任何财产权要取得对世效力，都需法律明文规定。

（三）权利性质判断的单一和最终依据：绝对性

当然，某种权利同时满足这两点的情况最为理想，如所有权和一般合同之债的典型情况，但在大多数情况下，对大多数财产权来说，这种典型程度不可能达到。所以在非典型的情形中，若以支配性标准分析，则因其语义含糊而必然出现不周延情况，即"有支配而无绝对"的情况，则权利性质的债物判断至为困难。例如，拉伦茨谈到"支配权"时说得很清楚：使用承租人、用益承租人、借用人根据债物关系而享有的占有和使用的权利，也是对物的支配权。但是它们却绝不是德国民法典意义上的"物权"，其原因正在于"它们只是针对某个通过债务合同而与之相联系的个别的人，而不是像真正的物权那样，如所有物对所有物的关系是针对所有的其他人的"，这种根据债权而成立的对物的支配权利是一种"相对的支配权"。① 在这些交叉情况下，正确地判断某项权利性质的只能是一个标准了，显然，有无绝对性是最终的判断依据，绝对之支配是物权，若仅有相对效力，则纵有支配表象，也是债权。在交错的情况下，在判断一项权利性质时，确定最终依据是很关键的。这在解释诸如信托等边缘权利类型之时非常重要，对正确看待"债权物权化"等问题也是如此。

---

① ［德］卡尔·拉伦茨：《德国民法通论》，王晓晔等译，法律出版社2003年版，第285～286页。

(四)绝对性区分标准的精确把握

奥斯丁与奥诺雷一样,强调"对物权"和"对人权"区别在于对物权不是在于"积极履行"而是排他对抗(exclusion),将对物权特性总结为两点:第一,对物权赋予他人以普遍的义务,仅仅因为他人都是该法律体系管辖下的社会一员;第二,对物权对应着不介入、不干涉的义务,而非积极履行义务。这种认识是有一定代表性的,反映了人们在把握绝对性这个标准的时候容易出现的一种缩小其含义的倾向。把绝对性片面解释为相对人的"消极义务"或"不作为",从相对人的义务样态来区分。这是人们在面对绝对权与相对权划分时常常发生的倾向。

霍菲尔德反对了上述想法:若说对物权的保护是通过"普遍的干涉禁止而非普遍的履行请求"实现,但如何确定"不干涉"(non-interference)等同于"不介入"(abstention)?从义务样态进行区分将无法区分许多相类似的情况,这样概括绝对权的含义是有偏差的,如果说对物权的特性在于对应义务为消极义务,那么许多对人权亦如此,如双方之间一项不进入第三方土地的约定。也并非所有的对物权义务都是消极的,如土地的占有人对该土地保持安全状态的义务。[①] 另外,占有人的返还义务以及抵押人的保全义务,都是积极作为的义务,足为反证。

因此,在区分物权与债权时,如果仅仅把绝对与相对理解成物权与他人完全无涉、"不必他人协助",那就完全违背了绝对性的本意,并通过把"绝对性"在"与人无涉"这个方向上解释成一种"完全的人对物的关系",这样,认识就倒退回"对物权"了。这就是那种典型的中世纪的思维,其理解的"绝对性"建立在相对人的狭义"消极义务"上,甚至进而把"消极义务"说成"不负义务"甚至

---

① See Pavlos Eleftheriadis. "The Analysis of Property Rights". *Oxford Journal of Legal Studies*, 1996, Vol. 16, No. 1, 34 – 50, Oxford University Press, 1996, p. 48.

“置身事外”,如此把绝对性的含义理解为权利人单方内部之事务,以此解释绝对性的全部含义并贬低其区分实益,实际上就是通过限缩解释,经由“消极义务”到“不负义务”的转换,把绝对权与相对权的区分,偷换成支配权与请求权的区分了。

总之,效力的绝对性标准和债权—物权二元体制同在,弱化绝对性,淡化这一区分标志的地方,不存在严格的债物二元体制,也不存在纯正的物权。而在绝对性这个单一区分标准之外,企图添加支配性标准,无非画蛇添足,而且恰恰会扰乱体系,徒增困扰而并无实益。在贯彻这一单一区分标准之时,必须准确完整地把握绝对性的含义,应从义务人范围,而不是从义务样态来判断绝对相对,否则,亦将发生判断不明的情况,因为这时的“绝对性”很容易被替换成“支配性”。

小　结

对于物权本质的认识须摆脱现象困扰而把握实质,在所有权定义中克服权能列举思路采用抽象概括思路,是第一步抽象;在物权定义中克服人支配物的认识而把握人对抗人的本质,是第二步抽象;而关于对人关系的完整表述,从排他性到绝对性,是第三步抽象,以此最后获得物权的绝对性本质。物权的根本性质归结于绝对性,这可从两个层次上说明之:

1. 在第一层次,物权是一种人对人的关系,是确定归属的权利,是支配的法律依据,以此使支配获得权利性,区别于占有。

2. 在第二层次,物权是一人与全体他人的对抗关系,是对一切人而言皆为正确者,是一种普遍的、确定的对抗,区别于债权。

绝对性中不仅包含物权的权利共性,还包含着物权作为独立权利类型的个性,应当作为物权的根本属性和概念中的核心要素。坚持绝对性是物权本质属性,可以离开支配性要素而把物权定义为“物权是就特定有体物享有的绝对性财产权”,拉伦茨主张,“有一种权利,它赋予权利人可以对抗所有他人的一种法益,从而每一个他人就此负有义务,要允许权利人享有这种法益,还要不侵犯这种法益,我们称这种权利为绝对权。如果这个权利是涉及物的,则称为物权”[①],完全立足于绝对性之上,即可对物权做出充分地说明了。康德对物权概念的认识也是如此,即“对于对物权的通常解释是:其乃对抗物之任何占有人之权利”,用19世纪中期的潘德克吞法学家瓦锡特(Wächter)和温格(Josef Unger)的话来说,这种定义是把绝对性作为物权性的标准。[②]

---

① [德]卡尔·拉伦茨:《德国民法通论》,王晓晔等译,法律出版社2003年版,第300页。

② 参见金可可:《论支配权概念》,载《中国法学》2006年第2期。

第二章　物权法之构造逻辑：绝对性之确立

第一节　财产权形式的变迁与绝对性的确立

一般认为，物权法源于罗马法，如谢在全先生言，“所有权为社会之产物，故其为历史之观念而非逻辑之观念”，那么对于作为一套制度体系的物权法的总体特性的完整把握，还需求诸历史，把罗马法有关制度及其现代后裔的近代大陆法系的物权制度，作为一个整体的制度与文化传承，从其内在一致性，同时从这个整体与其他异质财产法体系的联系区别中，看是什么使这样一个制度体系联结起来，并以什么与其他相似体系分开的，其间有关传承与演变的机制又是怎样的。

一、逻辑的起点：先法权时代的占有

在人类历史上，由特定的人对特定财产之排他性的控制和支配的意识，这种“财产”的最初观念，是人们尚不能完全解释的最为复杂的

问题之一。先哲们对于物权、所有权等制度起源的思考,往往从一个"自然状态"开始,从先法权时代的简单占有中发现物权、所有权的性质,这也是古典自然法学家讨论物权起源问题的惯常思路。无论是鼓吹私有制的先占说、天赋说、自然权说,还是批评私有制的霍布豪斯以及马克思,莫不如此。例如,马克思认为,"依一种被认为是科学的推测,财产权之观念,肯定只能产生于人对财产的'占有'这一事实"。这种对财产的占有事实,正是"产生私有制的真正基础"。[①] 如此,物权、所有权的性质是否可从这种先法权的自然占有中获得?

先法权时代的财产理念,如果有的话,只能归结为一句"人优先于物",按神授说的观点来看,人是万物灵长,代表上帝来管领世俗世界的,山川江河飞禽走兽,天地万物都是上帝赐予的礼物,人都有权利主宰而役使之,物之功效都是为人而存在的,所谓"人是万物的尺度"。另外,对客观物质世界进行支配,是人本身生存与发展所系,这并不依赖于任何法律的规制而自然而然的发生,人们把占有外物"看作与他自身的存在一起产生的前提"。以自然法学的观点来看,把外部世界作为自身的意志对象加以支配,这是理所当然,天经地义,其中蕴含着正义,自然权利的思想由此而生。即黑格尔说的,"这就是人对一切据为己有的绝对的权利"。这种享有财产的具体形式就表现为对物的现实占有。

这种占有不能脱离于对象的物质实体而单独存在,因此,占有的性质取决于对象的性质,囿于对象本身的经验性和空间性决定,占有不能超过物的有形物理实体,故其全部内容归结为"支配性",这是一种真正的"对物关系",该支配基于自然属性而具有排他的性质,需要注意的是,这里的任何排他性因素都不能脱离于占有而单独存在,它是占有之支配内容投射出来的直接结果,完全由

① 《马克思恩格斯全集》(第1卷),人民出版社1995年版,第382页。

支配所包含了,是支配自身产生的内容,而且是个无足轻重的内容。如此,先法权时代的占有,潜在地包含了现代物权的全部属性——支配性和排他性。然而,这种占有没有任何物权的影子,并无法律意义上的归属关系存在。在古代的朴素心灵看来,离开现实支配掌控的抽象权利是不可思议的,布莱克斯通对其说明可供借鉴:"先使用者取得一种暂时所有权,但不能比使用期更长。""占有的权利只是与占有行为同时继续存在,若某人占有一定地点即暂时取得一种所有权,若有人用武力把他赶走,这是不公正并违反自然法的,但当他一离开而不复占有之时,别的人就可以夺取它而并无不公正之处。"①有学者指出,排除他人对自己当前持有之物的侵夺,是一种连孩子都具有的本能,甚至如霍姆斯指出的那样,连动物都具有这种本能,如海豹都会如此。因此,表现为对人关系的排他性要素在此只是一个保障要件,亦无权利的内涵。

这样的排他性支配如何成为可能呢?第一个途径是自力救济,但大部分情况下还是依靠第二种途径实现的,就是"社会契约"达致的公共权威的震慑,这已经很接近法权社会的所有权了,但还不完全是。奥诺雷指出,对那种排他的独占本能进行保护本身并不意味着权利,即便剥夺占有的行为被普遍禁止,这也还是不够,除非他有权自一般人那里取回他丢失的或被人取走的东西,或者有权自一般人处取得属于他而尚未交付给他的东西,则他才能拥有对物的占有权。"只有当孩子们明白圣诞礼物不属于礼物的发现者,而是属于名字写在包装袋上的人,当原始部落规定死者的遗物不属于首先取得该物的人,而是属于死者的亲属时",即只有已经存在了将物理上的排他性控制确定地划归某人而非他人的一种普遍的规则,并且该规则不仅仅是让目前具有这种控制的人继续控制时,我们才知道他们有了所有权观念的萌芽。由此以观,即

① [英]亨利·梅因:《古代法》,沈宗灵译,商务印书馆1959年版,第143页。

使那些原始的制度，如特罗伯特昂群岛岛民中存在的制度，也有一些规则，依照这些规则，某些人，如独木舟的“所有人”，对某些物品有比其他任何人更多的利益。而在这里，是确切的有所有权存在的。“从仅禁止暴力夺去的规则，到在众人间对物做分配的规则，是一个重大的智力进步，若非如此，人类社会就不可能存在。”①

可见，对当前占有的保护，禁止侵夺本身亦不直接产生权利的概念，②只有以普遍规则的形式确认归属之后，“画地为牢”，定分止争，各得其所，把现实的支配改造为法律的支配，这时才有物权之存在。也就是布莱克斯通所归纳的：“当人类日益增加，就有必要接受较永久的所有权概念，不是仅仅把眼前的使用权而要把将被使用的物件实体拨归个人所有。”③因此，从占有到物权有着质的不同，其间的飞跃，关键的是一个从法律上确定“归属”途径，以法律手段促使支配理念由“对物的优越”成为“对人的优越”，从规范对人关系入手，才能获致权利性。

二、历史的起点：早期社会的公有制

上述关于先法权时代自然占有的假设是如此自然而然并广为人接受且深信不疑，但它其实是自然法学的假说式说明，其历史的真实性并不可信。通常的假设是，人们通过“社会契约”普遍的承认占有的法律效力，以此产生所有权，对占有的侵夺成为不法而具有可诉性，据信这是财产的最早状态。这是先占说的通常说明方

---

① ［法］奥诺雷（A. M. Honoré）：《所有权》，金可可译，载公法评论网：http://www.gongfa.com/caichanquanaonuolei.htm，最后访问日期：2018 年 8 月 17 日。

② 先法权时代的占有，具备了现代财产权的全部内容要素，缺乏的不是任何内容性要素，而是缺乏一个合适的形式，还缺少一个关于正义、应当的一个法律评价，也就是缺乏权利性。

③ ［英］亨利·梅因：《古代法》，沈宗灵译，商务印书馆 1959 年版，第 147 页。

式,比如,布莱克斯通对其起源的认识就是如此,在学者中也往往理所当然地如此相信,对于罗马法上“绝对所有权”观念的说明也往往不经意的作此笼统归纳。但亨利·梅因(Sir Henry Maine)坚决摒弃了这种认识方式,指出了这是自然法学以今证古的错误。

一个简单的历史事实就可以推翻古典自然法学以及与之相似的全部论点:人类历史发展的起点不是个人而是社会。在古代从没有一个平等主体分散地占据自然资源的时代,所谓自然状态,在人类历史上一天也没有存在过。梅因一再提醒,社会发展的起点不是个人而是团体,在从“家族”这个起点向着“个人”这个终点的“从身份到契约”演化过程中,人们随着家国一体的社会结构瓦解而逐步解放,这个过程产生私有制和所有权,但在最初的法律中主体是团体而不是个人,家族公有制背景下不可能产生广泛的个人所有权观念。鉴于古代社会的家族本位,“全然不知个人”,其实行的是共有所有权而不是个别的所有权,但这一重要前提往往被人忽略。“当讨论到‘物法’时,就把讨论‘人法’中所得的教训忘记了。”

梅因还反复提醒我们不要用今人的观念去推想古人的心理,“以为目前我们为维护一个现存制度而持有的那些理由,必然地和这个制度产生时所有的情绪有共同之处,这种印象是错误的最大根源”。据此,在所有权起源问题上,最初的实践绝不是个人的先占原则,那个时候人法、物法混杂,实行家族公有财产制,普遍的个人所有权的制度和观念都不存在,不应想象罗马人开始时就有这些现代所有权观念。梅因指出,并非所有权源于先占,恰恰相反,正是有了相当成熟的所有权观念之后,先占才有了法律意义。[①]

按照其历史法学的立场,开始的时候不可能有真正的所有权,

---

① 参见[英]亨利·梅因:《古代法》,沈宗灵译,商务印书馆1959年版,第147页、第108页。

也无分散的个人为自己取得现代意义上那种所有权的动因,财产发展的真正起点是古代的"公有制"。只有随着公有制解体、家族瓦解才出现普遍的个人所有权,也就是说,不是从无到有,而是从有到有,从未存在一个自然状态下的抢占游戏,个人所有权制度是通过某些机制逐步演进而来的,在此过程中,绝对所有权思想亦经过了一个反复和提炼的过程。根据梅因的考察,人类早期这种高度的公有状态渐次分化出私人财产权,罗马、日耳曼、印度,莫不如此。在罗马法上,个人财产权是随着"个人"本身而成长的,家父权拟制与家族分化同时完成,帝国后期才出现完全的私有制。如是,从自然状态、自然权利说明所有权起源显然是行不通的,[①]那种真正私人所有权意义的制度,是如何在古代团体社会公有状态下产生的呢?

三、罗马法所有权观念:绝对性初步确立

罗马法上的"物权"体系,有时看起来庞杂凌乱,而且始终处在变迁过程中,这一过程中出现了种种财产权形式的区分。[②] 在

---

① 这里涉及一个如何看待古典自然法学思维方式的问题,按照梅因的看法,自然法学家热衷于虚构子虚乌有的自然状态来说明问题,是一种反历史、反科学的宗教倾向,梅因因此对自然法学方法及其结论深恶痛绝,但完全否弃其观点则有些矫枉过正,在这方面似乎康德的立场更为可取一些,康德同样不相信自然法学以及社会契约等一系列假设的历史真实性,但他认为自然法学家所说的那些情况虽然未必真实,但不妨如此认为,在启蒙心智方面更加有重大意义。梅因也说过,自然法学派设想的情况,是假托的"古代",借助人们的崇古心理以兜售他们所追求的状态,有巨大的说服力,其描述与其说存在于过去,不如说是指向将来,是思想家构想的理想的"应然"状态,通过自然法的假说来说服人们追随之。

② 新的种类不断出现,有的类型则日趋式微,有些区分到最后被取消,有的则在不同领域执行着各种功能。最初,所有权最初仅为罗马市民所享有,即"市民法上的所有权",后来经过一系列政治变革及其他变革,扩大到拉丁人,有所谓"意大利人的所有权",随着帝国版图的扩张,又出现了所有权的其他方式,如行省土地的所有权、"万民法上的所有权""大法官法之所有权"等形式。

另一个领域内,物的区分亦同样复杂,要式交易物和略式交易物严格区分,有各自不同的转让程序等。到最后优士丁尼取消了许多分类并作出更为明晰确定的统一规范。认真考察这些看似混乱的实践演变过程,其实可以归结为一个很清晰的过程,即绝对所有权本质的抽象化剥离过程。

(一)早期的市民法所有权基于家父身份的强大效力

在罗马法早期,最初的"mancipium"主要是一个家长权,设定于其权力支配下的人及重要的物,[①]然后过渡到"dominium",这是一种可以对抗一切人的权利,即绝对权。"所有权的常用称谓是'mancipium',而所有权的另一个称谓'dominium'则更古老,但不那么具有技术性,而且它也被用来指'家父'的一般权利或对任何权利的拥有。"优士丁尼皇帝时期,相对于用益权和占有权,出现了"proprietas"即所有权的概念,据考证,"proprietas"作为对物的最高权利的技术性术语,是在帝国晚期主要相对于"ususfructus"(用益权)而被加以使用的,它是指对物的最完全的支配权,英文中的"property"一词即源于它。后世市民法学者一般认为,罗马法上的真正的"所有权",即当代物权概念的真正源头,是后来出现的"proprietas",而不是最早的"dominium"。从"dominium"到"proprietas",被认为是一次重大的"质的飞跃",期间蕴含着一些重要的观念变迁。

"dominium"被认为是"统称家父的一般支配",这是对一大套笼而统之的支配的泛称,其内容中包含了身份、财产、政治权力、公法责任等多方面的内容。其"绝对性"和"排他性"是毋庸置疑的。这种权利有类似公法主体的地位,在这里土地所有权与"地域主

---

① "mancipium"在一些罗马法的中文译著中有时被翻译为"财产权",据信,这样翻译其实并不太准确。参见[意]彼朱塞佩·格罗索:《罗马法史》,黄风译,中国政法大学出版社1994年版,索引部分。

权”等量齐观,而在这个独立王国之中,家父对家族内的一切——子女、妻子、奴隶、土地、牲畜,都有着统治地位的管领支配权,处于“君临”状态,他们(人和物)对家父绝对服从,家父作为他们的“主人”则为他们承担管理职能,这是其身份权和“统治权”方面的特征。而在对外关系上,这种所有权却是绝对的、排他的,它排斥任何限制,任何外来的影响,如典型的早期土地“划界地”(ager limitatus)“有着神圣的边界,就像城邦有自己的城墙”。[①] 甚至根据罗马人的观念,市民法的所有权应当免除土地税,因为纳税被他们看作所有权不完全的表现,好像“这种税具有为使用和占有支付补偿”的性质,接受补偿的才是所有主,所以“市民法上的所有权”名下的土地是免税的,后来这种豁免也赋予意大利境内的土地占有者形成“意大利权”(*ius italicum*),而行省的土地不享受这种豁免,所以行省土地的主人被认为是皇帝或罗马人民,而不是占有它的占有人,这种土地的转让方式也不适用市民法方式。[②]

在政治上,家父的这项一般支配权则表现为某种身份特权性质;在范围上,市民法所有权仅仅给予“罗马市民”这一贵族等级,作为特权地位的附加。可见,在这样一种“一般支配”理念下,隐含在其中的对物绝对支配,本身并非专指财产归属关系,只是家父权涵盖一切的主权特点投射在财产问题上的结果,表现为带有家父权色彩的对物的事实上的权力。这种所有权在很大程度上不同于我们所接受的所有权含义——分散的个人对分散的物进行排他地绝对拥有。在宗法家庭观念之下,因其人法、物法的纠结,专属家父(作为家族的机关)而非普遍的法律主体,个人无单独的所有权,由身份决定使用公产的尺度等特征意味着,虽然“dominium”

---

① [意]彼德罗·彭梵得:《罗马法教科书》,黄风译,中国政法大学出版社 1992 年版,第 195 ~ 196 页。

② 参见周枏:《罗马法原论》,商务印书馆 1994 年版,第 321 ~ 334 页。

几乎包含了现代所有权观念的全部要素，但其内容不是太简单了而是太复杂了，其内涵不是太少了而是太多了，以致其中的财产归属内涵被淹没在许多关于身份、权力、人法内容中去，难以独立彰显。故学者断言，“dominium”并不是一种私法上的财产权。[①]

（二）新的所有权形式的过渡和绝对原则的重新确立

随着家族的解体和社会的分化，罗马法的所有权也在随之演变。当社会发展到一定规模，家族分解到一定程度，已经不再满足于罗马贵族独占市民法所有权的状况，交易方式限制着财产的顺利流通，更广泛、更普遍地适用于一切人的个人所有权问题被提上日程，这就要求打破身份和特权的界限，保护新的利益。对新的利益保护，是通过借助市民法所有权的某些效力赋予其他占有人，对其“拟制”适用有关市民法所有权的部分规定。[②]

一个拟制是在帝国扩张过程中，对“公地”和行省土地的占有人的家父权拟制。在罗马，真正现代意义上的普遍所有权是在保护他物权和他主占有的过程中产生的，是对市民法上家父支配权的拟制。在“dominium”之下，市民法所有权所规范的“私地”绝对不可侵犯，它不得承受税收、地租、负担以及任何捐税，只有罗马市民可以对其享有这种所有权。对于公地，则不得行使市民法所有权，当罗马人征服了那些后来纳入行省范围的土地时，他们就经常把土地留给最初占据者，只要其支付赋税或地租。占有人并不转化为市民法上的主人，根据盖尤斯《法学阶梯》第二编，对于行省

---

① 参见梅夏英：《财产权构造的基础分析》，人民法院出版社2002年版，第9页。

② 按照梅因的总结，拟制是法律自我演进的第一种形式，其基本机制就是“旧瓶装新酒”，新事物借用旧概念的固有效力获得地位，并在这一过程中对旧概念的内涵作出修正，从而实现概念演进。拟制的过程中，原先观念中的非本质的、无关紧要而在当时不可克服的因素被悄悄替换，通过拟制可以把表面上如此不同的事物说成与被拟制者同质，随着时间被人们广为接受的时候，自然而然就把旧事物中早先的那些、新事物中并不具备的性质作为不重要的部分剔除出去，法律渐趋简明，通过内涵减少而接近真正的本质。

土地,显然只能进行占有或收益,不可能存在所有权,这里的所有权归国家。现占有人对这些土地的利益,开始叫“准所有权”,[①]盖尤斯认为,在公地中,只能拥有占有和用益,还要承担税负,但又被赋予其一种类似于请求返还所有物之诉的程式,并认为市民法上所有权的救济程序都应适合于该准所有权,[②]罗马法虽然规定了“国家或皇帝”享有行省土地所有权,“国家或皇帝有随时收回土地的权利,但实际上很少这样做”。并且这种状况“后来由于全国土地不分意大利土地和非意大利土地,一律课税,终于导致意大利土地与行省土地的区别在优帝一世时正式消失”。[③] 随着有关区分的一概取消,恰恰是这种“准所有权”成了后来所有权的真正形式,与这个过程类似,对市民之外的占有人保护的“万民法所有权”“裁判官法所有权”等也都借用了市民法所有权上的有关制度,特别是准用其诉讼程序,并随着意大利所有权和行省土地所有权等区别被一律废除,这些区分取消后,其获得平等的地位,遂成为一种普遍的新型的个人所有权。

另一个拟制发生在交易过程中,一开始,对物的支配管领吸附入身份关系中,财产关系被掩盖在支配现象之下,而财产是家族的组成部分,于是交易过程与今天的物的转让观念并不相同,而“被视为家族间的神圣活动”,类似外交活动,郑重其事,罗马法要式交易“曼兮帕蓄”的烦琐复杂众所周知,因此,动产与不动产、要式物与非要式物等严格区分,使受让人在未完成某些程序之前,只能是“用不完全的方式让与,因此在不完全的名义下持有”,这时其对物的利益也需要法律的保护,于是裁判官突破原有的陈规陋习,对

---

① 参见周枏:《罗马法原论》,商务印书馆1994年版,第330页。

② 参见[阿根廷]Norberto Rinanldi:《奎里蒂法所有权(dominio ex iure quiritum)已经死亡》,徐涤宇译,载厦门大学法学院罗马法研究所网:http://www.romanlaw.cn/sub2-117.htm,最后访问日期:2018年8月17日。

③ 周枏:《罗马法原论》,商务印书馆1994年版,第334页。

这些不完全的持有也给予一定的保护，一个法律程序就是给予未取得完全所有权的占有人以“禁令”保护。此外，裁判官和当事人一起装模作样唱戏一般的时效取得、拟诉弃权等财产取得方式都得到认可，其中时效的作用如此之大，以至于萨维尼说：“一切所有权都是因时效而成熟的他主占有。”这样“以一种暂时成立来保护新的财产形式，直到这些财产形式为全部法律所承认”，法院“用区分和衡平的方法有力地帮助形成和改变有关财产所有权的各种概念”，最终，“通过这些方式，显然是新的所有权形式被承认了和保存了”。①

在此过程中，新出现了许多不同的新财产形式，如暂时过渡状态的裁判官所有权、衡平所有权，执行法律概念转换的功能是为突破市民法所有权的身份限制而出现的，其实是正在生成中的新型所有权与原先的“市民法所有权”并存，这样客观上的结果就是罗马法中一度曾出现“双重所有权”“相对所有权”的现象，因此，学者说：“对民法的传统来说，所有权的非排他概念也并非完全陌生。”②但其仅仅是一些尚未稳定下来的过渡形态而已，当双重所有完成观念转换的历史使命后即走出历史舞台消失不见，作为过渡形态的暂时现象，亦未影响罗马法所有权的绝对性色彩，后来，优士丁尼的立法把完全的所有权重新合二为一，通过扫平身份障碍、取消一切关于物和交易形式的区分，所有权完全一视同仁，最终消灭了一切“双重所有”现象，实现了所有权真正的完全和绝对。③

---

① ［英］亨利·梅因：《古代法》，沈宗灵译，商务印书馆1959年版，第144页、第156～166页。

② 同上书，第172页。

③ 但是梅因指出，这种双重所有其遗迹传给了日耳曼人，“蛮族接受的显然不是成熟的罗马法所有权”，而是更早的中期罗马法，并在此“双重所有”的基础上构建日耳曼人的土地制度，罗马法所有权概念过渡时期的中间形态，成为日耳曼“双重所有”制度的先声。

(三)他物权体系的发达赋予绝对性原则以新的内涵

在从家父权到普遍的个人所有权这“关键的一跃”上，地役权、用益权事实上的出现起到了至关重要的作用。至于有学者强调的“proprietas”，则是在帝国晚期开始主要相对于用益权(usufructus)被加以使用的，正是因应这种需要，反映了人们对所有权真正本质的抽象过程。

他物权体系的发达和权能剥离使人们重新思考所有权，在权能让渡之后，所有权被盖尤斯称为“赤裸的所有权”，但它仍然是所有权，这就使人联想当所能想象到的全部权能都分离出去以后，还剩下什么，此时既然所有权之本体依然存在，那它就不在任何权能之上，而是背后另一个“因”，从而认识所有权的本质是离开全部权能独立存在的另一个东西，离开了各种现实的支配现象而开始追寻支配背后的那个因。有学者认识到，“罗马法的所有权被表述为可以合法的使用、收取孳息、拥有和占有，但这不是一个科学的定义”。①

同时，原先的一些观念亦随之修正，虽然所有权仍然是“绝对的权利”，但比起早期的“dominium”，这个时候显然已不太那么绝对了，一个因素改变了原先那种不受任何限制的性质。虽然“dominium”所指称的“所有权”有时被说成绝对的无限制的，这根源于其最初作为家父权本来面目的“主权”和特权色彩，但他物权的出现显然修正了这一点，他物权的产生客观上需要从法律上明确土地所有权人的地位，以地役权为代表的他物权，正是对所有权实质上的限制，使其悄悄地被渗入了法律关系的内容，从主权下降为一项普通的民事权利，这时人们虽然继续谈论着“绝对支配”，但观念已经有所改变了，其绝对性已经被注入了新的内涵。地役

---

① [意]桑德罗·斯奇巴尼：《民法大全选译·物与物权》，范怀俊译，中国政法大学出版社1993年版，第2页。

权等他物权形式的发达,与之相伴的则是法律意义上的所有权概念的催生,这是同一个过程。

(四)后期罗马法所有权的主要特色

通过对新财产形式的拟制和确认,一方面,借助家父权的拟制,把绝对性效力赋予财产占有,以纯财产内容与主人地位及其身份权等内容分开,使纯粹财产归属关系意义上的"所有权"出现,实现潜移默化的观念转移,所有权的内涵逐步显露。另一方面,返还之诉被准用于占有和其他财产权等,甚至"保护抢夺者",借用市民法所有权的效力获得平等保护,并后来居上,成为主流,吞并前者,而前者反而"死亡"。最后,再以新获得的所有权观念反观从前家族公有、公权私权人法物法交集内容庞杂的"dominium",认为其中原先认为很重要的那些内容是非本质的杂质,从所有权内涵中剔除,所有权本质的初次剥离使所有权绝对的原则在新的基础上确立起来。[①]

大约产生于帝政晚期的"proprietas"一词,被认为是最准确表示人对物所有权的词语,除了克服"dominium"庞杂暧昧这一"技术性"考虑之外,二者在法律观念上的差别是很大的。诺贝托·里纳尔迪(Norberto Rinanldi)教授通过考证词意的变化,强调了这两个概念在观念中的微妙差异:"dominium"更侧重于表述某人作为"主人"的意思,而成为某物的"主人"(dueño)和"所有权人"(propietario)"是有差别的",先有了"主人"的观念,再有"所有权人"观念。"dominium"特别强调了作为主人在其支配领域内的对物主从关系,仍未超出主体的人格范围,而一个主人与他的物之间那种亲密联系,在正常状态下是与他人无关的。只有在诉讼中请求返还之人才对他人说,"这东西根据奎里蒂法(市民法,*ex iure*

---

① 参见张鹏:《论罗马法中所有权概念的演化——从 mancipium 到 dominium》,载《云南大学学报》2003 年第 16 期。

quiritum）是我的”。主人并不对自己说“这东西根据奎里蒂法是我的”。因此，该学者指出，“在这种意义上，propiedad 是一个经济—法律的概念，与其相对的是 dominium 的观念，它就权利人对某物的支配而言更指向一种主观意义”，即一种与他人无涉的封闭“对物关系”。

Armando Torrent 认为，“dominio”描述的是一种状态，该状态的视角考虑的是主人而非物——罗马人自己起初并未按照所有权的概念操作，而是混淆了该权利和物之本身。主张某物的人，起初并不说该物由其享有所有权，而只是说该物是他的；“所有权的抽象概念和对物之本身的持有被混淆了”。据此，该教授认为：“当时是一种权力而非权利，是一种事实关系而非法律关系。”作为主人和作为所有权人也是不同的，“罗马人认为自己是那些完全地、无瑕疵地和确定地处于其意志之下的东西的‘主人’；相反，他拥有那些由他‘所有’（*propias*）的物，他不得不为这些物面对义务，例如支付租税，或不得无限制地使用或享用之”。①

观念的变迁是潜移默化的，从“dominium”到“proprietas”的转换，其结果，一是通过对占有者拟制市民法所有权，从家父权中借用来的绝对权强势效力赋予土地占有人，形成普遍的、个人主义的新的“真正所有权”；二是这种所有权又经由他物权的实际限制，确保这种“绝对支配”不至于再次绝对到“主权”那种程度，法权的归属关系代替了事实的支配关系，在规范平等主体间法律关系的意义上，仅以民法上的对抗排他效力，最终形成了罗马法的所有权

① 罗马法学者 Norberto Rinanldi 认为，就现代法的效果而言，市民法所有权渊源于家父权，而“proprietas”显然最终被用以指称对某物可得行使的物权，这个概念已经更接近现代的所有权观念了，其中最明显的一点是剔除了身份和特权方面的因素而主要剩下财产因素，但这还不是最主要的变化，参见［阿根廷］Norberto Rinanldi：《奎里蒂法所有权（dominio ex iure quiritum）已经死亡》，徐涤宇译，载厦门大学法学院罗马法研究所网：http://www.romanlaw.cn/sub2-117.htm，最后访问日期：2018 年 8 月 17 日。

制度。“只有在优士丁尼法中,家庭的财产统一和家父的排他性权利才变为一种荒谬的观念,从此以后,才可以说个人所有权被完全确立并适用于一切关系。”①所以虽然可以在某种意义上说现代物权起源在罗马法上的“dominium”,据其本意为一定范围的支配,但不能以此断言支配为自古以来一脉相承的所有权本质。现代物权在罗马法上的根源恰恰不在于“dominium”,而是在另一个更技术化的“proprietas”,后者是借助法律的拟制之功对前者的扬弃,更多地借助于法律之力存在,更近似于现代的法权观念。

罗马法上的所有权,效力最早源于家父的支配地位,其绝对性和排他性早已存在于基因之中了,从“dominium”进化到“proprietas”时,这一遗传而来的绝对性特色又被加以修正而更趋妥当。经过中间过渡,后期精确的所有权观念强调物之确定归属,在独立、分散的平等主体之间解决物的最终归属问题,既归一人,不得归第二人,故“一物一权”是当然的结论,“所有权遍及全部,不得及于二人”亦是社会观念共同认可,而非立法强加的政策。其后期甚至通过放弃“dominium”观念而舍弃了其中隐含的主观色彩,代之以法律化观念化更高的“proprietas”,更注重法律关系的一面,绝对性的内容更加彰显。故罗马法的所有权,以绝对性为显要特色,此乃学者公认,罗马法学家曾总结出所有权具有绝对性、排他性和永续性。② 注释法学派对罗马法所有权总结的性质有三点,即完全、永久、对世。其中永久(永续)性和完全性乃专属于所有权之个性,而剩下来的绝对、排他、对世等属性,显然是所有权和他物权之共同属性,这也是物权对人关系上绝对性的历史源头。

---

① [意]彼德罗·彭梵得:《罗马法教科书》,黄风译,中国政法大学出版社1992年版,第197页。

② 参见周枏:《罗马法原论》,商务印书馆1994年版,第299页。

四、日耳曼法和中世纪财产法：绝对性的迷失

(一)日耳曼占有法：现实与多重性特色

在日耳曼时代，由于统一的国家与完整意义上的成文法并不存在，构成日耳曼法的主要内容是古老的部族习惯，一般认为，现代意义的所有权概念并未在日耳曼法上真正形成。

日耳曼财产制度的最显著特征是占有与本权结合，其形式为“Gewere”(占有)。“Gewere”的原意是“穿衣”，引申为对物支配之外在表现，占有被视为“权利外衣”，在此，占有与权利重合，法谚有“当我持有某物，使我获得占有，而我占有某物，也享有占有权”，占有本身并非一种简单的事实状态，而是一种财产权。可见，在“Gewere”体系下，占有与作为事实状态的现实支配不能分开。“占有从权利的一面看固是本权，从占有的一面看又是占有”，耶林称占有是所有权的“外围工事”，与本权须臾不可剥离，日耳曼占有制度之下，始终不存在离开对物现实支配或占有而单独成立的本权。德国普通法学者解释日耳曼占有的特性为推定权利、一时权利、相对权利，[①]其效力表现为防卫、追及、转让三方面的作用。

日耳曼财产制的社会背景和观念基础是所谓“团体本位”，以个人为基点的物之绝对归属观念不发达，此点众所周知。与团体主义相连的是其财产制中的“双重所有制”，日耳曼法的土地物权制度中，不存在他物权的概念，对有关利益享有者的保护统称“所有权”，其实都视为无本质区别的占有。在同一土地上可以并存“上级所有权”和“下级所有权”。所谓上级所有权，是指领主和地主享有的管理权、处分土地权及收取佃租、地租或接受其他代偿义

---

① 参见王利明：《论占有》，载王利明主编：《民商法研究》(第4辑)，法律出版社1999年版。

务的权利;所谓下级所有权,又称为利用所有权,是指耕作人对领主或地主负有支付佃租、地租或履行其他代偿的义务,但同时享有使用、收益其土地之权利。[①] "上级所有权"和"下级所有权"是层级的关系,故又称为"分割所有权","分割"的结果是任何一方不享有绝对完全之所有权,"双重所有"的结果是任何一方不享有终极的"absolute right",绝对性是欠缺的。

总之,在日耳曼占有法制之下,对土地的权利是一种现实的、相对的、不完全的、以经济内容为主的权利,其权利有支配而无排他,支配关系是相对的、不确定的、经验性的。

(二)中世纪和英国财产权模式:权利相对性特色

中世纪财产制度最大的特色是来自日耳曼传统的"分层所有权"观念和所有权的分割,从佃户占有到直接领主,再到封君、封君的封君成立一系列上级所有权和下级所有权,诉讼所争的其实是占有。因此,据法国学者埃贝尔考证,欧洲封建法中的所有权与罗马法的所有权是有不同含义的。伯尔曼认为,"所有权最初提出的是对所拥有的东西绝对的、不可分割的、排他的权利,与此形成鲜明对比的是封建领主所有权在各方面通常都是有限的、可分的和共同的",因此,有学者承认"中世纪西欧并无严谨的所有权概念"。[②] 这种相对权利状态在英国法中最为显著而久远,日耳曼法对英美法财产制度有较大影响,普通法中被认为最接近大陆法所有权概念的"ownership"一词最早出现在1583年,[③]但其意义显然

---

① 参见李宜琛:《日耳曼法概论》,商务印书馆1994年版,第51页。

② 王利明:《论所有权制度的演进》,载王利明主编:《民商法研究》(第2辑),法律出版社1999年版。

③ See Sir Frederick Pollock and Frederic William Maitland. *History of English Law*. Cambridge University Press,1898, Vol. 2,p. 153. 转引自王涌:《所有权概念分析》,载《中外法学》2000年第5期。但大多数学者认为,普通法上"ownership"的概念并不等同于大陆法系中的所有权人和所有权的概念。

与罗马法上的所有权概念相去甚远。学者指出:“普通法中不存在绝对的所有权,而毋宁说是一种相对的所有权或分割所有权,即在理论上,除了英王之外,任何人对土地都不享有所有权,因为他的权利总是受到这样或那样的限制,即使他事实上行使的权利与所有权并无不同。因此他的所有权是相对的,或者说是不同的人之间分割了对土地的所有权。”①

相对性在英国地产制度中最为明显地反映出来,在英国历史上,所有的土地名义上都属于国王所有,但国王又将土地分封或特许给功臣。持有人又将土地让与或许可给其他人占有、使用。除国王以外的人,拥有土地被认为是持有或占有(hold)土地,而不是所有(own)土地;土地享有者均称为“tenant”,而不是所有者(owner)。由于这样一种特殊历史背景,英美法创造了一个抽象的地产权概念,即“estate”,它表示对土地的某种权益,它被视为不同于土地本身的一个独立的“物”,被称作地产(estate),土地上的种种法律利益陆续地被视为“物”,也陆续地成为“estate”,对其享有就是享有地产权,“estate”的创立取代了实物土地成为人们财产权的客体。② 其支配对象被认为不是物而是无形的利益,不再追问是什么性质的权利,只是说某人在某个领域内自由和利益的尺度,是可以量化的,故抽象的终极的归属可以搁置不问。有人认为,地产权和民法法系的所有权等值,地产权在一定意义上取得了类似于所有权的地位。③ 但其间的差别是很明显的,那种确定的排他的归属关系并不明显,这个概念在某些方面近似于罗马法上的

---

① 张俊浩:《民法学原理》(修订版),中国政法大学出版社1997年版,第341～345页。

② 参见高富平:《土地使用权和用益物权——我国不动产物权体系研究》,法律出版社2001年版,第15页。

③ 参见秦勇、李凤霞:《我国农地利用制度的反思与重构》,载《理论导刊》2006年第9期。

“dominium”，尽管二者之间仍有根本的差异。①

在中世纪占统治地位的财产权模式，以及这种以英国封建土地权为代表的欧洲中世纪财产权状态以及直接承继的，在各种名义下享有的实际权利形态，其共同的特点是债物不分，强调支配，不讲排他，标志性特征是“权利的相对性”。造成“双重所有”和“相对所有”的原因是多方面的，有封建因素，也有基于契约，也有基于时效取得的占有事实而发生，产生了普遍的、一块土地之上存在多个独立所有权的现象，相对所有也就成为人们习见的权利状态。基于各种占有都能产生所有权，同样明确的是，若干人可能对同一物都享有所有权，因此就产生了这些所有权人的权利哪个优先的问题。

（三）绝对所有权缺失的原因：证明和救济机制欠缺

“救济先于权利”是普通法早期发展的一个重要特色，但恰恰是诉讼程序方面的原因在阻碍着绝对所有权制度的建立。罗马法比早期英国法更为容易证明所有权的存在，例如，时效取得制度和作为物的交付转让形式的“曼兮帕蓄”乃至拟诉弃权都为证明所有权提供了基础，除了帝国后期，能获得的时效取得的期限，不动产为 2 年，动产为 1 年，由于时效取得是所有权的有效基础，对原告来说，证明他的所有权是件容易的事。而在英格兰，时效法令期限特别长，证明所有权几乎成了不可能的事，同时普通法上则没有那种推定等机制，普通法对追溯更高的占有权很少有限制，所以，它总是不可能达到那个最高的权利即所有权。这就是普通法上所有权概念不发达的一个重要原因。

普通法在其发展初期并没有如同罗马法上的返还之诉（*rei vindicatio*）的诉讼制度，它只是以侵犯之诉的制度实现罗马法上的所有物收回之诉所发挥的救济功能。后来，出现两种保护动产的

① 参见王涌：《所有权概念分析》，载《中外法学》2000 年第 5 期。

新的诉讼形式,即追索非法占用之诉(*Trover*)和请求返还非法扣留物之诉(*Detinue*),在这两种诉讼形式中,原告必须证明他具有比作为动产实际占有人的被告更高的权利(better right),他才能胜诉,这样,"比动产的实际占有人更高的权利"这一观念就形成了。但是,被告仍可以通过证明有第三人享有比原告更高的权利(*jus tertii*)以对抗原告的请求,在不动产方面这样的绝对性证明更加艰难,收回地产之诉中绝对权利的证明几乎是不可能完成的任务。而在一般的诉讼中,"没有人曾被要求证明一项所有权的有效性来对抗一切人,在一桩所有权的诉讼中,他证明了一项比他所攻击的人的权利更古老的权利,那就足够了"。必要的话也可以在这一系列所有权人中确定一个优先顺序,在诉讼方面也根本不必要为拥有最优权利的人提供特别救济(收回物权之诉,*vindicatio*),其完全可以适用一般占有人的救济手段保障其利益,对于谁是真正所有主的判断是困难的,对此,"面对这种困惑,有人建议最好就根本不要在英国法中谈论什么土地所有权"。①

可见,正是由于只能确认并保护"better right",而不是"absolute right",英国法中完全的所有权很难建立起来,"权利的相对性"成了其主要特征。至于"ownership"和"title"以及地产权利是不是相当于罗马法上的所有权这个问题,也就没有多少意义了,因为那种所有权即使存在,在这样的诉讼程序中也必将因其证明困难,只能让位于当前占有之诉,最终处于一种存而不问的虚悬状态,成为一种传说。

五、绝对性的重构:现代物权制度

中世纪的相对所有权体制随着封建制度的瓦解而慢慢退出历

① [澳大利亚]瑞安:《财产法中的占有和所有权》,梁治平译,载中国人民大学法律系民法教研室编:《外国民法资料选编》,法律出版社 1983 年版,第 170 页。

史舞台，完全的所有权被归于“衡平法所有权”的占有者，同时，领主被认为仅仅拥有对于佃户土地的他物权，至此明晰的所有权关系重新建立起来，绝对性原则再度抬头。有学者指出，甚至在法国大革命以前，随着作为封建制度特色的土地中的权利等级制度消失，所有权的排他特性就重新出现了，而在现代民法重现这一特性，成了“一个被完全接受的和显著的原则”。

在法学理论方面，得力于注释法学派的整理归纳和罗马法的复兴，后期罗马法中的绝对所有权及其相关观念重新被重视，并经由整理提炼而更为显明，并在此基础上致力于物权内部的体系化构建。欧洲注释法学派代表伊洛勒里乌斯（Irnerius）和亚佐（Azo Portius）等人在对《国法大全》的诠释和评论中，提出了“对物权”（*jus in re*）的概念，建立了初步的对物权学说。[①] 但关于其性质的探讨中却被不恰当地掺入了“对物关系”说，往往以“支配权”来概括这类对物权的性质，这类权利在效力范围上的对世性，被认为隐含在支配权性质之中。德意志的学说汇纂体系学派的学者们在17世纪提出了物权的概念，在此基础上提出了五编制的潘得克吞体系，而此时“这一模式的形成和支配权转化为物权是同期完成的”，[②]在此期间，经由萨维尼、温德夏伊德倡导“对人关系说”，“对物权”的概念认识也在深化，最终德国民法学者的通说认同了对物权对人权划分标准为权利的绝对性与相对性，从而把绝对性要素从支配性中提炼出来，并自足于“绝对权”的性质判断构建其物权法体系框架。

在立法方面，1804年的《法国民法典》在财产部分，仿效罗马法的所有权制度，以所有权为核心建构起财产权利体系，统称“所有权及相关的财产权”，虽然同属民法体系，其所有权概念与德国

---

① 陈华彬：《物权法原理》，国家行政学院出版社1998年版，第2页。

② 孙宪忠：《中国物权法总论》，法律出版社2003年版，第36页。

物权法作为物权类型的所有权亦不等值。正如郑成思所说,法国所有权观念与英美法关系更近些,[①]而与德国法有很大区别,表现为抽象性不高,排他性欠缺,注重权能列举式的说明。其所有权的“绝对性”仅仅停留在概念规定中而没有贯彻下去,特别是在物权变动等动态层面,产生了实质上的相对权利状态。在法国,由于物权变动的意思主义,公示仅为对抗要件,在物权变动环节往往就造成一物存在两个或多个所有权,至于标的物确属何人,则应通过对几个所有权的比较而归有某种“优先性”者,这样,物的归属失去了确定性,仍能发生“双重所有”“多重所有”,无对抗效力的所有权,因不能对抗第三人,即对第三人来说无效,仅能约束部分人,因而是一种相对的权利。《法国民法典》的财产权制度从观念上继承了罗马法所有权的绝对观念,但法技术上的缺陷造成其不彻底,在具体制度、效力、变动等方面并未统一遵循物权绝对原则,故其虽然承认绝对性原则,但显然是不彻底的。

1811 年《奥地利民法典》第 307 条首次使用“对物权”概念,但对其性质认识仍然是支配权。作为物权法立法的最高成就,德国民法正式用“物权”命名,成为独立一编的完整体系。“物权编”立法例之后为许多国家民法典所采纳,瑞士、日本民法纷纷效仿之,物权法制由此获得世界性。德国法系的物权概念并非日耳曼固有“Gewere”的自然延续,与相对性的中世纪财产权判然有别,亦非简单的复制罗马法的所有权制度,正是在对物之诉与对人之诉的基础上,区分绝对权和相对权,采纳温德夏伊德等人的观点,以绝对性为物权、债权的区分标准,将“物权性”解释为“绝对性”,成为包括了所有权和他物权的物权法体系的基础。物权与债权严格区别,而其区别正以物权的对世、排他、绝对性为标志,债权与物权分

① 参见郑成思、黄晖:《法国民法中的“财产权”概念与我国立法的选择》,载《知识产权》2002 年第 3 期。

离以后,财产法的内容则从法国经验列举式的状态,经过绝对性(排他性)的抽象过程,达到了德国民法的体系化。物权在与债权对立的意义上,强调绝对与排他,坚决贯彻"一物一权",不承认类似双重所有和相对权利的情形。正因为这一点,德国物权概念完成了与经验占有的完全分离,保证了其纯形式的纯洁性,也正因为这一点,德国物权与法国财产权旗帜鲜明地分开了。

六、结论

(一)绝对性是罗马法系物权制度的标志性特征

先法权时代的简单占有中包含了"人支配物"的全部内涵,支配自古就有,是任何财产制度面临的共同问题,而对支配问题的解决方式问题,是区分不同财产制度的标志。在财产制度的法制史上,晚期罗马法中确立的那些原则和现代大陆法系的物权法是个一脉相承的体系,这个系统与日耳曼—英国财产权制度构成的另一体系形成鲜明的对比,后者特别是英国地产制中,绝对性是缺位的,这说明以绝对性解决对物支配问题,既非逻辑的必然,又非历史的必然。绝对性原则是专属于某些财产制度,即罗马法—现代物权法的体系特征,并非一切财产制度所共有的属性。两大体系当然在不同方面、不同层次存在很大区别,但其中最为显著的就是绝对所有权制度,或者说,它们各自的"所有权"是否强调了绝对性。

从日耳曼的分层所有权到英国地产制度中的各种相对性权利,一直没有确立起一种具有普遍对抗性质的归属秩序。在早期英国法中,对于一个试图收回不动产的原告来说,从不存在作为其案件要素的,在绝对权利的意义上说明所有权的必要性,权利的证明不是从其绝对性,而是"以第三者依法占有"认识。在动产方面,希望从另一人处收回财物的人能够仅仅依靠一些用来保护占有的诉讼实现其意图，[1]绝对的归属问题被认为并无必要，“在财产纠纷诉讼中，一方当事人不必证明他对财产的主张优于任何人，他只要证明他的请求优于对方当事人就可以了，法院仅仅审理案件中当事人纷争的问题，它不能宣判当事人的主张可以对抗非当事人”。[2] 普通法系学者说，“我们的法律实际上是在承认所有权的相对性，一个故事在另一个故事被讲述以前总是好的，一种所有权在更古老的权利证明以前也总是有效的。没有人曾被要求证明一项所有权的绝对有效性来对抗一切人，诉讼中只要证明一项比他所攻击的人的权利更古老的权利，那就足够了”。故争执的不是物在最终归属于谁，而是谁在这个物上享有“better right”，这是一种典型的相对财产权观念。

与此相反，就在普通法曾要求并在总的来说还在继续要求原告仅仅证明此被告更有效的权利的时候，罗马法即坚持绝对所有权的验证。按罗马法，一个占有者要么享有所有权，要么不享有所有权。在普通法承认一系列相对有效的权利时，民法却坚持只能有一个人成为所有人。[3] “所有权遍及全部，不得及于二人”乃社会公认之当然观念，在继受罗马法的大陆法系国家也同时继受了这一观念，并纳入其物权法体系中，与所有权的完整性、排他效力、一物一权等原则互为说明，所有权绝对乃被认为是后期罗马法和现代民法的基本原则。

在财产权制度的历史上，各种分分合合的过程中，绝对性原则始终和大陆法所有权及其物权法体系共沉浮，有绝对性之处，就有

---

① 参见[英]亨利·梅因：《古代法》，沈宗灵译，商务印书馆1959年版，第165页。

② [美]迈克尔·D.贝勒斯：《法律的原则——一个规范的分析》，张文显等译，中国大百科全书出版社1996年版。转引自姜战军：《论占有权利推定对不动产上占有的适用》，载《法律科学》2001年第4期。

③ 参见[澳]瑞安：《财产法中的占有和所有权》，梁治平译，载中国人民大学法律系民法教研室编：《外国民法资料选编》，法律出版社1983年版，第168～170页。

大陆法的物权制度,而绝对性贯彻不彻底的地方,物权体系自身的独立性也不高,绝对性不彰显的时候,也就是罗马法所有权制度衰落之时。所以说,绝对性不但是物权概念的核心,还是物权法作为一个罗马法制度体系的标志,是这个体系的最突出特色。

(二)绝对性内涵的把握是一个渐趋精确的过程

绝对性和绝对所有权的观念是一个渐进的演进过程,其中借助了拟制、抽象等多种途径,早期罗马法中的所有权绝对性侧重于家父权的身份、特权等色彩,起初的"dominium"更是偏重于人作为物的主人那种支配地位,其经济、法律和技术性方面的内涵不严谨,是一种人法与物法、公法与私法混合的类似主权性质的观念。在其中,绝对性本身只是这种支配地位的侧面反映,并非所有权内在的效力,对绝对性的强调亦是强调主人地位,这里首要的是保障一个"主人"在其支配领域内的"地域主权"。关于划界地的高墙壁垒和土地免税等情况,即生动地说明了这一点。

他物权制度的发达更促使人们重新理解绝对所有权的内涵,役权和用益权在实际上对所有主行使权利构成了限制,于是"proprietas"和用益权等他物权相对称而出现,这是一个问题的两个方面,都是从标志对人关系而出发的思考,在区别的基础上有了统一的可能性,二者同时进入私法视野。后来,随着戴克里先皇帝宣布消除行省土地和市民法所有权土地的界限,统一作为纳税来源,从此任何所有权都不再认为是绝对的无限制的主权性质的东西了。在此基础上,优士丁尼的立法取消了一切所有权的差别,市民法所有权、万民法所有权、衡平所有权等都视为平等无差别的完整所有权,帝国晚期出现的"proprietas"是对早期"mancipium"和"dominium"的扬弃,至此"双重所有"才被认为是和所有权的本质矛盾的,绝对性这一内涵抽去了有关家父权统治性的内涵,强调的是法律上的排他效力,就其完全放回私法领域而言,实现了第一次抽象。

在近代资本主义立法过程中,法国的“绝对所有权”风行一时,后来《德国民法典》的制定者并未亦步亦趋地引进这种理念,而是立足社会现实,从更稳妥、更公正、更具实现技术性的理性态度认识物权、所有权,吸取的是后期罗马法的排他效力、对世效力、一物一权等合理内核,扬弃的是家父权观念、主人观念和法国所有权理念中那种极端个人主义的刚性色彩,把支配的修饰语由“不受限制的”改为“排除他人干涉的”,仅就效力认识“绝对性”,实现了第二次抽象,并由此避免了过分强调个人权利无限制的那种“绝对”为制度本身带来的损害。最终,物权的绝对权性质作为一个法律技术上的观念为人们所广泛认同。

(三)绝对性地位的上升推动物权概念的科学化

与此同时,绝对性本身的意义逐步凸显出来,从最初的作为“支配”的附随内容,到后来强调其作为支配的保障机制,到再后来直接把所有权的权利性本身建立在绝对性之上,其地位是渐次彰显的。从占有到物权,绝对性又经历了从隐到显的过程,对物权来说,排他性不但可以离开支配性,而且物权可以仅仅在排他性基础上建立而不问事实支配,当占有脱离于物时,仍得假定有归属关系覆盖其上,此系一种抽象的想象,拟制的观念占有在此产生。[1]借助观念占有这一法律形式,借助公力救济的和平秩序,人可以对几千里外的物享有所有权,人可以对已脱离其占有并辗转落入他人之手的物仍享有所有权并以此主张追及,即便现占有人无不法侵夺性质,这时,物权的绝对性凸显为所有权最重要的效力,是表现物权的最好形式。甚至直接成为权利本身,已不再是支配的必然和附属性质了,物权法制下仅仅依靠法律直接确立绝对性,实现物的支配秩序,绝对性体现为权利本身,在权利覆盖之下,乃有稳定可靠的支配性存在。物权发展的历史是权利从生活事实中步步

① 参见[英]亨利·梅因:《古代法》,沈宗灵译,商务印书馆1959年版,第143页。

抽象的历史，在此过程中，排他性从作为现实支配的必然结果和附庸，上升为权利的直接来源，从幕后走到前台，后来居上，反客为主，一跃而成为物权的核心内容，直接表现一种意志的、法律的支配力，但此时，“支配”已经是一种隐喻的用法了。

在罗马法上，从最初的“dominium”到后期的“proprietas”，经过中间过渡状态“双重所有权”的拟制过程，所有权从其内涵中剔除了非本质的身份、特权、公法因素，成为纯粹财产关系意义上的概念，从而摆脱了主观色彩，作为更具“技术性”的经济法律概念的新所有权观念确立起来，这是所有权概念的最初抽象。罗马法中的财产权制度经过注释法学派的整理归纳后，提出了“对物权”概念，但其内涵依然很广泛，是一种广义的支配权，因此，对物权的权利性建立在其支配性之上，成为法国民法中的“物权”，但其内涵还不够严密，“是广义的财产权，包括一切具有处分意义的民事权利”。[①] 在19世纪的立法运动中，萨维尼等学者倡导的“对人关系说”重新认识“对物权”，摒弃了“对物关系”在直接支配物方面的思考方式，把重心移到权利的效力方面，把对物权改造成物权，在绝对性而非支配性的基础上重构物权体系，从对物之诉到对物权到物权的发展过程，是一个逐步的扬弃、精确，逐步的抽象化，逐步的远离支配表象而接近权利本质的过程。这个过程是最终抽象，从中去除的是“支配物”方面的内容，更具实现上的技术性，建构在这一基础上的大陆法物权体系，因此具有更高的科学性。有学者总是强调支配性是自古就有，而排他性是晚近以来才有的观念，[②]但这恰恰说明，正是随着绝对性内涵的精确，其地位经历了一个从隐到显的过程，物权法的体系才逐渐形成并日趋精致，物权本身就是一个晚近以来才出现的新事物。就此而言，在财产制的

---

① 尹田：《法国物权法》，法律出版社1998年版，第1页。

② 参见尹田：《论物权的定义与本质》，载《中外法学》2002年第3期。

演变史上,物权的概念是被发现的,而不是被发明的。

(四)绝对性是罗马法系的物权法体系的构造基础

1. 从体系外来看,绝对性是物权这种财产形式的标志

如前文所言,罗马法—大陆法系物权法的权利绝对性,与日耳曼—英国法的权利相对性,其对比如此显著。而在大陆法系内部,严谨的德国物权法和其他国家的类似制度,也是以是否坚持彻底的绝对性原则而有所区别,其他枝节方面的区别则无关宏旨。故通说认为,"两大法系财产法的主要区别在于是否存在绝对所有权"。[①] 此理甚明,故不再赘述。

2. 从体系内来看,绝对性的确立是物权法体系化的基础

内涵的精确化促进了外延的清晰,一方面,在新提炼出来的对人关系的方面的排他效力基础上,发现了自物权和他物权的这一共性,这样在共同分享绝对性的基础上,《德国民法典》的立法者摒弃了支配性标准而以绝对性为核心,完成了权利的类型化,在此基础上,按照内在逻辑的要求坚持了物权公示原则、区分原则、物权法定等原则以及物权行为等制度,共同构建了统一的、互相响应的物权法体系。至此,物权法完全建立起来,这和物权的绝对性最终确立是一个过程。物权法把所有权和其他具有对抗效力的财产权统一起来,以所有权和他物权两大子系统构建起物权体系,这一体系的权利都具有相同的排他效力。

另一方面,绝对性也是潘德克吞体系物债二分法的标志,以此形成物债二元财产权体系。这样,在与债权相区别、相对立的前提下理解物权,有些权利虽有支配内容,但缺乏绝对性,则被划入债权,如借用、租赁,有些权利虽无支配内容而有绝对性,则被划入物权,如优先权、通行权,债权只约束债务人,物权则约束一切人,因

① 马俊驹、梅夏英:《财产权制度的历史评析与现实思考》,载《中国社会科学》1999 年第 1 期。

此，一项权利虽有支配，但如不能对抗第三人则不被认为是物权，仅有特定人对其负尊重义务，该特定人只能被作为债务人，他们之间形成债的相对关系，他与第三人之间则无任何法律关系。在清晰划分之后，物权不再同于笼统财产权，就在于它不包含任何仅有相对性的权利。在权利按效力进行分类和类型化整理的基础上，物权本性中的绝对性，在物权法体系内贯彻下去，影响物权的效力、实现机制、变动模式等方面，构成一个内部逻辑合理自洽一致的规范体系，就此而言，绝对性是物权法实现体系化的基础。正如有学者所言，“绝对所有权理论以及在此基础上建立的一物一权主义成为后世大陆法系各国物权法颠扑不破的原则，并成为物权法，乃至于整个民法权利体系的核心与基石”。[①]

第二节　绝对所有权的制度背景

一、财产权构造的两种模式

如前所述，“支配”自古就有，且无国家、地域、民族的差别性，但物权和绝对所有权本身并非自古就有，亦非有天生的普遍固有之共同性质。面对“人支配物”这一共同而古老的问题，应以何种解答之方式，是一种法律体系之构造的关键所在。总体来看，财产权制度的形成了两种构造模式：日耳曼法—欧洲封建法—英国财产法—普通法系形成一个有传承关系的链条，英国法律被恩格斯称为“近代唯一的日耳曼法”，其财产制度直承日耳曼“gewere”，英美法系的财产权制度大量接受日耳曼法的基本成分，形成以财产权的相对性为显著标志的一个模式。[②] 而近代欧洲大陆各国立

---

① 马新彦：《罗马法所有权理论的当代发展》，载《法学研究》2006 年第 6 期。

② 参见张俊浩：《民法学原理》（修订版），中国政法大学出版社 1997 年版，第 325 页。

法在继受罗马法的基础上，形成大陆法系不同程度上坚持绝对性原则的所有权、物权体系则是另一个模式，绝对性原则是其根本立足点。今天，统治着世界大多数地区的法律都是从这两种法律派生出来的。①

有学者对两大模式财产权观念进行比较研究，得出了大致相同的结论。我妻荣就“罗马法和日耳曼法的物权概念”归结为五个方面，并认为在制度层面的这些区别，都可归因于两大体系在社会经济现实和法学方法方面的差异。谢在全先生是在所有权这个次级层面上对两大模式进行比较的，认为两者区别在于以下三点：一是罗马法所有权为完全之权利，日耳曼法上都是有限之权利；二是前者为单一抽象之支配，可因弹性而恢复圆满，后者为多重利用权之集合，有量的差异和上下级的相对性；三是前者有个人主义私法色彩，后者为团体身份色彩。谢在全亦将差别的原因归于经济方面，即商贾贸易社会与农业经济社会产生的不同观念。国内学者亦认同这两个体系的划分及主要区别点，大约都从以下诸点区别二者：日耳曼财产权的相对性和罗马法之绝对所有权之区别；日耳曼法的诸权独立并存，与罗马法的所有权—他物权主从依附以及弹性、归一力；日耳曼法的本权占有不分，与罗马法的本权占有界限分明；日耳曼法的所有权为质的分割，与罗马法中所有权中“共有”为量的分割；日耳曼法所有权的团体色彩和罗马法的个人主义理念，等等。

罗马法绝对所有权观念和日耳曼法相对所有权观念可以从不同侧面归纳出很多差别，集中为权利的绝对与相对，即权利效力的对抗范围。但在其各自的体系内，权利构建方式采用绝对所有权还是相对财产权，显然又与本民族的社会、文化及其他因素密切相

---

① 参见［英］密尔松：《普通法的历史基础》，李显冬等译，中国大百科全书出版社1999年版，第1页。

关,这些相关因素与权利的性质互为因果、互相影响,因此,罗马法—大陆法的绝对所有权观念有其自身的存在土壤,是一些相关因素共同促成了权利必须以如此方式而非相对模式来构造,则这些因素就可以看作物权绝对性确立的条件所在,从中隐含着绝对性原理的合理性基础。由于作用是相互的,考究其孰因孰果显然很困难,在这个意义上或许应该把这些相关因素称为"伴随条件"比较恰当。

二、观念基础:归属与利用、私有与公有

两大财产模式的主要区别,即学者常常谈到的"归属"与"利用"观念之别,谓罗马物权法以所有为中心,日耳曼财产法以利用为中心。日耳曼法比罗马法更注重物的利用,其权利是通过确认某种利益的合法性,嗣后进行外在的保护,所重者是"利"的一面,对终极、绝对、抽象的拥有追求不高;而罗马法的财产观念显然更关心那个唯一的所有权在谁名下,故其所重者在"权"的一面,强调权利的法律效力能不能对抗一切人。故物权重效力财产权重权能,乃当然之结论。

在罗马法上,所有权的概念是从"主人"的观念演化来的,受其影响,习惯上是以主从关系认识权利,一定要追问某物到底"是谁的",基于绝对归属观念如此风行,人们当作一种理所当然的思考方式,乃至宣称"每个物都需要一个主人",他们真切地听到"物在呼叫主人",归属不明的状况被认为是不可思议的。而在日耳曼的财产观念中,因为土地公有,"个人不能决定地产的命运,财产并不以回复某人为必要",正因抽象归属的诉求不强烈,大陆法的"绝对所有权理论并不总能很好地解释英美法系财产关系"。"按照中世纪土地法,一切利益均被视为临时性的","在英美财产法中,财产是以实际享有的权利来衡量的,所有权并没有成为英美度

量财产的唯一标准”,财产法可以完全不涉及所谓归属问题。[①]

绝对归属与相对利用的不同思考方式可从处处折射出来,奥诺雷把罗马法所有权称为“单一财产权制”,而以质的分割形成的相对多重财产权则为“复数财产权”。中世纪英国土地法中不动产时效取得这种“保护侵占者”制度,产生了另一种意义的双重所有,同一块土地上就具有两个或多个相反的多项财产权,他认为这讲起来并不荒谬,因为他们的效力是相对的。然而,对于谁是真正所有主的判断是困难的,对此,“面对这种困惑,有人建议最好就根本不要在英国法中谈论什么土地所有权”。[②] 这样的一种“复数财产制”显然为社会观念所习见,该学者认为,对这种归属不明状态提出质疑是大可不必的,抱怨“有些法律工作者只接受这样一个规则,即每一个物上都必定有一个,并且只能有一个独立的所有权人”,如此一来,被一些人认为理所当然的观念会被深受罗马法观念影响的人视为怪异。原因就在于后者坚持一种“确定归属”的成见,前者认为物之归属并不重要,能够安全享受利益就足够了,这里关心的是利益的尺度而不是所有权人这个荣誉称号,普遍的对抗效力自然不在关心之列。

罗马法的所有权强调“是谁的”,日耳曼法则更关心“可以做什么”,于是前者当然要构造一个对抗全体人争夺的绝对归属秩序,后者则要构造一个大家如何分享利益的相对利用模式,这是二者财产权效力差异的最终根源。此亦导致他们各自的权利类型化思路不同:整个罗马物权法从抽象的所有权概念出发,所有权居于中心和基础的地位,各种利用权以他物权形式,不过是作为所有权的部分权能而存在,处于依附地位。日耳曼观念中既不关心归属,

---

① 参见梅夏英:《民法上所有权概念的两个隐喻及其解读》,载《民商法学》2002年第9期。

② [法]奥诺雷(A. M. Honoré):《所有权》,金可可译,载公法评论网:http://www.gongfa.com/caichanquanaonuolei.htm,最后访问日期:2018年8月17日。

就不需这样强调一个“母权”，因此，各利害关系人的权利效力大体相当，各自相对，分别存在。对此归属与利用之别，笔者认为毋宁说是因为罗马法之上才有真正的私人所有权，而所谓日耳曼财产制度无非是公有制内部的安排。

在此应顺便指出，本书坚持认为，归属与利用只是强调两种法观念的差别，并不认其为财产权制度演进的某种方向。归属和利用在罗马法中是互动的。在罗马法上亦非不关心利用问题，物权法体系把统一的“支配财货”的利用命题用四种机制实现，即占有、所有权、他物权、债权，其中罗马法中他物权体系的发达完备比现代法毫不逊色。相比之下，英美法只有单一的“所有权”应对一切财产问题，那么论者把两个模式之下的“所有权”相比较，等于用罗马法的1/4去和英美法系全部财产法比较，得出的任何优劣评价都不全面。正确的看法应当是，罗马法不仅解决了古老的利用问题，而且在此之外还重视归属问题，独创了私人所有权制度，其财产制内涵比其他体系更丰富。

三、社会与经济背景：商贸经济、市民社会

谢在全总结两大模式在制度面的区分，源于各自社会背景上是商贸经济和农耕经济的社会现实。[①] 在更具体的层面上，商贸社会的交易活动预示三个要素，即有决策权的商人、决策自由、可交易的商品，对应着法律上的平等主体、意思自治、特定客体。有学者指出，大陆法系的所有权观念暗含两个隐喻，一曰土地分裂，二曰个人主义。[②] 也就是说，两大模式因社会经济背景相异而在权利的主体、客体方面构造的基础有异，从中隐含绝对所有权观念

---

① 参见谢在全：《民法物权论》（上、下），中国政法大学出版社1999年版，第118页。

② 参见梅夏英：《民法上所有权概念的两个隐喻及其解读》，载《民商法学》2002年第9期。

的内在根据,本书赞同这一思路。

(一)独立、分散之个人

归属与利用两种观念,其实暗含了这两种财产形式各自发挥作用的社会构成形态:因为归属问题,意味着在各自独立互不隶属的平等主体之间确权,关于“是谁的”问题。故其预设的社会背景是类似今天的那种私法社会、市民社会,也就是先占说构想的那种人人自由占据一定之物的“自然状态”,罗马所有权的“个人主义”色彩即从此而来,罗马法—德国法的物权法体系是解决横向财产归属关系的法,其本性中应该蕴涵着对当今世代更好的适应性;反之,所谓利用,背后折射的是公有制之下,一个纵向整体的社会团体结构,而不是分散的个人。摩尔根的《古代社会》强调了这一点,人类社会内部的财产问题,首先是在团体层面,即“我们的”,在团体分解以后才可能是“我的你的”。在资本主义以前,欧洲的漫长中世纪的历史中,由于社会的结构是纵向的封建形态,财产是团体内上下级之间如何合作分配利益的问题,本质上不是市民法的命题而是公法问题,故中世纪财产法中,“是谁的”这个问题不重要,只有这个社会前提改变,个人主体凸显,社会才会关注市民法的“是谁的”之归属问题。归属—利用这个判断,与个人本位—团体本位的判断有内在联系,就此而言,这两大模式的财产权形式从本质上都是对人关系,区别仅在于这种关系是横向的还是纵向的。

对此前提,以“个人本位”或“团体本位”平行比较是不恰当的,两者应是纵向的发展阶段的先后之别。早期罗马人也是以团体开始的,但国家并不干涉团体内部事务,所有权是“一种更多地涉及独立的家长之间的财产获得和转让而非家族内部财产关系的法律”,类似家父之间的小国际法,依然是平等主体之间的物之归属划分,因此,所有权有显著的自由、无限制色彩。而后随着家族解体和个人所有权的普遍化,原先附着于家父权中的那种不受限制的绝对性质亦遗传到个人所有权中,在这个意义上来说,个人反而更像一个个被拟制的团体,同样的绝对归属关系在个人这一层面重构,所以罗马法的所有权观念永远暗示着一个"平等独立主体"的预设前提,而在平等主体间构建横向财产关系,就只能依靠赋予各自在其支配领域内享有的排他权利。

相较而言,日耳曼部族的团体瓦解过程显然没有罗马人那么迅猛,其团体状态从原始公社到氏族,一直未发生全面的瓦解。财产权的支配亦经历了三个阶段:(1)最初的氏族共有;(2)血族团体共有;(3)家庭共有。其马尔克公社制度甚至在蛮族征服之后仍然保留着,①在很长的时间里个人没有成为法律上的主体,因此,由于缺乏个人占有独立份额的不动产这一前提,故其只能基于团体共同占有、使用土地而形成一种"相对所有权"。在早期的马尔克公社中,财产权和人格身份等内容是混杂在一起的,财产权利的尺度只是一种社会身份关系的反映,土地权利、对人支配、公法义务是密不可分的,因为土地从根本上来说是公产,物的归属与自由交易更难想象。

个人所有权伴随的市民社会,暗含一个关于平等对立主体的预设条件,这应当说是绝对性在社会形态方面的确立依据。

(二)自由、特定的物

归属的对象是特定的"物",而日耳曼法中的土地不是私有对象,在中世纪英国地产制度中,地产权的客体不是土地,而是土地上的"利益"(estate)。据信英国普通法上的"ownership""并不表示归属,而是说对土地上利益的拥有","基于土地保有(seisin)享有某种利益,这种利益被视为脱离土地实物本身的另一个'物'(thing)",就是所谓地产(estate),对一项地产的拥有就是一个

---

① 参见梅夏英:《财产权构造的基础分析》,人民法院出版社2002年版,第26~28页。

"ownership"。那种"先把所有权从土地本身分离出来,然后再归之于被称为地产的想象物"的地产学说,其实比大陆法系的一些概念更加抽象,因此学者公认"英美财产法是所有法律中最难理解的"。[①] 这种抽象的利益互不重叠,并可为多人分割享有,按照地产学说,地产不能从土地中分离出来,其可以为一系列人享受的唯一方式就是量化分配给不同的人享有,因此不必就土地本身产生排他性的归属诉求,在某种意义上,有关各层级的利益关系人共同支配着土地,谁也不必排斥谁,和谐共存。可见,英国法的"ownership"并非系于有形物之上,这一点与罗马法不同。

前人指出,"严格意义上的所有权,只有在涉及有体物,即动产或不动产时才存在",而且作为所有权的支配客体,这种物本身必须从身份和特权关系中解放出来,而能被私人拥有和转让。因此,有学者指出:"同民法所有权客体有形性相联系的是它在该客体上的排他性。"[②]有学者提出,罗马法上为何直到后期才出现真正的所有权观念,一个重要的原因是早期在最重要的生产资料——土地之上,只存在家族公有,不得任意转让,直到后期,通过物的种类区分等法律手段,简化交易程式,"绝对所有权"形态才确立起来。所有权概念的形成和财产的分裂是同步的,[③]这个分析基本符合梅因关于罗马财产史的说明,而罗马法及现代物权法对客体限于特定有体物这个原则,也在不同程度地遵循着。

---

① [英]F. H. 劳森、B. 拉登:《财产法》,施天涛等译,中国大百科全书出版社1998年版。

② [澳大利亚]瑞安:《财产法中的占有和所有权》,梁治平译,载中国人民大学法律系民法教研室编:《外国民法资料选编》,法律出版社1983年版,第171~172页。

③ 参见梅夏英:《民法上所有权概念的两个隐喻及其解读》,载《民商法学》2002年第9期。

四、方法论背景：理性与经验

在财产权的构造方式上，两大模式就如何构建财产支配秩序，主导的方法论基础也是不同的。日耳曼法及其影响之下的英美法是经验主义的方式，而罗马法系方法论中占主导地位的是理性思维，倾向于通过具体的利用表象思考抽象的归属关系。“归属”这个观念本身就意味着一定程度的抽象，确定的归属关系需要普遍的对抗效力保障才能成为一个法律的现实，因此，这种归属关系可以超越具体的支配表象。在此罗马法学家表现了更高的抽象思维倾向，其所有权观念重形式轻内容，重规则轻目标，重逻辑轻现象，科学性和抽象性很高。这个倾向可以从两个方面看出来。

（一）权利的类型化与抽象化

日耳曼和英美法系的财产制度和观念是经验式的，法学关注的重点是权利的经济实质方面，概念内涵不明晰，更没形成体系，更无关于财产权利类型化整理及性质判别的动因；大陆法系总的来说是理性主义的，《法国民法典》表现为不彻底的理性主义，对所有权绝对这个基本判断，欠缺贯彻到底的技术保障。《德国民法典》概念严谨物债界分判然，特别是物权内部权利类型科学严整，辅以物权法定和公示主义，表现了最高的科学性。

理性思维之下，归属这个命题从一开始就有抽象性，以绝对的完整性权利而著称的罗马法所有权常常因为他物权的存在而沦为“空虚权”，但恰恰由于所有权人对标的物仍然保持着的精神掌控，使所有权“仍不丧失其本体”；而在日耳曼法的利用观念看来，权利只是意味着我可以做些什么，享有哪些具体利益，在此基础上难以进行理性的抽象，故其支配秩序主要通过对当下实际占有利益的保护来构建，权利不能超越于现实的利用之外，故普遍对抗的归属观念，对他们来说是陌生而不必要的。我妻荣归纳的两大法系财产权观念差异是，罗马法多由抽象之概念构成，而日耳曼法则具有原封不动调整具体关系之特色。[1]

(二)财产权与占有的关系

在经验主义之下,日耳曼法上有本权与占有不分的传统,二者统一于"gewere",日耳曼占有制以现实利益为规范对象,既然都是对现有利益的保护,追问这种利益的性质就不太必要了,所以所有权问题和占有问题混为一谈,并且在某种程度上,权利是通过保护占有来实现的,权利始终未超出具体的可感知的利益的范畴,一个作为抽象归属的权利之本体是不存在的。

"gewere"的遗迹在中世纪西欧的翻版,就是所谓"seisin",这也是一个"所有与占有结合"的概念,"如果领主直接占有那块土地,可以说他的封君也占有那块土地,世袭佃户是占有者,终身佃户也是占有者,甚至短期佃户也同样是占有者",[2]这些占有者都"不受一个超然的绝对所有人的干扰",甚至事实上土地不为任何人"所有",它只是在阶梯型的"占有权"结构中为从下至上直到国王的各级占有,[3]表现了鲜明的相对性和经验性,那种离开占有的抽象的绝对归属关系,也就难以为人们所认同。

与其不同,罗马法和现代物权法的所有权是以与占有的区别、对立为特色,物权法制的显著特征是权利的观念化,占有与本权(在观念上)分离。早在罗马法上,就对所有权和占有作了明显的区分,占有者只享有事实上对该物进行控制的权利,所谓"占有这个词的含义是指真正的掌握,一种对物的事实上的控制"。[4] 在占

---

① [日]我妻荣:《日本物权法》,台北,五南图书出版股份有限公司1999年版,第2~3页。

② 马克垚:《西欧封建社会经济形态研究》,人民出版社2001年版,第116~117页。

③ 参见[英]伯尔曼:《法律与革命》,中国大百科全书出版社1993年版,第382页。

④ [意]彼德罗·彭梵得:《罗马法教科书》,黄风译,中国政法大学出版社1992年版,第270页。

有之外，不依赖于任何现实支配而独立存在的绝对“归属”观念确立，所有人是某物法律上属于他的人。占有和所有权在目的、效力、性质和救济途径方面都不相同，两种制度平行，执行不同的功能。占有之诉与本权之诉是各自不同的诉讼，罗马法学家坚持“所有权与占有毫无共同之处”。[①] 大陆法系的物权法继承了这一传统，坚持这两种制度平行发展。

所以两大体系的两个概念背后，折射出权利构造方面的不同方法论特色，罗马法所有权本身就是某种理性思维方式对经济现实进行抽象的结果，这里关心的主要是归属之“名”而非利用之“实”，现实的对物直接支配，未必是此概念要重点强调的东西，因此，我们用到这个概念的时候，应当考虑到这一背景，不能忽视其浓郁的理性和抽象思辨色彩而在具体实益方面去认识它，这是一种对抽象概念进行庸俗化处理的方式。

五、绝对性的实现机制：推定

（一）中世纪英国财产法中救济困难

在关于物权本质的问题上，坚持物权是对物关系的经验思维，倾向于构想一种“双层关系模式”，把对物关系及对人关系理解成本权和救济的关系。在法国法和英美法中，一些学者就是这样理解所有权的，早期罗马法上显然也是这种思维，强调了对人关系外在于权利本身而显现于救济之中。但这种认识放到实践中就会发生问题，若无那种“救济”存在，所谓本权的对物关系根本无法建立起来。

在中世纪英格兰的地产诉讼中，由于欠缺有效的证明机制，谁享有最终的所有权很难举证，程序上也缺乏简捷便利的认定机制，

① ［古罗马］乌尔比安：《论告示》。转引自［意］桑德罗·斯奇巴尼：《物与物权》，范怀译，中国政法大学出版社1993年版，第218页。

于是当事人只好放弃对最终所有权的追问，而借用占有保护的机制来保护当前占有。而对现占有的合法性主要是关于"better right"的论证，对相对的"更优权利"的追问是无止境的，权利正确性的来源可以一直追溯到英王那里，而在这个无限长的追溯链条中，所有权的本体成了一个虚无飘缈的传说。

鉴于追溯"正义之链"的证明困难，所有权问题往往被搁置，于是对唯一所有权的保护让位于对当下现实利益的保护。英国地产诉讼就干脆借助禁令对占有的保护功能而实现功能替代，从而完全回避了所有权问题的证明。罗马法上的占有保护是通过一项禁令，用"禁令"保护佃农和其他的"不完全持有人"利益，实际上是通过保护自主占有来保护形成中的新所有权形态，英国财产法中借用了这一诉讼工具，并将其作用发挥到极大。其"财产所有人"宁愿采用简单迅捷的"禁令"代替手续程序迟滞复杂的"物权诉讼"（real action），而且为了更好地借用这种占有救济，所有人"竟借助于假定是在包括在其所有权之中的占有"。"容许不是真正的占有人而是所有人的人自由利用占有救济证实其权利，起初是一种恩赐，但其结果是法律学发生了严重退化的结果。"[①]由于以禁令代替物权诉讼这种"法律学上发生的严重退化"，英国"实质上已经把物权诉讼加以废除"，不但没有澄清改进和简化真正所有权的救济程序，反而以其烦琐和举证困难之故，反而干脆放弃之，退而求之于占有保护之诉。这里，占有吞并了所有权，所以是一个"倒退"。这种倒退无疑反过来更助长了人们回避所有权问题的动机。

正是因为这一因素，波洛克指出，英国法中不可能建立所有

---

① ［英］亨利·梅因：《古代法》，沈宗灵译，商务印书馆 1959 年版，第 165 ~ 166 页。

权。哈格雷夫斯也这样认为,并反对在英国土地法中谈论所有权。① 在某种程度上,奥诺雷也是同意这个看法的,但他的态度就比较乐观,认为“单一财产权制”(绝对所有权)和“复数财产权制”(相对所有权)之间的区别无关乎观念,而是一种“程序性”的区别。②

(二)归属观念之下的证明与推定机制

整个中世纪的司法实践中都困于这种所有权证明困难。罗马法中亦有这种关于追溯所有权正当性依据的难题,但后者成功地解决了这一难题,在罗马法中所有权的救济程序方面设计了便捷的实现机制,一是短期时效,二是拟诉弃权等交付方式,这都作为所有权的可靠而易于取得的证据,同时在所有权的证明中实行一定程度的举证责任倒置,对所有权提供了有效的保护机制。现代物权法中则代之以更简明的权利推定机制,例如,《德国民法典》第1006条第1款第1句规定:“为有利于动产占有人,推定占有人为物的所有权人。”该法典第891条规定:“在土地登记簿册中为某人登记一项权利时,应推定此人享有某项权利;在登记簿册中享有某一项权利时,应推定此项权利不复存在。”这两项法定的推定提供了所有权的有效证明机制,从而使抽象的所有权具有了切实可靠的实现机制。

把对人关系理解为第二性,理解为一种事后、外在的侵权救济,而没有在权利自身效力方面事前“定分止争”的结果,“救济”方面的机制欠缺导致“本权”无以成立,对归属的诉求就让位于对当下现实占有利益的诉求了,由此可以看出,这种“救济”其实就是权利本身的内容,而且是主要的内容,也就是说,普遍对抗效

---

① See Hargreaves. *Terminology and Title in Ejectment*. 转引自王涌:《所有权概念分析》,载《中外法学》2000年第5期。

② 参见[法]奥诺雷(A. M. Honoré):《所有权》,金可可译,载公法评论网:http://www.gongfa.com/caichanquanaonuolei.htm,最后访问日期:2018年8月17日。

力——绝对性的确立，是建立和实现所有权的关键因素。只有在某些诉讼过程中，当事人开始寻找那种能对抗一切人的依据而不是仅仅证明“better right”之依据的时候，他才能真切地感受到“所有权”的真正意义。

六、结论：物权绝对性与特定法系文化背景不可分

综上所述，罗马法的所有权绝对性之确立，有其独特的社会、文化和制度土壤，是某些复杂因素共同规定了绝对所有权概念，那么这个概念，不应与其存在的整个体系背景割裂来谈论，失去整个体系支撑和绝对性这一体系基础，物权本身也就无法单独存在了。从整体来看，建立在其绝对性原则之上的物权概念有一种法系文化属性。一方面，绝对性是专属于这个体系的独特规定；另一方面，否定或淡化这个特色就等于破坏了其联结在一起的整个体系。由其上述构造基础决定，从这个体系背景下产生的，只能是这种绝对的所有权，而不是任何意义上的泛所有权。纯正的物权概念及物权制度，只应该是德国法系民法中存在，其最早的源头在后期罗马法中的有关制度，后经注释法学派的诠释整理，又经德国经典的理性哲学的提炼，以及民法典编纂者们创造性的重新归纳，已有很多方面不同于罗马法的所有权或对物之诉，作为专门描述一种特定财产权模式的法律概念，一讲到物权，即应立即进入德国物权法体系，这是其须臾不能离开的法系文化背景。

物权法中的制度、概念和规范，物权及其绝对性内涵，也只有在自身体系之内是合理和有意义的，剥离了其存在的体系背景，常常显得莫名其妙，而其本身也就不是原来的了。然而，当人们说到大陆法系所有权、物权的特色是坚持绝对性时，被当作一个显然而平易的判断，但当在面对具体情况时却往往忽视这点，与英美法的“所有权”以及其他国家的泛化的“物权”“所有权”任意等同，以此代彼，并在同一性的暗示之下奢谈二者优劣，或者要求彼此借鉴云

云，理由可能是基于这些概念都是规范财产问题的，面临“人支配物”这个共同命题而可通约，却忘了其各自的存在背景和自身形式性特征，在“人对抗人”这方面的明显差异。物权与其他财产形式有着根本的不同，在其比较中才能凸显物权的本质。物权作为一种解决财产问题的法律形式，与其他形式的区别正在于始终强调绝对性。

在讨论物权主要属性这个问题方面，强调其“支配”一面的学者常常会说到，支配性是古今中外一切所有权及相关法律制度的共同性质，“人支配物”当然是任何地方、任何法系的任何一种财产权的共同命题，而所谓排他性、绝对性则仅是某些国家的所有权特色而已。的确，物权的目的是以法律手段调整财货的支配秩序，但“支配”问题本身却不是物权，而是物权调整的对象，人支配财货乃生存所系，支配问题古已有之，不同财产制度区别的关键在于形式方面，是面对共同问题的不同回答方式。而问题的相同性，未必意味着答案的相等。不同时期不同国家遵循不同的方式，就形成不同的财产权制度，因此，解决财货秩序可以用很多不同的模式，绝对所有权统一起来的制度体系只是其中一种，此外还可以采用别的模式。

有学者提出了“实质物权与形式物权”的分类法，形式物权专指德国法意义上的物权，实质物权则兼指德国法之前所有其他法制之下的财产权。并指出：“故物权与英美法的财产（property）一词虽然在内容上非常近似，但在严格法律意义上不可简单等同，物权法也不能简单地等同于财产法。”[①]坚持这一点是很重要的，物权作为一个严密的法学概念，其性质决定于自身特殊的形式，所谓“实质物权”根本就不是物权，物权只有“形式物权”，因为它本身就只是一个形式，一种思维的工具。人们对在享有这种工具带来

---

① 孙宪忠：《德国当代物权法》，法律出版社1997年版，第20～21页。

的认识的便利时,应保证其固有品质,不宜退回到经验层面仍理解为占有或中世纪财产权或是同名的“所有权”,而发生概念偷换与体系违反。

第三节　康德“理性占有”思想对物权构造的影响

一、以前的所有权理论及其影响

早期的所有权理论,无论是先占说、神授说、劳力说、契约说、自然权说,主要都是从论证所有权的起源开始,讨论为什么所有权是正当的,其论证方式都是着眼于人—物的关系,“政治学的一个传统,就是通过寻求解释人对物的关系,来考察所有权作为某种‘对物权利’的道德基础”。[①] 近代为所有权的正当性进行辩护的观点,大体可分为以下四类理论:一是关于工具性的说明,强调某些可欲的社会效果赖于私人所有权制度才能达致,所有权则有助于激励社会财富的增进、促进交易、提升个人主义价值;二是关于分配功能的说明,强调社会财富这整个的“蛋糕”分享给每个社会成员,这一命题通过私人所有权制度来进行,给每个人以对一定财富的支配权,乃最佳之选择;三是自由的说明,强调人控制外部世界的自由,这一最高价值遗传进所有权中,其中包括大部分启蒙思想家的学说,后来黑格尔学说更就“自由所有权制度的历史演进和自由意志的关系”做了深入论证;四是自然权利的说明,基于人自身的价值和尊严强调所有权的正当,作为自然权利的所有权(natural property right)可基于先占(first occupancy),或劳动(labour)而得到辩护。所有权理论,各具时代意义,各自在不同时

---

① J. W. Harris, “Who Owns My Body”, *Oxford Journal of Legal Studies*, 1996, (16), No. 1, p. 57.

期、不同领域、不同程度地影响了立法中的所有权制度，盛行于十七八世纪以约翰·洛克(John Locke，1632～1704年)劳动—应得学说为代表的自然权利观点、自由所有权理论，对近代民法所有权制度影响最为深远。

(一)以劳动说为代表的自然、自身、自由所有权观念

西方古典政治学和古典自然法学的学者们之间，就所有权的道德属性产生了二极主张：一些人赞美所有权的神圣，另一些人则谴责其罪恶，但有趣的是，他们的出发点和思考方式却很近似。近代西方所有权理论的一个显著的互相影响的观念，是把财产权作为一项自然权利(natural property right)对待，对所有权的论证从对人身自由的论证开始，据英国法理学家哈里斯(J. W. Harris)总结，西方政治学中有一个传统的“自身所有权的符咒”，或“自身所有权迷信”(self-ownership myth)，[①]学者们试图为所有权制度，或者说所有权制度的某些特性证明其正当性，他们“从‘自身所有权’这个前提开始，推出每个人占有财产的自然权利”。并从中把财产所有权问题和个人的自由互相说明，得出一系列互相影响的结论。

所有权的自然权利观诸学说中，约翰·洛克的学说是其代表。其主要观点有三：(1)“劳动—应得”的观点，即“付出有益劳动的人应当得到所有权”；(2)“无害创造”观点，即“若某人创造一项有价值的财产，其创造过程又未对他人造成不公，则某人就有权拥有之”；(3)“自身所有权”的观点，即从人的生存权利开始，从人对于自身的所有，推出对其自身直接劳动成果的所有。

洛克设想了一个人人平等的“自然状态”，这里没有奴隶制，侵害他人身体是被普遍禁止的。在自然状态下劳动是正当的，如

---

① J. W. Harris, “Who Owns My Body”, *Oxford Journal of Legal Studies*, 1996, (16), No. 1, pp. 65－72.

果某人创造出一项有新的价值的财产,无论是通过收获、保持还是改良土地等行为,他就被承认为该财产的所有者。[①] 洛克提出,这一私有的正当性首先在于所有权的基础在于人自身的自由,“**每一个人对自己的自身拥有一项所有权**,这是不属于任何他人而专属于自己的权利,因此其自身的劳动和双手的工作,我们可以说,是正当的属于他自己的”,[②]正是人自身的劳动,他使资源脱离了大自然所提供并保持的状态,从中掺入了自己的劳动,对单纯的自然资源添加了他自身的东西,于是把资源变为自己的所有物,从而排斥了其他人的共同权利。因此,“谁把橡树下拾得的橡果或在树林里的树上摘下苹果果腹时,谁就确已把它们拨归己有,我的劳动使它们脱离原来所处的共同状态,确立了我对它们的财产权,劳动创造物因为是我身体和双手的延伸,也如身体一样是我的”。因为既然劳动是劳动者的无可争议的所有物,那么对于这一有所增益的东西,除他以外就没有人能够享有权利,“至少在有足够的、同样好的东西留给别人的情况下,就应当这样”。

洛克把自己的财产权理论建立在劳动价值论和自由理论基础之上,其大前提就是“自身所有权”观念。从自身所有权这个前提出发,自然而然推出对劳动成果的所有权,我的身体是树,我的活动是枝干,我的劳动产品就是果实。[③] 这种思路,“从狭义的自己所有权”(自身所有权)导出了广义的自由所有权(拥有自己的创造物),将财产权作为“自己所有权”的延伸,赋予财产权以人性基

---

① 参见[英]洛克:《Second Treatise of Government》(影印本),中国政法大学出版社2003年版。下篇第五章对财产权理论进行了集中阐述,并以此论证他对政府的起源。

② Second Treatise of Government n. 29 v. 27. J. W. Harris,“Who Owns My Body”, p. 70 footnotes.

③ See J. W. Harris,“Who Owns My Body”, *Oxford Journal of Legal Studies*, 1996, (16), No. 1, p. 68.

础。从个人的主体性中,从人格权的神圣中推出财产权的根据,已成为自然法学和受其影响的诸学说说明财产问题的惯常思路,大革命以来影响深远。[①] 比如,约翰·斯图亚特·密尔(John Stuart Mill)以与洛克相同的方式,说明除土地以外的一切资源归私人所有的依据,在其《政治经济学原理》第2卷中对所有权进行了辩护。诺齐克虽然对洛克的"渗入我的劳动"的"劳动—应得"隐喻有所疑虑,但仍然借用了"自身所有权"的自然权利观,并以之反向推论,论证其反对再分配税的理由。卡尔·马克思则采纳了洛克的"自身所有权"这个大前提,但从中推出了反对私有制的结论,马克思把劳动权看作"不能脱离活生生的人自身而单独存在的东西",因此,任何劳动契约都是对我自身的剥削。由此,从共同的"自身所有权"这个公认的前提出发,形成了所有权理论的"自由主义的自身所有权"(self-ownership-the liberal version)和"马克思主义的自身所有权"(self-ownership-the Maxist version)两种认识路线,前者被认为是"自然所有权观点"(natural property right)的经典说明。[②]

"自然所有权观点"深深影响着古典自然法学的一些学者,他们不约而同地从天赋人权的基本信仰出发解释所有权问题,在其看来,人类的生命权是私有权产生的逻辑前提,人类如果想生存下去,就必须把共有的东西变成私有的,这是当然的自然权利,财产不是由政府和法律所规定的权利,但却是政府应当保护的。启蒙思想家强调主体人格的独立和自由,尊重个人的权利,把人的财产与人格尊严相联系,认为财产权是人格权的延伸和拓展,侵犯了主

① 参见易继明、来辉凤:《财产权及其哲学基础》,载《政法论坛》2000年第3期。

② See J. W. Harris, "Who Owns My Body", *Oxford Journal of Legal Studies*, 1996, (16), No. 1, pp. 68 - 71.

体的财产权,也构成了对主体的人格尊严的侵害,[①]从人的神圣性出发认识财产的绝对性,强调个人财产自由,反对一切限制。鉴于这些学者从倡扬个人自由出发解释所有权,有时人们会把这些观念概括为"自由所有权"理论。哈里斯整理了这些自由主义的所有权观念,并将其论证步骤整理为四步的推论图式:

1. 如果我不是一个奴隶,其他人不能拥有我自身;

2. 因此,必须由我拥有我自身;

3. 因此,我也必须拥有我的一切活动,包括对资源的创造和增益活动;

4. 因此,我拥有我制造的资源或增益价值。

(二)自由所有权观念的立法影响及问题

近代以来,自然所有权观点、自由所有权观念、天赋人权学说等互相影响的观念体系,被认为对近代立法有深远影响,成为法国大革命的信条之一,法国《人权宣言》第17条明确规定所有权为神圣不可侵犯之权利即从此来,被认为是关于所有权绝对性原理的概括,并为欧陆各国民法效仿,成为近代民法的一个原则。因此,人们同意"自然法对民法的重要性猛然高涨,是17世纪那个时代的特征",[②]法国的启蒙思想不约而同地奉这种洛克式的自然权利观为圭臬。随着社会进步、经济发展和人文主义的广泛传播,个人为自身谋取独立自由平等的思潮推动之下,私人所有权思想获得了广泛的认同,罗马法所有权制度所体现的绝对的、独立的、自由的、个人主义的观念以及一物一权主义正契合了这种社会需求,自由资本主义时期的个人主义精神更推动了私有财产神圣不可侵犯的信念。这些观念反映在立法实践上,就是对《法国民法典》的所

---

① 参见郑云瑞:《论西方物权法理念与我国物权法的制定》,载《上海财经大学学报》2006年第3期。

② [美]艾伦·沃森:《民法法系的演变与形成》,李静冰、姚新华译,中国政法大学出版社1997年版,第128页。

有权制度产生了重大影响,《法国民法典》明确规定,"所有权是对于物有绝对无限制地使用、收益及处分的权利",其奉行的无限制私有权的原则成为自由资本主义时期民法的重要原则之一。对此人们评价说,公认的事实是,自然法在某种程度上浸透入法国法里。①

法国所有权制度及继受它的制度,受天赋人权学说和自由所有权观念影响,奉行"私权神圣""所有权无限制",赋予财产权制度以人性光环,最大限度地保障个人自由与利益,保障每个人拓展自我的支配空间,以法律肯定个人的欲望、个人的自由,将所有权从封建的束缚中真正解放出来,由此激发了巨大的社会潜能,对于近代财富之形成,经济之繁荣,"居功甚伟"。② 但这个意义上的所有权绝对思想,片面强调所有权不受限制,也产生了诸多社会问题,致使所有权自身的正当性屡为人质疑。有学者指出,虽然"一些学者试图证明所有权是一项公平的制度,尽管将全体其他人排除在所有物之外显然是不公平的。他们声称,取得或制造某物所耗费的劳动,使取得人可以正当的拥有该物,对抗后来的请求人并将该物转让他人"。但这只能说明一部分财产权的依据,却无法说明与人格关系较远的那些财产权为什么也是正当的,③特别是无法说明贫富差距的不平等现象,能够说明支配的自由却无法说明一项排他效力的依据。因此,自近代以来,要求修正这种"绝对所有权"的呼声高涨,遂产生了社会说、社会连带关系说等种种新理论,从不同侧面对自由所有权的理论偏差进行纠偏。

撇开功能价值方面的考虑,单就建构理念方面来说,这种建立

---

① 参见[美]艾伦·沃森:《民法法系的演变与形成》,李静冰、姚新华译,中国政法大学出版社1997年版,第167页。

② 谢在全:《民法物权论》(上),中国政法大学出版社1999年版,第116页。

③ 参见[法]奥诺雷(A. M. Honoré):《所有权》,金可可译,载公法评论网:http://www.gongfa.com/caichanquanaonuolei.htm,最后访问日期:2018年8月17日。

在自由所有权观念和自然权利观基础上的"绝对所有权"制度,自身存在重大的结构性缺陷,主要可归纳为三个方面:

1. 所有权属性的说明不够全面

从自然权利观、自由所有权理论的基本出发点就可看出,这种思路一直离不开人自身的范围,完全不考虑对人关系和社会属性,这是典型的对物关系说和支配说倾向。英国法理学家哈里斯(J. W. Harris)在总结了自然权利观的说明方式后分析了其缺陷,指出劳动说的劳动—应得观点和无害创造观点,一个最大的困境是在现代社会中无法说明任何价值的创造能完全的"对他人无损",因为在社会分工体系下,任何价值创造过程都很难不涉及他人的付出,此说漏洞多多。而无损他人的劳动就算能成立,这里最大的问题在于,它无法说明所有权那种"禁止他人干涉""不许他人分享"的属性,"创造某物的单纯的无害劳动本身,并不能产生一个双边的权力约束,据此对他人课加一项禁止干涉的义务",[①]人在进行创造活动方面的伦理上的自由,并不能说明约束他人的依据,据以对其他人课加义务。也就是说,劳动学说难以说明所有权何以不仅能自由支配物,还可以有效地对抗他人。

2. 理论不够严谨

为克服前两个观点无法说明对抗效力的缺陷,第三种观点即从自身所有权经上述四步推论出财产所有权的观点,避免了这个困境,并不是通过所有权本身产生一项对他人课加义务的权力约束,而是一开始的大前提就是人对自己的"自身所有权",据此对劳动成果的排他独占是其直接结果,其推论貌似严丝合缝。但是问题出在上述四步推论的第二步上,这里存在"论证的非连贯性":第一步和第二步之间是不连贯的,"我非奴隶"这个前提并不

---

① J. W. Harris. "Who Owns My Body". *Oxford Journal of Legal Studies*, 1996, (16), No. 1, p. 68.

能自然而然得出结论说我必须拥有我自己,[①]正确的结论应该是:任何人不能拥有我自身,就算我本人也不能。所以第二步的结论不能成立,从自身所有权中推导财产所有权是有逻辑漏洞的。

3. 所有权与人身权混淆导致的概念泛化

一方面,自由所有权观念以所有权观念去解释个人自由(对自己拥有“自身所有权”);另一方面,又从个人自由去说明所有权,从自由的价值说明保护所有权的正当性。[②] 非但循环论证,而且始终把所有权和人身自由紧密结合在一起,权利的类型化难以明晰,造成所有权内涵的不确定性,以及常常被不严谨的泛化使用,认为凡有自由支配处皆有所有权,致使产生“who owns my body”这样的命题,所有权不但不是一个纯粹的财产权概念,而且不是纯粹的民法概念,甚至不是一个纯粹的法学概念。哈里斯对这些流行的思维方式进行了反思,特别强调要把人身自由原则从“所有权”的说明图式中解放出来,才能厘清这两方面的混淆带来的困扰。其强调:人本身不能成为任何所有权的客体,我自身不能由他人拥有这个前提,只能说明人身自由问题不是财产权制度的内容,他人不能拥有我自身并不能证明我拥有自身。人身自由原则既不必仰赖“自身所有权”观念得到说明,反过来,这一自由也不能得出关于自身所有权的结论。[③] 也就是说,人身自由和所有权是两个互不相关的问题。

4. 对所有权绝对性内涵的把握不科学

建立在自由财产权观念、自然权利观基础上的法国式的“绝对

---

① 若我不是奴隶,是否就可以得出结论说我必须拥有我自身? 非也。See J. W. Harris. “Who Owns My Body”. *Oxford Journal of Legal Studies*, 1996, (16), No. 1, pp. 84/69 – 72.

② 例如,诺齐克的反向推论就认为限制所有权就是限制人的自由,对人进行奴役。

③ J. W. Harris. “Who Owns My Body”. *Oxford Journal of Legal Studies*, 1996, (16), No. 1, p. 81.

所有权”制度，同样也讲“绝对性”，但其就绝对性内涵的要点不同于物权法中的绝对权属性，而是偏重“不受限制”的支配自由、支配安全。其“绝对性”的要点如下：

（1）以人对物的支配自由为基点，并与人身自由统一说明，观察的视野始终不能超出个人自由的范围，在这个意义上表现为所谓“个人主义”。

（2）强调人身自由的至高价值，强调类似“家父权”的主人地位和支配安全，在这个意义上其“绝对性”重心是权利行使方式绝对，主要在于“不受限制”。

（3）对抗范围并未着眼于平等主体间的法律关系，而是纵向的对抗，主要针对政府公权力，对抗国有化与征收，在此意义上强调“私有财产神圣不可侵犯”。

（4）缺乏严整的权利分类体系，人身权财产权债权物权的区分并不明晰，在此背景下，“绝对所有权”的技术性不高，毋宁说是某种政治理念的直接表述，其绝对无非从“任何权利皆不可侵”入手，仅仅是“私权神圣”的统一理念在财产问题上的重述。

这些特色，其总的根源就是在自由主义的说明方式中，一直把人身自由与所有权两个问题互相说明，于是人身自由问题和所有权问题出于同一思考，都是为了保护个人在其支配领域内的自由，自由无限制，于是所有权亦无限制。因为人自身是神圣的，人权是天赋的，人的自由是不应受限制的，所以遗传了这些基因的所有权也是神圣的、天赋的、不受限制的权利，而其不受限制的属性是源自“私权神圣”理念的附属性质，只是对支配自由的外部保障。建立于上述思路上的《法国民法典》中的所有权制度是受到罗马法的个人本位的所有权观念的影响，并以自然法学派和功利主义者的理论为基础的，据称更忠实于罗马法的绝对个人主义的“dominium”观念，强调个人自由的体现，强调“主人”在其支配领域内事务的专断统治，把绝对性归结于不受任何限制的个人财产自由,这样的绝对所有权显然是不太现实的,与其说是一个法律的原则,不如说是某种感情宣泄式的口号,对所有权和私有制的热情赞美并无多少技术内涵,而且易招批评,其实现更是困难,不得不借助一系列限制性措施从实质上加以修正,在此,真正的"绝对性"反而被湮没在种种不必要的政治词汇中了。故虽然人们会笼统说它继承了罗马法的传统,但无论就内容还是形式而论,《法国民法典》当然算不上是纯粹的罗马法后代,它只在相当程度上代表着民法传统在法国的发展。①

二、康德"理性占有"思想

古典自然法学派的观点曾遭到历史法学派的强烈抵制,其严重脱离历史现实的假说式说明方式,固然可以影响情绪,却难以说服理智,因此,总体而言并未在德国民法学者中获得主导地位。当古典自然法学派的学者热衷于对自然状态、自然正义、自然权利的热情描述,当法国民法学家受启蒙思想家的影响而陶醉于关于个人无限自由的浪漫情怀之时,在德意志的安静小镇上,伟大的思想家伊曼纽尔·康德却在冷静地思考着"我的自由如何能够与他人的自由共存",在个人主义的权利宣言式的法学研究喧嚣一时之际,康德在默默地做着精致的法权分析和法律规则体系的理性建构。在私权神圣与权利平等这一点上,他赞同古典自然法学派的立场,但又不仅仅停留在这里,而是进一步思考其实现路径问题,坚持实证主义态度,进行形而上学的体系推演,对"人支配物"这一古老命题如何在法律世界里进行构建,其法律表现形态又应当如何进行了深入的探讨。

在进行类型化整理和区分的基础上,康德《法的形而上学原

---

① 参见[美]艾伦·沃森:《民法法系的演变与形成》,李静冰、姚新华译,中国政法大学出版社1997年版,第168页。

理》第一部分关于私权的论述中，提出“内在的我的你的”和“外在你的我的”一对提法，以后者来对应实证法上的类型化权利，在权利位阶的第二级上，包括物权关系（实际上应该是“对物权”）及其并列的“对人权”（约相当于债权）和“有对物权性质的对人权”（约相当于身份权）这三类法定的权利类型。康德的“物权”和“对人权”概念，据信是从罗马法中借用来的，因当时并无确切严谨的物权、债权概念。[①] 这对概念在作为次级权源方面有共同性质，因此，康德对“物权”性质的说明，有时是在第二章第一节“物权的原则”部分，有时也在第一章关于“外在我的”之获得方式的统一说明中，在强调对人关系的意义上应该说是物债之共性，共同区别于“内在你的我的”之事实占有，但说明的重点依然是在物权方面。为避免“外在你的我的”这些语词造成的行文麻烦，本书在不太严谨的意义上，以“物权”代替这些提法，因为其基本含义是大体相当的。在此框架之下，他讨论了作为一种“外在我的”之物权关系的性质，据其有关论述，物权的本质规定性可以归纳为以下三个特性：

（一）物权的存在形态：理念性

康德首先强调了物权的非经验性质，以区分于占有，不同于任何可感知的物质经济内容。他主张，“权利的一切命题——作为法律上的命题——都是先验的命题”。[②] 据此，财产权（外在的我的）也是先验的综合命题，而视实际占有为“经验的命题”，认为二者截然不同，物权完全是理性产物。

物权是一种“外在的你的我的”关系，其基本含义是，“一个外在物是我的，只有当这个外在物事实上不是在我的占有中，如果别

---

① 参见［德］康德：《法的形而上学原理——权利的科学》，沈叔平译，商务印书馆1991年版，第74页，脚注部分。

② 同上书，第60页。

人动用它时我可以认为这是对我的侵害,至此这个外在物才是我的”。作为法律上的权利,它完全不同于实际的占有,我在另一种意义上真正(非物质的)占有它,虽然我并没有在物质上占有它。因此,我没有权利把一个苹果称为我的,如果仅仅是由于我用手拿住它,除非我有资格说“我占有它,虽然我已把它从我手中放开,不管把它放在什么地方”。同理,我不能由于自己躺在某块土地上,便有资格说这块是我的;只有我站在其他地方不借助任何武力就能宣称其块地是我的,它才真正在法律上属于我,如果他人仅仅是从我手中夺去苹果,或把我从躺的地方拖开,只是侵犯了“内在的我的”,即我与生俱来的自由以及我本身,而并没有在外在的我的(物权)方面侵犯我。在此,经验的占有支配与物权的本体无关。

不但如此,抽象归属必须与支配事实分开才能有其自身,康德进一步指出,“自己占有任何外在物是会自相矛盾的”,因为我一旦实际占有,物就不再外在于我了,它就成了我内在的一部分,因此,“有些物假定根据权利是我的,它们便应绝对不在我的力量之内”。强调权利不仅可以和占有分开,而且必须(在认识上)分开,才能清晰地凸显自身。①

这种纯粹抽象的外在的我如何成为可能?根据康德的归纳,解决这一占有悖论必须借助于两个前提条件:

第一个是区分出两种意义上的占有,即感性的(经验的)占有,和理性的(纯粹法律上)占有。前者存在于现实的经验支配之中,后者存在于人的理性判断之中。经验中的占有仅仅是对在可以感觉到的外表方面现象的占有或持有而已,作为权利的理性占有不仅可以,而且必须与经验的占有分开。而因为权利的概念属于理解上的纯粹智力思辨性的概念,由于仅仅包含在理性之中,不

① 参见[德]康德:《法的形而上学原理——权利的科学》,沈叔平译,商务印书馆1991年版,第54页、第55页、第57~58页。

能直接动作到经验的对象之中，拥有是有别于物质上持有、经验上支配的概念。“那个外在的是某人的东西，不是建立在物质的占有之上”，“这种情况有别于把此对象任由我随意支配”，而“如果仅仅要设想某种物作为我意志的一个对象，只要充分意识到我已把它置于我的力量之内就足够了”，对其正确的理解“必须抽掉或撇开构成经验占有基础的一切感性条件”，因此要用另一种概念去取代物质上的持有（作为经验占有的表述），那就是“一种通过心灵可以想象的，撇开一切时间和空间条件的抽象的概念或纯粹拥有思想”。[①]

第二个是“理性的占有必须假定是可能的”，须借助于人的理性能力抽象出一个“拥有（法）观念，即某物在法律上是谁的”，而这一判断仅仅是“实践理性的一个先验假设”。“那个外在的是某人的东西，不是建立在物质的占有之上”，作为一个并无任何实际外部表征的法律公设，这种理性占有的可能性“纵然能被设想，但却不能被证明”。[②] 也就是说，这是一个纯粹法律拟制的观念占有，其在先法权的自然状态中不能存在，并非来源于任何实际的管领、控制和保卫措施，而是凭借法律之力直接赋予一个对抗一切人的权利，画地为牢。

康德称这一纯粹的拥有观念为“实践理性的一个先验假设”。只有这样，物权本体才能被捕捉到。抽象的结果，便是如谢在全所说的，物权“日益偏离其物质所在”。据此就有必要区分权源与权能，区别权利自身与权利的作用，区分物权的本权与占有。对于一个法律概念来说，其对象和质料实无足轻重，物权概念的本质应就其形式中去寻找，而不应求诸内容，因为物权概念是理性的，而非

---

① ［德］康德：《法的形而上学原理——权利的科学》，沈叔平译，商务印书馆1991年版，第63～64页。

② 同上书，第59页、第56页、第63页。

经验的,它不是来自对生活现实的反映,而全系法学家的杜撰,只能抽象理解,却无法在现象界找到对应物。作为独立权源,应当把物权理解为一种正当性判断,一种名义,使之与支配的现实作用分开理解,支配作为物权实际内容被剔除出去,物权只剩下一个名义,一个空壳,一个形式。一项物权最核心的东西不是占有、使用、收益、处分诸权能,而是一个关于"归属"的权源判断。

可见,根据康德的权利学说,特别是直接基于权利的第三特征(只考虑形式),外在的你的我的作为理性占有概念,与任何经验的东西截然分开,在现实的对物支配之中,权利关系隐而不见,而在所有权最核心的本质中,不包含任何支配的内容。权利本体只应在人的理性中把握,形式性是其显著标志,笔者把这种观察得出的印象,在与经验的实体观察相区别的意义上,称为物权的"抽象性""形式性"或"理念性"。这是物权概念与占有、财产权的显著区别,物权概念并以此有其科学性。在关于物权本质的认识上,经验支配对人的误导很大,如果忽略物权的理念性,认为支配是物权本质,将使物权自身特性荡然无存。

(二)物权的来源:获得性

很长一段时间以来,人们习惯从权利的道德属性上评价权利,一些人认为所有权是万恶之源,捍卫者则把它看作神圣的自然权利对待,以人格的神圣说明财产的神圣,作为"天赋人权"的当然内容,强调人的需求,人对物的优先性,人支配物的自由与安全。洛克的劳动说更是从狭义的自己所有权推出广义的自由所有权,赋予财产权以人性基础,受这种自然权利观影响的制度中,所有权被作为一种天赋的自然权利,以人格的自由为基础,规定在近代国家的宪法和国际人权文件中。以此思路构筑的财产权,亦不太关注不同权利类型的不同性质和效力,其类型化和体系化程度都不够精密。

康德指出,所有权问题有别于原始状态下的偶然占有,并非生而具有的天赋权利，其对所有权的说明并未像他同时代的其他人那样，借助一个关于自然状态的假设。康德坚持实证主义，在其设想的权利科学体系中，根据不同标准，从不同角度对权利作出各种划分。大体而言，在最高一级上把权利划分为两种：一是天赋的权利或自然的权利；二是获得的权利或法定的权利。他指出，"只有一种天赋的权利，即与生俱来的自由，而通过这一权利概念，人应该是他自己的主人，所有有关这些的权利和权限，已经全部包括在自由的原则之内"，而"外在的你的我的"是实证法规定的具体法律关系的内容，故称获得的权利。在此分类体系中，私法权利大体呈现为一个位阶关系，物权是处于位阶第二级的权利。他把拥有外物的关系即外在我的你的归入"获得的权利"，一种不同于"天赋的权利"，指出它是以有关的法律条例为根据的权利。物权不同于人格的自由，而是一种人与人的关系状态，它也无须借助人权自由之类观念来说明其正当性，其正当性依据在于实在的法律中。

关于拥有外在物的依据，该书第二章中谈到占有获得外在物的方式，提出单方面的意志不能给他人强加一种责任，必须是联合起来的立法的意志才是所有权产生的条件。他明确指出，在自然状态，第一个以自由意志占有地表面的一部分的人，就取得一种权利的资格，"谁占有就归谁所有"，因为谁也没有责任对他的占有作为判决，这只是自然权利的原则。而单方面的占有意思对外在的因而是偶然的占有，不能对所有的人起到强制性，欠缺普遍对抗的理由，因此说侵犯只是侵犯了我的自由。康德认为，在自然中只是暂时的占有，而这种占有在文明中，将成为实际存在的、绝对的或有保证的占有。"只有公共的，集体的和权威的意志才能去约束每一个人，因为它能够为所有的人提供安全保证，当人们生活在一种普遍的、外在的以及公共立法状态之下，而且还存在权威和武力，这样的状态即文明状态，才能够使外在的'我的你的'成为现实。"所以，"只有在一个文明的社会组织中才能有绝对的获得，而在自然状态中,获得只是暂时的”。因此,康德的结论是,“如果法律上让人有可能去拥有一个外在物作为自己的东西,那么必须主体去强迫或强使每一个可能和他发生争论的人,共同进入文明社会的关系之中”。① 此时支配才有了恒久的定在,权利性不会一次耗尽,它完全是在人对人关系中,在市民社会,在私法文明下产生的稳定的、普遍的、抽象的,不针对一人一事、一时一地的确定法律关系。

根据康德的思路,物权制度作为具体法律关系,只能存在于平等主体构成的开放社会之中。在法律的保证之下,市民社会的平等成员之间形成权利义务关系,一方据此有责任服从另一方强制不去占有物,使占有人无须借助武力保卫或秘密埋藏而稳定地支配物,法律关系的建立结束了财产的私力救济,而进入公力救济。② 在文明社会、公力救济、法律关系的稳定框架下,为了彰显物权作为一种实证法规定的制度,一种法学家创设的概念,一种不同于自然状态占有的,一种不能与天赋自由同时获得神圣性的另一类权利,一种并非直接来源于人格的次级类型化权利,可以把这层意思归纳为物权的“获得性”或“法定性”。

(三)物权的根本性质:外在性

长期以来,影响占有法制和财产权法制的主导财产权理论,无论是先占说还是神授说,都是仅就个人而观察的结论,把所有权看作人支配物的自由,并从“与他人无关”的角度,从“不受限制”的意义上,倡导私人财产权的神圣和绝对,用“人优先于物”的思考奴役捕获的客体物,以“支配物”为内容作为与任何他人无关的纯

---

① [德]康德:《法的形而上学原理——权利的科学》,沈叔平译,商务印书馆 1991 年版,第 50 页、第 69 页、第 79 页。

② 此时支配才有了恒久的定在,权利性不会一次耗尽,它完全是在人对人关系中,在市民社会,在私法文明下产生的稳定的、普遍的、抽象的,不针对一人一事、一时一地的法律关系。

粹个人事务,把财产权看作不涉他人的纯粹个人自由,其对财产权的认识,始终未能超出人格本身,因此把物权看作"对物关系"是其当然结论。

康德明确指出了对物关系说之误,认为构想任何人对物的责任关系都是"荒唐"的"流行幻象"。[①] 他批评对物关系的思考方式,"好像土地在说:如果你不能保卫我,你就不能指挥我";"好像这些物件,通过花费在它们身上的劳动、便会受到一种责任的束缚,似乎它们应该只对花费了劳动的人服务"。[②] 康德问:我的意志所表现的这种外在的法律关系,能不能说是一种对一个外在物的直接关系?答案是否定的,因为如果那样理解,则好像是给物赋予一个责任,它有义务拒绝任何其他的人再成为它的占有者,因为它已经为另一人所约束。这样一来,如果把它看作一种附着于一物的良好特性,并保护它不受任何的外来袭击,那么它就会把一个外来的占有者给我指出来,这当然是"荒唐的"。因此,康德反复强调物权本质不在物中,坚决反对从对物关系中理解物权。[③]

康德认为,权利意味着强制,不能孤立地仅看作权利人个人事务,在其权利科学中,一切权利显然都被视为一种人与人的关系,"与他人交往时,可以作为责任去约束他人的一种力量",在与他人的交往中,提供一种法律上的行动权限。[④] 据此,物权的支配内

---

① [德]康德:《法的形而上学原理——权利的科学》,沈叔平译,商务印书馆1991年版,第75~76页。他说:"如果设想一种在一物之中的权利,好像该物对我有一种责任,而且这个权利,作为反对任何人占有它的权利,还必须从此物中的责任派生出来,这是一种荒唐的用来说明此问题的方式。"

② 同上书,第80~85页。

③ 同上书,第75页。物权离不开人与人的关系,他告诫我们:"物权的意义,不仅指在一物中的权利,如果在这个地球上只有一个人,那么正确地说,既不可能有,也不可能获得任何外在物作为他自己所有,因为在他和外在物之间不可能有责任关系,因此严格地说,在一物内没有什么'真正'的权利。"

④ 参见[德]康德:《法的形而上学原理——权利的科学》,沈叔平译,商务印书馆1991年第1版,第49页。

容在不与他人发生联系前只是自由,尚无权利的品格。因为理性占有已经包含在一种权利的外在责任的概念之中,而这种普遍性以及由此而来的相互间的责任是从普遍法则产生出来的,通过理性占有的理性公设,我欲宣称某物理念上归属于我,任何他人不得动用我对它行使了意志的那个对象,我的意志中还应包含着我同时承诺也不侵犯任何他人占有的、外在的属于他的东西。我们同时做出互不侵犯别人之物的保证,在文明中人们之间形成的这种关系就是法律关系,就是通过法律关系而实现的权利。这种权利的本质不是说我可以做什么、享有什么,而是可以要求他人不做什么,这样的一种法律之力,其内涵仅限于"外在的我的是在我自己之外的东西,凡是对我随意使用它的任何妨碍为不正当"。[①]

据其论述,物权的内涵应如是把握:首先,他是一种对人关系,而不仅仅是个人私事,该关系的内容是一种关于对抗和排除他人的法律之力,"我拥有某物"的唯一含义是他人不得拥有,物权是"反对所有占有者占有的权利",至于我对此物如何用益处分,那是我的权利背后的事情,是权利覆盖之下的行为自由,我的人格的一部分,我在这方面受保护的依据是我的人身权,即"内在的我的"的权利,那是另一个秩序保护的对象。物权本身则表现为主体对他人的约束,而非单方面的个人事务,这是与自由所有权观念截然相反的路线。其次,这种关系是权利人对全体他人的关系,有对世性质。康德指出,这种权利的性质表现为另一种秩序,是一种反对所有占有者占有它的权利:"我们可以抛开,或可以不管占有的感觉诸条件,因为人与对象没有责任的关系。这种排除感性因素的做法,正好体现一个人对众人的理性关系,正是根据这样的关系,他通过他的意志行为能够用一种责任去约束所有其他的人不

---

① 参见[德]康德:《法的形而上学原理——权利的科学》,沈叔平译,商务印书馆1991年第1版,第59页。

能动用那些对象。”[1]也就是一种普遍对抗的法律关系。

根据法律权利观,离开权利人自身的封闭世界,在法律关系中把握,物权不是自由本身,而是自由的依据和效力,物权不是权利人的个人隐私,而是表现于外用于约束一切他人的工具,这种约束,这种关系,是一种以“普遍对抗”为内容的绝对归属判断。笔者将这种观察得到的这种印象叫作物权“对抗性”或“外在性”。这是一种不同于英美财产权观念和法国所有权观念,而专属于二元体制下“形式物权”观念的崭新心理体验,它通过强调“人对抗人”,而对“人支配物”这一古老命题进行了理性的重构,这种重构把财产问题带到法律关系的视野,忽略人支配物这方面的干扰,以绝对对抗之对世关系为唯一内容。

三、“理性占有”思想在物权法中的影响

上述康德关于物权性质说明的理念性、获得性和对抗性,其实是从不同方面说明同一问题:物权作为一种类型化权利,应当与占有、与任何物质内容离开,更与权利人自身的人格性要素和个人自由分开,其全部内涵归结于一个“抽象的概念或纯粹拥有思想”——对人关系方面的“反对一切人”,即绝对性。康德关于权利的定义、分类,特别是关于所有权问题的精深分析,体现了一种不同于日耳曼法的占有、中世纪英国封建法财产权观念、启蒙时代财产观念和法国所有权制度的崭新视角。这些观念对嗣后德国民法学者的思维方式产生了重大影响,其中正好隐藏了理解物权、解读物权法一切重要理论问题的密码。

拉伦茨指出,“康德的学说对德国民法典的制订者的精神世界

---

① 他还批评这些认识“它不自觉地导致物体的人格化,好像这些物件,通过花费在它们身上的劳动便会受到一种责任的约束”。参见[德]康德:《法的形而上学原理——权利的科学》,沈叔平译,商务印书馆1991年版,第85页。

产生了深刻的影响”，[①]据其判断，德国民法典之精神基础，就是康德的伦理学上的人格主义，可以说，《德国民法典》在制定的时候是以康德的哲学思想为基础的。据信，康德关于物权不属于自然、天赋权利而是“获得的权利”的观点启发了实证法学，其关于对人关系的学说更隐含了法律关系的构想，权利类型的划分与潘德克吞体系的研究结合，为《德国民法典》第二编、第三编的解构提供了理论框架。正如有学者所说，考虑到这些，我们才能理解萨维尼在其《现代罗马法体系》中所体现出来的强烈的康德式自由主义思想，也才能正确解答这一疑问：为何萨维尼对于债权的客体以及所有权的产生等方面的论述，与康德的观点是如此惊人的相似。萨维尼在青年时期对哲学的兴趣和思考使之很早就熟悉了康德的哲学，而康德思想也已经在萨维尼的方法论和教义学论述中扎下根来。[②] 萨维尼创立法律关系学说，并以之解释所有权问题时，基本的思路仍然是康德式的。康德权利科学对民法典的影响如此之大，不用赘述，对当时及后世民法学者的思维方式的影响更是重要，方法论方面的影响是无形而深远的，关注权利的理性构造方式而非关注权利的物质内容，关注“权利是什么”而非“权利可以带来什么”，这是一个抽象理性思维的传统。其实罗马法系所有权观念本来就有理性倾向，自罗马法学家思考“裸体权利”之时，就已经是一定程度上的抽象了，先验唯心主义则把这一理性传统推到极致，受其影响的民法学者自然倾向于以形而上学的方法，而非经验描述的方法，以形式逻辑的思维，而非功利主义的思维，以实证主义的建构方式，而非古典自然法学的权利宣示方式来设计其权利体系。

---

① ［德］卡尔·拉伦茨：《德国民法通论》，王晓晔等译，法律出版社 2003 年版，第 46 页。

② 参见金可可：《康德视野中对人权与对物权的区分》，载《云南社会科学》2005 年第 4 期。

在这些理性光辉照耀之下,德国法学家重新理解自罗马法以来大陆法系的财产权秩序,并体现到其立法实践中,促使潘德克吞体系的物权法制度对古老的财产权利问题进行了理性的重构,其结果使德国物权法形成了独树一帜的风格,同样是处理财产分配问题,"物权"由于其理性抽象特色,成为一种与英美法和法国法上财产权相关概念不同的概念,而德国物权法上的许多独特制度都能从这里找到思想渊源,这许多方面也因此构成一个相互说明、自洽一致而不能割裂的体系,而物权法上的许多制度、问题都能从物权本质属性中找到很好的说明。

(一)权利类型化更为科学,物权内涵外延更为清晰

康德的权利科学体系经过其追随者不断发扬光大,得到了广泛的接受,并促成了整个法律学科掀起了一场声势浩大的法学革新运动,而这场运动的核心即在于法学的重新体系化。据学者介绍,从胡果开始的私法体系的重构,其核心任务即在于摆脱《法学阶梯》中人、物、诉讼这种"非真正的"体系,从而建构起一个具有内在必然联系的体系。而这一任务的完成是通过私权体系的重新构建来完成的,实际上也就是最主要的两种权利,即对人权(persönliche Rechte)与对物权(dingliche Rechte)之间的重新定义、区分整理过程。①

在科学地权利类型化整理基础上,《德国民法典》形成了严整的总分则体系和第二编、第三编结构,与此对应的权利类型的划分是比较明晰的,上下位阶和相反类型关系井然。当然,在次一级上采用的是物债二分体系,而不是康德的三分体系,把康德自鸣得意的"有物权性质的对人权"这一"重大发现"拿掉了,但总的分类思路是一致的。物债界分也遵循了康德"把绝对性当作物权性的标准"的思路。绝对性被确立为区分物权和其他权利的标志,从此很

① 参见金可可:《论支配权概念》,载《中国法学》2006年第2期。

少再有人质疑，在《德国民法典》的酝酿起草阶段，胡果等非常明确地把“是否能对抗占有权人”作为判断是否对物权之标准。虽然萨维尼等人有时会在不太严谨的意义上把物权解释为“支配”，但显然不同于支配的通常含义，而是借用了康德“意思支配”的隐喻用法，由于这种用法可以用来解释一切权利类型，因此并未能起到明确区分物债二权的作用。

如果不明确物权的自身特性，那么就很难确立物权的独立地位，必然使物权与人格方面的权利、物的法律上的归属方面同其支配的利用方面统统混为一谈，必然使物权这一技术化的具体权利类型与其他各种权利，与人权及自由等概念难解难分地纠缠在一起，最终使得权利类型体系无法构建。事实就是如此，占有制度之下，“gewere”一体二面，始终不存在离开对物的现实支配或占有而成立的“本权”，再加上由于公法的影响，日耳曼占有的权利与特定的身份相联结，无须离开人身权利另行抽象出另一法基础。至中世纪财产权制度，人格维系仍是财产法制的基础，他们都是笼统的“权利”，仅以对象或内容而有现象上的差别，任何权利都是不可侵的，亦不需进行类型化界分，都是笼统的权利，有关分类亦多从表象上做类似的大致划分，上下左右关系不清，未免技术性要求不高。

科学界分使权利体系更为合理，物债二元财产权体系更为清楚，在类型体系中互为对照，在有关区分中物权的内涵、外延更明晰，潘得克吞体系的“形式理性”亦因此为人称道。

（二）物权摆脱了人格的主观色彩并“独立化”

早先的所有权理论，对所有权的论证大多停留于其作为“人的财产权”之正当性说明，因此，“按早期之天赋人权说，谓权利不外人格或意思自由”①，几乎所有私有财产权理论都涉及某种程度的

① 谢在全：《民法物权论》（上、下），中国政法大学出版社1999年版，第24页。

人格观念。这些理论必定会论述单个人享有的权利,因此也就必然涉及享有权利的这些独立实体的性质,自由权利观主要以人自身的神圣说明所有权的神圣,从将人身的权利和对外物的权利相提并论,以致有人据此宣称这两种权利(人格权和财产权)本质上没有区别。所有权是人格的延伸,所有权之上负载人性,因此财产权始终不能与广义的人权分离开。无论是洛克学说的强调个人自治的劳动—应得理论,还是强调福利最大化的功利主义理论,都有这种倾向,在功利主义的理论体系中,甚至认为除了尊重语言习惯外,没有必要区分财产权和其他个人权利。人们对此亦想当然,"人格在政治谱系的财产权理论中占有一席之地,对这一点,我们也不必奇怪"。[①] 而根据法国早期民法理论,人所拥有的全部财产(广义财产)是人格的表现,体现了人格与外部事务的联系,与人格共生共灭,因此,"无财产就无人格""无财产就无自由"。[②] "对所有权的保护就是对人的保护"。[③] 因为"财产与人格的关系并非那么遥远",在直觉中人们确切地感到:"物与我结成密切关系并非偶然,并且是基于我的意思,我通过使之为我之物,而给他打上我人格的烙印,因此有人侵害之就是侵害我的人格,谁若殴打之,就是殴打含于其中的我自身——所有权无非是扩展到物之上的我的人格而已。"[④]如此这般构建的所有权制度中,也讲绝对性,但其所谓"私有财产神圣不可侵犯",强调的仍是现实占有的安全,也完全基于人的主体尊重地位,财产神圣的背后是人格神圣,"权利

---

① [美]玛格丽特·简·拉丹:《财产权与人格》,沈国琴译,载公法评论网:http://www.gongfa.com,最后访问日期:2018年8月17日。

② 尹田:《论人格权的本质》,载《法学研究》2003年第4期。

③ 李永军:《私法中的人文主义及其衰落》,载《中国法学》2002年第4期。

④ [德]耶林:《为权利而斗争》,胡宝海译,载梁慧星主编:《民商法论丛》(1994年第2卷),法律出版社1994年版,第31~32页。

的神圣不可侵犯性正是人的人格特性”，[1]这里真正不可侵犯的其实是人本身。

康德克服了前人的成见，他讲的是法哲学而不是政治哲学的所有权理论，其关于财产权的论述中找不到那些关于人多么神圣的热烈赞美，相反，其更多的是以一种很朴实的态度讨论普遍自由的可能性，关于物权性质的“获得性”使其下降为一项法定权利而非天赋权利，关于其“外在我的”更使其远离我的人格，摆脱了主观色彩。与此一致，《德国民法典》中规定的物权和所有权都是作为一种独立类型的权利，人格方面的权利与次级的类型化权利分处不同位阶，作为独立权利类型的物权成为与人身权利并立的权源，成为一项独立的正当性判断的依据，“权利的不可侵性”直接注入其中，而无须再援引人身方面的法理说明财产的神圣，物权以自身为依据，权利的存在不必再依附于人格，不必再依存于现实的占有的支配事实。物权作为“外在的你的我的”，既然是“外在”的，它就不是人自身的内容，不能被包含在一般人格权和人身自由中，亦不能由人本身的神圣来说明之；既然是“获得”的，它就没有那种与生俱来的天赋色彩，是实在法中规定的一项纯技术内涵的类型化权利。与人本身的“内在”属性无关，从一项神圣无比的自然权利下降为一个朴实的法律中的权利，世俗化的过程使个人所有权丢掉了人性光环，却获得了更大的科学内涵，成为一项更具可操作性的技术性的概念。在与“内在我的”相分离的基础上，物权自身是一个正确性依据，初次从笼统的“任何权利”中独立出来，另立门户，具有了“独立性”。

显然，德国物权法上所有权的哲学基础不是天赋人权和个人自由，而是康德的法律权利观。萨维尼认为，自身人格为一切法和权利的基础，不以有实定法承认为必要，即从其重要性来说是不宜

---

① 鄢一美：《所有权本质论》，载《现代法学》2002 年第 5 期。

和所有权和债权并列的；在剥离了对自身人格的支配后，个人可以自由支配的范围就只剩下了自然和他人，其认识正是这种摆脱主观性的结果。物权作为一种权利类型的独立和世俗化，深刻地影响着人们的思维方式，在人格的神圣方面，信仰天赋人权可以，但在具体的类型化财产权方面，却不能说天赋物权，恰恰相反，它是实证法规定的，很朴实、很具体的法定权利。其来源亦非玄虚，一个人没有自由和生命等方面的一级权源，不能成其为人，但一个人没有财产，却不影响其作为人的本质。如此理解应当说更符合实际情况，但这里又产生了一个问题，即如果物权、所有权作为纯粹技术化的法定权利，是否贬损了其伦理价值？离开人格之后，所有权之上的人性光辉似乎减弱了，这般“丧失人性”的权利在价值上应当如何评估，是一个更为深刻的问题，这一观念变化也许是个好的影响，也许是个坏的影响，但它终究是确确实实的一个影响。这里更重要的是，物权、所有权摆脱主观色彩而独立化以后，走出权利人个人的封闭领域，不再被看作某人与世无涉的个人事务，不再被仅仅归结为个人自由的结果，这就为构建一种具体的“法律关系”铺平了道路。

（三）把物权问题带入法律关系视野

在摆脱人格的主观色彩后，物权走出权利人主观世界而具有社会性成为可能，在此前提下，在物权根本属性问题上，如果坚决贯彻康德的认识路线，坚持物权的外在对抗性，所谓对物关系说就没有立足之地。如前文所述，康德对“对物关系”的思路进行了旗帜鲜明的批驳，一再强调，“设想有一种人对物的责任或者物对人的责任，这是荒唐的”。按其认识，实证法中的一切获得性权利，包括物权、债权，都离不开人与人的关系，对物权不应单就所有主单方面的情况孤立、片面理解，应将其放回到法律社会中，从人对人的关系中，具体来说，从约束他人的效力、从相对人的（排他）消极义务中把握。如此，物权不是纯粹个人事务，而是一种人与人的关系状态，是一种心照不宣的意志，一种相互之间的承诺。“我拥有某物”的唯一含义是他人不得拥有，我在自己领域之内对自己之物的支配，属于“内在的我的”，是另外一回事，而关于物权的本质，康德明确将其归纳为“这是一种反对所有占有者占有它的权利”，[①]也就是它的绝对性。

这种绝对对抗的依据，是通过一种“联合成集体意志的共同占有关系”的存在来证成的。他告诫我们，“物权的意义，不仅指在一物中的权利，它还是所有与真正‘你的我的’有关的法律的基本原则。很明显，如果在这个地球上只有一个人，那么正确地说，既不可能有，也不可能获得任何外在物作为他自己所有，因为在他和外在物之间不可能有责任关系，因此严格地说，在一物内没有什么‘真正’的权利，它作为反对人的权利，属于每一个人，他和所有其他人一样，在文明的社会状态中，共同占有诸物”。物权作为具体法律关系，只能存在于平等主体构成的开放社会之中。因为理性占有已经包含在一种权利的外在责任的概念之中，而这种普遍性以及由此而来的相互间的责任是从普遍法则产生出来的，[②]在法律的保证之下，市民社会的平等成员之间形成权利义务关系，一方据此有责任服从另一方强制不去占有物，使占有人无须借助武力保卫或秘密埋藏而稳定的支配物，法律关系的建立结束了财产的私力救济，而进入到公力救济。通过一项互不侵犯的承诺实现每个人的稳定支配，人类没有在各自的互相冲突中同归于尽，真是一个奇迹，这归功于法律与公共权力的保障。

---

① ［德］康德：《法的形而上学原理——权利的科学》，沈叔平译，商务印书馆 1991 年版，第 75 页。

② 康德的结论是，“如果法律上让人有可能去拥有一个外在物作为自己的东西，那么必须主体去强迫或强使每一个可能和他发生争论的人，共同进入文明社会的关系之中”。在文明中人们之间形成的这种关系就是法律关系，就是通过法律关系而实现的权利，这样认识是借用了卢梭的社会契约论思想。

在此康德显然接受了社会契约学说,当然是作为一个信仰而不是作为史实。因为除非先假定这样一种共同集体占有,就不可能设想出当我并不真正占有一物时,又如何能够在他人占有并使用它时,便构成对我的损害或侵犯?康德指出,通过我自己意志的个人行为,我不能迫使其他任何人承担责任不去使用义务,相反,他对此物毫无责任,因此,这样的一种责任只能产生于大家联合成集体意志的共同占有关系中。

这样认识物权关系,其本质是对人关系而不是对物关系,与奥斯丁关于"对物权"概念的说明思路一致,"对物权是说该权利对一切人都有效,并不是说该权利是一项针对物的权利";[1]霍菲尔德亦指出"物质关系绝不属于法律关系",从对物关系理解所有权是一种粗陋的不准确的观察,他警告我们不要混淆支配的事实与法律权利,强调关于罗马法上对人权与对物权的区分,本质上是相对权与绝对权的区分,这和康德的思路是一致的,真是英雄所见略同。如此,他们分别从各自的论述中,不约而同地坚持法律关系视角之下的权利观,纠正了关于物权本质认识上一个历时久远的重大偏差——对物关系说和支配本质说。

据此,对人关系说更合乎物权作为法律权利的本性,物权的内容是人对人的约束和对抗,而非人对物的支配行为,对物关系并非法律关注的对象,物权的核心问题是解决"是谁的",离开人与人关系,物权既无意义,又无必要,物权正是以法律的手段定分止争,以构建法律关系的方式调整资源分配关系形成的人与人之间的关系,这一点当无疑问。物权的内涵,从"人支配物"到"人对抗人",其效力从"对物优越"到"对人优越",这一认识是理性抽象的结论,使法律关系学说在物权这个常常被看作单方事务的领域,也得

---

① Pavlos Eleftheriadis. "The Analysis of Property Rights". *Oxford Journal of Legal Studies*, 1996, Vol. 16, No. 1, 34 – 50, Oxford University Press, 1996.

到了完全有效的验证。

(四)物权的相对义务和“第三人”的发现

走出人格阴影,从法律关系视野内观察物权,就不应忽略相对人的义务,但在日常状态下,由于物权绝对性所致,一切人皆为义务人,相对的是普遍的、法定的、消极的义务,这种普遍、消极的特性,往往使人感觉不到这种义务的存在,感觉不到某种法律关系在束缚着自己,仅仅误认为尊重他人财产是一种公法上的义务和个人的良好品德,至“看见了支配这一自由的内容而未看到排他这一法律的形式”。这也是人们片面注重“支配性”的一个原因。

而在康德的权利科学中,一切权利显然都被视为一种人与人的关系。权利是“与他人交往时,可以作为责任去约束他人的一种力量”,在与他人的交往中,提供一种法律上的行动权限。康德认为,权利意味着强制,不能孤立地仅看作权利人的个人事务,物权的支配内容在不与他人发生联系前只是自由。按照康德的物权观念,在文明社会、公力救济、法律关系的稳定框架下,物权作为“反对一切人”的权利,本就是通过他人的义务与责任实现的。作为这样观察的结论,所有权是“反对所有占有者占有的权利”,也就是一个普遍对抗的绝对权利,也就是本书所说的“绝对性”,完全在对人关系上把握物权,丝毫不及“直接支配物”,仅有绝对归属之效力,即为已足。至于我对此物如何用益处分,那是我的权利背后的事情,是权利覆盖之下的行为自由,是我的人格的一部分,我在这方面受保护的依据是我的人身权,即“内在的我的”的权利。[①] 康德关于物权的定义,通过强调权利的对抗性,使其对应的义务被

---

① 如果他人仅仅是从我手中夺去苹果,或把我从躺的地方拖开,只是侵犯了“内在的我的”,即我与生俱来的自由,而并没有在外在的我的(物权)方面侵犯我。参见[德]康德:《法的形而上学原理——权利的科学》,沈叔平译,商务印书馆1991年版,第58页。

重新重视,这里就"发现"了绝对权的消极义务。[①] 物权不应单就所有主单方面的情况孤立、片面理解,应将其放回到法律关系中,从人对人的关系中,具体来说,从约束他人的效力、从相对人的(排他)消极义务中把握,这样就同时"发现"了物权关系的义务人——第三人。

物权作为对抗一切人的权利,"一切人"本来就是物权法律关系的必要参加者,他们在不参与交易或侵权的时候却被叫作"第三人",这一名称的潜台词就是说要把他们排除在物权关系之外,那当然是不对的。关于自然状态设想的有关理论,都在犯这样一个忽视第三人的错误,好像支配本身天然包含了所有权的全部内涵,是我之物,与人无关,并将这一认识推行到法权世界,而罔顾所有权的社会属性。而康德显然更强调了自然占有到法律上物权的质的不同,并指出,在自然中只是暂时的占有,而这种占有在文明中,将成为实际存在的、绝对的或有保证的占有。在自然状态,第一个以自由意志占有地表面的一部分的人,就取得一种权利的资格,"谁占有就归谁所有",因为谁也没有责任对他的占有作为判决,这是自然权利的原则。但这种单方面的占有不能对所有人起到强制性法则的作用,并非真正意义上的所有权,它仅仅是一个对物关系,对其侵犯只是侵犯了我的内在自由。[②] 强调法律关系就要强调相对人的义务,因为无人可对抗,无人负义务,无人来与我构建这一关系,也就无所有权。当鲁滨孙在荒岛上的时候,他可以支配岛上的一切物,但他恰恰没有所有权。[③]

这一发现就避免了另一个偏差:过分强调所有权不受限制,而

① 参见尹田:《论物权的定义与本质》,载《中外法学》2002年第3期。

② 参见[德]康德:《法的形而上学原理——权利的科学》,沈叔平译,商务印书馆1991年版,第63页。

③ 如果无横向的市民社会和私法文化,则在团体、在纵向结构里的帝王也如同鲁滨孙一样一无所有。

罔顾第三人。物权本质统一于绝对性,物权内涵归结为“普遍对抗”,则其权利的作用方向不是指向物而是指向全体他人,这些人本来是法律关系的当事人,而平时正是罔顾这一法律关系结构,在支配说影响下,片面地从物权人看问题,把物权理解为权利人的私事,物权变动亦为权利人与法律行为对方间的私事,对第三人是封闭的,这是不对的,当物权变动之时,也就是当权利真正开始离开个人领域而在社会层面发生作用的时候,才忽然想起他来。而把物权还原到法律关系中,许多问题就明晰了,如果这样,则物权一开始就存在于法律关系中,本身就不是一个无限主权性质的东西,无须事前赋予一个无限的支配权,事后再通过修正法律而外在的限制它。

(五)权利重心的位移与物权的社会性

康德把物权关系外在化理解的结果,一方面,权利不在我之内,是“外在的我的”,从而摆脱人格的主观性而独立存在;另一方面,权利不在物之内,不表现于物对我提供的经济物质利益,从而“撇开了一切物质内容”,这样的理性占有思想注重强调我指向他人的这样一种法律之力,权利的重心在我和他人之间,这就同时避免了物权的主观化和物质化两种偏差。

在否定了中世纪的对物关系说的基础上,法国学者普拉尼奥的“人格主义”理论亦认同了物权本质的对人关系属性,但却又通过在“对人关系”这一权利共性之下,把物权、债权等同起来,观察的视野离开了物而转归到权利人;而在另一个方向上,坚持相反主张的客观主义理论却继续沿着对物关系的思路,并进而把债也解释成对物的间接关系,以此统一债权、物权,观察的视野一并转到了物之上。这样,以支配出发导出的权利观,要么把权利的重心放在物之上,要么放在权利人之上,总是找不到妥当的定在。而康德法权思路的认识却不是这样,它离开了人—物的封闭环境,把权利的中心移到了义务人之上,权利不再是权利人和其物之间的任何内部事务，而是获得了社会性。在法权视野看来，众多平等民事主体是一个一个的圆周，各自有其明确的支配范围，权利的存在区域就不在每一个人的圆心部位和其自由领域的半径范围内——那是权利覆盖之下的部分，权利本身恰恰存在于权利人这个圆周和其他人的圆周交界之处。

这一权利重心的位移，在"我—物—人"之间找到了最佳平衡点，实现了中庸的稳妥。德国物权制度因此表现出来的那些性质被人们归结为"社会性"，有时被归因于"团体本位"，但其方法论上的来源应该在这里。有学者对此评价为康德使用了为现代教义学所采用的"物权"（Sachenrecht）一词，不仅指出了物权的绝对性和对抗性，还进一步指出了权利现象背后的社会性。①

同时，时时把权利定位在我和世人之间的关系上，我对他们全体人的对抗，是我的物权的全部内涵，这样第三人永远是物权法律关系的当事人，而不是与此无关的局外人，也不是仅仅在侵权或转让之时才与我发生联系的特定人，这样，物权关系中的"第三人保护"就有了一个可靠的基础。正如有学者所指出的，德国物权法作为财产权形式演进的最高阶段，其对财产权作出的首要贡献是，法律对财产权的描述更接近19世纪后的社会事实，既非英国财产法那种纵向思维，又非罗马法和法国法那种极端个人主义，而是一种不偏不倚的中庸状态，为所谓"保护交易安全"和"第三人保护"提供了制度平台。

（六）支配的分裂与物权观念化

1. 物权与占有分离

以"理性占有"重构财产权，强调权利的理念性，完全抛开"直接支配物"方面的要素，仅以法律的、观念的归属关系，代替现实当

---

① 参见金可可：《康德视野中对人权与对物权的区分》，载《云南社会科学》2005年第4期。

下的事实占有,这其实是一个法律的拟制,理性占有对实际占有的拟制,产生的是另外一个全新的东西,而原先的直接支配关系,则继续在其原本的含意上发挥功能,新发生的变化不过是把原先隐含在占有之中的归属思想单独抽离出来建构了另一种法律制度。由此,在物权制度之下,人对物的支配完全建立在一种理性的想象之上,并通过排他效力的保障得以在法律的世界里成为现实,真是理性的伟大创造。然而,这并非康德的首创,毋宁说是对罗马法上所有权观念的忠实诠释,在此,罗马法上的所有权与占有分立,"所有权和占有毫无共同之处"等观念,越过千年之后得到了深刻的重述,在一度被庸俗化、泛化了的所有权概念被重新发现。此种观念反映在立法中,导致了"支配的分裂",即原本的对物支配这一个命题,现在分为两个命题:建立在"人支配物"基础上的现实占有,和建立在"人对抗人"基础上的理性占有。

支配的分裂造成两个结果:一是作为物权的权利本体"观念化";二是作为支配内容的占有制度独立出来。原先这二者合流不加区别的混乱状态从此结束,而某种新的在自然状态下不存在的东西——物权被创立出来了。本权不仅可以和占有分开,而且必须和占有分开,因为这是理性占有具有可能性的第一个条件。"内在我的"与"外在我的",两者分别成为占有秩序和物权秩序的基石。德国物权法的物权——占有平行保护体制正好符合康德的权利科学体系。

2. 物权的形式本质

康德认识路线实现了物权的抽象本权与经验实质的剥离,撇开了任何物质内容之后,物权正是借助绝对性获得了其权利本质,而与现实的支配分开了,本权仅仅是一个抽象的形式而独立存在。对于一个法律概念来说,其对象和质料实无足轻重,物权概念的本质,应就其形式中去寻找,而不应求诸内容,因为物权概念是理性的,而非经验的,它不是来自对生活现实的反映,而全系法学家的杜撰,只能抽象理解,却无法在现象界找到对应物。在此有必要区分权源与权能,区别权利自身与权利的作用,区分物权的本权与占有作为独立权源。作为法律关系的物权只对人与人边界处潜在的利益冲突发挥作用,而边界之内被认为属个人自由领域,与他人无涉,法律也不应介入,故物权外壳之下诸项支配权能,并非物权法关注的对象。一项物权最核心的东西不是占有、使用收益处分诸权能,而是能够一个关于"归属"的权源判断,使之与支配的现实作用分开理解,应当把物权理解为一种正当性判断,支配作为物权实际内容被剔除出去,物权只剩下一个名义,一个空壳,一个形式。

其实不仅物权,任何类型化的权利概念,从法律关系来观察,都有这种纯粹理性的抽象。康德认为,法律是"那些能使一个人的专断意志按照一般的自由律与他人的专断意志相协调的全部条件的综合"。而在法律之中的权利,则是一种实证法上的法律关系内容的权利,"可以理解权利为全部条件,根据这些条件,任何人的有意识的行为,按照一条普遍的自由法则,确实能够和其他人的有意识的行为相协调"。据其分析,权利的三个要点可以分别归纳为:第一,它只涉及一个人对另一个人的外在的实践的关系;第二,权利只表示一个人的自由行为与他人行为的自由的关系,无关乎内心愿望或善恶;第三,权利概念并不考虑意志行动的内容和目的,只考虑形式。① 权利概念的这种纯粹形式性本质为许多学者都探讨过,狄骥就曾指出:"主观权利的概念只是灵魂概念的一种发展。当这种灵魂的活动受到社会保护时就带着一种特殊性质加以实体化,正如人们说上帝是三位一体时把赋予上帝的属性加以实体化的情况一样。"②

---

① 参见[德]康德:《法的形而上学原理——权利的科学》,沈叔平译,商务印书馆1991年版,第39~40页。

② [法]狄骥:《宪法论》,钱克新译,商务印书馆1962年版,第197~198页。

既然任何权利都是意志的抽象的存在,为什么物权就必须“实体化”呢?人们总是不由自主地认为物权应该是个“东西”,总是不经意地把物权本体和它的对象混为一谈,乃至把财产权和财产两个词互换使用,例如,有学者就一再强调在英美法语言中财产和财产权是等值的,知识产权 IPR 有时也用 IP 来指称。这显然是古老的“对物关系”思维之下强调支配性的结果,因此,对物权本质的认识必须要克服这种关注“支配”的本能倾向。这就有必要区分权源与权能,区别权利自身与权利的作用,区分物权的本权与占有。把支配作为物权本质,实际上就是一种体用混淆,它是一种经验的观察角度,注重的是权利的结果和其经济实质,重内容而轻形式,重用益而轻管领,这种权利观对权利本质的认识上反映出“利益说”“意思说”的倾向。权利是一个比自由、意志、利益等更基础的概念,唯有“正当的”才是权利最核心的构成要素。庞德在阐释权利历史时指出,希腊哲学家不议论权利问题,但它们议论和考虑的是人们相互冲突和重叠的要求之间何者是正当的或正义的;罗马人则用法律来支持凡是正当的或正义的事情,乃有权利问题;中世纪后期的托马斯·阿奎那提出了把权利理解为正当要求的明确概念,直到 16 世纪,“jus”作为“一个权利”才和 jus 作为正当和作为法律的意思分开。[①] 权利本来和“正当”同义,而在欧洲各国的语言中,权利与正当也往往是同一个词(如“right”“jus”等)。[②] 而“正当”与否完全是一个主观的判断问题,是纯粹的理念,权利就其最高的本质来说,仅仅只是一个关于正当的判断,是“正当性的依据”,相比之下,对物的支配自由和享受利益是质料、现象、内容。物权是评价的工具,支配是评价的对象。正因如此,物权实际上只是意味一个名义(Title),一个总括的抽象的依据。正如生命权不

① 参见范进学:《权利概念论》,载《中国法学》2003 年第 2 期。
② 参见张恒山:《权利与法律权利概念再辨析》,载《中外法学》2002 年第 4 期。

可拆解为吃饭权、呼吸权,物权不能从占有使用诸权能中去把握,占有制度、财产制度注重实际支配,注重财产权的实际内容,而物权更关注“归属”这一背后的名义,名实之分、体用之分不可混同。作为权源的物权不同于物权的权能,物权只是一种法律依据,在此依据的基础上权利人可以作什么,可以如何享受物的利益,完全是物权成立之后的结果,是物权投射出的影子,而物权本体是不可分解的,不可具体化的,正所谓“不可以三十二相见如来”,这就是为什么关于所有权的权能列举式的定义法总是不能成功的原因。

3. 物权的观念化、“虚有化”与“图图理论”

后世学者在对德国物权理念性的把握中窥到其形而上的本质,并把这种新认知称作物权的“观念化”。有学者认为,早期所有权乃现实之权利,即对于物须为现实之支配,而近代所有权呈观念性,即物权与现实支配分离,此观念所有权主要由物权请求权保护,并因以下两点成为极强之保护手段:一是无须借助对物之现实支配,苟有观念的物权存在即为已足;二是所有权如受妨害,对天下万人均得主张请求,以资保护,即有绝对性,因此,物权是无数潜在物上请求权的总体,云云。谢在全先生归纳所有权观念化的社会基础有三点:一曰观念化之经济构造;二曰观念化之社会构造,三曰观念化之政治构造。学者多认为,观念化是当代物权的发展趋势。[①] 其实,这正是向康德式理性占有思想的回归,其之所以被视为新问题,正因财货关系逐步进入法律世界,成长为独立的一个权利类型,交易的频繁使人们更多关注权利本体(在日常不与他人交往,不涉及侵权和转让之时,单纯的对物支配之下人们很少能感觉到一个“物权”存在),才会使人产生“观念性”的印象。对此新认识,学者多从经济方面说明之,如认为人类早期对物的利用偏重

---

① 参见谢在全:《民法物权论》(上、下),中国政法大学出版社1999年版,第10页脚注中介绍的日本川岛武宜观点。第10~11页。

使用价值，后来随着经济发展，物的交换价值逐渐被重视，乃至“债权的价值也同时得到开发”，物上价值结构的复杂程度，导致实体的物与观念的权利二元对立更加明显，物之价值权利与物本体的联系日益疏远淡薄，逐渐“偏离其物质所在”。[①]

所谓物权观念化，不过是物权自身抽象性在认识上的反映，物权概念本身就只是作为理念存在，如果说德国法之前所有权有观念化潮流，那只是反映了德国物权概念对经验财产权加以抽象的过程；而德国法之后的观念化，则只是人们在抛弃固有的经验思维，对物权概念的认识开始正本清源，这代表一种回归，不代表任何新潮流，也不是任何物权概念的偏离，不如说是论者自己在观念化。与其谓观念性，不如说是“法律性”“权利性”，为何没有人讨论人格权和债权的“观念性”呢？恰因为它们一开始就被视为抽象存在之权利，而权利本来就是无形的，存在于意志中的东西，凡权利者，莫不有“观念性”，实质上也仅仅以一项主观判断为唯一内涵，现实中并无物理的经验的存在。

物权观念化的极端形式，是有的论者提出物权的“虚有化”，谓所有权现在已失去任何实质内容，仅剩下一个空虚的外壳，因此质疑其还有没有什么价值。其实物权法之下的所有权，本就是一种“抽象的拥有思想”（康德语），理性占有思想把物权看作康德所说的“纯洁的”概念，所有权脱离于其经济内容本无足为奇，但固执于对物思维的人士却不能接受这种空虚，他们认为离开支配内容的纯粹归属思想不存在或没有意义，因此惊呼“所有权解体”，斯堪的那维亚学派甚至提出所谓的“图图（TuTu）理论”，对大陆法

① ［日］我妻荣：《债权在近代法中的优越地位》，王书江译，中国大百科全书出版社1999年版，第21页、第51页、第68页。

系所有权观念大加嘲讽。[①] 笔者认为，法律学的主要关注点不仅在于解决实际纠纷，更在于研究关于是非的理论，对任何判断过程须给出正当性说明，我们的思考必须借助可靠的逻辑工具，才能免于恣意擅断。物权就是一种精巧的思维工具，其工具性价值在于统一说明权利的效力、变动规则等，这是无数法学家精雕细琢提供给我们的工具，为什么要予以舍弃而向更朴素的法学倒退？如果一定要图简约，市民法的全部概念都可以统统舍弃，“图图理论”作为反概念法学的一个讽刺性依据，把概念仅仅等同于一个符号，其无非主张淡化概念，强化规则，直接以具体规则解决实际问题，这样设想当然很美好，可是技术上可行性差，离开概念，规则的体系很难达到真正的简约明晰。“图图”的讽喻，其实正是对理念的东西做经验理解的结果，反映了不同财产法观念的冲突，有学者对此心理体验的实质评价为“斯堪的那维亚学派接受了罗马法提出的问题，但未同时接受罗马法解决问题的方式”，[②]足以证明理念性物权概念为罗马法—德意志物权法制所特有。

四、结论

康德的理性占有思想，强调物权本身的存在是个抽象归属观

---

① 大洋中某小岛国之上，土著部落有一故老相传的说法：若有人吃了酋长的食物，会变成一种叫作“图图”的东西，而某人一旦成为“图图”就必须受到极残酷的惩罚。忽一日有人偷吃了酋长儿子的食物，长老们开始讨论他是否也变成了“图图”，话题就不可避免地扯到对“图图”之本质的追问中，结果大家发现谁也不知道“图图”到底是什么，乃陷入无比苦恼的僵局。其实我们局外人一眼看出，“图图”完全是一个假设的名目，一个逻辑的中介，它自身没有任何意义和必要性，完全可以忽略不要，直接以“谁吃了酋长食物就应当受惩罚”为独立命题，则可以快刀斩乱麻地解决问题，而以“图图”为思维中介，徒增烦扰，多此一举。参见杨振山、[意]桑德罗·斯奇巴尼等：《罗马法·中国法与民法法典化——物权和债权之研究》，中国政法大学出版社 1995 年版。

② [德]佚名：《国际比较法百科全书·财产法在结构上的变化》，龙翼飞译，载中国人民大学法律系编：《外国民法论文集选》，法律出版社 1983 年版，第 179 页。

念，不同于支配现象，因此具有理念性；强调物权不是天赋权利，而是法定的二级权源，因此与人格内容分开而独立，因此具有获得性；强调物权本性不是对物关系，而是人与人之间以普遍对抗为内容的法律关系，因此具有外在性。三性归一，物权的定义是“反对一切他人的权利”，把物权性归结于对人关系的绝对性，而非支配性之上，始终坚持法律关系的视角，离开权利人的单方领域，离开物本身来观察权利，实现了权利重心的位移，并因此凸显了物权的社会性、观念化特征，表现出更高的技术性和稳妥性。相对于以前的自然、自由所有权观念，可称为一种“法权的所有权”观念。康德“理性占有”思想影响下的物权观念，与支配内容完全分开，仅凭法律之力即绝对性，实现了对现实占有的法律拟制，物权作为一个二级权源存在，以“绝对性”之效力基础上，对古老的支配秩序进行重构，深刻地影响了物权及物权法的观念。

康德式的“纯洁”概念无疑对民法学者产生了深远的影响，物权本质是“人对抗人”而非“人支配物”这样的认识，为学者广为接受，成为一个难以动摇的基本信条。例如，拉伦茨对所有权问题的认识就是如此，“人只有在与他人的关系上才享有权利”，这种权利永远意味着强制和责任，具体到物权或所有权，它虽然可以称为支配权，但是权利性来源于绝对性，“民法中的所有权不是指一种状态，即人对物的事实上的支配状态，而是指一种权利”，这种权利的内涵是，某物为所有权人单独所有，他人既不得争夺或扣留其物，也不得以其他方式妨碍或危害其行使对物的支配权，所有权以其排他性功能表明，所有权不是所有人与物之间的关系，而和其他权利一样，也是一种人与人之间的关系。[①] 而物权本性在绝对性，亦为当然之结论，学者对此归纳曰：有一种权利，它赋予权利人可

---

① 参见[德]卡尔·拉伦茨：《德国民法通论》，王晓晔等译，法律出版社2003年版，第48页、第52页、第53页。

以对抗所有他人的一种法益,从而每一个他人就此负有义务,要允许并不侵犯这种法益,我们称这种权利为绝对权,如果这个权利是涉及物的,则称为物权。[①] 也就是说,“物权性”等于“绝对性”。

小　　结

物权的绝对性本质,不是支配自身的天然内涵,也不是历史发展的某种必然,它是在罗马法—当代物权法这个法律文化传统之上演化出来的,从古罗马早期的“dominium”到后期的“真正所有权”概念,中间经历了相对所有权的过渡形态,最终确立为所有权的核心属性,绝对性自身的内涵在这个过程中逐步清晰,地位逐步上升,在此基础上大陆法系的所有权观念也在演进。绝对性的确立在大陆法系内部有其伴生的土壤,而在这些条件并不充分的日耳曼—英美法体系内,绝对性是难以确立的,绝对性构造基础是多方面的,包括法观念上的“归属”中心主义,社会经济现实方面的人的分散与物的自由,法学方法中的抽象理性思维倾向,民法体系自身的可靠救济、实现机制等,这些因素共同推动了绝对所有权确立起来。近代物权法的绝对性本质,在法哲学和法学方法论方面更加得益于康德的财产权理论,康德以“理性占有”和现实占有分开,借助理性的抽象之功,立足于法律关系的框架重构支配秩序,摆脱了物权对人格的依存及与具体支配现象的纠缠,作为一种法定的独立财产权类型,强调其对抗人的一面而非支配物的一面,实现了现实占有和抽象归属两套秩序的分离,实现了物权观念中权利重心的位移,在彰显绝对性的基础上揭示了物权的实证法属性和社会性,所有权观念实现了从“自由所有权”向“法权所有权”的

---

① 参见[德]卡尔·拉伦茨:《德国民法通论》,王晓晔等译,法律出版社2003年版,第300页。

观念进化,深深地影响了当代物权法。

绝对性的确立,使物权的内涵和外延更加清晰。绝对性的第一层含义,就是要克服“支配性”的干扰,把权利定位于法律关系之上,强调效力淡化权能,主要表现为一种排除他人之权力,物权以此区别于占有;绝对性第二层意思,强调物权是一种对世的普遍对抗,把权利特征定位于效力范围之上,物权以此区别于债权,并在制度总体上,区别于物债不分的日耳曼式财产权。由这三方面的区别中,物权的本性得到完整的把握,至此,不仅可以在概念层面,而且可以在观念和文化层面断言:绝对性,而非支配性,是物权的根本属性。

第三章　绝对性之贯彻

就德国民法体系而言，绝对性是整个物权法体系的基石，它贯穿物权法的始终，是对于物权一切方面理论说明的逻辑总起点，与物权诸效力均有因果关系，与物权三大原则更是甚有渊源。排他性与物权行为理论及物权转让形式主义都出于同一思考。可以说，作为整体的物权法体系，其所有制度、原则、规定中都遗传了物权排他性这一前设，并在此一点上形成了统一的体系。

第一节　物权—占有的平行保护体制

现代大陆法系物权法中，占有无疑是一项重要的制度，各国立法例多以专章规定。以德国民法典为例，占有列于物权编第一章，学者关于物权法的著作也是讲物权之前，先讲占有，这种立法结构，这种对占有的独立和重视，其实细究起来大有深意。

占有观念在不同时代、不同国家和地区有着深刻的差异，学者间对占有的一般性质非但认识不同,甚至同一学者对同一立法例的理解有时也会前后自相矛盾。例如,关于罗马法中的占有,一般都承认是事实不是权利,如"'占有'这个词的含义是指真正的掌握(signoria),一种对物的事实上的控制(dominazione)",[①]故通说认为,"罗马法的占有是事实,而日耳曼法的占有并非简单的事实状态,而是一项物权"。[②]但谢在全先生的认识截然相反,谢在全先生对罗马法中占有的性质,理解为一种权利,称为"占有权",认为《法国民法》(第2228条)、《日本民法》(第180条)与《韩国民法》(第192条)证之;而对日耳曼法上的占有解释为事实,认为《德国民法典》第854条和《瑞士民法典》第919条把占有规定为事实,都是从此而来。[③] 然而,该学者在另一场合又主张:罗马法上的占有乃是不问本权,纯粹是直接保护对物的事实支配,与本权完全分离,日耳曼法的占有则是法律上对物之支配权的一种表现等,[④]与前说自相矛盾。

理解的分歧与矛盾,反映了学者对占有本质及其与本权关系的犹豫困扰,占有被公认为最令人费解的概念之一,向来聚讼纷纭,以致学者感叹:在有关占有的法律中,各种构成现代民法本质的线索如此紧密和错综地交织在一起,恐怕法律的任何其他领域都无法与之相比,罗马法理论、古老的日耳曼惯例和封建观念以及寺院法改革和黑格尔学派的形而上学都曾影响占有法律,并使这个论题特别有趣和复杂。

从物权—占有分立的角度,可以为我们提供一个可信服的认识思路。正是基于"物权的根本属性是绝对性"这一判断,其对抗

---

① [意]彼德罗·彭梵得:《罗马法教科书》,黄风译,中国政法大学出版社1992年版,第270页。

② 王利明:《论占有》,载王利明主编:《民商法研究》(第4辑),法律出版社1999年版,第400~404页。

③ 参见谢在全:《民法物权论》,中国政法大学出版社1999年版,第32页。

④ 同上书,第935~937页。

效力方面的规定是其全部内涵，故与此内涵无关的“人支配物”这方面的内容可以剥离出去，以独立的占有制度专门规定，占有制度的发达、占有的性质等皆可由此说明。故一方面，独立的占有制度从反面证出物权本体不在现实支配中；另一方面，占有制度的分离程度标志着物权本体的清晰程度或绝对性的彰显程度，一般而言，占有制度越发达的地方，物权绝对性贯彻得就越彻底。考虑到物权与占有的这种矛盾联系，于是它们双方的性质要互为对照才能各自清晰。

一、物权与占有分离对照的逻辑

前文谈到，物权是以绝对性为主线对古老的支配命题进行抽象的结果，克服支配说的对物思维暗示后，物权概念本身是理念中的存在，这种抽象反映在实证层面，使物权与占有完全分离。这种分离，这种抽象，无疑是在物权观念中摒弃了对物思维的自然结论。日本学者川岛武宜在《所有权法的理论》中将个人所有权的性质概括为三项，即绝对性、私的性质与观念性。[①] 其实观念性亦无非绝对性造成之结果，如本书第二章所分析，正是把物权性建立在了绝对性而非支配性之上，离开对物支配表象，另行拟制出一个“抽象的归属观念”，以“反对一切他人”为内涵的物权制度，物权本就是对现实的支配现象进行理性抽象的结果。康德关于物权性质的理念性、对抗性说明，皆强调物权必须脱离经验的现实占有，定位于一个“撇开一切经验要素”的纯粹“理性占有”观念。这样对物权本质进行抽象的结果，就造成了所谓“支配的分裂”：在一个方向上，物权本身离开现实支配，达到很高的抽象性而观念化；在另一个方向上，现实的支配问题从统一的物权命题中独立出来，以专门的占有制度保护之。正如

---

① 参见梁慧星：《中国物权法研究》，法律出版社1998年版，第248页。

谢在全先生所指出的:“近代物权法之特色在于将对物之支配,划分为观念的支配与事实的支配,前者具有法律上之正当权利,系抽象的支配,所有权与他物权属之,后者则与有无法律上之正当权利无关,系事实之支配,占有制度属之,而物权法就此两项制度予以并列,分章予以规定。”[①]这种体制本身已经说明了立法者对占有的性质认识,并未把它当作一种物权来看待,恰恰是与物权不同而联系着的特殊制度,因不同于联系,故予平行保护,分工合作。

这种分离正是物权本质认识深化的结果,罗马法对于占有与所有权的区分要比普通法清楚得多,“早在罗马法上,对物为事实支配的占有,与对物为法律支配的所有权,完全予以分离”,[②]本权与占有分离,这是大陆法系的一个制度传统,不但制度上分离,观念上亦认为二者必须分离。乌尔比安的说法堪为代表:“所有权与占有毫无共同之处。”[③]而所有权与占有,正是在彼此实现分离后才能各自显示其本质,对占有的保护恰恰是因为它不同于所有权,须另行保护,罗马法官说道:“发布此令状(占有保护)的理由,是占有应有别于所有权,因为可能发生……不一致的情况,发布令状是为了防止对占有人使用暴力。”[④]“在此令状中,同另一个人相比占有是否正当并不重要,因为任何一个占有人都是基于他是占有人这一理由而享有更多利益”。[⑤] 也就是说,占有与本权不同,对

---

① 谢在全:《民法物权论》,中国政法大学出版社 1999 年版,第 935 页。谢在全还比较了占有与权利的区别,计有 10 个方面,参见同书第 934 ~935 页。

② 姜战军:《论占有权利推定对不动产上占有的适用》,载《法律科学》2001 年第 4 期。

③ [古罗马]乌尔比安:《论告示》。转引自[意]桑德罗·斯奇巴尼:《民法大全选译·物与物权》,范怀俊译,中国政法大学出版社 1993 年版,第 218 页。

④ [意]桑德罗·斯奇巴尼:《民法大全选译·物与物权》,范怀俊译,中国政法大学出版社 1993 年版,第 223 页。

⑤ 同上。

占有的保护也非保护所有权，而是基于其自身理由。学者指出了这种区分的必要性和观念差异：在一般语言中，“拥有某一件物品”和“有权拥有某一件物品”这两种说法有着明显区别。窃贼没有权利拥有他所窃取的物品，但尽管如此，他仍然拥有它。反过来讲，把自己的物品质押给当铺的人仍然对该物品享有权利，而该物品的实际拥有者却是当铺老板。有权拥有某物与实际拥有某物之间的区别，致使罗马法对所有权和占有加以区别。[①] 物权—占有的分离与平行保护因此被视为罗马法财产制的一大特色，“将占有作为独立概念，以所有权为对物法律上的支配，占有为对物为事实上的支配，因此本权与占有分离，分别以不同诉讼程序保护之”。这一分离则反面证出，罗马法所有权是“强调个人对物的抽象支配”，[②]也就是不同于一般意义上的支配的另一个观念了。

德国潘德克吞体系更是以立法形成了物权与占有并立的平行保护体制，在理性占有思想影响下，德国物权概念完成了经验占有与理性占有完全分离，物权不依赖任何“体素”，实现了物权的抽象本权对经验占有的剥离，仅仅作为一个抽象的权源。与此同时，把物的现实支配从物权概念中摘出去而划归占有秩序调整，形成发达的占有制度，以占有的保护来保护人对财产方面的“内在你的我的”，而物权制度只解决关于物之终极归属的“外在你的我的”。这种平行保护体制，正好符合康德的权利科学体系。对此体制，沃尔夫描述为：“所有权和限制物权是权利人对物享有的权利，与之相反，占有则是与物的实际支配权相联系的，从而实物占有作为实实在在的物之支配与实际行使某项权利的权利占有区别开来，物的实际支配权是否存在取决于对物施加影响的现实可能性，而后

---

① 参见［英］巴里·尼古拉斯：《罗马法概论》，黄风译，法律出版社2000年版，第110页。

② 李双元、温世扬：《比较民法学》，武汉大学出版社1998年版，第234页。

者则无意支配实物本身。”[①]鲍尔·施蒂尔纳则指出，这种区分是法律科学化的要求，“在日常生活用语中，所有权与占有是不加区分的，但法律却严格地区分这对概念：所有权是完全物权，而占有是事实性的、不依赖于占有权源的、对物的有意识的持有”。[②]

二、占有制度源流

占有问题之所以如此扑朔迷离而众说纷纭，在很大程度上是因为现代占有的源流复杂，而异质基因相互扰动。概言之，影响现代物权法的占有观念有如下几类。

（一）罗马法的占有及其近代发展

罗马法中占有制度的发达，学者关于占有有十分复杂的分类，每种分类法都对应不同的法律效果。其中，市民法占有和自然占有的区分最为显要，自然占有（possessio naturalis）或持有（detentio），即实际占有，只要在事实上已经握有某物即可，至于其他要件则在所不问，[③]市民法上的占有（或法律上占有 possessio civilis）或仅称占有，这是市民法承认并给予保护的占有，但仅仅以导致时效占有的效力为限。一般所说的占有即指后者，故罗马法上的占有，乃是不问本权，对物为事实支配之占有，对其保护以独立的占有诉权为中心。市民法上的占有可给予受质人与保证金保管人，而借用人、受寄人、承租人的占有只享有自然占有，按照保罗所说，这一区分的依据在于“心素”方面，即是否有为自己占有的意思，因此，“一个窃贼有市民法上的占有，而一个租借人却只有自然占有”。

这一区分在现代民法中的遗迹是法国法上占有与扣押的区别

---

① ［德］曼弗雷德·沃尔夫：《物权法》，吴越、李大雪译，法律出版社2004年版，第76页。

② ［德］鲍尔·施蒂尔纳：《德国物权法》（上册），张双根译，法律出版社2004年版，第33页。

③ 参见周枏等：《罗马法》，群众出版社1983年版，第173页。

(第2230条)。另外,现代物权法中自主占有和他主占有的区分、英美法中法律占有与事实占有的区分皆与此相关,《法国民法典》及受其影响的民法典都是在罗马法"市民法占有"的意义上承认占有权。

(二)日耳曼法的占有及其进化

日耳曼法上的占有,即"gewere",这里占有是一种"权利的外衣",权利被包含在占有之中,并借占有而得以体现。[①] "gewere"是对一个人和一个物或一个权利,以及由此人与此物或者与此权利发展而来的关系所授予的法律作用,[②]作为权利外衣它兼有事实与权利双重性质。这种占有在中世纪的封建所有权制度中曾经盛行,但"随着罗马法的接受,它已经逐渐演进成拉丁法即当代民法的占有",[③]在此过程中并未销声匿迹,而是有部分因素渗透入德国物权法的占有中——当然,居于次要地位。《德国民法典》和《瑞士民法典》的制定,是在耶萨论战之后的事,显然受到耶林的客观说影响较大,其所规定的占有因此具有"双重意义"。一方面,关于时效取得等问题上接受的大致是罗马法的市民法上之占有(《德国民法典》第872条);另一方面,对占有的保护是立即发生效力的,而无论是私产者还是占有他人利益的人。另外,在区分直接占有和间接占有方面以及占有推定效力等方面,其也受到日耳曼固有的"gewere"影响。

近代大陆法系各国民法中的占有具有罗马、日耳曼双方面来源,其性质比较复杂,有歧义也有融合,往往表现出一种综合性质。

三、占有性质之辨

罗马古代的法学家一般认为,占有的性质是事实而非权利,但

---

① 参见梁慧星:《中国物权法研究》,法律出版社1998年版,第405页。

② 参见孙宪忠:《德国当代物权法》,法律出版社1997年版,第104页。

③ 同上。

具有一定的法律效果。起初这一点是没有多少争议的，直到帝政后期，有的学者开始主张占有是一种权利，也像物权一样，可以援用救济程序加以保障。这一分歧也影响到后世的立法。近代民法学者中，通说认可占有是事实，正如马克思通过研究罗马法作出的评价："占有是一种事实，是不可解释的事实，而不是权利。"①按大多数学者的看法，占有仅系一项事实而非权利，但此项事实在民法上却有一定的效力，受法律保护，具有法律意义。这种保护系对物的事实支配状态的保护，是否具有法律上的正当权利则在所不问。②

但不少学者坚持认为其是权利。这里强调法律对占有予以保护而赋予一定的效力，使占有人得享有由占有所发生的利益，即可成为权利；还有学者认为，占有很难说是单纯的事实或权利，而是一种法律关系。③ 对占有事实进行的单独保护，更使其有时获得一些类似权利的后果，故学者有时会联想到一个"占有权"存在，认为"占有为人与物间之社会之事实现象，占有权为法律所与占有人之法律上之力""占有权以占有之事实为基础，系对于现为物之占有人，与以法律上之力，占有事实之存在与否，直接影响占有权之得丧，约言之，占有权为占有之效力""如以占有解为与物之关系，自为事实。如解为由此关系所生法律上之力，则为权利"。④比如，谢在全先生对罗马法中占有以及法国、日本民法规定的占有之性质，理解为一种权利，称为"占有权"。

按照内在逻辑，认为占有是权利的观念，反映在立法例上就是日耳曼法那样占有与本权结合的一体保护体制，认为占有是事实的观念，就会如罗马法那样进行二者并立的平行保护，但即便如此

---

① 《马克思恩格斯全集》，人民出版社 1995 年版，第 382 页。

② 参见谢在全：《民法物权论》，中国政法大学出版社 1999 年版，第 932 页。

③ 王利明：《物权法论》，中国政法大学出版社 2003 年版，第 810～811 页。

④ 史尚宽：《物权法论》，中国政法大学出版社 2000 年版，第 530 页。

规定了,不同观念的互相困扰亦时时存在。日耳曼法上占有被看作作为法律上支配权的外在形式存在而受到保护,这是其占有、所有权二者性质都不清的原因。德国民法中因受耶林影响和日耳曼传统的融和,虽然在总体上继承了罗马法的平行保护体制,但观念中的日耳曼基因时时产生困扰。德国一些学者曾先后提出所有权、推定的权利、一时的权利、相对的权利、权利地位或弱于物权的权利等观念来解释占有,[①]但一直不占通说地位,亦未被立法接受。

在立法上,除日本把占有作为“占有权”规定外,大部分大陆法系国家及地区都把其作为事实规定。学者认为,日本的立法例是反体系的,没有处理好与物权体系的关系,认识上亦不够精纯,“占有权”这个命题之所以显得矛盾,就是因为在性质上把占有当作权利,而实际上又不得不把它与权源,与正当性判断割裂开,致其“权利性”甚为莫名其妙,“实在有令人不解之处”。[②] 对此规定,学者解释道:日本民法虽将占有规定为占有权,但仍非抽象的观念上之物权,而系对物为事实支配而生,亦因该事实支配消灭而消灭,无物权之效力,仍具有事实性,与物权不同。[③]

近代民法占有体系中的主体部分及主要性质,确系来自罗马法当无疑问,故就总体而言,它也应承继罗马法的平行保护思路,执行对抽象的绝对所有权制度的补充合作职能,若如此分离,则占有为事实乃当然之结论,因为无须在本权之上叠床架屋,这里应当没有什么疑问。通说和大部分国家的立法例是忠于这一罗马法传统的,理解障碍的原因是占有与本权在现象上重合,在观念中的纠结,摆脱本权的影响单独理解就清楚了,占有与物权各自的本质在

---

① 参见苏永钦:《侵害占有的侵权责任》,载《台大法学论丛》1976 年特刊。

② 孙宪忠:《德国当代物权法》,法律出版社 1997 年版,第 106 页。

③ 谢在全:《民法物权论》,中国政法大学出版社 1999 年版,第 93 页。

互相对照中可同时互相说明。对其内涵的把握必须剔除关于权利的联想,方为准确。当然,在现实生活中,单纯占有在很多情况下暗示着背后有权利支撑,但对其本身的认识,必须在与"权利"要素拆开之时才为准确,克服这种权利联想干扰的一个办法,就是把注意力集中的无权占有上来,从无权占有中才能真正理解占有。拉贝奥强调的是,坐在某个地方即所谓占有,因为那个地方自然地被位于其上的人占据着。就占有而言,一个人是正当占有还是非正当占有并不重要。[①] 从某种意义上来说,正是无权占有、非法占有、他主占有中,才更能凸显占有的性质。

占有是事实而非权利,但此项事实乃法律事实,亦构成某种法益,故可作为法律规范的对象,可成为侵权行为之客体,也可成为不当得利请求返还之利益。[②] 既然现代占有制度承继的是罗马法的占有,因此,通说都认同了占有不是一项权利,而是一项简单的事实,这个事实又是受到法律保护的,但保护的原因又何在?

四、占有的要件

占有的要件是一个与占有的性质密切相关的话题,更与"我们为什么要保护占有"这个命题互为表里。罗马法上,对占有的保护要求心素、体素二要件齐备,"占有在罗马人那里是指一种使人可以充分处分物的、同物的事实关系,它同时要求具备作为主人处分物的实际意图(animus)",[③]罗马法学家保罗主张:占有须有占有

---

① 参见[古罗马]保罗:《论告示》(第54卷),载[意]桑德罗·斯奇巴尼:《民法大全选译·物与物权》,范怀俊译,中国政法大学出版社1993年版,第205页。

② 参见王泽鉴:《侵害占有之侵权责任与损害赔偿》,载王泽鉴编:《民法学说与判例研究》(第3册),中国政法大学出版社1998年版,第233页;谢在全:《民法物权论》,中国政法大学出版社1999年版,第932页。

③ [意]彼德罗·彭梵得:《罗马法教科书》,黄风译,中国政法大学出版社1992年版,第270页。

之事实与占有之意思,缺一不可。[①] 罗马法学家以心素方面的不同意图区分市民法占有与自然占有,前者受保护的条件是"我们取得占有须有占有之事实与占有之意思"。[②] 这些要件被后世法学家总结为主观条件和客观条件。

1. 客观要件:体素(Corpus),即对物有实际控制、管领关系的事实,一般指实际占有状态。体素要件为学者公认之要件。

2. 主观要件:心素(Animus),即占有人的内心意思。

但后世法学家关于心素要件一直存在分歧,19 世纪德国学者在继受罗马法的过程中有过激烈争论:萨维尼继承保罗观点,认为保护占有是为了防止对公共秩序的破坏和对占有人的不公正,保护的基础在于占有的心素(animus domini),强调对意志自由的保护。黑格尔、温德夏伊德从之,主张对占有的保护是尊重某人占有某物的意愿,"已经使自己在这一占有中实际上有效的意愿,不考虑其内容的正当性",具有可保护的价值,因此,占有人的意愿占据支配地位。但耶林持客观说,反对意志说,认为"保护占有是保护所有权之正常结果",因为占有是所有权的证据或"外围工事",似乎受"gewere"的影响大些。一般认为,这些争论形成所谓主观说、客观说、纯客观说三种认识分歧,萨维尼、耶林分别为主观说和客观说的代表。[③]

其实,耶林并非否认一切主观意图,只不过坚持"占有者应有的是占有的意图(animus possidendi)而非所有的意图",该意图推

---

① 参见[古罗马]保罗:《论告示》(第 54 卷),载[意]桑德罗·斯奇巴尼:《民法大全选译·物与物权》,范怀俊译,中国政法大学出版社 1993 年版,第 210 ~ 212 页。

② 同上书,第 176 页。

③ 参见[澳]瑞安:《财产法中的占有和所有权》,梁治平译,载中国人民大学法律系民法教研室编:《外国民法资料选编》,法律出版社 1983 年版,第 164 ~ 165 页。耶萨之争实际上是罗马法占有和日耳曼占有两种观念的碰撞,反映在立法上,占有同时兼有多重身份、同时执行不同功能。

定为一直存在,心体不可分,心素不可知。其与萨维尼的争论,与其说是主观说与客观说之争,倒不如说是对于保罗所说"心素"的理解分歧,心素本身是不可缺的,关键是如何认识该心素的内容。正如有学者归纳的:萨维尼主张的是"所有意思说",法国立法例即其反映之(第2228条、第2229条);耶林主张的是"占有(或持有)意思说",德国物权法采用之(第856条);温德夏伊德主张的是"支配意思说",庞堡主张的是"自己意思说",德国学者邓伯格(Dernburg)亦持此说,认为占有是指以自己的名义为自己的利益而持有物,日本立法例反映之(第180条);贝克尔是极端的纯客观说主张者,明确提出占有无须任何心素,系依纯客观之事实支配状态而成立,[①]这里连"占有意思"都认为不必要,混淆占有和简单的偶然的物理持有,未免有些极端,且使占有丧失保护的民法基础,故此说赞同者少。

耶林的观点为后世通说所赞同,因为心素方面的内容难以测定,不易由外部认识,且变化无端,依此认识占有不具有可操作性,只能依推定认为一直包含在体素中。另外,占有心素未必就一定是"所有之意思",罗马法上除了为时效取得而强调市民法上占有须有据为己有的意思外,现代民法中占有保护并非都取向时效制度,一般占有仅有"占有之意思"为已足,作为占有主观要件的心素,仅仅具有"维持占有,不欲为他人暴力所剥夺"即为已足,这也是德国物权法的立场。

3. 关于合法性要件。占有,按其本意,不以合法性为要件,这在罗马法和现代物权法中也是一致的。

4. 关于占有主体。一般认为,占有在主体方面无特殊要求,自然人、法人均可,罗马法上对此亦无特殊说明,但这个传统的背景是罗马法上尚无普通的法人主体,法学自然不会对此有所回应,而

① 李双元、温世扬:《比较民法学》,武汉大学出版社1998年版,第455页。

现代占有却不可回避这个问题。关于这个问题其实背后有重大的伦理价值问题,不宜轻率作答。谢在全先生对此一面主张“占有主体无论自然人或法人均得充之”,“占有人不以有行为能力为必要,纵为无行为能力的人亦得为占有人”,“意识能力之有无,亦非所问”,婴儿亦得为占有人,“仅须具有权利能力者,即得为占有之主体”。[①] 但他又主张“仅有权利能力者,却非均得为占有之主体”。[②] 这里谢先生又一次表现出矛盾和犹豫。笔者认为,从占有保护的基础来看,并从占有的主观要件来看,似应否定法人的占有资格,因为法人本来就是拟制的主体,其并无自然人的意思能力和内心自由等要素,心素天然缺席,其“占有”既难以成立,亦缺乏保护的根据,其中法理,下文继续深入论述。

五、占有保护的法基础

(一)三个认识角度

占有既然是事实而非权利,则对其加以保护的基础何在?关于“为什么要保护占有事实”这个命题,学者见仁见智,“自德国普通法时代以来,对此亦以占有诉权之目的为中心,争论不休”。[③] 学者对此问题的回答直接建立在各自关于占有性质、要件的认识基础上,而不同的答案在更深层次上则反映出论者关于物权与占有之关系的认识,此事饶有兴味。学者先后提出的学说有人格保护说、意思保护说、本权保护说、法律秩序维护说、生活关系继续保护说、法律秩序与生活关系折中说、债权保护说等七种。[④] 按照合并同类项的办法,这些学说的思路可归纳为三个主要方向。每一个说明的思路方向都有一定的合理性,但关于“占有保护的法理基

---

① 谢在全:《民法物权论》,中国政法大学出版社1999年版,第933~934页。

② 同上。

③ 同上书,第936页。

④ 同上。

础”这一问题的回答,并非都完全到位。

第一个方向是从社会公共秩序来说明,此为最普遍的见解。谢在全先生完全赞同此说,并认为这是“近代通说”所主张者。[①]很多人认为,“占有诉权制度者,不问现占有状态之正当与否,对现占有状态本身加以保护,阻止受私人实力的搅乱为目的之制度也”。[②] 此思路当然值得赞同,从宏观来看,保护占有是基于保护现状、禁止私力,以维护社会和平秩序,这样说当然是正确的,然而,保护社会和平秩序说最多只能说明公法上的理由,但对于私法方面的法理却未加探讨,故虽然不错,但还不够。

第二个方向是从占有表彰本权来说明,这是一种私法的说明方式,但没有说到点上,其本质是一种日耳曼式的说明。依照本权保护说,本权人与占有人通常为同一人,所以行使易于证明的占有事实,基此行使占有诉权来达成本权受救济之目的。易言之,其目的在于保护本权,因为权利的救济,本可主张权利本身的存在来行使之,但本权(如所有权)存在的证明,有时并非一件易事,占有之诉不过为采证方便的手段罢了。[③] 此说赞成者颇多,大概都是受耶林的影响,认为占有是所有权的“外围工事”,占有保护是保护背后的所有权。这一思路显然更多受到日耳曼法占有的影响,着眼于占有的权利推定功能,有其合理之处。但问题是,“本权人与占有人通常为同一人”这一大前提,在以前时代或许是常态,在当今经济交往频繁之时,占有与本权分离的情况很多,若占有人为非所有主的他物权人、债权人,则此时该命题显然不成立。故有学者着眼于后一种情况,主张“债权的利用权人保护说”,谓占有诉权的存在意义为对物之债权利用权人之保护,为了使债权的利用人

---

① 参见谢在全:《民法物权论》,中国政法大学出版社1999年版,第937页。

② 刘得宽:《论占有诉权制度》,载刘得宽主编:《民法诸问题与新展望》,台北,三民书局股份有限公司1980年版,第355~368页。

③ 同上。

得排除第三人的侵害占有，规定了占有诉权制度。[①] 此说用以解释债权占有则可，反过来不可解释所有主本人占有，"本权保护说"和"债权的利用权人保护说"分别不能解释对方关注的现象，都是不全面的，对占有保护的统一基础缺乏统一说明，即便两说相加，也只能解释有权占有，而不能解释无权占有之情形，故其说明都很片面。

第三个方向是就占有对占有人本身的保障来说明。保罗—萨维尼的主观占有说强调心素，其实已经预示了占有保护是为了保护人的意志，笔者认为，这才是占有保护的真正法理基础，也是罗马法占有制度的精华所在。乌尔比安所谓"任何一个占有人都是基于他是占有人这一理由而享有更多利益"，即点明占有保护的理由在于其自身，所有权和占有既然毫无共同之处，那么占有保护的根据就绝对不在本权，也并非一种本权推定，相反，其主要是出于对占有人人格的尊重，对其支配物之自由意志的保护。而占有受保护的伦理基础在于人的天赋的、与生俱来的自由，在于人本身的神圣，占有是借助与人本身的自由相联系而受到保护的，以下讨论之。

（二）占有保护的基础：人格和自由

占有是事实不是权利，故占有人与他人之间不存在物权的法律关系，但是否不存在任何法律关系呢？非也。按照拉伦茨的说法，《德国民法典》的精神基础是康德的"伦理人格主义"，即"永远要把他人看作目的，而不是手段"，或黑格尔说的"成为一个人，并尊重他人之为人"，这已经成为市民社会公认的基本信条。这要求文明社会的平等主体之间要互相对等看待，"都有权要求其他任何人尊重他的人格，不侵害他的生存和私人领域。相应地，每一个人

① 参见刘得宽：《论占有诉权制度》，载刘得宽主编：《民法诸问题与新展望》，台北，三民书局股份有限公司1980年版，第355～368页。

对其他人也都必须承担这种尊重和不侵害的义务”，这一相互尊重原则不仅是基本法明文规定的，而且是“正当的法”所要求的无言的基本原则，在平等私法主体之间永远存在一种“基础法律关系”，该关系的内容就是“每个人都负有尊重其他人的义务，每个人都有权要求其他任何其他人尊重自己”，这一关系似乎是永恒存在的底线，它是人们在某个法律共同体中共同生活的基础，也是每一项具体法律关系的基础。[①] 它无时无刻不在约束着私法主体，而并不以存在约定或任何具体法律关系为前提，是一种直接附着于主体人格性要素的真正的“内在你的我的”。对占有的侵夺，其效果是直接否定了“我”作为一个私法主体的资格，侵犯的是更具根本价值的位阶更高的人本身的权利，违反的是“基础法律关系”中的人格尊重义务。

这种基于人自身价值而应普遍被尊重的权利，似应当归入“一般人格权”的内容。一般人格权作为特别人格权的基础，优先于特别人格权，更应当优先于其他类型化权利，因此，占有不仅应受尊重，而且在某种意义上来说，体现了一种比所有权本身更高的价值，其效力应该更高，甚至可以对抗作为具体权利类型的本权。因此，无权占有、非法占有在特定情况下也应保护，正如学者所说“就算是小偷，他也是占有人”，[②]同样受占有保护，这并不是说小偷获得了一项能对抗所有权人的别的什么物权，而是为了尊重小偷作为一个人的资格，保护某种位阶更高的、原生性的天赋人权。

故占有背后，表彰的本权无论是所有权、他物权，还是债权，甚至无权。但占有本身的保护基础不是这些，而是直接与占有人自身人格、自由和权利能力等主体性要素相联系的价值，这些价值因

① 参见[德]卡尔·拉伦茨：《德国民法通论》，王晓晔等译，法律出版社2003年版，第47～48页。

② [德]鲍尔·施蒂尔纳：《德国物权法》（上册），张双根译，法律出版社2004年版，第33页；孙宪忠：《德国当代物权法》，法律出版社1997年版，第105页。

处于更高的位阶故带来更强的效力。即如康德所说,“占有是一种经验的命题,这个命题表明一种经验中公正的占有原则,不能超出一个人自身的权利”,[①]“假如我是一物的持有者,以物理的方式与它联系,若有人未经我同意干扰之,就影响了我固有的自由”。[②]因此,他说若有人把苹果从我手中夺走,或是把我从躺的地方拖开,只是侵犯了内在的我的,即我的人格自由,而并未在外在我的,即物权方面侵犯我。正因这个原因,占有有自己的保护机制,无须借助所有权的证明,而且这个事实在所有权面前毫不逊色,甚至会取得对抗本权的效力,其背后最终的法理就是这种平行保护。因此,占有真正富有魅力之处在于,即便是无权占有也受保护,**即便是小偷的占有也受保护**。

罗马法强调占有的心素,学说汇纂法学家们倾向于重视被实现的意志,而不过多强调作为占有保护之基础的公共秩序的维护,[③]原因也许正在于此。萨维尼就是以此倡导“人格保护说”的,认为妨害占有必侵害占有人之人格,因此,保护占有之目的即在保护占有人之人格。温德夏伊德则从另一个角度倡导“意思保护说”,认为占有系占有人意思之表现,侵害占有是侵害占有人之意思,故占有保护意在保护占有人的意思。这两位先哲都是强调了占有保护的法理基础在保护占有人本人,意思也罢,人格也罢,都是人自身的内在要素,[④]此事不仅涉及公共秩序,亦无关占有表彰的本权,而是占有人一般人格权尊重的结果,据此可以说,占有是一项与财产权无关的财产制度。

---

① [德]康德:《法的形而上学原理——权利的科学》,沈叔平译,商务印书馆1991年版,第61页。

② 同上书,第60~61页。

③ 参见[澳]瑞安:《财产法中的占有和所有权》,梁治平译,载中国人民大学法律系民法教研室编:《外国民法资料选编》,法律出版社1983年版,第163页。

④ 亦反证出关于占有要件的心素学说,并非坐而论道,其实意味深长。

六、占有的功能与效力

(一)来自不同传统的占有效力混和

在罗马法上,占有是事实,但有特定的法律效果:伴随特定仪式的市民法占有,可经由时效而转化为所有权;善意占有人可获得占有物的孳息,对占有物的毁损亦不负赔偿之责;占有人有留置权。对占有的保护则包括自力救济与公力救济两种途径。公力救济的保护是以占有诉权为中心,主要是通过大法官颁布的占有令状实现的。占有令状包括占有取得令状、占有保持令状和占有回复令状。据此令状程序,能够对抗第三人的侵夺并可获得赔偿,占有有不同于所有权之诉的独立的诉讼程序,在占有之诉中,“所有权问题无关紧要”。[①]

日耳曼法的占有三种作用,即防卫、攻击、移转,[②]该占有亦由非常有限的“物追及”效力。其占有的某些功能被整合进现代物权法中,如《德国民法典》中占有的功能可以归为三个方面:一是占有的保护功能,即占有人依据客观管领物的事实而获得对这种管领予以保护的功能;二是维持功能;三是占有的公示功能,[③]以及因此功能而具有的转让作用、推定作用与善意取得作用。[④] 其中,前两项功能被认为是罗马法的传统,而公示功能特别是权利推定作用则被认为来自日耳曼法“权利外衣”的作用。通说认为,近代占有的占有诉权(占有人之物上请求权)以及收益权等来自罗

---

① [澳]瑞安:《财产法中的占有和所有权》,梁治平译,载中国人民大学法律系民法教研室编:《外国民法资料选编》,法律出版社1983年版,第162~163页。

② 参见孙宪忠:《德国当代物权法》,法律出版社1997年版,第104页。

③ 同上书,第107页。

④ [德]鲍尔·施蒂尔纳:《德国物权法》(上册),张双根译,法律出版社2004年版,第105~110页。

马法的占有,权利推定来自日耳曼法的占有。[①]

(二)占有的自然排他属性辨析

按大多数的认识,在占有中,对物的支配必然是排他的,这就在某些方面获得类似物权的效果,但在占有之中,虽然可以排他,可以对抗,有时其对抗效力还很强,但这些排他效力亦不能超过物自身。保罗说:在自然状态,"几个人并不能相互排他的占有同一物,因为当我占有某物时你也被视为占有它,这是违反自然的"。[②]西塞罗说:在一个戏院中,我是否可以同时在正厅占据一个位置,再在包厢占据另一个座位,再在顶层楼座占据第三个座位呢?不能。除非我像奇里庸那样有三个身体。西塞罗在此强调的是自然状态的占有,强调"谁也无权得到超过他所需要的东西"。[③]但在法权社会,一个人借助法律之力占有三个座位毫无问题。抽象物权关系之所以能成为现实,正是以理性拟制了自然状态占有的这种排他属性,并直接赋予权利效力,才使观念占有、法律占有这些抽象的权利代替了自然占有。自然状态下的占有因物理性质天然会产生排他要求,但不具有权利品格,在物权中,权利性直接来源于排他性(绝对性)。[④]

故占有中的排他效果是其固有的自然属性,并非物权的绝对性,依《德国民法典》第986条第2款的规定,物为动产时,一个由于债权而有权占有物的人,在占有期间,仍可以其占有的权利对抗依该法典第931条取得物的新所有权人,而依该法典第571条第1款,不动产的承租人可以对抗该不动产的受让人,即买卖不破租赁,债权人的地位因这些持续功能而得到强化,这都是占有的性质

---

① 参见谢在全:《民法物权论》,中国政法大学出版社1999年版,第938页。

② [古罗马]保罗:《论告示》(第54卷),载[意]桑德罗·斯奇巴尼:《民法大全选译·物与物权》,范怀俊译,中国政法大学出版社1993年版,第205页。

③ 鄢一美:《所有权本质论》,载《现代法学》2002年第5期。

④ 参见张翔:《从占有到物权》,载《法律科学》2001年第4期。

和效力使然。这里既不是债权自身上升为物权,也不是占有上升为物权,更不是某些情况下的无权占有上升为物权,对抗不是以自身为依据,还需援引人身方面的权利为依据,是果非因;它不是一种稳定的恒久的对抗,是暂时而非终极。也就是说,不等于所有权本义中的"绝对性"。

总之,占有与物权是一对相反共生的概念,其各自的性质、要件、基础、效力都需要互相对照才能显现出来,物权对人关系的抽象本质反衬出占有是对物支配的具体事实。物权以"绝对性"之权利属性为主线,对支配问题进行法律抽象,其结果是造成了"支配的分裂",事实支配、直接支配,对物支配被改造成了法律支配、观念支配、"意思"支配,由此确立物权秩序,而原本意义上的对物现实支配则归占有秩序调整,此种支配仅为事实之支配,是否具有法律上之正当权利在所不问。从占有的法基础上,可以看出占有与物权保护的重心是不同的,物权是对物之绝对归属的保护,占有保护的则是占有人自身,物权注重抽象归属的"外在你的我的",占有注重现实支配中的"内在你的我的",二者在此关系框架之下平行共存,分工合作,既不能互相替代,亦不能互不相关,二者完美合作,保障了人在财产方面享有的全部权力、利益和自由。

七、结论:平行机制的潜在威胁:占有吞噬本权

物权—占有的分离与平行保护,要求其分离得越彻底,双方各自的性质越清晰。物权概念观念化和纯净化的同时,占有也应当相应纯净化,占有就应当是它的本来面目那样,是一个纯粹的事实,任何关于"占有权"的想法都是对此本质的歪曲。但这种彻底的分离实现起来谈何容易,康德可以很轻易地区分内在与外在、现象与本质,但普通市民却很难做到。故占有与本权虽然可以在法律中得到清晰的界分,但在实际生活中却常常纠缠在一起,于是二

者的性质互相传染，一方面使人继续以对物关系理解物权而强调其支配性，另一方面使人在占有问题上时时受到权利联想的干扰，难以真正把占有看作事实。于是，物权与占有有合流的倾向，推想二者同化合流的途径，应该是从以下五个点上，打破物权—占有分立的壁垒：(1)过分强化推定功能与移转功能；(2)把占有限于有权占有；(3)间接占有；(4)把物权性建立在支配性之上；(5)过分夸大动产善意取得，等等。

现代物权法中的占有，在罗马法占有制度的基础上，杂糅了日耳曼法成分，这两者能否完美结合而具有统一性质，尚成问题。借助日耳曼占有之功能，在罗马法占有中渗入权利因素，本身就是矛盾的，正如有学者所说，近代各国民法的占有制度混和了罗马法和日耳曼法的规定，虽然可以获得占有保护合理性的更有力的说明，然而亦隐含着难以调和的矛盾：维护社会和平与秩序之重在于对事实支配的充分保护，自然要求对占有的保护如同权利的保护一样，是一种独立于本权并与本权保护并行的保护，占有受保护的原因在于对物之支配；而掺杂了权利因素之后，观念中难免对无权占有，尤其是恶意占有进行歧视与非难，时时表现出纠正的欲望。[①]由于日耳曼占有观念的权利外衣理论，强调占有表彰本权却时时要求占有向本权的回归，天然区分有本权占有与无本权占有，并视无本权占有为一种反常现象，[②]这是在占有问题上产生权利联想的一个根源。

更为严重的是，杂糅在一起的日耳曼法成分有吞噬罗马法成分的危险。前述关于占有要件和性质的争论实际上是罗马法占有和日耳曼法占有两种观念的碰撞，现代物权法本身就包含着这两

---

① 参见姜战军：《论占有权利推定对不动产上占有的适用》，载《法律科学》2001年第4期。

② 参见[日]我妻荣：《日本物权法》，台北，五南图书出版股份有限公司1999年版，第445页。

方面的渊源,反映在立法上,占有同时兼有多重身份,同时执行不同功能。例如,《德国民法典》在继承罗马法占有与本权二分的同时,第854条、第1006条的规定体现的就是耶林的占有观。德国民法中的间接占有,与直接占有的区别就在于它是一种基于能够取回物、支配物的权利,间接占有因此被视为"向日耳曼文化专家们让步的一个实例",有人据此认为德国法的占有具有双重性质,即直接占有是一种事实,间接占有是一种权利,已经偏离了罗马法的传统。这个倾向到了日本民法中就更为严重,径以"占有权"取代"占的"概念,直接规定了其权利性质的属性。有人对此评价道:德国法中占有性质由事实向权利的转化过程在日本法中得以完成了。[①]

在现实生活中,抽象本权的保护常常因证明困难而成本高昂,为避免所有权权源问题中的"恶魔之证明"难题,所有主往往借助占有保护实现对本权的保护,这在古罗马和英国法中都曾风行一时,占有之诉往往被赋予非同寻常的意义。在本权人自己占有的场合,占有直接成为"联系妨害与救济的桥梁",于是,"仅凭占有之证明即可实现妨害排除的目的,而占有之上本权的状况则在所不问"。[②] 现代占有中的日耳曼法成分在此更有用武之地,占有的推定功能得到强化,作为所有权的"外围工事"进而与本权结合不可分,"占有表彰本权"这个命题无形中就被强化成"占有等于本权",因为过多强调占有的权利推定功能和移转功能,等于推动了占有和本权的再次结合,这是与罗马法的平行保护机制相反的方向,有论者指出,正是借助占有的推定功能和移转功能,当代物权法的占有制度呈现了从罗马法向日耳曼"gewere"回归的趋势,如

---

① 参见张照东:《占有制度比较研究》,载民商法论坛网:http://www.cclbbs.com/bbs/dispbbs.asp?boardid=30&id=482,最后访问日期:2018年8月17日。

② 张翔:《从占有到物权》,载《法律科学》2001年第4期。

果这种回归达到一定程度,势必加强物权与占有在观念上重新合一,“权利外衣”观念复活,这对于理性占有思想对物权关系的抽象化作用是一个反动,如果真的能返回到起点,那么康德的物权思想就再也不能成立,对人关系让位于对物关系,“物权性等于绝对性”这一判断及其上的一系列有关结论将全部崩塌,如是,就直接动摇了物权的绝对性这一体系化基础。

如是,占有与物权的合作关系必须维持一个适当的度,日耳曼基因的推定效力过强,反过来有吞噬本权的倾向,这一倾向在动产上更为明显,占有与本权的结合在动产方面更为常见,这种常见又反过来加强了推定的公信力,既然本权与占有的结合成为常态,强行在观念上区分就既无必要,亦无条件实现,因此很难如不动产物权那样构建高度抽象的绝对所有权,动产之上的物权制度不发达,这应当是一个主要的原因。

第二节 绝对性在物权构成要素中的贯彻

一、绝对性的要求:法律关系三极分立

支配性和绝对性分别是两种相反的所有权构造思维,建立在支配性之上的是人—物的封闭结构,权利与主体、客体是紧密结合为一体的一个单元。而建立在绝对性之上的物权是一种对人的法律关系,这里必须具备三个独立的参加者,即人、物、他人。这种关系是一种抽象意志关系,它没有实体,故不在物之上,它不等于支配自由,因其外在性,因而不在主体自身之上,其主要内容是“反对他人”,与他人的消极义务及责任相联系,实现了权利重心从权利人封闭领域向社会开放领域的位移。这种制度模式需要借助法律关系的主体、客体、内容三要素来构造,非但如此,三要素必须各自独立,各自不能混同,否则法律关系的框架必然倒塌。这就要求在认识上,物权不能与主体混同,也不能与客体混同,而物权的主体

与客体之间更不能互相混同，这是它们各自分别得以存在而构建法律关系的前提。

康德指出：人是主体，他有能力承担加于他的行为；物是指那些不可能承担责任主体的东西。[①] 人和物的区分似乎是毋庸置疑的常识，主体客体的各自独立的想法并不新鲜，但种种关于二者混同的提法亦非罕见，这些混同要么在人固有的人格内容中混入对象要素，要么在物之上附加人的主观要素。在对物关系思路下，人物两者密切结合的封闭的对物关系中，无疑我的物、物的主人都有了不同于原来的新意义，乃至要求把包含人自身要素的存在作为物权客体，如"自身所有权"理论以及要求以物来充盈人格的主张，如"人格财产权"理论亦处处可见，要克服这些困扰观念，才能看到物权的本体。

两种观念之下，人和物的距离感是不同的。以支配性构造的所有权，着重人对物的关系，把物权看作权利人封闭领域的私事，一个人统领着他的附属物，可作为一个整体的单元看待，人物亲密无间。而以绝对性为基础构造的物权则是一种法律关系，这个抽象关系因他人的加入而脱离权利人的封闭视野，实现权利位移的结果，是维持一种距离平衡，物不为某人的人格所吸纳，而独立存在于他和别人之间。因此，所有权人只是一个单纯的主体，他的物也是一个自然的客观之物，二者必须在观念上区别开来，然后才能构建这种关系，这是一种外在的关系，即康德所说的"外在的你的我的"——外在于我自己。由此构造基础决定，物权绝对性的贯彻产生两个逻辑要求：权利人自身必须与客体物清晰的区别开来，一方面，人的主体要素中不包含任何关于物的因素；另一方面，物的性质中必须清除人的主观印记，作为一个干净的自然之物，独立于

---

① 参见［德］康德：《法的形而上学原理——权利的科学》，沈叔平译，商务印书馆1991年版，第26页。

权利人人格之外。

有学者考察了财产制度的发展史，发现最初人本身与物的界限并不清楚，这直到十五六世纪有了改变。[①] 主要得益于启蒙思想家的努力，人的主体尊荣性和物的客体属性各自清晰起来，就在这些思想的推进下，德国民法中的“物”完成了独立性的塑造过程，成为独具意义的与“人”对立的法律概念。这种分离，学者称为理性的“除魅”过程，其结果是人作为唯一的主体，“与身外之物划清法律地位上的界限”，区分表现在民法上，就是人成为权利和义务的主体（Subjekt），物则成了权利的标的和客体（Objekt）。[②] 在这种人与物分离的格局中，人和物的要素不致混同，权利人对物的感情利益因为他人侵权而受到损害的，原则上无获得赔偿的可能。

但在当代社会科技迅猛发展的推动下，譬如，器官移植和交易等技术导致在人物界限模糊之处，人面临着从主体沦为客体的风险和现实威胁，这一倾向则被学者归纳为科技的“复魅”过程。[③] 与此同时，财产权与人格、自由的关系，特别是在第二次世界大战后，被重新审视和强调，有学者强调人对物的感情，认为“损毁物被视对人本身完整性的侵犯”，这种精神损害被认为与直接的人身损害并无本质的差别，因此亦应受到与人身权保护同等的保护。[④] 观念反复，时时考验着物权制度构造基础是否牢固可靠，在这方面，物权绝对性贯彻逻辑要求的那种清晰界分具有特别重要的意义。

---

① ［葡］马光华：《物权法》，唐晓晴译，转引自常鹏翱：《“物”在民法中的隐喻及其困境》，载中国法学网：http://www.iolaw.org.cn/，最后访问日期：2018 年 8 月 17 日。

② 同上。

③ 同上。

④ 同上。

二、绝对性在物权主体方面的贯彻

(一)从"主人"到"所有权人"

1. 封闭对物关系中的"主人":一个无限扩张的自然之人

就所有权的构建来说,这种人—物的支配关系中只有"主人"而没有"所有权人",一个主人在其支配领域内是孤立的。京特·雅科布斯设想了这个孤单的人类个体,这个孤单的人只能以一种"快与不快"的图式来理解生存,那么他对于整个世界就无法产生内外彼此的区分,不存在与他相分离的世界这种意义上的任何客观的东西,因为没有他就没有任何东西,所以他"无处不在并且不受限制","这个孤单的存在者也不能把握自己","那些以其自己的意志完全决定一切东西的人,也同样很少能把自己作为现存的东西加以描述"。[①] 这个孤单的个体甚至会丧失生存的现实感,他不能把"醒着的状态中的体验和梦境中的体验"区别开来,生活仿佛一场庄周梦蝶。

在对物的关系视角之下理解财产权,在封闭的个人支配领域内,人格和物必然在观念上纠结在一起,人本身是很难界定的。在一个人的世界里,我目光所及,能力所及,存在的一切物被我视为自身的延伸,如同我的眼耳鼻舌,我甚至会忘记其存在。既然都在我支配之内,我便丝毫感觉不到它们外在于我,而我所不知道的一切东西,它们对我来说就是不存在的,对于任何存在的物,都会认为我的一部分,这样,如身能使手,手能使指,指能驭物,物能致用,则我与世界之间将会消失界限,或以皮肤为界(那是没有意义的),每一个新发现的物都使我又扩大了一部分,一个人的帝国呈现无限扩张的趋势。这里,万物为我而生,宇宙以我为中心运转,

---

① [德]京特·雅科布斯:《规范·人格体·社会——法哲学前思》,冯军译,法律出版社2001年版,第1~3页。

根本不可能再有什么东西在我之外，[1]这一前提的缺失，将使作为“理性占有”的物权成为不必要和不可能，我在封闭领域内对物的支配是我自身之内的事，此外我既不需要去拥有什么，也不需要去对抗谁，因此，鲁滨孙注定一无所有，非但如此，他甚至没有明确的“自己”。显然，结束这种“个人帝国”状态的唯一条件，只能是“对等他人的存在”。

在那个孤单的个体找不到自己的时候，京特又进而推想两个个体并存的世界，设想当星期五来到鲁滨孙的岛上之后，因为他完全可以被当作工具来对待，相互的“工具性的共同性”使“对另一个个体的感觉也并不必然地产生一种在他之外的世界的概念”，[2]一个人完全可以把另一个人看作物，而在真正的自然状态下社会契约不大可能真实出现，因为这里缺乏约束的观念，缺乏义务的现实性，[3]无法确保“把他人看作目的而非手段”。总之，在封闭世界里的单一个体和两个个体之间无法构筑法律关系，因而每个人都无法获得明确的边界，对物的支配没有法律意义，“没有任何人对偏离这个世界的行为负责——相应地也就缺乏关于所有权的各项前提，它毋宁是停留在事实的占有上”。[4] 只有义务和责任观念的纳入才能结束这种状况，而义务和责任只能在人与人之间的法律关系中去寻找，具体到物权关系，只能在“人对抗人”这一命题之中才能隐含真正的物权本质。就此而言，一个物的“主人”，并不等于一个所有权关系的主体。

---

① 庄子谈到南郭子綦有一次“隐几而坐，仰天而嘘，嗒然若丧其偶”，别人问他，他回答说：“今者吾丧我。”到了忘我的境界，忘记他人存在，也消失掉自我的边界，很快自我就成为宇宙的中心，主观唯心主义的快乐于焉而生。

② ［德］京特・雅科布斯：《规范・人格体・社会—法哲学前思》，冯军译，法律出版社2001年版，第11页。

③ 同上书，第13页。

④ 同上书，第12页。

2. 对人关系的“所有权人”：一个有限的社会人

以绝对性为基点在法律关系内构建物权关系，把物权作为“外在的你的我的”，而非作为封闭空间里与人无涉的个人事务，这是物权权利性的必然要求。达致这一状态的一个隐含的前提是“对等的他人的存在”，他人的存在不仅使物权法律关系具备了另一极而得以建立，还在于他使独立的权利人和客观物真正有了意义。唯有我意识到一个不隶属于我的另一个意志中心，才发觉了自我的边界，结束了我的无限性，才会有内外之分。对象物才会被视为独立于我的自体，与此同时才清晰地意识到自我作为一个个体的存在。正如黑格尔所言：“与他人发生联系之前，我并不存在。”而与他人的这种联系集中表现为财产权关系中，“正是财产权使人格摆脱了纯粹的主观状态，人唯有在所有权中才是作为理念而存在的”。[①] 一方面，在把物还原为自然之物，从一般人格中剔除出去的同时，人也重新发现了更为真实的自我；另一方面，构建法律关系需要理念性的主体，这样，人本身也经由抽象仅仅成了一个形式，人在自然性的基础上有了社会性，这是法律关系中人所获得的新本质。此时，封闭的对物关系中的“主人”进化为开放的对人关系中的“所有权人”，这一切都是“对物关系”的支配性思路以及自由所有权理论所不能获得的新观念。

正是绝对性之上构建的财产法权关系，使人在所有权关系中明晰地界定自己，在康德的权利科学体系中，物权属于“外在你的我的”，属于获得性权利，因而归入第二位阶的法定权利类型的思想，把财产权的人性光辉抽象掉了，也同时把人自身的界限更为清晰地限定出来。随着所有权从自然权利下降为获得性的法定权利，并摒弃了一切关于天赋所有权的联想，所有权的享有者也就从自然之人下降为法律上的人，在以“绝对性”为核心，以权利的对

① 易继明、来辉凤：《财产权及其哲学基础》，载《政法论坛》2000年第3期。

人效力为基点构建的人与人之间的法律关系中,人是作为一个抽象的权利义务承担者而存在的,而不是像对物关系说暗示的那样,人统领着他的物,在他的支配领域内是作为"主人"而存在的,无疑,以法律关系框架重构物权概念,把人的内涵减少了。

因此,在对物关系中的人与对人法律关系中的人,显然并非同一个人,主人不等于所有权人,[①]于是,在物权主体方面,支配性与绝对性的分别就表现为具体人和抽象人的分别。人自身的这种二重性是近现代民法的一个特色,法律关系中的人是一个抽掉了一切具体要素的形式的理性人,仅仅作为权利主体而存在,但人在对物关系中所体验到的那种人格更充盈的自我,却时时要求人向具体人回归。"实际上,现代民法中'人'的人格在'抽象化'('戴面具')与'具体化'('穿衣服')之间徘徊"。[②] 通过那种掺入了对物支配内容的广义人格观念,使人相信"物具有将'抽象人'面目具体化的特质""在物的领域,人必须是'抽象人'和'具体人'的同一体"。[③] 有的英美法学者感到人和物的远离损害了人格完整性,因为某些"人格财产"从人格中拿走以后,"她就不再是她所是的特定个人了"。[④] 由此,"民法中的'人'发生了裂变"。也就是说,对

---

① 一些罗马法学者讨论了罗马法中所有权观念的变迁,提出这种微妙的区别。他们问:某物的"主人"(dueño)和"所有人"(propietario)是否被感觉为一回事? 成为"主人"不是比成为"所有人"具有更多的意义吗? 比如,我可以说"就做我所想做的而言,我是主人(这里仍未超出主体的人格范围)",但不能说"就做我所想做的而言,我是所有权人",这样说就不具有任何意义。参见[阿根廷]Norberto Rinanldi:《奎里蒂法所有权(dominio ex iure quiritum)已经死亡》,徐涤宇译,载厦门大学法学院罗马法研究所网:http://www.romanlaw.cn/sub2-117.htm,最后访问日期:2018年8月17日。

② 谢鸿飞:《现代民法中的"人"》,载杨柳、汪庆华执行主编:《北大法律评论》(2001年第3卷第2辑),法律出版社2001年版,第128页。

③ 常鹏翱:《"物"在民法中的隐喻及其困境》,载中国法学网:http://www.iolaw.org.cn/,最后访问日期:2018年8月17日。

④ [美]玛格丽特·简·拉丹:《财产权与人格》,沈国琴译,载公法评论网:http://www.gongfa.com,最后访问日期:2018年8月17日。

物关系中的人和法律关系中的人有内在的矛盾，那么，哪一个人才是更本质的人呢？

（二）从伦理的人到形式的人

自从人、物分别，人的主体性确立以来，理性法学家和启蒙思想家对自然人进行了初步的法律抽象，反对任何人的分类和条件，都视为无差别的一般的人，[①]由此，形成"一切自然人都是人"的一般观念。

在此基础上，人的法律本质不断进一步抽象，在康德的世界里人有显著的理念性，康德说，"（法律上的）人是指那些能够以自己的意愿为某一行为的主体"。学者对此评价道：他所探讨的不是"自然人"，而是"主体"。[②] 康德关于人的观念反映了一个法律思想的重大变迁，这是人的本质的第二次抽象。萨维尼创建了法律关系理论，明确将人的本质限制在法律关系主体的意义上，"这就大大地缩小了人的问题所涉及的范围"。[③] 此时，人在法律的世界里成为一个抽象的工具或符号，立法者借助于这个工具建立起作用于社会的规范体系，在此背景下的人，自然人的个性和神圣无上的地位被淡化了，这已经不再同于自由主义学者心目中的那个人。

随着"法律主体"概念对"人"之概念的替代，"权利能力"理论获得了非凡的意义，萨维尼的《当代罗马法体系》更是强调了权利能力作为主体概念的核心地位。抽象认识的结果是，对法律上的人而言，起决定性作用的只是对法律关系的建立发挥作用的那个特性——权利能力。于是，作为"19 世纪法学发展历史的总结"的《德国民法典》完全采纳了萨维尼的理论，在民法典的开始没有规

---

① 参见［德］汉斯·哈腾鲍尔：《民法上的人》，孙宪忠译，载《环球法律评论》2001年冬季号。

② 同上。

③ 同上。

定“人”这一概念，而是规定了“权利能力”，[①]从此人的法律属性而非自然属性成为民法的主要关注对象。在此过程中，人的法律本质实现了最高的抽象，抽象到仅仅成为一个符号和形式，于是，一个抽象的一般的人诞生了，这个“狭义民法典反映的人像，始终是无色无味，不笑不愠”。[②]

至此，人从自然的人成为法律的人，从伦理的人成为形式的人，从具体的人成为“主体”，人的这一形式本质在学者中得到广泛认同。拉伦茨讨论了伦理学上的人在私法领域内的移植过程，指出《德国民法典》将权利能力视为法律意义上的人（包括自然人和法人）的本质属性，[③]如此，“人”的含意就是“权利义务的承担者”，经此移植和抽象，“德国民法典上的‘人’是一个形式上的人的概念，构成这一概念的必要条件只有权利能力，因此这个形式上的人的内涵，没有它的基础——伦理学上的人那么丰富”，[④]伦理学上的人的所有属性这里只剩下了唯一的一个——权利能力。如是，自然人和法人在这一共同本质之上统一起来。

无疑，人的法律本质抽象化过程在所有权领域内最为深刻，绝对性原则在物权主体方面对人的形式性的提炼更为引人注目。德国学者学者谈道：对于物的生成与流通，对于所有权与合同，自然的人带着其情感、忧虑、梦想及偏好没有成为所推荐的主体。[⑤] 由此所产生的具体后果，则是民法仅着重财产上生活资源变动之结

---

① ［德］汉斯·哈腾鲍尔：《民法上的人》，孙宪忠译，载《环球法律评论》2001 年冬季号。

② 苏永钦：《无色无味的民法人》，载李富城主编：《北大法治之路论坛》，法律出版社 2002 年版，第 79 页。

③ 参见［德］卡尔·拉伦茨：《德国民法通论》，王晓晔等译，法律出版社 2003 年版，第 48 页。

④ 同上书，第 57 页。

⑤ 参见［德］罗尔夫·克尼佩尔：《法律与历史——论〈德国民法典〉的形成与变迁》，朱岩译，法律出版社 2003 年版，第 90 页。

果,而其间夹杂之精神上之愉快等非财产上生活资源几乎全被忽略。①

在讨论人的本质的时候,学者经常思考鲁滨孙的情况,认识到"那个在其乘坐的轮船沉没后漂流到荒岛上的,只是自然人鲁宾孙·克鲁索。这个时候他只是一个自然人而不是法律上的人",这样的鲁滨孙不但没财产,而且没有法律人格。在人支配物的关系中,他"成了他的世界的统治者"。然而,"如果要在他身上产生权利以及他要成为法律上的人,他就必须遇到另外的人"。② 从一个单纯的占有人演变为岛屿的所有权人和建立岛上王国的过程,是因为"星期五"的参与,在法律的权利义务关系中,他们都变成了"人"。③ 在构建物权关系的过程中,权利的本质和人的本质是一起清晰起来的,正是从对人关系而非对物关系中,在人对抗人而非人支配物的关系图式之下,人才能找到自己的边界,发现更为真实的作为理念的自我。如果说在启蒙时代"无财产即无人格"的基本信条助成了人格的丰满,那么现在是一个相反的过程,财产内容从具体人格内容中拿掉了,恰恰是"无财产也有人格",甚至"无财产才有人格"。

(三)从"人的所有权"到一般"所有权"

长期以来,坚持对物关系思维倾向的影响,在封闭的人—物之间作为私人事务来看待它,这其实并非真正的法权所有权的观念,而是更古老的"主人"的观念。对物关系说的支配中心主义,时刻有把人和物统一联结起来的趋势,传统的"个人所有权"观念更经由与天赋人权学说的结合,使所有权与自然人的人格更加密不可

---

① 参见曾世雄:《民法总则之现在与未来》,中国政法大学出版社2001年版,第128~129页。

② [德]汉斯·哈腾鲍尔:《民法上的人》,孙宪忠译,载《环球法律评论》2001年冬季号。

③ 同上。

分,财产被视为自然人人格的自然延伸,并时时分享着自然人的人性,"所有权只能属于个人"乃成为不言而喻的结论。

这些观念在法人财产权等问题上产生了极大的困扰,首先是所有权的神圣性质在非关自然人的公司主体之上黯然失色,然后使人对法人财产权的"异化"倾向心生不安,特别是在自由所有权观念看来,法人作为自然人的工具,既无内心自由,何以可以享有经由洛克劳动说证成的那种基于个人自由的支配物的自由?自然人的"主人"地位能否为法人自然而然地分享?法人的所有权和自然人的所有权在本质上是否相同?这些都成为困扰智识的难解之谜。有学者谈到近代以来的关于法人财产权性质界定的争论,并认为:"法人可以享有所有权所包含的一切权能,但不是严格意义上的所有权。因为所有权是就**个人对物本身**权利义务的描述,法人作为一个法律构建的实体,本身便是一个团体的概念,这种由团体占有形成的法律上的主体本身便与'绝对所有权'的个人主义隐喻相悖。"[①]这种认识不乏赞同之声,另有学者强调了法人所有权的拟制性质,认为具有独立人格的法人也许可以以自己的名义对其独立财产行使支配权,"但这种所有权绝不是严格意义的大陆法系绝对所有权概念上的所有权",[②]并据此要求修改绝对性原则,重新引入双重所有权理论,因为在其看来,股东、公司都不享有完整的绝对所有权,"如果由绝对所有权的概念推理证成股东所有权的否定理论,那么,依据同样的推理,法人的所有权也很难被证成。这样一来,公司财产上的所有权就处于真空状态了"。[③]由是,坚持对物关系思维的自由所有权理论在法人财产这里走入了死角。

---

① 梅夏英:《当代财产的发展及财产权利体系的重塑》,载王利明主编:《民商法前沿论坛》,人民法院出版社2004年版,第80页。

② 马新彦:《罗马法所有权理论的当代发展》,载《法学研究》2006年第1期。

③ 同上。

但这些问题在严格坚持绝对性认识的法权所有权观念看来，却都不成其为问题。一方面，“人只有在与其他人的关系上才享有‘权利’”；另一方面，人之法律本质的形式化抽象减少了人的内涵，扩大了人的外延，法人与自然人在最根本的本质上，作为无差别的主体可以通约。在物权法律关系中的人，只是权利义务的承担者，物权的本质既然不在人支配物这方面的自由与利益，而在于人对抗人这方面的法律效果，那么这个主体就不需要具有多么神圣的伦理价值，只需要他具有权利能力就够了，而权利能力全赖法律认可，并非专属于自然人，法人也具备，如是，法人享有物权，在观念上便不存在任何障碍。所有权作为一个法定的类型权利，并非因天然继承了自然人的神圣性质而有效，它既可以归入自然人名下，也可以归入法人名下，因为他们都是合格的权利义务主体，所有权本身则是无关道德和人性的法律工具。

而个人所有权在法人主体方面的拟制和借用，反过来使人对“真正所有权”的本质产生更深的思考。鉴于法人所有权对个人所有权观念的冲击，有学者要求重新引入双重所有权理论解释信托财产权和法人财产权等问题，从所有权的人格与自由等人性本质出发，认为上述两种所有权完全是法律拟制的所有权，但是，在法律拟制的所有权背后仍然还有另一个肉眼看不见，但又实实在在地存在着的所有权。[①] 在此，双重所有权在历史上的过渡性功能给我们以启示：一种新的所有权观念在形成。上述学者的推理过程，与罗马法上“准所有权”扬弃“市民法所有权”观念的过程真是惊人的相似，也正是通过这种“拟制”，而使旧所有权观念在新事物中被借用，然后再以提取公因式的方式剥离旧观念中的非本质因素，到最后拟制的“准所有权”后来居上，成为占主导地位的真正所有权，从而实现了所有权本质潜移默化的变迁，到最后达成

---

① 马新彦：《罗马法所有权理论的当代发展》，载《法学研究》2006年第1期。

更高的抽象,从而使所有权获得新的本质。

从人的所有权到一般所有权,物权的这种纯粹技术化独立过程,既离开了对主体人格的依赖,其权利性亦不必来源于主体自身的价值,物权就是物权,这一抽象使物权摆脱了任何关于主体的道德评价,与伦理无关,既不神圣,也不罪恶,更不能因不同主体的价值而改变属性,如此,物权的平等保护就是一当然之结论。

三、绝对性在物权客体中的贯彻

(一)物的"非人化"与客观性

对物关系中的物仅是一人支配的对象,而法律关系中的物更是一人与他人间的桥梁和媒介,因此,它必须站在权利人与义务人之间,而不是被置于在权利人的封闭支配领域内,为其人格所覆盖,这种媒介功能要求物必须有独立于主人的客观外在性。

康德以理性占有认识物权,"这种情况(物权)有别于把此对象任由我随意支配",[①]权利与物的现实掌控不仅可以分开,而且必须分开,因为在现实的掌控之中,物难以体现自己。在康德提出的占有悖论中,首先要把作为主体的我与作为对象世界一部分的客体物截然分开(在认识上),一物必须外在于我,只有当这个外在物事实上不是在我的占有中,我才能去占有它,物必须独立于我,与我对立才有其自身,才能成为我观念支配的客体,"某些物,假定根据权利是我的,它们便应绝对不在我的力量之内",[②]绝对物权的逻辑前提是我的人格和客体物在观念上分离,物作为人与人之间法律关系的客体而独立存在,不被任何一方的人格所包含。唯有在法律关系的框架之内,物才能够恢复其自身的客观性,这

① [德]康德:《法的形而上学原理——权利的科学》,沈叔平译,商务印书馆1991年版,第56页。

② 同上书,第55页。

样，就把意志拥有的对象如实地看作“自在之物”或“物自体”。在此关系之下，“虽然我占有着那个对象，但它应该被看作一个自在之物”。康德强调的“物只有外在于我才能为我所拥有”，以及其关于“我不能既吃一个苹果又有一个苹果”的形象说明，要求物与我彼此分开，必须消除其上的主观色彩和我自身的印记，即物的民法意蕴揭示出，物要想因其经济属性进入民法，首先必须“非人化”。①

根据康德的说明方式，“物”的含意就是不同于“我”，在我之外，**一物“与作为一主体的我是不同的，并且是有区别的”**，即该物与作为主体的我在观念上不混同。“外在的我的是指在我自身之外的东西”，因此，物的定义应该是“物即非我”。法律关系中的物之客观性和“非人化”要求：

第一，拥有的对象不应该包括在我自身的人格性要素中，否则会与我本身混同而无法拥有，这是逻辑使然，所以“物”必须与我自身保持距离。

第二，基于人格的平等和对等性，拥有的对象也应该存在于他人人格区域外，否则与他人自身混同，我对他人人格区域内的部分进行拥有，破坏伦理人格关系，等于是把他人看作“手段”而非目的了，不再是平等主体的法律关系，此亦为康德的理性主义不容。

结合上述两方面的要求，“物”的本来含义就是“非我”，在伦理人格主义视角之下，同时也是“非人”，唯有非我非人之客观存在，才可以作为我和他人之间物权关系的客体的物。作为独立的客体，它不应由任何人人格区域所包含，亦须去除在某人的现实掌控之下被添加的主观色彩。这正好符合彼德罗关于物的定义：“物（*res*），在具体的和特定的意义上，是指外部世界的某一有限部分，

---

① 常鹏翱：《“物”在民法中的隐喻及其困境》，载中国法学网：http://www.iolaw.org.cn/，最后访问日期：2018 年 8 月 17 日。

它在社会意识中是孤立的并被视为一个自在的经济实体。”[①]

(二)物的有体性与特定性

对物关系中的物是为主体提供经济利益的奴仆,而法律关系中的物是法律关系的一个支点,物权这种抽象的权利须以明确的客体来确定权利的边界,这一划界功能要求物具有特定性。[②] 理性主义认为,只有那些能清晰地展现自我的物才是物,它必须有确切稳固的定在,有独立的可把握的外观,才能成为抽象“拥有”客体。如果放任对物做广义解释,把许多自身就抽象的、包含人格性的、拟制的物都纳入物权客体范畴,则会“将法律关系的客体与法律关系的内容相混淆”,而这要求物须有体。[③]

在绝对性所要求的“一物一权”意义上,必须先有“一物”的特定存在,该“一物”是一个独立出来的整体,能为人清晰地界定,它必须是“观念上的一物”,即社会观念和一般交易习惯认可其为独立之一物,因此,特定的关键是能否客观化而非能否分开。[④]

(三)物之有别于财产

对物思维视角下,欠缺法律关系框架的支撑,倾向于把物主观化成“财产”,并进而混同财产与财产权。

物是个客观的概念,而财产总是有主观性,它负载着来自于人的某种评价,在人的实际控制之下的物,注入了人的感情和精神要素,是以主人角度对财产进行审视的结果,加入了某种价值判断,不再是客观的自然之物,而在沾染人性的意味上成为“财产”。财产这个语词,内涵往往很宽泛,因为它不仅是一项归属的客体,而

---

① [意]彼德罗·彭梵得:《罗马法教科书》,黄风译,中国政法大学出版社 1992 年版,第 185 页。

② 参见冉昊:《论中间型权利与财产法二元架构——兼论分类的方法论意义》,载《中国法学》2005 年第 6 期。

③ 参见孙宪忠:《德国当代物权法》,法律出版社 1997 年版,第 40 页。

④ 参见梁慧星、陈华彬:《物权法》,法律出版社 2003 年版,第 26 页。

是在统一的支配我的物之暗示中，兼有了客体、权利，甚至人的主观情感在内。因此，正如物的主人不等于所有权人，“财产”也不等于物。

在对物思维之下，物不复是纯粹的客观，在封闭世界里成为我自身延伸的一部分，成为我的“广义人格”，导致物与我在观念上的混同，“我把我的灵魂给了它”。这种分享着我的灵魂、打着我人格烙印的物不再是原先意义上自在之物了，它丧失了客观性，权利与物一体化，物与我不可分，这正是康德所反对的“物体的人格化”，正是在这样的语境中，从个人自然权利观来考察，所有权作为支配自由，其对象不是纯客观的“物”，而在具有主观性、与人格相连的意义上被称为“财产”。

丧失了客观性而宽泛的财产，很轻易地混同于权利自身。“在普通法系国家中，所有权与财产两个概念无明确界限”，显然这种混同的用法并非偶然，《大不列颠百科全书》认为“财产，兼指权利和权利的客体”。[①]《牛津法律大辞典》对“property”这个词条是这样解释的：“严格地讲，这个术语用来指财产所有权。此外，这个术语也被人们更经常地在转换了的意义上使用，这时它是指所有权的客体，即指所有物。”[②]与主观化的财产概念相联结的不是物权，而是不严谨的“财产权”，从客观的物到主观的“财产”，客体与权利混同，客体的主观化，带来的结果是物权概念被弱化。

在不同的法律观念背景下，物与财产两个概念不可互相解释，物权与财产权也不可画等号，财产之不同于物，一是在于其主观

① 李双元、温世扬：《比较民法学》，武汉大学出版社1998年版，第295页。另外，我妻荣先生认为，“所有权在当代的发展，一个重要的特点表现在物权关系和客体的结合”，并指出权利与物有融合的趋向；郑成思通过语词考证，多次强调在英美法系“财产”和“财产权”是一回事，知识产权有时叫IPR有时又叫IP。

② ［英］戴维·M.沃克主编：《牛津法律大辞典》，光明日报出版社1988年版，第729页。

性;二是在于权利与客体的混同;三是财产概念可自然容纳无体财产,甚至不需要借助“无体物”的拟制,这又使上述混同更易发生。这种混同,究其根源,就是对物支配的封闭思维,导致物被主体的人格所沾染,物丧失客观自在性的结果。从狭义的有体物到广义的物,再到财产,这种物的泛化导致所有权本身意义被扭曲,加上权利本身固有的抽象属性,于是权利本体变得越发难以把握起来,乃至被“解体”。

在英美法中,财产特别是无形财产的概念比实物更重要。普通法上抽象构想出来的“土地上的利益”,即无形的“estate”,是土地财产权的客体,与之相比,版权、专利权并不更虚幻,所以一体并列为财产权的客体。普通法学者认为,从实物到财产拓展了财产的范围,而权利脱离实物,则被惊呼为“消除了财产和实物之间的联系”。托马斯·格雷强调人们拥有的实际上是抽象的权利而非物,物仅仅只是权利的一种附着对象,并据此提出了“所有权解体”。

法国法采纳“广义的物”而非狭义有体物,其学者对德国法学执着于有体物的立场不以为然,“在某一学派看来,上述区分非常重要,因为只有有体物才能真正被拥有,而在另一学派看来,上述分类毫不重要,我们总是谈论对物质性客体拥有权利而不是拥有物质性客体本身”。[①] “拥有权利”的思路使物之绝对归属更不重要,该学者进一步明确指出,“我们不能只接受将所有权限于物质性客体的术语,而只能这样理解:对于不同种类所有物,所有权的含义在适用时会产生一定的转换”,比如,“所有权的概念,是在引申以及更弱化的意义上,应用于版权的”。[②] 至此,通过物的泛化

---

① ［法］奥诺雷(A. M. Honoré):《所有权》,金可可译,翟小波校,载公法评论网:http://www.gongfa.com/caichanquanaonuolei.htm,最后访问日期:2018 年 8 月 17 日。

② 同上。

达成了所有权的泛化,所有权成了一个无所不包的笼统概念,其内涵则根据不同的客体而“转换”,失去了确切的基础。

在德国物权法中,物权与客体的混同也是存在的,但一般限于两种情况:一是债权人对其债权抛弃、转让、处分,处分的客体是债权本身,即所谓“类似所有权之地位”,但这里虽然有支配,却恰恰没有物权;二是德国民法上的“权利物权”(Rechtseigentum)概念,包括权利用益权和权利质押权,这里拥有的客体也是“权利”。但这两种混同皆非典型常态,并未困扰物权的正常状态。

总之,权利与权利客体混同的程度越高,物权概念就越不稳固,越容易被弱化或“解体”。这种混同以及被笼统作为“所有权”或“财产”,不仅扭曲了所有权的本意,而且难免遇到逻辑上的困难,造成观念的极度混乱而令人无所适从,如果所有权被理解为“对某物拥有权利”,然后这项权利又可以成为拥有的对象,对某物拥有权利的权利,成为至为困扰智识的思考方式,涉及转让之时,转让的是物本身还是对物的权利呢?因此,一些普通法学者深深感到,以双重含义使用“所有权”一词导致的混乱非常明显,因为如果普遍那样使用,则我们势必要把财产权的所有人形容为“所有权权利的所有人”(owner of the right of ownership)。基于此,法国的佛鲁尔(J. Flour)和奥倍尔(J. Aubert)指出:“物和权利具有完全不同的性质,将之放在一起比较和分类是毫无道理的。从逻辑上讲,不应将物视为财产(权)。”①

(四)物的范围

法律关系视角下,基于物的客观外在化要求,物的范围就受到限定,不能包含任何人格主观要素,因此:

---

① 王涌:《所有权概念分析》,载《中外法学》2000年第5期。而国内一些学者,反而认为这种混同是英美法财产权的优长,建议引入。

1. 有体物是真正的物

客体限于有体物(狭义的物)被认为是物权的一个显著特征,"在物权法上,物权的客体只能是物,而且只能是特定物,而不能是思想或其他无形物,这是物权最基本的特征"。[1] 与此有体性特定性连接的正是其客观外在性要求,这是形式物权之法律关系构造的必然要求。

以无形的权利、利益等形态存在的所谓无体物,就是经济学所称之"关系财货",关系都有一定的主观性质,无法脱离人格而客观化,无法洗却人本身的人格主体性要素,就难以被看作物。

有些物虽然无形,却满足了客观特定的要求,亦不妨视为物,如类似电、热、声、光等属之,空间是无体的,土地从其整体来看也应该说是无体的,却可以借助技术手段特定化,满足物的要求。所以这里更深的原因不仅是有体无体,而是物能否真正地客观特定。

2. 人自身和人体部分一般不是物

根据物的客观化要求,不能脱离人自身的不是物权中的物,故身体和身体的组成部分不能成为物权的客体,这除了伦理的要求外,还应当有这一逻辑方面的要求。

但在引申的意义上,受所有权概念泛化的影响,把人自身作为所有权客体的想法却所在多见,前文所述那种洛克式的所有权观念,从"自己所有权"推导"自由所有权","'自身所有权'理论的预设背景是一个所有权制度统领一切问题的社会",[2]无论是对经济对象或观念对象都以所有权的思路进行思考,就是出于这种错觉,认为在统一的"支配"命题下,支配外物和支配自身,并无本质差别,就此自然而然地提出这一命题"谁拥有我?"(who owns my

---

① 孙宪忠:《德国当代物权法》,法律出版社 1997 年版,第 40 页。

② J. W. Harris, "Who Owns My Body", *Oxford Journal of Legal Studies*, 1996 (16), No. 1, p. 65.

body)，只重支配自由，所有权与人身自由同构，极易得出“自身所有权”的结论。正如哈里斯所说，几个世纪以来思想家们暗示我们，我们对我们自己的人格享有一种“所有权”，在蓄奴制社会下，奴隶是财产，但在废除奴隶制以后，能否认为每个个体对自己的身体拥有私人财产权？

自身所有权观念完全混淆了所有权和人格本身，并在很长时间里影响着人们的思维方式，使人产生“拥有自己”“对身体的所有权”等认识，以所有权的处分自由解释人对其人格利益的处分自由，在安乐死、堕胎等问题上援引身体所有权理论，但这在最初的出发点上就已经背离了所有权的经典内涵。这种背离的原因就是以支配性作为物权的根本点，以统一的“支配自由”一体解释所有权问题和人身自由问题。哈里斯认为，这种类比思维虽不能说错，但也是完全不必要的，我们不需要借助对于资源享有的所有权的思维模式来说明身体自由原则。“身体所有权”是所有权概念的滥用，而且毫无实益，反而增加困扰。[①] 其实，这一结论应当说也有一个逻辑的错误，因为别人不能拥有我，但并不能据此得出结论说我拥有自己，因为我不是所有权的客体。密尔列举了不能列入所有权客体范围的“物”，列于首位的就是人类本身，据此任何人，包括我自己，都不能拥有我。哈里斯亦反复强调，人自身和人体的组成部分不是他自己的财产，这并非说这样它们就不属于自己了，正确的看法是，它们根本不应以财产和拥有观念去构想。[②] 康德亦指出，“一个人可以是他自己的主人，但并不是他自己的所有者”，[③]自由并非所有权的全部含义，“我的”和“法律上属于我的”不

---

① See J. W, Harris, “Who Owns My Body”, *Oxford Journal of Legal Studies*, 1996 (16), No. 1, p. 65.

② Ibid., p. 75.

③ [德]康德：《法的形而上学原理——权利的科学》，沈叔平译，商务印书馆 1991 年版，第 87 页。

是同义语，人们把自己的身体列入自己拥有的对象中则显然荒谬。

3. 无体物、无形财产不是物

在德国法系以外，并无严格意义上的物权法，调整财产关系的法律亦不局限于有体物，而是广义的物，包括无体物，无体物的概念来自罗马法。盖尤斯在《法学阶梯》中写道：有一些物是有体物（*res corporales*），另一些物是无体物（*res incorporales*）。[①] 有体物和无体物的区别本身就扩大了物的范围，财产权本身都可以是物。法国法和英美法系财产亦如此，英国地产权利的客体不是土地而是无形的土地上的利益"地产"（estate），对他们来说，这样拟制的思考不成问题，《法国民法典》对物持广义的理解，如《法国民法典》第526条及第529条用专门的法条对权利属于物作出了明确的规定，包括了无体物。应该说广义的物的概念在德国法系以外的世界是占主导地位的，于是，物权与知识产权之间的沟通没有障碍，商标专利商业秘密都是无形财产，当代的社会理论家则坚持认为福利的发放和工作机会等也是某种意义上的"财产"，[②]域名、商业秘密、排污指标等根本不具任何物质性客观性的东西，也都被列入"无形财产"。

首先，认为物权客体扩大到无形物是罗马法传统的认识，值得商榷。其实，罗马法上无形物（无体物）这个概念的法律意义并非在于扩大所有权客体，后世的法学家把无形物与有形物的分类定性为"学术上的分类"，[③]其法律意义主要在于"无形物不能被占有""无形物既不能通过时效取得（usucapio）来获取，也不能通过

---

① [意]桑德罗·斯奇巴尼：《物与物权》，范怀译，中国政法大学出版社1993年版，第1页。

② J. W. Harris, "Who Owns My Body", *Oxford Journal of Legal Studies*, 1996 (16), No. 1, p. 57.

③ [英]巴里·尼古拉斯：《罗马法概论》，黄风译，法律出版社2000年版，第110页。

让渡(traditio)来转让”。[①] 在罗马法上,作为所有权客体的物仍然是狭义的物,即实体的物。

其次,不应认为物权法把客体局限于有体物有某种智识方面的原因,与法律的进步与否无关,有体物是个逻辑的必然选择。德国物权法的制定比起罗马法、法国法都晚,19 世纪的认识不会比前人倒退,而其制定之时,知识产权已经不算新奇事物,但仍然摒弃了此前盛行的广义的物的概念,说明其是更深的某种考虑的结论。有学者提出,“如果坚持由德国民法设计的物权制度体系,则‘物权的客体原则上仅为有体物’的原则就不能改变”。[②] 无形财产不能整合进物权的根本原因,就在于它往往不具有作为归属关系客体的物之客观性。知识产权等无形财产,由于其“无形”,权利和权利的客体始终不能分开,人们也正是在混同的认识下交互适用“无形财产”和“无形财产权”,于是 IP 和 IPR 成了同义词,而权利本身的关系财货属性,使这一财产无法脱离人而达致“自在之物”的客观化,对此去构建法律上的抽象归属关系,必然带来困扰并加剧法律关系诸要素的混同。

有学者说,物权法不能纳入知识产权等无形财产,原因是古罗马以来古老的“实物思维”的影响,难以放开成见接受无形财产。[③] 但另有学者看法相反,指出正是因为另一种更古老并且仍然流行的习惯,坚持以所有权概念解释一切权利,从而把切权利的客体想象成“物”,这样一种“物的情结”导致它们硬要把本不是物的客体统统拟制成物,其背后的原因是所有权概念的泛化,以及权利与客体的混同,实际上是对抽象的权利经由与客体的结合而“实体

---

① [英]巴里·尼古拉斯:《罗马法概论》,黄风译,法律出版社 2000 年版,第 110 页。

② 尹田:《物权法理论评析与思考》,中国人民大学出版社 2004 年版,第 15 页。

③ 参见梅夏英:《财产权构造的基础分析》,人民法院出版社 2002 年版,第 90 ~ 91 页。

化”，并指出这是法律史上的“儿童思维”。[①]

最后，对无形财产的保护不一定非要借用物权形式，它们可以是支配的对象，却不是归属的对象，这也正好反过来说明了物权的本性不在于支配。“物必有体”的背后是“物必客观”，非客观的利益并非不保护，只是由于逻辑上的困扰而无法“拥有”，某些不具有客观性要求的对象，可以成为其他权利的客体，但不能成为绝对归属关系的客体，如果把这些客体纳入物权视野，把对它们的权利都归入物权，则势必扭曲物权、所有权的本来含义。

四、绝对性在物权要素中贯彻的不平衡

习惯的力量是强大的，物权诸要素之间的独立，并非总能得到贯彻。在一些与人格关系密切的财产之上，这种主体与客体、权利与物的区分难以如此清晰，相反地，它们却往往紧密结合在一起，在观念上被视为一体，于是在这些财产，主要是动产之上，起主导作用的仍然是“人支配物”的“主人”观念，而不是“人对抗人”的所有权观念，自由的一面彰显，而法权的一面退居次位，这主要发生在与人身关系较为密切的动产领域中。

（一）两种混同倾向：人格财产权理论与身体所有权理论

某些财产被认为和人格的关系更密切，是人格得以丰满和自由得以彰显的主要途径，如黑格尔说的“物分享我的灵魂”、耶林说的“谁殴打我的物就是殴打隐含于物中的我自身”，都反映了这种最初的混同，这两位未必是真的认为物上有人格，毋宁说是一种强化的说明方式，但确有学者坚信物与人格确确实实地结合在一起，由此出现了各种版本的“人格财产权”理论。英美法的学者轻易能发现“法官和评论所发现的财产权和隐私、财产权和自由的关

---

① 王涌：《所有权概念分析》，载《中外法学》2000年第5期。

系中,常蕴含着人格视角的内容”,[①]由此视角出发发现了一种“为了人格的财产权”。这首先被认为是一种“直觉的观点”,因为“大部分人都有一些特定的物,他们觉得其为自身的一部分。这些物与人格有密切关系,因为它们是我们将自我构建成在这个世界上继续存在的人的实体的必要凭借”,一定的外在之物,如我穿的衬衫,如果它与我的身体有密切关系,就会被看作人格财产。根据与人格的关系密切程度,所有权的客体被看作两部分:构成人本身的一部分的,与完全可以用与之等值的他物来替代的,一种是与人本身密切相关,另一种纯粹是为了使用,分别叫作人格财产和可替代财产。这种区分主要是看物与人格的关系紧密程度,“一件物对一个人有多大的价值或意义,可以通过该物丢失时这个人所表现出来的痛苦程度来估计”。[②]

“人格财产权”比洛克的劳动说中那种“自身所有权”走得更远,一个是在财产中注入人格因素,另一个是把人自身当作所有权客体,从两个方向出发分别达到了主客体的混同。两种混同的背后都是自由所有权观念,也都是以“支配自由”来作为所有权的构造基础:既然都是对某一领域的自由支配,是从权利人个人世界发出的大致相同的思考,这样就消融了自我与世界的界限,也模糊了人格与财产权的区分,结果使二者在同一基础上获得了相同的性质,一方面使所有权获得“人性”,另一方面也把人格物化了。

(二)混同观念盛行的主要领域:动产

两种混同的认识也因此对经典的所有权概念提出质疑,其支持者承认:自身所有权观念中隐含着一个悖论。“为了人格的财产”的理念意味着人和物之间的界限不可能很清晰,但是财产的理

---

① [美]玛格丽特·简·拉丹:《财产权与人格》,沈国琴译,载公法评论网:http://www.gongfa.com,最后访问日期:2018年8月17日。

② 同上。

念似乎仍然要求二者之间存在可感知的界限，至少，财产是物的概念，物的概念就意味着与自我相分离。[①] 所有权的自由视角与法权视角由此发生矛盾。这一矛盾的根源也就是物权构造基础上的支配性与绝对性的矛盾，也与所有权观念演进中的“主人”观念被“所有权人”观念替代有关：自由视角之下看到对物关系，所有权是主人支配物的自由，物内在于我，与我混同；而法权视角之下看到对人关系，所有权是一个人对抗他人的法力，物是联结我和他人的桥梁，因此外在于我，与我独立。两种观念分别在解释动产、不动产两大类财产中似乎各擅胜场，经典所有权的法权视角下的“所有权人”观念，对土地物权的解释似乎更有力，人格与土地的混同也因此更难发生，而自由视角下的“主人”观念则对随身物品的解释更符合生活实际，这里人与随身物品的关系看来并非那么遥远，于是动产更容易成为“人格财产权”，在此物权、所有权的法律关系的一面，人对抗人的一面似乎难以彰显。

有学者论证了罗马法上真正的“所有权”替代家父的主人权力的过程，随后指出，“对其物进行任意处分的观念”这种主人观念在后代留有遗迹，主要在于随身物品等动产之上，因此，动产与不动产之上分别存在不同的所有权观念。“是不是我们是该羊毛衫的主人（ dueños ）但只是该公寓的所有权人（ propietarios ）呢？”[②]并进而指出，在现代社会，只有在某些价值甚微的个人使用的动产上行使的权利，还遗留着罗马人旧概念的异味，如我会在几

① 参见［美］玛格丽特·简·拉丹：《财产权与人格》，沈国琴译，载公法评论网：http://www.gongfa.com，最后访问日期：2018 年 8 月 17 日。

② ［阿根廷］Norberto Rinanldi：《奎里蒂法所有权（dominio ex iure quiritum）已经死亡》，徐涤宇译，载厦门大学法学院罗马法研究所网：http://www.romanlaw.cn/sub2－117.htm，最后访问日期：2018 年 8 月 17 日。

分钟的时间内毁弃本书的稿纸。[①] 这就是说，动产和不动产的所有权之间存在这种微妙的差异，存在新旧权利观的分歧，所有权、物权制度在动产与不动产领域的发展是不平衡的。

（三）绝对性贯彻不平衡的影响

动产与不动产的区分是一个历史悠久的、世界性的普遍做法，各时期、各法系都有这种区分，罗马法后期已有不动物与可动物的分类，日耳曼财产法对不动产和动产分别适用截然不同的两种规则。[②]《德国民法典》中这种区分更具有系统性，"该法典的物权编事实上建立在对动产和不动产区别对待的法律规范上面"。[③] 该区分不但普遍，而且在制度面上有着根本性意义。

动产与不动产相区分，最浅显的依据是基于财产的物理特性，更深的动因则是两者的经济利益在传统社会的巨大差异，但还有一个原因就是这两类财产在不同的所有权构造观念中的适应性。对于不动产，它自身和人格的距离就远，较易建立法权关系的绝对归属的更抽象的完整"所有权"制度，而动产难以与人格真正分离，较易被同化为主人的"人格财产"而难以脱离人自身的世界，因此，动产之上完整彻底的绝对所有权性质甚为淡薄。

动产与不动产区分的法律意义在于实行各自不同的规则，在取得方式、担保设定、租赁、司法管辖等方面实行不同的规则。[④] 在国际私法的冲突规范上，对于物权准据法的确认也反映出来，依巴托鲁斯总结，不动产适用物之所在地法，而对动产物权则是根据

---

① 参见［阿根廷］Norberto Rinanldi：《奎里蒂法所有权（dominio ex iure quiritum）已经死亡》，徐涤宇译，载厦门大学法学院罗马法研究所网：http://www.romanlaw.cn/sub2-117.htm，最后访问日期：2018年8月17日。

② 参见马俊驹、梅夏英：《不动产制度与物权法的理论和立法构造》，载《中国法学》1999年第4期。

③ 有关系统论述参见孙宪忠：《德国当代物权法》，法律出版社1997年版，第9页以下。

④ 参见孙宪忠：《中国物权法总论》，法律出版社2003年版，第137页。

传统的“动产随人”（Mobilia Personam Sequtur）、“动产附骨”（Mobilia assihus inhaerent）、“动产无处所”（Personal Proerty has no locality）等原则，适用动产所有人的所在地法。这说明在人们的观念中，不动产可以独立出来形成单独的法律关系，而动产始终难以与人本身真正的分开，在混同的基础上，很大程度上仍以人自身的法律规则来对待之。也就是说，动产之上难以有真正物权。不动产可以在绝对性基础上实现理性占有的重构，从而形成严整的物权制度，而动产之上物权不发达，其实动产主要靠占有来保护，如本书前一节所述，占有保护的法理基础正是对人格的保护，动产随人，理所当然。

从某种意义来说，或许不动产上才有真正完整意义上的物权制度。因此，“这种区别对不动产来说比动产更重要”，于是，“不动产成为（法国）物权法的核心”，德国物权法对动产不动产分别规定，立法者对土地“一开始就另眼看待”，这被认为是“本质差异”和“原则性区别”。[①] 亦有学者论证所有权制度本自不动产发端，并指出两大法系的所有权观念及物权体系均直接源于不动产制度，不动产法为两大法系财产制度的核心。[②]

总之，物权制度的发展在动产和不动产中是不平衡的，不动产是更彻底的物权制度，是一种建立在绝对性基础上的，法律关系中的物权。动产之上物权不发达，这一领域起主要作用的是占有制度，特别是在德国法系以外，有时人们对动产所说的那种“所有权”其实相当于物权法中的占有，而其权利的重心仍然侧重于人支配物之自由的一面，权利与人格为表里，始终不能真正分开。

---

① ［德］鲍尔·施蒂尔纳：《德国物权法》（上册），张双根译，法律出版社 2004 年版，第 18～19 页。

② 参见马俊驹、梅夏英：《不动产制度与物权法的理论和立法构造》，载《中国法学》1999 年第 4 期。

第三节 绝对性在物权法诸原则中的贯彻

物权有哪些基本原则,学者的归纳并不一致。我国民法学者中最流行的是“三原则”思路,鲍尔·施蒂尔纳提出的物权法原则是绝对性原则、公示原则、特定原则、可转让性原则、无因性原则五项。[①] 沃尔夫归纳的是种类强制与种类固定(物权法定原则)、公示原则、确定原则、特定原则、处分行为的抽象原则五项。[②] 孙宪忠老师则提出了绝对性原则、物权法定原则、公示原则、区分原则、特定原则五项。[③]

在物权行为理论受到疑虑的背景下,强调区分原则具有特别重要的意义,因此不可缺位。而“一物一权”原则无非就是物权的绝对性原则。关于公信原则,本来是补救绝对性原则及区分原则的制度替代,其基本内容也大体是这两方面原则的叠加而不是另外的要求。至于可转让性原则,其并非具有典型的原则意义,提出这一原则的作者亦承认“对财产权一般均能转让,该原则亦适用于债权,故它不是典型的物权法基本原则”,[④]完全可以忽略。最后,关于沃尔夫所归纳的“确定原则”,其内容本来就是绝对性两个方面要求之一,亦可合并。

据此,应当认为,物权法原则比较妥当、全面的表述应当是孙宪忠老师总结的这五项原则,即绝对性原则、物权法定原则、公示原则、抽象与区分原则、特定与确定原则。在这五项基本原则中,

---

① 参见[德]鲍尔·施蒂尔纳:《德国物权法》(上册),张双根译,法律出版社2004年版,第四章。

② 同上书,第15~17页。

③ 参见孙宪忠:《中国物权法总论》,法律出版社2003年版。

④ [德]鲍尔·施蒂尔纳:《德国物权法》(上册),张双根译,法律出版社2004年版,第66页。

都贯彻着物权绝对性这一本质属性的内涵与必然要求。也就是说，它们都是围绕"人对抗人"，而非"人支配物"这一共同命题而展开的，在这个意义上，它们都是绝对性原则的贯彻工具。

一、绝对性原则：物权绝对性的重述

（一）绝对性原则的要求

就绝对性原则的要点，鲍尔归纳为两方面：首先，一种针对任何人的全面效力，"绝对性这一术语首先揭示了物权这一特性，即恰恰在于权利人所享有的绝对支配权力之作用上，物权可以针对任何人而主张"。[①] 其次，"人的不可分性"，由此与双重所有等相对权利状态相反，不能"A 针对某些人是所有权人，而 B 针对其他人是所有权人（这种情况在日耳曼法及英美法财产制度中恰恰是常态）"。[②] 其第一要点约略相当于对世性即对抗的普遍性，第二要点就是排他性和一物一权的要求，两方面加起来就是"所有权遍及全部，不得及于二人"这个古老法谚。很明显，这一原则是物权属性中的绝对性本质在制度层面的重述。

（二）"一物一权"对绝对性原则的近似表述

很多人更为青睐的是貌似更加直观而简洁的"一物一权原则"，用以指称与"绝对性原则"相当的意思。然而，学者间对这一原则的理解亦不一致，我国学者对这一原则基本含义一般归纳为，一物之上只能设定一个所有权，并且一物之上不得设定两个以上内容相冲突的他物权，[③]这是其最常见的用法，侧重"一权"；但也有观点更加强调"一物"的一面，认为其存在的基础是所有权客体

① ［德］鲍尔·施蒂尔纳：《德国物权法》（上册），张双根译，法律出版社 2004 年版，第 58 页。

② 同上书，第 60 页。

③ 参见王利明：《物权法研究》中国人民大学出版社 2002 年版，第 82 页。

的有体性。[1] 此外,还有学者采用一种广义的理解,同时把"一物"和"一权"作为此原则的分别两个基点。例如,谢在全先生认为,一物一权主义系指一物上只能成立一个所有权,一所有权之客体以一物为限,[2]此即属结合了排他性和特定性两方面内容的广义用法。

广义的用法中部分含义与物权特定原则重复交叉,把一物一权扩张为"一权一物"亦属牵强,把两项本无内在联系的内容捏在一个原则里,这恐怕并非该原则的本意所在。故拿掉"一物"的一面,而"一权"的一面,也"无非是物权绝对效力或排他效力的表现而已",已经包含在了物权绝对性原则之中了。[3]

那么,是否应当用一物一权代替绝对性原则呢?表面上来看,这种表述似乎更简明,但其缺陷亦很严重。首先,其适用的范围很小。该原则的最初含义应该是只适用于所有权,不适用于他物权,除非涉及到占有,但排除他人占有是占有事实本身的自然属性,不需要法律再去规定什么,当今一物多权、物权堆迭所在多见,特别是建筑物的区分所有权之上情况更加复杂,法律再强调一物一权,似乎对这些现象进行否定评价,未免"不合时宜"。该原则适用的余地很少。另外,"排除性质或者内容互不相容的物权"这个说法本身就是同语反复,反映了扩大表达的力不从心。故学者指出,"一物一权"由于历史的原因而出现并长期适用于所有权,只能作为所有权制度的原则,而难以成为整个物权法体系的原则。[4]

由于"一物一权"原则内容片面,缺乏系统,更缺乏与物权其他制度、概念的整合性,加上其上述表述缺陷,极易为人所质疑。

---

① 参见[日]川岛武宜:《所有权法的理论》,岩波书店1987年版,第162页。转引自谢在全:《民法物权论》,中国政法大学出版社1999年版,第18页。

② 参见谢在全:《民法物权论》,中国政法大学出版社1999年版,第18页。

③ 参见孙宪忠:《中国物权法总论》,法律出版社2003年第1版,第149页。

④ 同上。

比如，一些学者要求在物权法中引入双重所有权之时，就是借口说“一物一权”是原始的、不严谨的、不合时宜的，进而断言其同义词——物权绝对性应当否定，要求修正之而纳入双重所有权，进而动摇物权法的体系安全。建筑物区分所有的情况，更使人容易产生“双重所有”突破“一物一权”的疑虑。“一物一权”原则非但不科学，且容易引起歧义，并常常对实践发生误导，故应当废除，或者在原则的归纳中被抛弃。[①] 总之，“一物一权”原则是对绝对性原则内涵的近似而不全面的表述，其表述不科学、不必要，易误导，不应以之代替绝对性原则。

二、法定原则：绝对效力的逻辑要求

物权法定原则，是指在一个法域内的物权，其种类和内容必须由法律明文规定的原则。基本要求在于两方面：一是类型强制（或“种类强制”），物权以民法或其他法律规定者为限，当事人无权自行创设新的物权种类；二是内容强制（或“种类固定”），即不能创设与某种物权的法定内容相异之物权，只能是法律规定的内容，该物权的具体内容亦须按照法律规定的来解释。[②]

物权法定的立法原因是多方面的，除了反封建复辟的考虑外，首要的一条就是绝对性的逻辑要求。康德“我的专断意志不能为他人设定义务，除非普遍的相互允诺”的论断，揭示出：物权是一项效力很强的对世权，这就决定其必须是社会公认的权利而不是当事人私自约定的权利。[③] 谢在全先生提出，合同事涉双方，固可由双方以契约自由任意约定而不加干涉，而物权“基于其直接支配性与保护之绝对性”不能任意创设，因为物权是划定某人的绝对支配

---

① 参见孙宪忠：《中国物权法总论》，法律出版社2003年版，第142～148页。

② 同上书，第150页。

③ 同上书，第151～152页。

领域,“此支配领域之划定等于限定第三人之自由范围,对第三人权义之影响巨大不言可喻”,因此,须先让第三人知晓该权利之内容,“人人周知,乃得要求他人不得侵犯,物权之保护绝对性因而获得保护”,故须由法律固定其种类、内容,而“与一物一权(绝对性)原则在确定物权支配之外部范围上相互呼应”。[①] 沃尔夫对该原则的解释也是从物权绝对性出发,“物权是绝对权,其效力及于一切人,必须得到每个人的遵守,因此,只有当物权数量被明晰化并彼此独立出来,才能有效地保护这种绝对的权利,也唯有如此,才能期待第三人了解并且维护这些权利”。[②]

更应当强调的是,物权法定对类型和内容的强制并非外在的专断干预,第三人本就是物权法律关系的当事人,但他不能如在合同中那样进行协商谈判以表达自己的意思,故不应由物权人单方面的意思来决定他们之间法律关系的内容,否则就等于把他人作为手段来对待,由一人对全体人课加单方义务,那是不能容忍的,于是,法律以统一的预先规定来替代了义务人的意思表示,方为妥当。依苏永钦先生的观点,大陆法系国家之所以采物权法定原则,有其继受罗马法的渊源,而为 19 世纪概念主义发扬到极致的结果,倒不是基于什么特别的公平考虑。[③] 也就是说,所谓第三人保护,也并非物权法定原则的终极理由,最根本的还是逻辑,逻辑的起点是物权的绝对权性质,法定主义是物权性质的内在要求,这一

---

① 谢在全:《民法物权论》,中国政法大学出版社 1999 年版,第 41 ~42 页。

② [德]曼弗雷德·沃尔夫:《物权法》,吴越、李大雪译,法律出版社 2004 年版,第 14 页。

③ 参见苏永钦:《走入新世纪的私法自治》,中国政法大学出版社 2003 年版,第 73 页。

逻辑在康德那里就已经很清晰了。[①]

三、公示原则:对抗第三人的前提条件

公示原则要求物权的变动必须以法律许可的方式向世公开,由此来获取相应的承认与保护,如物权变动未公示,则法律不承认其具有排他作用。很明显,公示原则的法理基础和法定原则一样,也都是立足于物权的绝对权本质,因此面向第三人利益而由法律对物权人进行的干预。故学者对此原则的说明大多是从此开始,认为物权因有排他效力与优先效力,对第三人之权益影响甚大,故就其变动与存在,乃须有一定之外在现象,以为公示之方法。沃尔夫认为,物权的绝对对世效力不仅要求对物权种类进行固定(物权法定),同时也要求物权的具体种类具有可识别性,公示原则就是服务于这个可识别的目的,物权转移的可识别性只有随着物的实际占有的转移才能体现出来,[②]即"欲让我尊重,必先让我知晓"。

以抵押权为例,抵押权的要义就在于其优先受偿效力,这才是抵押权最根本的属性,因其优先,必然要对抗其他债权人,增大其他权利人的风险,这是要求抵押权公示的原因,归根结底,都是其绝对性的必然要求。故学者说:"从法理上说,物权公示原则的基础是物权的绝对性和排他性,这是由物权的本质决定的。"[③]

仅从为了第三人这个理由来理解公示原则是不够的,保护第三人的基础恰恰在于第三人是物权关系的当事人,而不仅仅是物

---

① 康德认为,对人权与物权(对物权)的取得方式应截然有别:物权的获得方式是原始的,对人权的获得只能通过两个人联合的意志—契约的方式。参见[德]康德:《法的形而上学原理——权利的科学》,沈叔平译,商务印书馆1991年版,第89页。康德上述看法被认为是大陆法系物权法定与合同自治两大原则的滥觞。

② 参见[德]曼弗雷德·沃尔夫:《物权法》,吴越、李大雪译,法律出版社2004年版,第15页。

③ 孙宪忠:《物权法的基本范畴及主要制度反思》,载孙宪忠:《论物权法》,法律出版社2001年版,第22页。

权的外部社会背景，这也正是物权绝对权、对世权的性质的内在要求。坚持对物关系支配性的思维，会暗示变动物权是权利人的私事，强调自己的自由，时时欲秘密专断行事，这种秘密意思当然不能单方为第三人课加义务，于是，法律规定其必须借助法定方式将秘密意思展示出来，在保障支配自由之外再叠加一个保护第三人的社会外在要求。由此途径理解的公示原则，是一种强加的外在负担，欠缺坚固的逻辑基础，势必弱化此原则的效力。

公示的效力，因不同的立法例而有不同，即所谓公示对抗主义和公示要件主义。对比有关立法例可以看出，在对抗要件主义模式下，不公示不对抗第三人，而在公示要件主义下，不公示则物权变动无效，抛开名词概念的问题不谈，二者都是出于一个基本的公平要求，以公示作为权利发生对世、绝对权效力的依据，因此都与发生绝对效力这一效果相联结，在各自的制度体系内堪称妥当，实际效果亦相差不大。

上述公示效力的差别，仅仅反映了各自立法例中物权的本质把握上有所差别。在对抗主义模式下，不公示虽然认可有效，但仅有部分效力，法律承认其是物权，唯因不公示，又规定其不能对抗第三人，但严格说来，不能对抗第三人的，还能叫物权吗？这是建立在物权本质是支配权之上的判断，固然此时的权利是支配，不是请求，缺乏绝对性被认为无损权利品格，仍然是一种“相对的支配”，只是因欠缺普遍对抗性质，不能排除第三人的干涉。但是在坚持绝对性者看来，这却不可容忍。既然概念里规定了物权是一种“不受限制的”“排除他人干涉的”绝对支配，怎么这里又对第三人无效了呢？如果说这样状态下的物权只是存在状态上不同于“理念型物权”，效力稍稍缺损，那么所谓真正的存在状态又该当是怎样的呢？

公示要件主义的立法例，其根本的立足点就在于不承认“不能对抗第三人”的相对支配权是物权，即坚守物权的绝对权性质，物权性建立在绝对性而非支配性之上，这是其逻辑的总根源，这一效力安排也正是物权概念面的绝对性本质向制度面的自然延伸。至于保护交易安全、促进经济发展之类的考虑，更是附会出来的理由，是一种受到建构论影响的公法思维的外在说明方式，甚不可取。

四、区分原则：绝对性在物权变动中的延伸

区分原则，以及德国学者所说的抽象原则、无因原则，要求把物权变动这一连续性过程，至少在观念上应当被看作两步：一个是为原因行为的债权合同行为，另一个是结果行为的物权行为，并且把两个行为相互独立，其效力瑕疵互不影响。

（一）区分依据在于物权的绝对性

区分原则的法理基础存在于两个方面：第一个方面从行为角度来说，“买卖行为和所有权移转行为的区分源自分离原则”。[①]负担行为与处分行为这两种行为，是为德国民法学理论所强调的法律行为的一种基本分类，如果处分行为指向一个确定的物权，则该行为就是物权行为，相应的，其原因行为就是债权行为。在这样区分的基础上，再进一步，两种行为效力互不影响，即“无因原则”，无因原则的程度还要超过分离原则。法学上强调两种行为的分离、抽象及无因，以斩断连续交易中的因果链条，其最终价值是维护交易安全。否则，“人们倾向于把负担行为的有效成立作为处分行为发生效力的前提”，而“无因原则旨在使取得人可以不必对其前手们之间的原因行为进行考察，原因行为的无效，不影响让与人享有权利，民法典旨在通过无因原则，维护法律交往的方便性和安全性”，[②]即分离原则、无因原则最终还是着眼于第三人的，其间

---

① ［德］迪特尔·梅迪库斯：《德国民法总论》，邵建东译，法律出版社2000年版，第174页。

② 同上书，第178页。

逻辑与公示原则相同。

第二个方面的基础是以绝对性为基点的财产权二分法。债权行为与物权行为的界分，是物债二元区分从权利类型的静态层面向权利变动的动态层面自然延伸的结果，这里的逻辑甚为明显，区分原则在这里执行的功能就是在动态中贯彻物债区分，在每一个时间点上确定当事人手中取得的是什么权，而区分的基本点就是以权利有无绝对性进行判断。

基于两种权利的不同构造基础而发生的债权行为与物权行为的区分，其实早在康德的权利科学框架内即有萌芽。康德认为，通过契约"我并没有因此马上获得一件外在物，而仅仅获得一个达到这样目的的意志的行动，根据它，一个外在物便置于我的权力之下，于是我可以把它变成我的东西"，并进而指出，"在一项契约中获得一物，不是通过对允诺的接受而是通过被允诺对象的交付。如果被允诺的是一个物，那么要履行允诺只有通过一种行动，允诺人让接受人取得对该物的占有，这就是交付。在交付一物和接受一物前，需要履行的行动尚未发生，该物尚未从一人转到另一人手中，因此，该物尚未为另一人获得。所以，来自契约的权利仅仅是一种对人权，它只有经过交付才变成物权"。[①] 而交付则被理解为一项"特殊的合同"，以占有的移转为其内容，康德也称为"占有行为"(actum possessorium)。在这些理性认识的基础上，萨维尼基于绝对权和相对权的区分这一逻辑起点，提出物权行为理论，认为"交付是一个真正的契约，因为它具备契约概念的全部特征，它包括双方当事人对占有物和所有权移转的意思表示"，[②]这样一个独立的物权行为有自己独自的内容和生效要件，已经在事实上与原

① [德]康德：《法的形而上学原理——权利的科学》，沈叔平译，商务印书馆 1991 年版，第 91 ~92 页。

② [德]K. 茨威格特、H. 克茨：《抽象物权契约理论——德意志法系的特征》，孙宪忠译，载《外国法译评》1995 年第 2 期。

因行为中的债权合同分开了。

但是严格来说，物权行为应当是权利人与"一切人"之间的行为，也就是一个人的单方对世行为，何以仍被理解成权利人和另一特定人的双方行为？已经有学者提出，物权行为主体"应当是特定权利人和一切不特定的义务人"。[①] 该学者强调，萨维尼物权行为理论应当修正为"绝对物权行为"理论，即特定权利人与不特定义务人之间关于物权变动引起的法律行为。如果这样理解，则区分原则对执行物权绝对性的功能价值将更为彰显。

（二）区分的效果忠实贯彻了物权绝对性

在物权变动模式中采用严格的区分主义的立法例中，基本精神都是规定物权变动须通过独立的物权行为来完成，把一个笼统的买卖过程看作因果两个步骤，债权合同和直接的物权行为区别开来，这种区分的相应效果如下：

1. 原因行为的成立生效按照债权法的规定。即按照意思自治原则，由双方当事人达成一致即为成立，其效力不受嗣后的物权行为影响。而其生效以后，也仅仅是发生合同的效力，即相对效力，只能约束债务人，并不能直接发生对抗第三人的效果，此时，若发生一物二卖等情形，则第三人确定地取得物权，前一个合同落空，前债权人无权对抗该第三人。

2. 结果行为的成立生效按照物权法的规定。物权变动须以独立的物权合意并依法公示后，确定地发生物权变动的效果，该效果可以对抗直接第三人。

3. 两个行为分别依不同的生效条件，发生不同的法律效果，而且不能互相影响。既不能以原因行为中的瑕疵牵连到物权行为无效，又不能以物权行为中的瑕疵反射影响原因行为。

综上三方面效果，区分原则的制度实质就在于，买卖合同行为

---

① 于海涌：《论绝对物权行为理论之建构》，载《法商研究》2006 年第 4 期。

只能产生相对的请求权效力，不能产生物权排他性效力。可以说，区分原则的主要价值就是直接服务于债权物权的效力区分，“区分原则的建立符合物权为排他权而债权为请求权的基本法理”，[①]即绝对权与相对权两种财产权在动态的变动过程中的延伸。按此，原因行为即债权合同的生效只产生关于变动物权的请求权，而不能直接发生物权变动，该合同只有债法效力，即只是相对权、对人权上的约束力，而不能直接约束第三人，[②]即无绝对性效力，在一物二卖等场合，第三人取得的合法利益不受先买受人对抗。债权人欲获得预期的对抗效力，须再进行物权行为，才能真正取得物权，这些要求都是基于物权的绝对权本质的必然结论。在效力区分的基础上，一方面，防止物权行为瑕疵对债权行为的反射影响，而保护合同债权人的利益；另一方面，通过切断债权行为对物权行为效力的影响而保护交易第三人。物权行为的抽象和无因，对第三人的保护更为彻底。

不坚持区分原则的国家，即所谓同一原则的立法例，以一个统一的合同意思同时发生债上和物上效果，其弊端很明显。最主要的是对第三人过于不公平，作为补救，法国法引入对抗要件主义，为了公平的考虑，从保护第三人入手，规定物权公示后始能取得对抗第三人的效力，以对抗要件来缓和同一原则的弊病。但一来法理缺乏整合，二来这种对第三人的保护也是不全面的。

实行同一原则的立法例，虽然会在概念层面规定一种“绝对所有权”，但又容忍在特殊情况下一些情事引起物权丧失其绝对性的状态，在同一原则的立法例下，物权变动依意思即发生变动，而在“变动”后未公示的情况下，新的权利人能够针对前手成立一项物权，但该权利并非对世生效，其权利对前手来说是存在的，对第三

---

① 孙宪忠：《中国物权法总论》，法律出版社2003年版，第177页。

② 同上。

人来说是不存在的，于是就产生一项实际上的“相对性”权利，虽然这些国家把处于这种样态的权利也称为物权，但它显然已经不是绝对权了。结果，最讲究“绝对所有权”的法制中，缺乏绝对性的贯彻工具，只能在静态的概念层面有一个空头许诺，但在动态的物权变动中却必然走向权利的相对性。同一原则的制度背景，也恰恰对应着那种物债不分、物权概念不严谨的泛财产法制度，故学者指出，法国法如此处理物权变动问题的原因，在于法国民法中并无严格而准确的物权、债权的区分，法国民法中并没有形式意义上的物权立法，而学者关于物权的认识是一种“广义财产权”。[①] 也就是说，它本身就是物权概念缺失，具体而言是物权的绝对性缺失造成的结果。

总之，物权变动的区分原则，其法理基础在于物权、债权以绝对性为基点的严格二元对立，区分原则的法律效果是物权绝对性与债权相对性在动态移转中的贯彻和延伸，区分的制度价值在于消灭物权变动中的任何相对权利，确保物权绝对性在涉及物权变动时不被违反。

五、确定原则：绝对性原则的部分内涵

确定性原则应当包含三方面的要求：

1. 物权内容确定。法定主义之下，如果说当事人在设立限制物权方面存在一定形成权空间，如在抵押中决定抵押金额、在地役权中通道的管理或其他内容的确定等，那么由物权的绝对对世效力所决定，必须从内容上确定这些约定，以使第三人准确地知道他必须遵守什么以避免超越他人物权效力范围的界限。[②] 物权法

---

① 参见孙宪忠：《中国物权法总论》，法律出版社 2003 年版，第 168 页；尹田：《法国物权法》，法律出版社 1998 年版，第 2～5 页。

② 参见［德］曼弗雷德·沃尔夫：《物权法》，吴越、李大雪译，法律出版社 2004 年版，第 16 页。

定、变动公示,加上具体内容的确定性,最终结果才能保证物权的全部内容为第三人知晓,这是该物权获得对抗第三人之绝对性效力的内在逻辑要求。

2. 客体特定。根据特定原则,每一个独立的物上都存在一个单独的所有权,一个所有权只能设在一个唯一的物上而不能设在数个物的集合上。① 客体特定原则最终亦是绝对性所要求的,特定性基于为第三人准确划定义务边界的需求。②

3. 主体确定。鲍尔指出,物权特定原则的适用范围第一条就是“权利人主体地位”的特定,③即任何时候,某项物权“归谁”必须有明确唯一的定在,不能处于含糊不明的状态。那种某人的所有权对一部分人有效,而对另一部分人无效的安排,即所谓的“不能对抗第三人”的物权,其主体既不确切又不唯一,这样的相对权利、双重所有是对确定性的违反,可见,确定性原则就是为了反对“相对所有权”状态的,所有权不能及于二人,这也正是物权绝对性内容之一面。

第四节　物权绝对性的衍生效力

一、效力概说

关于“物权效力”的含义,更全面的理解是在物权与他人诉求的关系中,同一物上一项物权与其他权利发生支配冲突时,它们之间的相互排斥、谁先谁后的问题。④ 学者们对物权效力的认识亦

---

① 参见[德]曼弗雷德·沃尔夫:《物权法》,吴越、李大雪译,法律出版社2004年版,第16页。

② 参见孙宪忠:《中国物权法总论》,法律出版社2003年版,第191页。

③ 参见[德]鲍尔·施蒂尔纳:《德国物权法》(上册),张双根译,法律出版社2004年版,第65页。

④ 参见孙宪忠:《中国物权法总论》,法律出版社2003年版,第44页。

存在较大的分歧,形成诸多不同的学说。主要有二效力说、[①]三效力说[②]以及四效力说。[③] 笔者认为,有关争议在很大程度上是不必要的,无论谁包含谁,某种效力在某种情况下是否存在是关键,因此,每一种具体效力都是确切存在的,被包含不等于被否定或忽略,这就够了。总体来看,物权的排他效力、优先效力、追及效力、物上请求权效力这四种效力,都是物权的主要效力,同时,除这四种以外,不应否认还有其他更具体的效力,如所有权的归一效力、物权"堆迭"中的次序效力等。

物权的效力是物权本质的具体表现,并非另外一个孤立的问题。诸效力作为一种保障手段存在于支配性之外,是外在的目的和手段的关系。但它们与绝对性之间关系更近,甚至有时直接被称作绝对权效力,其实质无非是绝对性这一总体要求,在面临各种具体情况时在发挥作用而已。

对此,以下就这四种效力及其与绝对性的关系,做一简要梳理。为了方便论述,不妨把物权效力分为积极对抗型与消极防卫型,这并非暗示着这些效力之间有严格区别,无论是对抗型效力还是请求型效力,指向的都是他人,这已足以说明,它们背后的本质来源于对人关系的绝对性,而非对物关系的支配性。

二、"对抗型效力":排他、优先、追及效力

(一)排他效力与绝对性

物权的排他效力通常指同一标的物上不得成立两个以上所有权或两个以上不相容的物权,即通常所谓"一物一权",排他效力的主要作用是一种排斥之力,按照被其排斥的对象而言,该效力在

---

① 该观点认为物权仅具有优先效力与物权请求权效力。

② 该观点认为物权在优先效力与物权请求权效力之外,尚有排他效力。

③ 该观点认为物权除排他效力、物权请求权效力以及优先效力之外,尚有追及效力。

不同场合的表现如下：

1. 所有权对所有权：绝对排斥。由此形成所有权的一物一所有权原则，是排他效力最为典型的表现。

2. 所有权对他物权：共存与对抗。二者不是绝对地排斥，而是在并存的前提下形成对抗与限制关系，这主要是优先效力的内容。

3. 他物权之间：部分排斥。就同一标的物，以占有为条件的他物权之间相互排斥，但与不涉及占有的他物权则不排斥，可以共存。以占有为条件的他物权主要是地上权、永佃权、典权以及质权、留置权，因此，在同一物上这些权利不可共存。

4. 所有权、他物权对非权利的排斥：绝对地排除干涉。他人对同一物无权利依据的利益要求和意思，被认为是对物权的干涉和侵害，得排斥之，若造成物权的现实损害或障碍，则必须承担责任，这是物上请求权的内容。

排他性从何而来？对物思维从支配来解释，但从“支配物”到“排除人”中间，显然有一个逻辑的鸿沟无法直接跨越。排他效力与绝对性的关系最为密切而明显，“一物一权”的内涵本来就等于“不得及于二人”，因此，有时人们直接把排他效力叫作绝对效力、对世效力，二者在不严谨的语境下可以算同义词，就是基于排他效力直接源于物权绝对性。物权的绝对性本质导致其能够对抗一切人，一切人作为义务人都负有尊重和承认该权利的义务，因此，一切人对该物主张权利都是不成功的，被视为“干涉”“侵害”，否认一切人权利意思的正确性，否认其可以形成权利，是谓“排他”，也就在效果上达到了“一物一权”，排他效力的功能正在于排斥其他的，以保证唯一正确的，形成“一对多”的对抗关系，也就是那个绝对的普遍对抗的物权。因此，这种逻辑之中的“一物一权”不是偶然和专断的特殊规定，而是物权本性使然。

（二）优先效力与绝对性

排他效力重在防止他人在同一物上再行设定相冲突的物权，

优先效力解决的是同一物上已经再行设定其他物权或者债权时,有关权利之间的相互关系问题,优先效力发挥作用的场合,恰恰已经承认同一物上设定有数个物权或债权并存的事实,与排他效力紧密衔接。关于优先效力的作用范围,大多数学者都是持广义见解的,以优先效力兼指物权相互之间的优先和物权对债权的优先两个方面。

1. 物权相互之间的优先规则

就物权之间如何确定优先顺序,国内外法律中多是杂乱规定,学者也只能停留在情形列举中进行个别说明,难以理性归纳。孙宪忠先生提出两项判断标准:一是性质标准,即在不同种类的物权之间,限制性物权优先于基础性权利;二是时间标准,即同类物权遵循“成立在先、效力在先”,在先成立的优于在后成立的。以这两项标准应用于各种复杂情况,对物权之间的对抗关系基本上可以得到明晰理性的把握。

2. 物权均具有优先于债权的效力

物权优先于债权的效力包括所有权的优先效力、定限物权的优先效力、物权优先于一般债权三个方面。物权具有优先于债权的效力,这是一般的原则,但也有例外的情况,主要是“买卖不破租赁”等情况下的法律特别规定。总体来说,其优先性主要体现在以下几个情况:

(1)物权与债权共同指向一物,如一物数卖等情况下,先交付的取得物权,对抗后买受人的债权,或者为第三人设立一项抵押、质押等负担,则第三人新取得的所有权或抵押权等物权具有优先于合同债权的效力,纵然设立在后,这些物权也能对抗在先的买受人债权。

(2)就物的补偿金、赔偿金的优先权,如土地被征收时,对于补偿的地价,物上的担保物权人、用益物权人均优先于一般债权人受偿。[①]

(3)债务人财产上设有担保物权的,担保物权人就处分担保物的价金享有优先受偿权利。

(4)非属于债务人所有之物,所有人有取回该物的权利,该权利优先于债权人的请求。对此亦可解释为追及效力。

(5)按份共有人的优先购买权优先于承租人的优先购买权。

对于物权的优先效力,人们可以从各种方面加以说明,如有人坚持这是基于物权的直接支配特性,还有学者认为是为了保护第三人,另有一些论者认为是因为“利益的现实性”,并认为这是关于物债效力区分的“新思维”,其实则完全割裂了法律自身体系而从外部干预其逻辑的专横判断而已。从法律自身逻辑来看,如前所述,优先效力是排他效力的自然延伸,二者紧密衔接而共同服从于一个更高的要求——物权的绝对性与排他性,正因为某项权利是物权,就获得了物权属性中的绝对性,从而得以对抗一切人,包括对抗前手债权人,因此才突破了时间的链条,而以逻辑的链条决定其优先等级,只有这样理解,才能真正把握在后的权利为什么能优于在先者,也才能真正说明为什么物权优先是法律上正当的结论。因此,归根结底,“物权的优先效力是自物权的排他性而来”“物权的这种优先效力,实际上就是物权之排他性的直接效果”。[②]

(三)追及效力与绝对性

追及即罗马法上的“发现自己之物得取回”“物在呼叫主人”,不管财产辗转落入何人之手,物权人可追至其处直接取回,而无视现占有人及其前手之间的交易链条。可以说,追及效力是和物权之间的优先效力有关的,但从更深渊源来看,追及与优先又都是排

---

① 参见谢在全:《民法物权论》,中国政法大学出版社1999年版,第32~35页。

② [日]我妻荣:《日本物权法》,台北,五南图书出版股份有限公司1999年版,第17~18页。

他效力及背后物权绝对性的结果,物权的普遍对抗效力意味着第三人对其所负义务并不以任何相对关系为必要。因此,学者断言:物权的追及效力或追及性,其实是物权变动中“成立在先”原则的体现,其本质共同来源于物权的绝对性与排他性。[1] 甚至有学者认为,追及效力为排他效力所包含,不必单列出来。[2] 这些观点都从侧面反映出追及效力和绝对性的密切联系。理想的追及效力完全不受相对法律关系禁锢,当陌生的物权人从天而降直接取回所属财产时,财产的现占有人一定会深刻地体会到什么叫作绝对、对世、对抗第三人。

物权的追及效力在功能上与物权请求权效力或物权的优先效力交叉,但侧重点与观察角度还是有所区别的。追及效力突出表现在物权效力超越任何直接的相对关系,主要是解决物的现占有人丧失占有依据的情况,是权利对非权利的效力,不是物权与物权的相互关系,因此与优先效力不能互相替代。

三、“防卫型效力”:物权请求权

物权人于其物被侵害或有被侵害之虞时,得请求恢复物权圆满状态或防止侵害之权利,谓之物上请求权(或物权请求权)。[3] 对于物权请求权的具体范围,通说一般归纳为返还原物请求权、妨害除去请求权、妨害防止请求权三种。此外,我国学者又提出了“恢复原状请求权”。物上请求权作为物权效力的特色在于,它的效力能对抗一般债权,如果返还原物请求权与某项债权请求权共同指向同一物,它们之间直接发生冲突,则此时,物权的优先效力导致物权请求权优先于债权请求权。

---

① 参见孙宪忠:《中国物权法总论》,法律出版社2003年版,第46页。
② 参见史尚宽:《物权法论》,中国政法大学出版社2000年版,第9页。
③ 参见谢在全:《民法物权论》,中国政法大学出版社1999年版,第32~36页。

(一)物权请求权的法基础

关于物上请求权的基础,存在“绝对权说”“支配权说”以及“排他权说”等不同主张,通说支持绝对权说。谢在全直接把物上请求权列入绝对性的固有内容之一,其认识是“物上请求权效力乃自物权保护之绝对性而来”。[①] 德国学者多持类似见解,鲍尔·施蒂尔纳的《德国物权法》则在原则层面上论述这些效力与绝对性的关联,最初是在关于物权法基本原则的论述中,在“绝对性原则”项下引入物上请求权问题的,指出绝对性原则的意义在于它所提供的全面的法律保护,而保护的方式是按照针对可能的侵害方式设计的,于是形成一系列侵害—保护的关系模式。[②] 这一基本立场亦反映在孙宪忠先生的论著中,物权请求权被视为物权绝对性原则的三大支柱之一,并特别指出:物权绝对性原则的实践意义最主要的就在于这些保护权,该保护包括自助和行使物权请求权。[③] 总之,物权请求权的基础在于其对人关系之绝对性,应无疑问。

(二)关于物权请求权的性质定位

1.性质之争的观念根源

国内外学者对物权请求权的性质争论由来已久,德国学者间过去曾存在争论,但通说认可了它是物权附属效力。在这些争论也反映在我国学者的论述中,代表性的观点有以下三类:一是物权附属性权利说,认为是附属于物权的效力;二是债权说,有学者认为,物权请求权系请求特定人为特定行为(排除侵害)之权利,为行为请求权,故为纯粹之债权;三是独立的权利说。三种观点的分歧实质,就在于各自把这些请求权与物权、债权、侵权法联系起来,

---

① 谢在全:《民法物权论》,中国政法大学出版社1999年版,第26~27页。

② 参见[德]鲍尔·施蒂尔纳:《德国物权法》(上册),张双根译,法律出版社2004年版,第58~59页。

③ 参见孙宪忠:《中国物权法总论》,法律出版社2003年版,第159~160页。

从各自不同的法理基础中进行不同的性质定位。

在其性质争论中，影响论者立场的一个观念基础就是如何看待物权的绝对性及其与物上请求权的关系，如果观念中把绝对性看作物权的根本性质和概念的内核，并把物上请求权看作绝对性直接衍生的效力，自然就会得出结论说物权请求权是应该包含于物权中的一个附属效力而不是另有来源的别的什么权利，因此坚持将其放在物权法中而不归入债法。反之，如不做上述理解，隔断物上请求权与物权绝对性内核的紧密联系，把它们看作保障权利人"支配"为目标的手段，于是，物上请求权就会被看作外在于物权的、某项独立的保障或救济权利，则很容易得出结论说这些请求权的基础在侵权法，而其性质是侵权之债，与别的侵权之债没什么不同，因此完全可以从物权法中拿出来放入债法。显然，《德国民法典》的制定者是遵循了前一种思路的，很明显是从物权的绝对性本质出发，物权与物上请求权之间的关系是内在一致的，而未被看作外在的目的与手段的关系，这两种关系模式带来的差别是很大的，而最终的出发点则取决于是否坚持"物权的本性是绝对性"这一基本判断。

2. 物权请求权的派生与附属性质

产生性质认识分歧的另一个原因是，物权请求权中的"请求权"时时给人以不恰当的暗示，使人产生债权联想，而这一联想的一个根源又在于论者心目中，对物债区分标准为支配权与请求权之区别的根深蒂固的偏见。其实请求权并非直接对应着债权，请求权（Anspruch）的概念系由德国法学家温德夏伊德（Winscheid）由罗马法上的"*Actio*"发展而来，认为于诉权（公权）之外，尚存在实体法上的请求权（私权），基于其不同发生基础，请求权被进一步区分为物权请求权、债权请求权、人格权上的请求权以及身份权上的请求权等。对于请求权的性质，学者有十分确切地说明：请求权系由基础权利而发生，为“权利的表现，而非与权利同属一物”。[①] 依德国民法理论的通说，物权请求权“是一种附属性权利而不是独立的权利”，其理由是，物权请求权基于保障物权的完满状态而生，并无独立的存在目的，而且更重要的是，此种权利完全不可与本权脱离，不可独立地被让与第三人（凡独立的财产权利，必可予以独立转让），一般也不罹于诉讼时效；同时，此种权利具有消极性，仅在物权的积极权能的行使受到妨碍时方可有行使的机会。[②] 由此，“物权附属性权利说”居于通说地位。

关于物上请求权的“债权说”之误，其实就是把请求权等价于债权，因而在“非物即债”的两难判断中转圈，其实，应该出离物债领域，请求权是更高位阶的分类，就其本质来说，债权的请求权和物权的请求权都是作为本权的效力而存在的，它们本身却不是财产权，具体到物权请求权，它只能是物权的衍生效力，却绝对不是一个独立的财产权类型。

3. 物上请求权是基于物权绝对性的衍生效力

德国民法对物权请求权的性质亦定位为“附属性权利”，其要义就是把他看作“从物权的排他性、**绝对性衍生而来**的防护性请求权，是一种不可以脱离所附属的物权的权利”，[③]这种附属性决定了它不能是独立的权利类型，而只能是物权绝对性的衍生效力。

在立法上，物权请求权制度为《德国民法典》所创设，其原因与德国民法将物权与债权严格区分有直接关系。[④] 但是在德国法之前，自罗马法以来源远流长的对物诉讼中，这些请求权的“质料”已经很完备了，但“发明专利”依然归于德国法，说明这一发明

---

① 王泽鉴：《民法总则》，中国政法大学出版社2001年版，第100页。

② 参见孙宪忠：《中国物权法总论》，法律出版社2003年版，第317页。

③ 同上。

④ 参见尹田：《论物权的效力》，载方流芳主编：《法大评论》（第2卷），中国政法大学出版社2003年版。

的关键就在于把这些“质料”赋予新的内涵而形成独特制度，重组是关键的一步，在重组中实现了把物上请求权完美结合进物权中形成物权附属效力，而不是诉讼法或侵权法或债法的内容，重组的基础就是把它们与物权的绝对性本质相联结，而且更发人深思的是，民法典的制定者恰恰是在坚持严格的物债分立的前提下，如此安排物上请求权之性质地位的。

四、在执行与破产程序中：取回权、别除权、异议权

（一）执行程序中的物权效力

在民事执行程序中，债务人的一般责任财产作为执行标的时，所涉及的某物上如果有他人物权，则可对抗债权，不能被执行或消除。为保障这些物权的效力，各国诉讼法中一般是赋予有关物权人一个“异议之诉”的权利。据此，物权的绝对性效力在执行程序中得以贯彻，表现为物权人的各项异议权：

1. 所有权的取回权。

2. 用益物权的继续有效。

3. 担保物权的排除权。典权人、质权人及留置权人于其标的物，受其他债权人之强制执行请求时，亦得本于物权优先效力，诉请排除之。[①]

（二）破产程序中的物权效力

在破产程序中，物权对抗效力更加明显，物权性的权利得以优先于破产债权人利益得到保护，实际上，物权效力依不同类型而产生的是以下三项对抗权利：

1. 所有权人的取回权。属于他人的财产不得入破产财团，所有人有从破产管理人处取回的权利。我国《企业破产法》第 29 条对此也作出了规定：“破产企业内属于他人的财产，由该财产的权

---

① 参见谢在全：《民法物权论》，中国政法大学出版社 1999 年版，第 35 页。

利人通过清算组取回。”这是关于取回权的原则性规定。最高人民法院《关于审理企业破产案件若干问题的规定》第72条将物权人取回权的行使范围细化列举为:债务人基于仓储、保管、加工承揽、委托交易、代销、借用、寄存、租赁等法律关系占有、使用的他人财产。

2. 担保物权人的别除权与优先受偿权。在债务人破产时,如果破产财产中的特定部分负担有担保物权,如抵押权、质押权,则所涉及的财产可不列入破产财产进行分配,此即别除权,如果权利人放弃这项权利,权利人亦有就抵押物价值优先受偿的权利。

3. 如果破产财产中的不动产上设定有地上权一类的用益物权,则该用益物权能对抗债权且优先于债权。

(三)程序效力仍然是物权绝对性的衍生效力

对执行程序和破产程序中的物权特别效力,学者从不同角度观察,分别以物权的排他效力、优先效力、追及效力以及物上请求权效力说明之。例如,有学者认为,取回权和别除权基础不同,取回权的优先性基于物权(主要指所有权)的排他性,别除权的优先性基于担保权的优先受偿性;还有学者认为,这是物权请求权优先于债权请求权的结果;也有观点从排他性出发,认为取回权的标的物根本不在破产财产的范围内,因此根本不存在不同请求权之间的“竞争”,等等。应该说上述的说明角度都可以成立,都是正确的,彼此不存在原则分歧,但归根结底,这些效力的总根源在于物权自身的绝对性,能对抗一切人,特别是债权人,这一性质即使到了程序法中亦不可改变,正基于此,才发生了物权请求权对债权的优先、原所有人向破产管理人的追及,以及所有权人利益的排他及抵押权人的优先受偿,而所谓排他、追及、优先等,本身亦无非物权绝对性各个侧面的表现。

五、担保物权效力体系及其辨析（以抵押权为例）

（一）抵押权的应然效力

抵押权就其目的来说，非为占有用益物之实体，而是为担保债务而设立于他人物上的一个负担，于债务人不履行债务时得依法以标的物的价值来优先受偿的物权。抵押权自应具备一般物权的效力。同时，由于抵押的特殊目的和不转移占有等特性，其具体效力表现又有所侧重，具体而言：

1. 抵押不以占有标的物为内容，不具有排斥同类效力，可重复抵押。

2. 抵押以优先受偿为目的，故其主要效力为优先效力。

3. 与优先效力紧密相连，抵押的追及效力亦很重要，物的所有权转让不影响抵押权。

4. 抵押自身因不具备占有要素，故无直接的自力防卫手段，但可以代位行使所有权人的物上请求权。

5. 抵押权作为限制物权，可以对抗所有权，表现为抵押权的保全效力。

据此，抵押基于其物权性即绝对性，并由于抵押自身特性，围绕优先受偿这个目的，其效力以优先和追及为核心，以保全和物权请求权为保障，这是抵押按照物权自身的逻辑推出的理论上的“应然效力”。

（二）我国立法中抵押权效力设计的特点

我国担保制度对抵押权的效力设计，与其理论上的应然效力有所偏离，特别是立法者过分强调保护抵押权安全，在优先权、追及权、次序权之外，为其赋予了强大的保全效力，对所有权人处分抵押物进行限制的权利，以及就抵押物转让价款的物上代位效力，诸多效力的全方位保护可谓“万无一失”，但由此设计带来的问题也不少。概括而言，我国抵押权效力体系中比较独特和争论最多的问题是，限制转让、限制抵押权再行设定和扩大代位。

1. 限制抵押物的自由转让

我国担保制度的一个传统是对抵押人施加过多限制，其中最突出的是限制抵押物的自由转让，以抵押权限制抵押物的转让在立法和司法实务乃至学界中都成为定见。其要点是，在抵押期间，为抵押权人利益，非经其同意，抵押人不得将抵押物转让他人，转让行为无效。这一做法因其严重限制了所有权人的固有处分权，阻碍了物的自由流通，受到实践和学界的不断质疑，推动了限制转让的立场随着时间而呈现逐步放开的趋势。

最初，最高人民法院《关于贯彻执行〈中华人民共和国民法通则〉若干问题的意见（试行）》第115条第1款规定："在抵押期间，非经债权人同意，抵押人将同一抵押物转让他人的，其转让行为无效。"这是一种绝对的限制。后来，我国《担保法》第49条对此放松了管制，其规定：抵押期间，抵押人转让已办理登记的抵押物的，应当通知抵押权人并告知受让人转让物已经抵押的情况；抵押人未通知抵押权人或者未告知受让人的，转让行为无效。这一规定把此前的"转让无效"的绝对限制改为相对限制，允许了所有权人在履行两项告知义务的前提下可以转让，抵押权的干涉由"同意"改为"告知"，因此，学者对此多持欢迎态度，认为至少在程度上是有所缓和的，预示着我国抵押担保立法已经有所进步。[1] 这之后缓和的趋势仍在继续，最高人民法院《关于适用〈中华人民共和国担保法〉若干问题的解释》第67条进一步规定："抵押权存续期间，抵押人转让抵押物未通知抵押权人或者告知受让人的，如果抵押物已经登记的，抵押权人仍可以行使抵押权；取得抵押物所有权的受让人，可以代替债务人清偿其全部债务，使抵押权消灭，受让人清偿债务后可以向抵押人追偿。如果抵押物未经登记的，抵押

① 参见邹海林：《抵押物的转让与抵押权的效力》，载《法学研究》1999年第4期。

权不得对抗受让人,因此给抵押权人造成损失的,由抵押人承担赔偿责任。"由此进一步放松了限制,实际上是承认了即使所有权人自由转让也是有效的,在该转让有效的前提下兼顾各方利益,以物权效力的自身逻辑实现公正。学者认为:这一系列变化可以看出一条明显的演变轨迹,对抵押权人的干涉权经历了由同意权到知情权到"无条件转让"的演进,"这是我国现代法制建设不断取得进步的一个例证"。[①]

但遗憾的是,上述"进步"的趋势却出现了反复,在《物权法》的制定过程中,却继续复辟了限制转让的传统,我国新通过的《物权法》第191条对明确规定:抵押期间,未经抵押权人同意,不得转让抵押财产。如此规定,重新肯认了抵押权人的同意权,强化了其对所有权的干涉效力。

2. 抵押权再设定的限制

与限制所有权人自由转让抵押物相似,我国法律对抵押物上再行设定担保也加以限制。我国《担保法》第35条规定:"抵押人所担保的债权不得超出其抵押物的价值。财产抵押后,该财产的价值大于所担保债权的余额部分,可以再次抵押,但不得超出其余额部分。"两种限制出于同一思路,其中限制再行抵押实际上是赋予抵押权"一物一抵押权"效力。

3. 扩大代位范围

与限制抵押物的转让紧密相连的另一制度,是赋予抵押权人以就转让价款的"物上代位权"效力,这主要是受日本民法的影响所致,即认为抵押权的本质是支配物的交换价值,出于价值的同一性,抵押权也可及于该价值的转化形态,包括转让价款。[②] 于是,保全抵押物的交换价值就成为设计抵押权制度所必须考虑的内

---

① 邹海林:《抵押物的转让与抵押权的效力》,载《法学研究》1999年第4期。

② 参见史尚宽:《物权法论》,中国政法大学出版社2000年版,第225页。

容,为保障这一代位权利益,我国担保制度在规定了抵押权人对抵押物转让的同意权的同时,也规定了抵押权人对转让价格的干预,若抵押人转让抵押物的价款明显低于其价值,则抵押权人可以要求抵押人提供相应的担保,抵押人不提供的,不得转让抵押物。我国新通过的《物权法》亦遵循了这一传统,该法第191条第1款规定,抵押人"抵押期间,抵押人经抵押权人同意转让抵押财产的,应当将转让所得的价款向抵押权人提前清偿债务或者提存。转让的价款超过债权数额的部分归抵押人所有,不足部分由债务人清偿",但这又与国际通行做法相反。

把传统的代位物范围扩至转让价金,"始作俑者"是日本民法。《日本民法典》第372条规定,抵押权准用《日本民法典》第304条(先取特权的物上代位)的规定,因抵押物变卖、租赁、灭失或毁损而应受的金钱或其他物,亦可行使。然而,日本学者之间就此扩大范围,争议很大。其中关于是否将代位范围扩至抵押物的租金,最新的判例学说多采租金物上代位否定说,这已成为当今日本民法判例学说上的有力说。[①] 从世界范围来看,扩大代位范围的做法,赞同者较少。

传统的抵押物的代位物,以抵押物的毁损或灭失而取得之转化价值为限,并不包括一般转让的价款。因抵押权对抵押物具有追及效力,对抵押权人的保护至为充分,德国、瑞士等国家和地区民法并不承认抵押权对抵押物的**转让价金**请求权有物上代位的必要。这些国家和地区的民法将抵押权的物上代位性归结为抵押权人所享有的法定债权质,即不作为抵押权的一般效力。《德国民法典》第1127条第1款规定:"属于抵押权的标的物为土地所有人或自主占有人的利益提交保险时,抵押权扩及于对保险人的债权。"依照上述立法例,抵押权的物上代位性主要适用于抵押物灭失或

① 史尚宽:《物权法论》,中国政法大学出版社2000年版,第225页。

毁损而抵押权人对抵押物行使权利不能的场合。我国台湾地区“民法”原则承认抵押权的效力及于抵押物灭失的代位物上,可得代位的对象主要包括抵押人的保险金请求权、侵害赔偿请求权、公用征收之补偿金债权、抵押物灭失或毁损后的残存物等。[①] 学说认为,抵押物的灭失是指抵押物的绝对灭失,若发生抵押物的相对灭失,如抵押人将抵押物转让于第三人,不发生代位问题。

(三)我国抵押权效力设计的观念实质:支配中心主义

1. 功能替代思路下不同效力的消长关系

我国担保制度过分强化抵押权保全,特别是规定抵押权人对所有权人转让抵押物以及再设担保进行限制,是唯恐抵押物转让、处分后抵押权的实现困难,因此通过转让限制来加以控制。实际上,意图以对抵押人的处分干涉权来保全抵押权,这正是对抵押权固有效力——优先与追及的重视不足所致。

按抵押权固有的绝对效力,不受抵押物转让或其他交易的任何影响,甚至正是在物被转让或设立其他负担之时,才是物权绝对性发挥作用之时。抵押权人基于其物权性质,可以对抗抵押物的所有人和第三人,包括受让抵押物的第三人。自罗马法以来,立法例始终承认抵押权对抵押物的追及效力,抵押权人依照此物权效力,不论抵押物的所在,均可追及实现而优先清偿抵押担保的债权,追及效力是抵押权的物权效力之核心。[②]

上述的对抗、优先和追及,其前提恰恰是承认所有权人转让标的物、承认新受让人的所有权以及承认新设立的抵押权,在这个前提下,有效的权利之间才可言优先,而向受让人追及,也是先承认了所有权转移的事实后才向他追及的,而并非对受让人所有权以及后设抵押权本身权利性的否定。反过来说,若限制转让与处分,

---

① 参见陈华彬:《物权法原理》,国家行政学院出版社1998年版,第609页。

② 参见邹海林:《抵押物的转让与抵押权的效力》,载《法学研究》1999年第4期。

则根本没有优先效力和追及效力发挥作用的余地。

我国物权立法规定抵押权人对抵押物转让的干涉效力，表面上是把限制转让和优先、追及效力并重，似乎保护最全面，但却隐含着一个矛盾：若抵押权能追及并优先受偿，何必限制转让，若限制转让并禁止再担保，追及与优先又到哪里发挥作用？抵押权人的干涉权与追及权，因这种功能替代与彼此否定，呈现为此消彼长的关系，强化抵押权对所有权人的干涉，实际效果就是弱化抵押权的优先和追及效力。比较和缓的限制带来较少的弱化，绝对的限制则会完全否定抵押权的应然效力。

忽视追及效力的结果，是代之以抵押权人对所有权人处分抵押物的限制，忽视优先性的结果是禁止所有权人再行设立抵押，这是我国抵押权效力体系设计的问题实质。我国《担保法》第 49 条第 3 款以及我国《物权法》第 191 条的规定，实际上是为弥补淡化追及效力带来的对抵押权的保护不足，只好强调并扩张其物上代位权。

2. 支配中心主义的效力体系

抵押权的目的是变价受偿，核心是一个“优先受偿权”，其物权效力表现为优先性和追及性，这是基于物权绝对性和排他效力的表现。但若执于支配性，则会看重抵押权对物的某种支配，于是把抵押的主要效力看作对标的物的某种处分权，就是抵押权人处分自由的限制，关于抵押效力的安排反映着物权观念偏重支配性的一面，背后的观念基础是，围绕支配来设计效力，表现出一种强烈的“支配中心主义”，并因此而导致对抵押权物权性以及应然效力的背离。因此，我国《物权法》第 191 条的规定不能不说是一个观念的倒退。

对抵押物转让的干涉效力实际上是基于抵押权的支配性考虑的，即“为避免抵押物的转让而可能对抵押物的交换价值产生不利影响，尽可能地维护抵押权人对抵押物的交换价值的支配力”。实际上，转让是一个法律行为，它如何能对抵押物自身的价值造成损害呢？这是难以想象的，如果转让价格过低，受损失的只有所有权人自己，抵押权人若追及于原物之上行使权利，原物没有因转让而贬值，他丝毫不会受什么影响。就算赞成这一干涉立场的学者自己也承认，处分抵押物并不影响抵押权人的权利和利益，抵押人处分抵押物的权利不应当受到限制。[①] 抵押人转让抵押物的行为，若不涉及抵押物交换价值的降低，抵押权人对抵押物交换价值又具有追及力，则转让对抵押权人的利益并无任何损害，抵押权人没有理由限制抵押人处分抵押物。因此，与其说限制抵押是为了保全抵押权，或是为了保持原物的价值，不如说它主要的关注点在转让价款上，这又与扩大代位物范围的习惯联结起来。

3. "支配交换价值"的不恰当暗示

对物关系、支配说在抵押权上遇到的一个困惑是，在抵押权中，抵押权的固有效力中并无明显的"支配抵押物"性质，特别是抵押权的物上代位性更加减弱了支配表征，很明显抵押权中的直接对物支配性质已经很薄弱了，在抵押权领域，其物权性在于绝对性而不在于支配性最为明显，相对于所有权和用益物权情况下那种绝对性被支配现象所覆盖，抵押权中由于不转移占有，抵押权与占有的分离更为彻底，其权利的抽象性更高，在所有权和用益物权的情况下，人们坚持认为支配第一性、排他是附属性质还可理解，但从抵押权的目的和效力来看，人们找不到丝毫"支配"的影子，但观念中的支配情结依然挥不去，固执于支配性思维的学者进而附会出一个"支配抵押物的交换价值"，这本来是一个经济学的思考，但被直接拿进法学的规范中，是否妥当？

价值支配说是为解脱对物关系之困，一方面，修改了物权客体

---

① 参见王利明：《物权法论》，中国政法大学出版社 2003 年版，第 719 ~ 720 页。

限定于有体物的基本原则，因为价值是一个主观的东西，①这样一个文学的和经济学的说法，不但直接违反了物权法的特定原则，而且把抵押中的物权效力弄得更加模糊。另一方面，脱困的结果使人们的思维继续沿着支配路线走得更远，既然抵押权在于支配物之交换价值，那么想当然的结论就是追及的对象不再是物而是物的所谓"价值转化形态"。由此，抵押权人不必向买受人主张物上效力，而是宁愿继续向原所有权人主张就转让价款实现权利，把代位物的范围轻易扩大到转让价款之上，抵押权人在物本身之上的追及效和优先效力变得更加不重要，抵押权人对抗不特定第三人（买受人）的绝对权效力更加不明显。

（四）支配中心主义效力体系的弊端

我国抵押权的效力体系设计并非是尊重法律的内在逻辑，而是在利益集团压力下分别孤立地对特定主体进行外在保护的思路，于是，为抵押权人利益着想而赋予其干预所有权人处分自由的效力，为第三人着想规定了转让人的告知义务，并动辄以"无效"来阻断有关权利效力的自然衔接，属于典型的"头痛医头，脚痛医脚"，有关效力之间的关系是比较混乱的，带来的问题也比较多，因此，该效力体系一直受到学界的广泛批评。

1. 处分干预违背法理和逻辑

抵押权对所有权人的干涉效力，最大的问题是欠缺法理基础，限制转让实际上剥夺了所有权人应有的自治空间，直接造成了权

---

① 经济学上，按照奥地利学派的卡尔·门格尔的看法，价值是个主观的存在，既不是物自身的客观属性，也不是什么劳动创造的东西，而是人们主观上关于物和人之间的效用关系的主观评价，甚至不是物和人关系本身，它的全部内涵存在于主观观念中，"价值就是经济人对于财货所具有的意义所下的判断，因而，价值绝不存在于经济人的意识之外"。参见［奥］卡尔·门格尔：《国民经济学原理》，刘絜敖译，上海人民出版社2001年版，第72～76页。准此以观，以主观的价值作为物权的客体，违背了客体客观化原则。

利的冲突,绝对所有权“不受干涉”的一面在此被无理剥夺,其正义性和科学性都值得质疑。立法者的立场或许是为了尽力实现抵押权的绝对效力,但抵押权和所有权都是绝对权,它们的绝对效力完全可以共存,未必意味着其中一个要消灭另一个。有学者进一步指出,抵押人甚至可以将抵押物赠予第三人而不收取任何对价,法律对其没有加以干涉的理由。[①] 从民法的传统与各国和地区“立法”例来看,这种抵押权直接干涉所有权转让的做法是比较罕见的,如我国台湾地区“民法”第 867 条规定,抵押权设定后,不动产所有人可将之让与他人,而抵押权不受影响。《德国民法典》甚至特地禁止了这种干预,其第 1136 条规定,“所有权人对债权人约定承担土地不转让或者不再设定义务负担的,其约定无效”。相比之下,我国担保制度中的干涉所有权人处分自由立场不符合市民法的基本精神,并且人为制造了权利之间的冲突。

就重复抵押而言,在法理上,抵押权不具有彼此排他性,学者一般都认可,抵押权之间不应互相排斥,在抵押权设定后,再次抵押并无任何法律问题。在社会效果上,抵押权重复设定不影响抵押权的实现,依照抵押权的优先效力和在先原则,先成立的抵押权不会因后成立抵押而受到影响,其固有的次序权足以保障之,而后设立的抵押,因物权公示等原因,推定为当事人知晓,而仍愿意抵押,法律亦不应干预。因此,通说认为,对于抵押人不妨碍抵押物的交换价值的处分或用益行为,没有干涉的必要。[②]

干预的出发点应该说是为了强化抵押权的保全效力。抵押权由于不转移物的占有,物一直在原所有权人的控制之下,因此,所有权人滥用占有地位,对抵押权造成妨害的机会就多一些,故为抵押权设计保全措施当然是必要的。但传统的保全措施主要是两

---

① 参见邹海林:《抵押物的转让与抵押权的效力》,载《法学研究》1999 年第 4 期。

② 同上。

项:一是规定抵押人在抵押权存续期间,**不得有降低抵押物的价值的行为**,对此应受抵押权人要求停止相应行为的限制,并有责任恢复抵押物减少的价值,或者为抵押权人的利益另行提供补充担保;二是抵押人的代位权,即代位行使所有权人对侵害人的物上请求权。这些保全措施并无终局意义,仅仅是为了保障将来权利行使而设立的,但我国的做法实际上大大扩张了保全的范围,把所有权人正常行使权利的行为也纳入保全范围,实际上已经超出了抵押权自身空间,侵入所有权领域了,未免走得太远。

上述两项干预与物权的其他制度、原则之间亦缺乏整合,各自为政,比如,"告知"义务就是明显的对公示原则没有信心,而限制转让、干预转让价金等规定,也是对抵押权的优先效力和追及效力没有信心,抵押权人就价金受偿和对抵押物行使追及权之间,亦是彼此矛盾,等等。以致有学者评价说,根据我国《担保法》第 49 条的规定,抵押权的有效性与抵押物的转让的有效性是相互排斥的,因为抵押人在转让抵押物时没有通知抵押权人且未告知受让人,转让抵押物的行为无效,抵押权不因抵押人的无效转让行为而受影响;若抵押物的转让有效,则抵押权人仅能就抵押物的转让价金行使权利,而不能对抵押物行使抵押权。据信,"承认抵押物的转让价金上可成立物上代位,但不承认抵押权具有追及的效力",为我国民法所确立的立法例。[①]

2. 限制了物的利用效率

限制转让在实践中的弊端更明显,这种限制实际上达到了和转移占有相同的效果,等于抵押权人间接占有了物,如此,抵押权制度设计中那些"物尽其用"对双方面的好处,如所有权人在不丧失所有权的前提下融通资金、抵押权人在免除保管之劳的前提下

---

① 参见许明月:《抵押权制度研究》,法律出版社 1998 年版,第 82~83 页、第 264 页。

获得担保等在此被抵销，限制转让等于强制抵押物退出流通，降低物的利用效率，而且太过于强调保护抵押权，在利益风险的分配上失去平衡，有违公正。从整个社会的总体效果来看，该款的规定对于抵押物的交易安全构成了巨大妨害，抵押权人或者抵押物的第三取得人均得以抵押人违反通知义务或者告知义务，主张抵押物的转让无效，成为制造纠纷或者争议的动因。可见，以抵押人违反法定限制而将抵押物的转让归结为无效，不仅不能有效保护抵押权人，而且也有害于抵押物的交易安全。

就禁止重复抵押的做法而言，学界公认其已经严重违背了物权效力的基本原则，对提高物的利用效率亦是一种抑止，因此在学说和实务双方面支持者更少，事实上早已被废弃。

3. 最终瓦解了抵押权的物权性

上述种种不合理规定，都是看到对物（价值）关系而看不到对人关系的结果，也都是注重抵押双方当事人相对关系而忽视抵押权对世效力的结果。正是定位不准，强调支配，最终模糊了物债界限，导致抵押权出现债权化的倾向。担保法的设计中一直关注的是抵押权人与抵押人双方的关系，处分限制和物上代位都是他们双方的关系，就其权利性来说和债权没有多大的区别，就其设立、变动也实行同一原则，不要求公示，以一个合同意思而设立，非但潜意识里如此，也真有论者明确提出抵押权就是债权的。[①] 担保法对抵押权的制度设计中忽视绝对性执着支配性造成的这些结果，特别是抵押权由此出现的债权倾向，更反过来使我们思考物权的本质属性问题，印证了某种权利的物权性在于其绝对性这个基本判断。

总之，从支配性出发构建抵押权的效力，偏离抵押权固有的对

---

① 参见孙宪忠：《中国物权法总论》，法律出版社2003年版，第158页下脚注3中有关说明。

抗、排他、优先、追及诸效力，片面强调抵押权人对抵押物的支配作用。一方面，规定抵押权人对抵押人处分抵押物的自由进行限制，限制其转让抵押物并设立其他抵押权的自由；另一方面，为突出“支配”性而通过“价值支配”的引申解释，扩张物上代位权的范围，以弥补淡化追及性带来的效力不足。至此扭曲了抵押权的本意，违反体系的自身逻辑造成观念的混乱，法律左支右绌、漏洞百出，并带来一系列更加利益失衡的现实后果，一切的一切，都是在于最初抵押权没有找准妥当的定位，把权利构造于支配性而非绝对性之上。

小　　结

物权的绝对性属性，并未仅仅表现为一种理论，停留在概念面和观念面，它更在整个物权法的制度面贯彻下去。其主要的贯彻工具是物权的各种衍生效力——排他、优先、追及、物上请求权等等，影响了各物权的具体效力设立。还有一个贯彻工具是通过物权法的基本原则，绝对性影响着物权的绝对性原则、物权法定原则、公示原则、区分原则、确定原则等，成为它们的来源和依据，在此基础上，绝对性贯彻到物权的静态和动态中，特别是在物权变动中也被坚持下来。以孙宪忠先生的话来说，物权的绝对性原则之所以成为物权法的基本原则，是因为这一原则在物权法的整体制度中具有指导性意义：它不仅仅是物权定义的根据，不仅仅是物权享有的根据，也是物权的各种变动包括物权取得与消灭的根据，更是物权法保护交易安全、保护第三人利益的根据。物权的绝对性原则甚至在物权的标的物丧失的情况下也能表现出来，也就是表现为物权人的物权代位权、代物请求权等。[①] 除上述在物权制度、

① 参见孙宪忠：《中国物权法总论》，法律出版社2003年版，第57页。

规则中的贯彻以外,绝对性还是整个物权法的结构性原则:由于把物权构造于绝对性基础上,实现了权利的抽象化,在此基础上物权与占有分离,形成物权—占有的平行保护体制,于是,占有制度在物权法体系中成为一个独立的制度群,占有制度随着物权制度一起发达起来。此外,构造于绝对性基础上的物权,着眼于对人效力而非对物自由,由此走出权利人封闭世界进入法律关系框架,在法律关系中实现了权利、主体、客体三者间的分离,摆脱了三者混同的模糊状态,这种分离实现了物权主体的抽象性,该抽象性又成为不同主体间物权平等保护的理念基础;这种分离实现了物的纯客观化,由此导致物权法把客体固执于有体物、特定物之上的制度特征;由此实现了权利本身的观念化,实现了更高的技术性;并在分离最彻底的领域——不动产领域内表现为抽象物权制度的极大发达,与之形成对照的是动产领域内物权的不发达,物权让位于占有,由此导致了动产和不动产两大领域物权制度的不平衡发展。总而言之,物权的绝对性在物权法的原则、制度、效力、结构、体系特征等方面,都得到了彻底而系统的贯彻,并因此而确保整个物权法在这一共同构造基础之上,围绕这一统一的灵魂和主线而形成了高度体系化。

第四章　绝对性之动摇：善意取得

善意取得并非重要制度，但有关这个问题的认识分歧，间接地影响着我们对物权法的理论架构，笔者深感善意取得背后有许多易被忽视却值得重新思考的法理，对其需要再认识。

困惑与分歧之一，就是对善意取得本身的范围有不同理解，狭义与广义的用法差别不小。不少论者把《法国民法典》第 1141 条有关二重买卖中后买受人取得的规定称为善意取得，很多人将《德国民法典》第 892 条有关不动产登记正确性推定的规定称为善意取得等。但更多人则以之专指《德国民法典》第 932 条关于信赖无权处分人而取得动产的规定，即动产善意取得。[①] 梁慧星老师在《中国物权法草案建议稿》中也指出，不动产因以登记为公示方法，第

---

① 参见谢在全：《民法物权论》，中国政法大学出版社 1999 年版，第 218 页。其将其善意取得内涵限定于动产。国内学者的用法亦同，参见王利明：《物权法研究》，中国人民大学出版社 2002 年版，第 260 ~ 261 页。此外，主张善意取得仅限于动产的教材有江平主编：《民法学》，中国政法大学出版社 2000 年版，第 371 页；魏振瀛主编：《民法》，北京大学出版社 2000 年版，第 240 页。

三人在交易上不至于误信占有人为所有人，因此被排除于善意取得之外，但我国《物权法》第106条依然采取了动产、不动产一体对待的原则。本书坚持狭义用法，遵从《物权法》出台前民法学界的主流看法，坚持把善意取得限定在动产范围内，下文从之。

动产善意取得，就其制度效果而言，是对物权绝对性的某种否定。绝对性要求物权对一切人有效，权利人受到确定的绝对的保护，据此得以对抗任何他人的干涉，但是在善意取得中，“真权利人”的绝对所有权不能对抗善意第三人的取得，就此而言，善意取得似乎是对所有权绝对原则提出了挑战，是绝对性的一个例外。本书既然坚持绝对性是物权的根本属性，就有义务对此例外做出解释和评价，从中论证物权的绝对性是否经得起善意取得的考验。

此外，我国《物权法》制定时的一个最大争点，是所谓物权变动模式，其中一种倾向是把善意取得解释成为保护交易安全而做的制度安排之一，讨论在物权行为理论、公信原则、善意取得三个模式之间“谁取代谁、存谁废谁”的问题，由此而开始热炒所谓“物权变动立法模式选择”问题，人们往往轻而易举得出结论：在执行相同政策目标的诸工具中，善意取得能更好地服务于交易保护目标，是最佳模式，而无因性理论、形式主义因其昂贵、不实用又难懂而理应被否弃云云。这成为攻击物权行为理论的最常见借口，影响了整个物权法体系的构建。因此，有必要在对善意取得成因进行分析的基础上对此争论进行回应，以正本清源。

第一节　对善意取得的不同论证角度

正如对于任何有关“为什么”的问题一样，对“为什么会有善意取得”这个问题，论者一般从三个角度来回答：一是从制度来源的角度，指出善意取得是从哪里发展来的，是为起源论的说明方式；二是从规范目的的角度，说明我们何以作此安排，是为目的论的说明方式;三是从依据的角度,论证善意取得在法律上的正确性何在,是为依据论的说明方式。或择其一,或分方面兼而论之,舍此别无他途。然而,并非任何关于为什么的问题都能如此这般圆满求证,欲追问善意取得的成因,循这三个思路能否都引领我们找到正确答案,实有一一辨析之必要,特别是当这个问题由所有权人提出来质问法律正当性时,我们如何能以充足的理由来解释,使其心服口服地接受第三人善意取得其所有物的结果,这里说理的角度问题至关重要。更为重要的是,不同的说明角度往往从方法论方面成为善意取得制度的不同构造基础,而构造于不同理念基础上的善意取得往往有着不同的属性、范围和强度,这种不同集中表现在与物权绝对性的关系上:是相容还是不相容,如果不相容,又能在多大程度上对绝对性造成限制和威胁。

一、目的论——交易安全论的批判

最为常见的观点认为,善意取得一个重要的社会机能在于保护交易第三人,进而保护财产"动的安全",保护交易的安全与便捷。这样认识当然没有问题,但一些学者在这个方向上却走得太远,先是提出"交易优先"的价值判断,认为在商品经济时代,第三人利益更值得保护,财产"动的安全"比起"静的安全"有更高的价值,进而主张善意取得是基于交易优先的考虑,为策交易安全而设计的,并断言:"近代民法的善意取得制度是近代各国立法政策为保护市场交易的安全、便捷与迅速而建立的制度。"乃至"是以牺牲财产所有权静的安全为代价,来保障财产动的安全的制度"。[①] 上述认识实际上是把善意取得作为立法者为了交易安全的政策目标而特意创设的时髦制度和对一般原则的突破。以这种目的论说明善意取得之成因,这种思路本身在研究角度上就有问题。

---

① 谢在全:《民法物权论》,中国政法大学出版社1999年版,第489页。

（一）扭曲法律发展的逻辑

首先，目的论在根本点上就是反历史的穿凿附会之辞，更多地出自我们的习惯性猜想而不是科学的分析。这样的"假定社会制度是而且应当是刻意设计的产物，把现象界发现的一切常规性都用拟人化方式解释成心智设计结果的倾向"，波普尔称为"幼稚的理性主义"，哈耶克称为"建构论唯理主义"。哈耶克在《法律、立法与自由》一书中着重强调了大社会的不可知性和无目的性，认为私法作为文明的工具是"人之行动而非人之设计的结果"，是一种"处于自我进化过程中"的"自生自发的秩序"，[①]哈耶克反复指出，"大社会的基本秩序不可能凭空设计，从而也不可能以特定的可预见结果为目标"，因而法律"既不是被发明出来也不是为实现某种目的的"。但人类由于心理中根深蒂固的泛灵论倾向，往往从法的有序性和理性中推论出他们一定是被超级智慧设计的结果，更进而推论我们自己就拥有这种设计能力，不仅过去一直在设计，而且现在、将来会设计得更好。这就"误解了使大社会和文明成为可能的那种力量"，是理性的"致命自负"。哈耶克告诫我们，那种因现代社会已变得如此复杂而主张我们必须刻意规划现代社会的观点是极其荒谬的，也是在完全误解了这些发展进程的情况下造成的结果。[②] 梅因也曾说过，"如果我们以为我们目前为维护一个现存制度而持有的那些理由，必然地和这个制度产生时所有的情绪有其共同之处，这是不对的，这种幻想是法律上各种问题发生错误的最大根源。""法律中绝不可能有任何规定是为了要求得到便利，在便利的意识发生作用之前，必先有某些观念存在着。"[③]这都是

① 参见［英］弗里德利希·冯·哈耶克：《法律、立法与自由》（第1卷），邓正来等译，中国大百科全书出版社2000年版，第16页、第23页。

② 同上书，第73页。

③ ［英］亨利·梅因：《古代法》，沈宗灵译，商务印书馆1959年版，第108页、第144页。

真正的历史唯物主义的真知灼见,足以使我们警醒:离开私法本身的衡平正义理念,把规则的功能解释成目的,然后以此目的说明规则的成因,看似理所当然,实则倒果为因,南辕北辙。

其次,具体到善意取得,径直断定善意取得有此明确的政策目标显然缺乏依据,而把功能说成是目的,更是似是而非。在法律史上,罗马法以排他所有权和追及为原则,日耳曼法和欧洲封建法则盛行与善意取得结果类似的以手护手,有限追及,难道我们能说,日耳曼人比罗马人更注重交易安全,更爱好市场经济吗?此外,特定规范与特定效果之间是否真有这种精确的对应关系,是否真的如乐观理性主义所认为的那样易于为我们把握,都值得怀疑:如果说善意取得通过对财货流通安全的保障来促进商品经济,必须要限制所有权追及,那么所有主为避免因他人占有己物而发生善意取得带来的失权危险,"最有效的途径莫过于将财产始终固执于自己手中",[①]那么在今日之经济社会中,所有权保留买卖、让与担保、租借、加工、保管、运输、出质等普通的经济活动可能就无法展开,须知财货流通非唯买卖之一途,物之充分利用方式也不限于交易流通,设置他物权等形式亦是商品经济所需的重要活动,却难免都受到阻碍,目的论岂非自相矛盾?如果说其间有分寸、讲程度,有些流通要鼓励,有些要限制,那么界线又该划在哪里?

(二)法的正当性依据不足

目的论只是提出"要保护第三人""要维护动的安全",却没有逻辑地证明其依据何在,其对善意取得的解释缺乏私法上的正当性说明,目的论的思路,实际上是以政府立场作为判断是非的标准,以实用主义的"模式选择"代替真正的理论推演,不是从民法自身体系中逻辑地推出正确答案,而是向某个给定的目标寻求便

---

① 肖厚国:《动产善意取得制度研究》,载梁慧星主编:《民商法论丛》(第13卷),法律出版社2000年版,第71页。

利之道,对这种洋溢公法气息的思考方式可称为“政策学”。[①] 笔者认为,即使真有立法者确切树立了保护第三人以维护交易安全的政策目标而需要变通原则,对所有权神圣规定善意取得的限制,法学也绕不开说明“为什么”的讲理义务,如果单以目标本身为依据难以令人信服。何以第三人的利益如此重要,必以牺牲所有主的代价以保全之?交易安全又为什么被赋予如此显要的地位,以致所有权绝对的原则都要为其让路?罗尔斯说过,社会效率低于个人权利,不应以任何公共利益的名义限制私权,除非我们能够说出,依据私法规则,所有主在判决之前,本就失去追及的权源,而不是法官有意地、蛮横地限制其权利,否则,仅凭法官目的的高尚是无法使当事人心服的。无论我们以促进流通为由提出的要求多么强烈,也无权据以限制和剥夺私权;无论我们对交易安全抱有多大的热情,也没有依据强令所有主为此作出牺牲,“交易安全”四个字,何以服天下?[②]

以政策目标的可欲性说明代替对正当性的说明,并在外在的“平衡利益冲突”这个命题之下绕开权利正当性问题,很容易得出秩序高于权利的结论,也很容易得出某种利益(公共利益)比另一

① 政策学的思考方向是自上而下、自外而内的。哈耶克严格区分内外秩序,提出大社会是以共同的规则而非共同的目标维系的,基于对自生自发的“正当行为规则”的遵循,而形成了社会的“内在秩序”,而政府主导的立法是“外部规则”(立法),其外在于社会的自发规则体系(法律),两者“楚河汉界”。当政府基于扩张倾向,以“建设美好社会”为借口,一再试图主导社会,组织社会之时,政策学家就为其摇旗呐喊,帮助政府将其积极的主张包装成“立法”而塞进私法体系,盗用法律的名义推行于天下,这样一步一步地把私法的内部规则体系改造成外部目标体系,使法律成为政治的附属物,随政府立场的变迁而任意取舍,丧失自己的立足之地。因此可以说,政策学是大社会形成中的真正障碍,是私法的背叛者。

② 克服政策学的功利性,欲判断是非问题,我们可以依靠的只有公理和逻辑。应当区分“原则”和“理想”,在抽象原则基础上,不同人才可以追求不同的理想,这是唯一的正当。但任何人的理想,哪怕是大多数人的理想,都不能成为强制他人的依据。

些利益(私人所有权)有更高保护价值的结论。[①] 在动产无权处分的情形下,所有权人利益和受让人利益发生冲突,但所有权人利益的伤害被认为仅仅是个别利益的伤害,而受让人利益的伤害却因其被认为是对交易安全即交易整体秩序的伤害,鉴于整体利益的保护重于个别利益的保护,法律倾向于保护善意受让人。

如此以交易安全论构建善意取得制度,不仅以政策目的的说明代替了法基础的分析,而且经由特定立法政策结合,天然地表现出对善意取得的肯定和夸大的倾向,如此其理论的重点就不在于解释现象,而在于支持一种立法趋势了。人们对交易安全赋予的价值越高,为此而突破绝对所有权原则的动机就越大,如果说立法之初的善意取得还是一种"两害相权取其轻"的无奈选择,那经由交易安全论的诠释,其必然被视为法律进步的象征,对某种可欲目标的追逐压倒了人们对法律正当性的追问,并在此认识基础上产生种种对善意取得完善、巩固、扩大,更进一步蚕食绝对所有权的主张,这些主张借助市场经济政策的强势推动,挟学者通说与立法者共识之威,简直有势不可当之压倒力量,如此,就对经典的绝对所有权传统构成一个潜在的威胁。

生命、财产与自由是每个人的安身立命之本,也是自由秩序赖以存续的三大基石,是民法的基本原则,私人所有权更是"人间的真理所在",岂可轻易动摇?我们为建市场经济、为策交易安全而要求限制所有权,以此名义出现的善意取得,经不起市民法原则的检验与质疑,其正当性根本站不住脚,所谓"不正当胜于无秩序"更是对市民法基本精神旗帜鲜明的背弃。正是因为这个原因,德国早期普通法学者对社会安全旗帜下的善意取得深恶痛绝,并将

---

① 比如,说善意取得所面临的,实际上是真权利人(原所有人)与善意受让人之间的利益冲突问题。对此冲突,民法的选择是"牺牲个别正当利益而保护整体利益"。参见尹田:《论动产善意取得的理论基础及相关问题》,载梁慧星主编:《民商法论丛》(第29卷),法律出版社2004年版。

其和征用相提并论。胡贝尔认为,它们“破坏了私的所有的法秩序”。更多论者认为,动的安全纯属杜撰,以之优于静的安全,“牺牲目的以求手段,甚为荒诞”,舍本逐末甚不可解。克·班丁(K. Bing Ding)甚至把这样的善意取得视为刑法上的犯罪行为,并认为其“使法自身同不法行为相勾结”“这样的制度无异于对所有权的谋杀计划”。[①] 总的说来,构建于“交易安全论”基础上的善意取得,以交易安全为由“谋杀所有权”,为了公益的名义剥夺私权,[②]而所有权的沦丧正是一条“通往奴役之路”,纵有便利流通的诱惑,岂可轻易尝试!

(三)以功能替代思路阻击物权行为理论和区分原则

此外,目的论、政策学的方法把善意取得解释成为保护交易安全而作的制度安排,无视物权法体系的内在一致性,人为割裂善意取得与物权法其他概念、原则理论的内在呼应,使制度脱离法的深厚根基而被视为权宜之计,在理论上不但一叶障目,使人们满足于这样的功利理解,而忽略对其理论根据的思考,使原先富于理论魅力的问题庸俗化,而且危及其他有关制度,它使人们推而及之地对待物权行为无因性和区分原则、形式主义,取向于共同的“保护第

---

① 肖厚国:《动产善意取得制度研究》,载梁慧星主编:《民商法论丛》(第13卷),法律出版社2000年版,第48~52页。

② 这一思路回应了20世纪以来的社会化思潮,社民党人和左派人士出于劫富济贫等正义的理想,质疑、修正传统民法诸原则,特别是要求对所有权绝对原则加以限制和否弃,而政府成功地利用这种心理,以“公共利益、社会正义、实质自由、经济民主”等口号,大搞社会立法,以外部规则取代内部规则,为公权力大规模入侵私法领域打开方便之门。哈耶克《法律、立法与自由》第2卷语重心长地告诉我们,任何“社会正义”主张都是空洞无物的幻象,是迷信和谎言,如果被用作强制他人的借口,就构成对文明的最严重的威胁,必须与之作斗争。政策学诱导我们不必固执于法律的原则去追随政府实现美好理想,为此不惜任意裁剪私法,可是当公权力出于刻意的价值追求,又一次拿全人类的命运去冒险之时,我们拿什么去抵挡它而保护私权呢?人类历史上这方面的惨痛教训不胜枚举,对大力推崇交易安全说的目的论、政策学,我们必须予以高度警惕和严厉批评。

三人”和“交易安全”目标,在功利法学式的功能主义思维模式下,构想“功能替代”的物权变动模式选择,而进行不同立法模式的效率优劣比较,要求以之取代其他制度、原则,这样论调的文章比比皆是,[①]很容易得出的结论是以简明有效的善意取得取代公示原则、区分原则、物权行为及无因性等,并成为当前大家攻击物权行为理论的最常见借口,并进而威胁了整个物权法体系的安全,也在更深远的意义上背叛了市民法,对此,政策学家难辞其咎。

二、起源论的辨析

(一)对日耳曼传统说的质疑

通说认为,善意取得在罗马法绝对所有权制度内无法生成,其只能起源于古日耳曼法上的“以手护手”制度(Hand muss Hand Wahren)。按此制度,“汝授予汝之信赖,汝仅得对受信赖者为要求也”,任意将动产交付他人占有者,只能向该他人请求返还,若该他人已将物让与第三人,不得径向第三人请求返还。许多学者以决绝的口气断言,善意取得完全源自“以手护手”,而与罗马法的传统毫无联系,因为罗马法讲追及效,“其结果,终罗马法时代,法律始终不知善意取得为何物”。[②]

在笔者所见到的资料中,只有极少数学者对上述论断持怀疑或保留态度。谢在全先生认为,善意取得与“以手护手”在法律结构及意义上“大异其趣”,要点在于“以手护手”重在原权利人的“失权”,任意将动产交付他人者仅能向其相对人请求返还,不能向第三人追及,第三人(受让人)之取得乃是原权利人权利效力减弱,阻断追及之“反射效果”,受让人基于“gewere”之权利外衣效

---

① 参见本章第四节。

② 参见梁慧星:《中国物权法研究》,法律出版社1998年版,第474页;梁慧星、陈华彬:《物权法》,法律出版社2003年版,第182页。

力,“从弱的权利转化为强的(完全)权利”;而善意取得则是着眼于第三人的“得权”,基础在于占有之公信力,最终“由完全无权利转化为完全的权利”。得权与失权,相去甚远,不是同一思考。[①]

两项制度运行机制上的差别,其更深层的根源在于它们分别生长在不同法律体系的土壤中。善意取得是一项近现代物权法上的制度,“以手护手”则是日耳曼占有法体系的产物。在占有法体系之下没有近代抽象的所有权观念,占有与本权密不可分,占有是权利的外衣,失却此占有外衣的纯粹所有权并不存在,当“gewere”遭受他人侵夺时,以有限的“物追及制度”回复之。此“物追及”根本不同于物权的追及效力,其是一种严格限制的程序制度;[②]追及的范围仅限于窃盗等占有脱离之情形,追及是特例,不追及才是常态。在占有委托的情况下,原权利人只能基于契约向受托占有人求偿,而他与受让原物的第三人之间并无任何权利义务关系,他无权向后者主张排他的所有权。在占有丧失之后,原权利人的权利减弱,不能以法定程序向第三人追及,无从请求返还。近代只有法国法受日耳曼“gewere”影响,认为“动产无追及权”,[③]乃至第1129条规定“对于动产,占有有相当于权源(权利证书)的意义”,实际上就是日耳曼占有法的思想。

有学者考证,日耳曼物追及制度类似某种自力救济,原告是以被害人的身份,而不是以所有主的身份主张权利。最初追及仅限于直接的对被害人的盗窃、抢夺等暴力行径,后来又扩展及于遗失

---

① 谢在全:《民法物权论》,中国政法大学出版社1999年版,第218~219页。另外,陈华彬老师在坚持上述起源论的同时也承认,善意取得作为一项近代民法制度,无论就其法律构造或存在旨趣,都与日耳曼法上的古老观念有根本不同,因此绝不能以后者诠释前者。

② 参见肖厚国:《动产善意取得制度研究》,载梁慧星主编:《民商法论丛》(第13卷),法律出版社2000年版。

③ 谢在全:《民法物权论》,中国政法大学出版社1999年版,第218~219页。

物场合，而强占并不视为私法上的不法行为，不能对其发动追及程序。依德国学者们的见解，物追及的理由在于侵夺的不法性，在委托人擅自处分场合，不存在"不法侵夺"这一法基础，因此自然无由追及。由以上诠释可知，在古日耳曼，权利观念不发达，没有所有权诉讼，只有基于不法侵夺的占有返还诉讼。在上述法制背景之下，"以手护手"只是日耳曼占有法体系下所有权缺失的产物，因此，"欲从手护手原则中直接导出善意取得法思想的萌芽便非常困难"。也正因为这些，学者断言，"现代善意取得制度与日耳曼法的追及制度无甚关系"。[①]

故近代民法善意取得与日耳曼"以手护手"的传统，在效果上有类似之处，但其构造基础是截然不同的：

1. 取得机制不同："以手护手"是一种"失权"机制，第三人取得是原权利人失权的反射效果，而善意取得是从第三人着眼，是第三人的"得权"机制。

2. 制度背景不同："以手护手"以占有制度为背景，原权利人轻易失权只是绝对所有权制度缺失的结果，原权利人仅有一种相对的脆弱权利，极易因第三人取得而落空，而近代民法的善意取得以绝对所有权为背景，所有权基于强大的追及效力和物上请求权保护，能绝对地对抗第三人，第三人只是在例外情况下才能取得。

3. 取得的性质不同：占有为权利外衣有转让本权的作用，丧失占有致权利人的权利"减弱"，第三人一方面由于前权利人失权，另一方面由于他获得现实占有，从而"由弱的权利转化为强的权利"。但在善意取得，其根本旨趣在于第三人直接"得权"，其基础在于"占有之公信力"而法定取得，"乃是由完全无权利转化为完全之权利"，是一种绝对的取得。

---

① 此为日本学者安用正昭语，参见肖厚国：《动产善意取得制度研究》，载梁慧星主编：《民商法论丛》（第13卷），法律出版社2000年版。

4. 核心要件不同："以手护手"由于其占有法背景，原权利人失权的原因是丧失占有，故其更为关注占有丧失之样态，从中决定其失权责任并决定能否发动物的追及程序，故原权利人占有脱离与占有委托的区分至关重要，取得人的善意与否非所关心。而善意取得的得权机制是在承认普遍的所有权追及效前提下考虑第三人取得的正当性，故第三人取得占有的心理样态至关重要，是否善意乃成为主要的关注点。

（二）善意取得在罗马法绝对所有权制度中的萌发

善意取得就其实际效果来说，与绝对所有权制度是有矛盾的。在罗马法的绝对所有权制度下，有"物在呼叫主人""发现己物得取回之""任何人不能转让不属于自己的权利"等法谚，强调所有权的绝对性、追及性，而与日耳曼的相对所有、有限物追及制度完全不同。近代德国民法基于所有权绝对原则，追及的法理基础不再是占有侵夺的不法性，因此，学者多认定罗马法上不会产生关于善意取得的法思想，因为善意取得意味着否定所有权的追及效力，这与经典的绝对所有权观念不相容，所以市民法体系中的善意取得，就必须到其他法律体系中寻其根源，或者认为善意取得是德国法抽象权利观念中残留的日耳曼成分。

其实，限制追及与所有权绝对并非完全不相容，市民法体系中未始便不能萌发关于善意取得的思想。在罗马法上，看似铁板一块的所有权绝对和无限追及原则中，始终存在一条缝隙，即时效取得，时效的运用非常普遍，它简化了烦琐严格的要式交易"曼企帕蓄"仪式，突破了所有权的绝对性，限制了追及效力，并因此成为缓和强硬的家族所有制桎梏的得力工具。其中的短期时效制度，更贯彻着充分利用物之效用与保护对现状的信赖的思想，发挥着保护第三人的功能，使第三人能够"从无权利人手中取得"，这正是一种"得权"机制，而在最根本点上与近代的善意取得相似。关于时效制度与善意取得之间的密切联系，学者多有论及，是为关于善意取得本质的“瞬间时效说”。法国人干脆把善意取得作为时效的一个特则对待，学者甚至认为“时效取得是善意取得的典型形式”。[①]

再来分析罗马法学家自己对时效取得的认知。罗马法上的时效取得，“适用于占有人从不是所有主的人或未被授予转让权的人那里获得物，或从真正所有主那里获得要式交易物但未采取法定形式”这两种情况。[②] 因而，时效取得的前提条件一般是一种错误，但又“被认为是一种可以谅解的错误”，[③]这里更为重视取得的样态，强调第三人主观心态的可谅解性，这一思路比“以手护手”的思路更为近似于善意取得的思路。

特别引人注目的是，取得时效制度衍生出的“善意所有”，甚至省略了时间要素。在优帝前时代，区分市民法所有权和裁判官法所有权，后者主要由“普布利西安之诉”来保护（Actio Publiciana，也有译作“布布里琪之诉”），并被直接称为“善意所有”。[④] 乌尔比安《论告示》第16卷中谈道，“若某人请求返还根据正当理由而由非所有人交付给他的未被通过时效取得之物，我将给他诉权”，[⑤]该诉权主要适用于善意购买人，依莫德斯汀《学说汇纂》第5卷的思想，善意购买人被认为是“不知此物为他人之物或以为出卖人有权出卖此物的人”。[⑥] 至于此诉权背后的观念，内拉蒂《论羊皮纸书》第3卷则指出，“普布利西安之诉的目的不在于剥夺所有人之物，而是为了保护善意购买某物并因此获得物之占

---

① 孙宪忠：《德国当代物权法》，法律出版社1997年版，第319页。

② 参见[意]彼德罗·彭梵得：《罗马法教科书》，黄风译，中国政法大学出版社1992年版，第220页。

③ 同上书，第224~225页。

④ [意]桑德罗·斯奇巴尼：《民法大全选译·物与物权》，范怀译，中国政法大学出版社1993年版。

⑤ 同上书，第144页。

⑥ 同上书，第65页。

有的人更好地享用该物”。[①] 在古典法时代,裁判官允许通过所谓“出卖和让渡的抗辩”反驳所有主提出的诉讼,在共和时代末期,任何根据“正当原因”接受了让渡物的人,均可对第三人提出“扩用的返还所有物之诉”(“普布利西安”之诉),因而“接受让渡占有者实质上就变成了真正的所有主”,[②]由此根据上述一系列逻辑而“得权”。其理念在于,在不否认原主所有权的前提下,根据正当的法,赋予第三人抗辩权,事实上阻却其固有的追及效力,这正是善意取得的理念。因此,有学者就主张,善意取得制度诞生在罗马法时期。[③] 对善意取得在罗马法上的具体出现时间则有不同认识:一种观点认为,善意取得制度产生于罗马法的前期,即公元前4世纪罗马设立内事裁判官后出现的制度;[④]另一种观点认为,善意取得起源于罗马法的中后期。[⑤]

在德国普通法时代,德意志境内诸城市全盘接受罗马法,作为一般规则的所有权追及效力与作为特则的取得时效并行不悖,占有取得态样进入法思想视野而日渐受重视,“尽管存在着通过修正了的占有丧失样态二分物追及与限制的思考方法,但占有态样仍不为重视,而毋宁说是取得态样受人瞩目”。[⑥]《奥地利民法典》第367条将善意公开买得和从委托人处取得并列为对抗所有人诉权的情形,普鲁士法更是彻底放弃了对占有丧失态样的区分,规定从

① [意]桑德罗·斯奇巴尼:《民法大全选译·物与物权》,范怀译,中国政法大学出版社1993年版,第144页。

② 同上书,第220页。

③ 参见孙宪忠:《物权法的基本范畴及主要制度反思》,载孙宪忠:《论物权法》,法律出版社2001年版,第2页。

④ 参见[意]彼德罗·彭梵得:《罗马法教科书》,黄风译,中国政法大学出版社1992年版,第218~219页。

⑤ 参见谢邦宇:《罗马法》,北京大学出版社1990年版,第194页。

⑥ 肖厚国:《动产善意取得制度研究》,载梁慧星主编:《民商法论丛》(第13卷),法律出版社2000年版。

“非可疑者”受让或公开购买等情形下无须返还,或返还时请求价格补偿,体现了保护买受人的衡平观念。在《德国民法典》制定过程中,将占有的外观信赖与取得的主观善意统一起来,说明第三人受保护的正当性,该法典第932条确立了我们所知道的善意取得制度,这时可以肯定地说,其关注的不再是原权利人而是现占有人了,而其推演机制亦由“失权”转到“得权”,此时限制原权利人追及的法基础也悄悄地变换了。吉尔克因此认为,善意取得的基础是否可以由“以手护手”导出尚有疑问,他评价道:“扩大罗马法取得时效的范围,将盗窃物排除在外,倘使我们如此思考,则德国法制与罗马法大抵同出一辙。”①

(三)近代民法中善意取得的发展

根据上述分析,善意取得与罗马法上的时效取得及善意所有的关系倒更为密切一些。就善意取得在罗马法和日耳曼法两大源头中吸取精神内核的过程而言,与其说善意取得是继受罗马法的过程中有关问题上修正其绝对所有权思想,而代之以日耳曼“以手护手”,不如说是德意志民族以罗马法的绝对所有权思想对其固有的“以手护手”加以改造和扬弃的结果。罗马—德意志体系的善意取得无须向体系外引入,无须向日耳曼法复辟,也无中断和复兴的过程,它完全可在市民法自身体系内,即“绝对所有权”制度下,渐次生成。

近现代民法的善意取得兼有罗马因素与日耳曼因素,同时回应着时代发展出现的新观念,其对善意第三人的保护基准比起罗马法有关制度有新的特色,主要反映在取得依据上对“善意”进行新的构造。传统善意取得强调第三人的主观善意,即对于第三人的取得是否予以保护是以第三人对于其前手交易瑕疵是否知情为

---

① 肖厚国:《动产善意取得制度研究》,载梁慧星主编:《民商法论丛》(第13卷),法律出版社2000年版。

标准,这是罗马法善意第三人保护制度的“善意内核”。在此基础上,近代物权法理论通过对“善意”的诠释引入新观念,主要是公示原则和信赖理论基础上的“客观善意”学说,把第三人的善意与占有推定效力连接起来。孙宪忠先生对罗马法上的主观善意与德国法上的客观善意做了区分,指出了近代民法中通过“客观善意”“推定善意”对罗马法固有制度的超越。[①] 在不动产方面,客观善意学说在很大程度上改变了罗马法的固有格局,善意第三人的保护在不动产领域是通过全面的公信力制度和物权行为无因进行的,这其实已经不再是传统意义的善意取得了。有学者认为,根据登记效力确立的无因性原则,实际上是对罗马法中的善意取得制度的扬弃,是对后者从更高层次上的发展,故无因性原则可以被称为客观善意主义。而罗马法中善意取得原则,是纯粹根据当事人的主观心态建立的标准,可以被称为主观善意主义。[②] 在动产领域,客观善意标准的观念也有一定程度的渗透,主要是在一定程度上通过动产占有这一客观事实的信赖来确定第三人善意的。

因此,近代民法的善意取得制度不是日耳曼“以手护手”的翻版,也不仅仅是罗马法善意占有人保护的简单延续,而是一个综合二者而有新内容的制度。谢在全认为,现代物权法的善意取得正是在罗马法善意保护的基础上,引入公信原则加以改造的产物。[③] 本书认为,这是对善意取得制度来源的大体上妥当的说明,其妥当性在于在不否定绝对所有权理念的前提下,把善意取得作为特殊例外规定来对待,着眼于制度的体系一致性,并确保善意取得制度始终在绝对所有权的理念框架内发挥作用。

---

① 参见孙宪忠:《中国物权法总论》,法律出版社2003年版,第102~105页。

② 参见孙宪忠:《物权法的基本范畴及主要制度反思》,载孙宪忠:《论物权法》,法律出版社2001年版,第30页。

③ 参见谢在全:《民法物权论》,中国政法大学出版社1999年版,第218~219页。

三、依据论的检讨

“依据论”与上述两种角度不同，它站在市民法的体系之内，试图从法律自身探寻善意取得存在的必然性，从而正面地直接回答“为什么”的问题。为说明善意取得存在的基础及其正当性，论者先后提出了以下诸种学说：一是取得时效说，法国将善意取得作为特别的时效取得，规定在《法国民法典》第 2279 条第 1 项“时效”部分，称为“即时取得”，这是一种罗马法善意第三人保护的总体思路；二是“权利外象说”，强调公示的公信效力，《德国民法典》第 932 条规定的动产善意取得构建于交付的效力之上，就其对占有作为第三人信赖基础而言，在一定程度上反映着日耳曼观念；三是“法律赋权说”，认为法律赋予了占有人以处分权能，其处分为有效，受让人正常取得；四是“占有效力说”，认为受让人取得占有后，其现占有的效力足以对抗前占有的原权利人，日本民法就把善意取得规定在占有效力中（该法第 192 条），[①]具体制度则兼学法、德两种法制。

在英美法系国家，传统的普通法规则遵循罗马法观念，强调“没有人可以转让不属于他所有的商品”，否则买卖无效。但美国《统一商法典》改变了这一传统，确立了善意购买人原则，保护不知标的物权利瑕疵并且为之付出了对价的善意购买人，承认其买卖有效，该规则反映着罗马法强调第三人主观善意的保护基准，并且比大陆法系善意取得制度走得更远。按该法典第 2403 条规定，只要购买人出于善意，则不论卖方的货物从何而来，即使是盗赃，买受人也可以即时取得所有权。现代英国法也基本采纳了与美国

---

① 参见谢在全：《民法物权论》，中国政法大学出版社 1999 年版，第 220 页；另参见梁慧星：《中国物权法研究》（下），法律出版社 1998 年版，第 488 页；王利明：《再论善意取得制度》，载王利明编：《著民商法研究》（第 4 辑），法律出版社 1999 年版，第 196 页。

法类似的规则，承认买受人基于善意可即时取得所有权，但不承认赃物所有权的善意取得。总之，在英美法中，对第三人善意的强调是其保护的核心。

在物权(财产权)取得方面保护善意第三人是一个世界性的法律精神，而各国和地区在具体的制度构建上分别反映着不同的学说理论，这些理论对应着各自不同的法制背景。瞬间时效说把善意取得说成特殊的时效效力实在勉强，由于欠缺时间这一时效的核心要件，更何况其中对于主观心态的要求更是与时效无关，[①]难以自圆其说；而法律赋权说显然缺乏证据，把占有人的无权处分当作有权处分，则丧失了法律立场，不足为训；占有效力说更是直接颠倒是非，混淆本权与占有，用以说明"以手护手"还可，但以之论证善意取得就违背了物权法的根本理念；权利外象说将第三人取得的依据建立在占有外象的信赖之上，单就第三人的角度而言，完全能够解答其取得的正当性问题，但它并未说明信赖保护的基础，也没有从所有权人这方面论证失权的根据，其理论亦欠缺系统性，尚需进一步完善。

四、善意取得法基础的层次性

(一)直接依据——公示原则与公信理念

如前文所述，以"外观信赖说"论证第三人取得的正当性基本成立，第三人的取得理由在于他对无权处分信以为有权，而这种信赖因有充分法律基础而应受法的保护。对此解释，可为佐证的是德国民法立法理由书中的相应说明："在动产交易里，对善意取得者确保取得的安全甚为重要，在不动产，对登记簿公正之信赖予以

---

① 二者间确实有关联性，但未必说明善意取得是取得时效的特则，也可能时效取得倒是善意取得的形式之一。孙宪忠老师即这样认为。参见孙宪忠：《德国当代物权法》，法律出版社1997年版，第319页。

法的保护;在动产,代替登记簿者乃让与人的所持与占有,它们构成了应受保护的善意的基础。"对外观的正当信赖构成了善意取得的直接原因。据此,私法学者一般认为,善意取得的直接法律基础和理论依据是物权公示公信原则。

公信原则作为一般理具有念,其意义在于,依照法定方式公示出来的物权使社会一般人信赖其为正确的效力,纵使公示的物权不存在或有瑕疵,亦不得对信赖公示者造成不利后果。此原则要点有二:一是公示表彰的权利人在法律上推定为真正的权利人;二是对于信赖公示所表彰物权并已据此从事了物权交易的人,法律仍然保护其利益。当事人对公示外观的信赖利益受到公信原则的保护,这种保护在善意取得制度中得到实现,从公示原则到公信理念到善意取得,是物权法基础上一个逻辑的统一体,这是学者对第三人取得理由的最常用的说明方式,但追问不应到此为止,公示公信原则亦有其自身基础,而非简单归结为立法政策。

(二)深层基础——诚实信用原则

公信原则本身植根于更深厚的市民法理念的土壤中,其直接来源正是作为民法基本原则的诚实信用原则,从诚信原则出发,可使善意取得规则得到更有力的正当性说明。

诚实信用原则是对民事主体行为方式的道德要求,其本意是自觉按照市场制度中对待的互惠性原理办事,①作为一般条款,对诚信的理解不应局限于字面含义,它包含了正义、衡平、理性、善意等种种道德戒律。正因其内涵的模糊性和外延的开放性,才使其得以适用于民法诸领域成为"透明规定"和"帝王条款"。诚信不仅仅是道德宣示,它主要在两个方面发挥着作用:首先,它是对当事人进行民事活动时必须具备的内心诚实状态的要求,对当事人

① 参见张俊浩:《民法学原理》(修订版),中国政法大学出版社1997年版,第25页。

民事活动起指导作用;其次,它是对法官自由裁量权的授予,授权法官根据公平正义进行创造性的司法活动。

徐国栋总结诚信原则的具体内容为两个方面:一是客观诚信,可大致理解为“中庸之道的行事方式”;二是主观诚信,可大致归纳为“善意不知的心理状态”。[①]

善意取得及其背后的公信原则,与上述诚信原则内容的两个方面都有很大关联。

一方面,在主观方面,第三人取得道德上的根据更在于第三人行为之际遵循了诚信的要求,因此有权要求应得的“优惠待遇”。主观诚信在我国通常就称为“善意”,徐国栋认为,“主观诚信是在取得时效制度中发展起来的”。[②] 如果其考证正确,那么结合前文对善意取得与罗马法上取得时效联系的考察,几乎可以断言:不但主观诚信是善意取得理念伦理上的支撑,它们二者更是同步发展起来的。

另一方面,客观诚信的违反引起权利限制或责任,导致失权等不利后果,这是不许原主追及的道德理由。论者多从伦理上提出以下学说论证所有主失权的应当性:一是过失责任说,认为原权利人将物委由他人占有,本来能够排除自己之物归占有人所有的外观,竟不予排除,自有过失责任,自应承担丧失权利的后果;二是危险支配说,认为与第三人相比,原所有人将物之占有转移于受托人之际,更能慎重判断受托人的可信性,故对于占有动产的受托人背信的风险应由原所有人自己负担;三是外观创造说,认为原所有人将占有授予他人之行为本身,乃创造他人具有所有权之权利外观,此即可归责于原所有人之事由,故应负丧失所有权之责任。[③] 以

---

① 徐国栋:《诚实信用原则二题》,载《法学研究》2002 年第 4 期。

② 同上。

③ 参见谢在全:《民法物权论》,中国政法大学出版社 1999 年版,第 970 页。

上诸学说，着眼于原所有人，分别从责任、风险、因果关系三个角度论其失权原因，总的思路是，这全系所有人咎由自取之故，并非外在的权利限制。

但无论如何，所有人为充分利用其财产而将动产交付他人占有，是所有权本身固有的权能，是所有人的自由，其本身并无不法性，也无加害他人的目的，不能说是一种过错，因而也不应从过错出发将其理解为一种侵权责任。笔者认为，这种“责任”比一般意义上的民事责任较弱，是一些“不真正义务”和“不真正责任”，其本质是一种不利益，是法律根据诚实信用进行的衡平结果。拉伦茨教授对这类特殊责任命名为“权利表见责任”。其指出，基于行为的人际交往的社会性，行为人必须对其行为表现出来的意义承担责任，“在社会领域里，不存在无责任的行为”，据此，纵使表意人无此意思，也须为其行为造成的假象承担责任，其根据在于“可归责性”，即“表意人如尽必要之注意，本来能够认识到他的行为会被他人作出那样的理解”，在这里，“表意人未曾具备的自决，为责任原则替代了”“这里承担责任并不以行为人的过错为要件，它是一种纯粹的信赖责任或表见责任”。①

根据上述认识，使所有主承担不利益便具有了充分依据。根据物权法定和公示原则，怎样的物权必须予以怎样的公示，不能由意思而更改，对于所有权，法律提供的公示技术有限，则动产交于他人占有之时，未加其他信息披露，导致权利的实质在此、外观在彼的不一致，把他人置于易受表象蒙蔽的被动地位，这是对其权利过分的主张，甚至是滥用，正是典型的客观恶信，应自负其不利益，

---

① ［德］卡尔·拉伦茨：《德国民法通论》，王晓晔等译，法律出版社2003年版，第527页。该书第三十二章专门讨论了这类统一的“权利表见责任”，即所谓“对权利表象的责任”，他还分专节一一分析了“代理法中的权利表见责任”等四种情形。另外，谢在全先生也谈到，公信原则如自广义言，除物权外“民法上推断有真实权利关系存在者”，尚有表见代理等制度。

不能以之对抗无辜的第三人。

总之，将权利外相说和种种外观创造说结合起来，使第三人信赖的正当性和原所有人的惹起行为（与因行为）相联系，根据诚实信用原则主观、客观两个方面的内容，就能从正反两面完整说明善意取得的法理基础。

（三）最终根源——私法伦理的要求

诚信原则背后也有更深的理念支撑，诚信原则体现着私法的最高价值之一——公平，该原则本身体现为民事主体双方的利益平衡，特别是发生特殊情况使当事人间的利益关系失衡时，加以调整使之恢复平衡。许多学者认为：公信原则是所谓“以牺牲公平为代价换取市场秩序的效率与安全”，是法律对第三人的“偏爱”，“对不同主体进行倾斜性保护，以最大限度实现立法者的价值目标”。[①] 与此相反，笔者认为，公信原则并非为政策目标修改法理，并非“以牺牲公平为代价换取效率与安全”，恰恰相反，这一原则本身就有精深的法理支撑，这一制度本身就体现着真正的更高的公平。

在无权处分情况下，法律不仅仅从所有主一家的私利着眼，尤其不能根据其秘密的意思对抗只知道外观的第三人，否则，岂非与所有主联手欺骗大家？所有主明知物权法上有公信原则和善意取得规则，明知有可能发生因他人无权处分而导致的失权后果，而仍然选择了委托他人占有，应当说是一种自甘冒险，该风险从委托占有所获的经济与非经济利益中得到了回报，不应寻求向第三人转嫁，失权并非不公平。反之，若一方面自己冒险获利，怠于披露有关信息，任意造成权利假象；另一方面又要求法律排除由此招致的风险，要求牺牲第三人的信赖利益去屈就之，其正义性又何在呢？因此，切断交易链条的内外关系，区分债权与物权的不同效力，以

① 于海涌：《物权变动中第三人保护的基本规则》，载《法律科学》2001年第4期。

维持三方利害关系的平衡,是民法公平理念的必然要求。公平正义是不同国家、不同法系之间的共同语言,几乎可以作为“法律”一词的同义语,诚信正是对公平的重述。从公平理念出发,产生了英美法的“禁反言”法理和日本人力倡的“外观法理”,也产生了上文提到的“权利表见责任”,其共同思考:由于自己行为创造某种权利或事实存在的表象的人,不能以与表面相反的秘密情事对抗不知情的第三人,据此乃有表见代理、公司对董事权利限制不得对抗善意相对人、合伙人执行合伙事务的全权推定等规则,都是严格遵循公平理念得出的唯一正当的结论,不是为任何外在的特定目的而硬塞入民法中的。

至于所有主为什么必须尊重第三人的信赖,因为这是他根据公平理念,根据正当法律原则所应当承担的义务。此处必须指出,诚信义务不是一项新增加的义务,它作为公平理念的题中应有之义,早已作为私法的基本前提存在了。拉伦茨认为,民法的基本前提性假设是一种“伦理上的人格主义”,其要义就是康德的“永远要把人看作目的,而不要看作手段”。黑格尔说得更为精练:“法的命令就是:成为一个人,并尊重他人之成为人。”根据这些伦理观念,对等的私人之间基于“相互尊重,相互承认”的精神,构成一种“法律上的基础关系”,这是每一具体法律关系的基础,被认为是市民法不言而喻的大前提,权利本身也因此被理解为“使我的自由和其他任何人的自由得以共存的条件”。因此,所有主和第三人之间并非没有关系,这种普遍的人格关系始终存在,任何一方不得肆意以对方为实现自己目的的手段来对待,如任意欺骗愚弄他人。[①]拉伦茨进一步指出,基础关系中的伦理因素体现为信赖保护原则与自我约束原则,“在有些情况下,法律还保护另一种信赖,这种信

---

① 参见[德]卡尔·拉伦茨:《德国民法通论》,王晓晔等译,法律出版社2003年版,第46~47页。这种权利观其实来源于康德的形而上学。

赖的根据并不是或不仅仅是某项可归责的意思表示，其所根据的只是由其他方式产生的、存在某种相应的权利状态的表象，对此负责任的人通常是以可归责于他自己的方式引发了这一权利表象的人，或是具有消除这一表象的能力而未去消除的人。而受益人是尽到了交易上应有的注意之后仍可信赖这一表象的人，结果就是，对于这个应予保护的人，有关的法律后果视为已经发生或者继续存在，因而他就‘处于与他所认为的情况相符的地位’，这是一种权利表见责任”。[①] 只要表意人通过某种行为以可归责于自己的方式造成了存在某种情况的表见，人们就可信赖这些表见。他指出，“只有当人与人之间的信赖至少普遍能够得到维持，信赖能够作为人与人之间关系的基础之时，人们才能和平地生活在一个哪怕很宽松的社会共同体中”。信赖原则与自我约束原则共同构成法律交往中的基本原则。因此，信赖原则同相互尊重原则、自决原则、自我约束原则一起，构成了正当法的诸原则。[②] 他进一步强调，反映在民法典中的这项不辜负他人信赖的命令，首先体现在“诚实信用”的要求中。他明确提出：《德国民法典》第 932 条的善意取得及第 892 条、第 893 条的不动产登记推定效力，都是建立在这些理论的基础上。[③]

至此可以清楚地看出，善意取得及所谓“公信原则”，是民法的诚信原则及全部私法的根本理念——公平理念的必然结论，是人与人之间基础法律关系之下，信赖原则和自我约束的体现，是人格尊重和权利表见责任的要求。善意取得有充分的法律依据和法理基础，所有主失权不是对其权利本身的限制，而只是法律无力提供脱离公示的物权保护，因此根据客观诚信，禁止其过分主张权利

---

① 参见［德］卡尔·拉伦茨：《德国民法通论》，王晓晔等译，法律出版社 2003 年版，第 58 页。

② 同上。

③ 同上书，第 58～59 页。

危害他人;第三人得权也不是对其利益的优先判断,而只是法律不应使其陷于受愚弄之地,为尊重其伦理人格,根据主观诚信,对其正当信赖必须提供的公平保护。总之,所有主失权,不是一种牺牲,而是其应负的责任,第三人得权,不是因为慈善,而是他的固有人格地位使然,最终的判断依据正是“公平”这一私法根本理念,在这一根本出发点之下,对第三人取得的说理无论是围绕公信、还是围绕信赖理论、表现理论、外观理论或禁反言法理,其实都是借助不同分析工具进行的同一思考过程。在这一点上,如果说日耳曼的“以手护手”、罗马法的善意占有保护、英美法的第三人取得和物权法的善意取得三者之间有什么共同基础,只能说它们都是基于共同的私法伦理和“公平”这一统一的法律精神。

第二节　绝对性与善意取得生成机制

适用善意取得的前提是无权处分情况下,第三人产生了关于处分权的误判,即所有权的实质与表象、内容与形式之间发生了不一致,所谓公信原则发挥作用的前提条件也正是“纵使权利的表征与权利的实质不符”,而以他人对占有表象的信赖对抗所谓真权利,于是以假乱真,姑以真论。也就是说,善意取得之上天然地负载着一对真假二相的矛盾,那么这种真假的分裂又何以发生?对其追问可以直抵物权概念中一些最深层的问题,更与人们对“物权”这一概念本质属性的认识有关。

一、善意取得问题的发生根源:绝对性内在矛盾

(一)绝对性第一层要求:抽象

物权绝对性的第一层次及对人关系方面的要求,就是其权利的本体在支配表象之外,对人法律关系作为一种抽象意志关系,“先验理性的假设”“想象的抽象归属关系”,或者说,作为一种观

念支配、意思支配、法律支配，它无形无质，必须脱离于现实支配，脱离于物之实体，由理念性而观念化。这使物权脱离经验的对物支配，仅仅作为一个抽象的法律形式，一项物权仅仅是一个归属的名义，成为狄骥鄙弃的“灵魂”或斯堪的纳维亚学派嘲笑的“图图”。当人们接受了这种形而上的认识路线，在对此抽象性的把握中，抽去现实支配的诸项权能，作为本权的物权自身便与作为事实的占有现象清晰地区别开来，物权与占有分立、物权不等于占有、占有之所在未必是物权之所在，就成为一项正确的判断，这项判断是站在权利人本人角度而言的。

（二）绝对性第二层次含意的要求：外在

绝对性第二层次的要求即对世性决定，物权作为一种对世关系，必须突破个人自由的封闭世界，在法律关系中存在，是一种“外在的你的我的”，其主要作用不是在个人视野内与世无关地支配物，而是向外的对抗，又由对抗而发生规范层面的优先力和追及效力。这就产生了物权公示的相应要求，物权需有可资信赖的外观；又鉴于对抗的普遍性，其外观必须有普遍、统一的意义，既不能个别告知，也不能互不一致，任何个别的、仅为特定人所知的表示仅有相对意义，只有债权效力。物权因其外在性，依存于公示而不依存于意思，“任何当事人均不得通过内在协议创设物权，公示一旦不存，物权也将不存，公示与物权不可分”。[①]而动产的通常公示方式就是占有，这样，占有就继承了公示的权利推定功能，成为辨认本权的证据。因此，占有表彰本权、占有人是所有人、无占有无本权、占有所在即本权所在，也是一项正确的判断，这项判断主要是站在第三人角度而言的。

（三）理念性与外在性的矛盾：占有公示物权

上述两个判断，都是物权的绝对性本质直接要求的，其结论却

---

① 王利明：《物权法立法的若干问题探讨》，载《政法论坛》2001 年第 4 期。

正好相反,这正是物权固有的理念性与外在性矛盾冲突的结果。由于这种内在的矛盾,当所有主欲根据债权、他物权等合法原因将物的占有委托他人之际,由于发生了物权与占有的分裂,从所有主的角度来看,自己保留本权,而由受托人占有标的物,根据第一个判断,自己只是让渡了物权的假象,抽象的权利自身却依然在自己手中;但从不知情的善意第三人即社会公众来看,原权利人让渡的是权利的公示外观,根据第二个判断,原权利人已经没有本权,现占有人就是标的物的所有主,有相应的处分权。

在此情况下,原权利人坚持第一个判断,第三人坚持第二个判断,双方各执一端,发生关于权利真假的不同认识。对此,根据法律自身的正义衡平精神,以社会公众的判断为是,也就是说,不管所有主的真实意思如何,公示状况具有不可推翻的效力,关于真假问题上,以所有人内心的意思为假,而以公众根据公示外观所作的推论为真,对所有主来说,真是"假作真时真亦假"了。

可见,善意取得中的真假矛盾,来源于理念性与外在性的矛盾。如无理念性,仅把物权作经验理解,退回到占有法时代,则现实支配与占有外表完全一致,我们不会在占有之外找物权,则根本不会产生权利本体与表象的剥离,正如日耳曼"gewere"时代的情况,"以手护手",有限追及,在古代的朴素心灵看来,只有"在谁手上"的状态没有"在谁名下"的判断,一切对物的权利限于现实支配,一切交易转让都是物的三维实体的转让,理念的拥有关系和抽象的权利让渡都不存在,如果有人宣称他对几千里外他不曾实际耕种管理的土地或是几经转手正由陌生人享有的物件有所有权,其会被斥为癫狂,除非有明显的、当下的不法侵夺,失去占有即失去所有,既毫无物权的一般追及效可言,取得人也毫不担心会因交易链中的权利瑕疵遭追夺,取得无须善意,失权当然发生,根本不会当作一项特别的制度注意到"善意取得"问题,则善意取得不会成为法律问题;反之,如无外在性,我们仅有抽象的、主观的所有权,而且被当作一项无涉他人的个人自由,全由所有主的意思定夺,可由秘密协议转移,那么不管历次交易的状况和第三人的情况如何,根据“物在呼叫主人”,均可实现无限追及,在这种强大的绝对所有权之下,善意取得亦无立足之地。

总之,若无认知上的理念性,善意取得便无存在之必要,若无操作上的外在性,善意取得无存在之可能,正因为二者并存,才一方面确定抽象归属关系,承认所有权的追及效力;另一方面确认第三人的正当信赖,于个别情况下阻断追及,作为抽象所有权的例外,实行现代意义上的善意取得。就此而言,善意取得问题的发生,在逻辑上是绝对性内在矛盾作用的结果。

二、绝对性的内在矛盾集中于公示方法

(一)占有公示是发生善意取得的关键因素

如果说善意取得问题产生于物权的理念性与外在性的冲突,但这两个方面的特性都内在地规定于物权的绝对性本质中,它们本应自洽一致,何以会彼此否定,乃至发生上述两个判断的真假矛盾?这说明两个判断的推论过程有问题。现在来回头考察,第一个判断,认为本权不依存于占有,是从物权理念性中直接得出的结论,随理念性一起成立,没有问题。而第二个判断有两步推论:第一步,从外在性中得出公示的要求,从公示得出公信原则,其根据的都是公平,“无公示无物权”的判断也没有问题;第二步,占有是动产物权的公示方式,于是得出结论:占有表彰着权利的真相,占有之后必有物权。这样,问题只能出在这第二步,即以占有作为动产物权的公示方式。实际上,物权的理念性与外在性、与公信原则未始便不能共存,二者发生冲突并非必然,在不动产之上就不存在冲突。不动产物权同样有抽象性、外在性,有公示公信问题,不同之处恰恰在于其公示方式是登记,而非动产的占有,这样其第二个判断就修正为“登记所在为本权所在”,这个判断和第一个判断即

“本权不依存于占有”不仅不矛盾，恰好相呼应。这说明，以占有公示物权，是动产物权判断发生真假矛盾的根源。这就使人思考：占有作为动产物权的公示方式，是否是合理和必要的选择？

（二）占有公示技术的缺陷

鉴于公示的功能在于向社会公众提供关于物之抽象权属的信息，公示信息应当可靠，公示至少要符合明确、充分、统一、无歧义才可资信赖，否则物权取得普遍对抗效力就失去了依据。在不动产，根据《德国民法典》第891条、第892条，登记的正确性推定效力是绝对的，登记既有对己效力，又有对人效力，既有消极信赖效力，又有积极的信赖效力，登记名义与权利完全同一，只有一个权利真相，就是登记。因此，法律坚决维护了登记的绝对效力，对纯粹理念的权利以纯粹形式的非物质形态公示出来，避免了名实分裂的困扰，借助于登记的绝对效力，最终实现了不动产物权的纯形式性，将权利本体与支配事实彻底分开了。

而动产的占有显然不符合这些要求，因为占有的情况比较复杂，其背后可能是所有权、他物权、债权等，甚至占有本身可能是无权源占有，占有和所有权只是偶然的重合，占有之所在并非总是物权之所在，因此单从占有外相上来看，如果不辅以其他信息做参考，便难以准确断定它究竟标示着什么，占有的公示就是不充分、不确定的。“占有所在为物权所在”是要打一个问号的，它只能是人们据以判断物权真相的线索之一，而且往往不是最好的线索，因此，占有的公示力也只能是相对的，公示与权利本身无法如不动产那样完全一致，永远只能是两张皮。公示外观和权利真相有时重合，有时分裂，法律保护公示之外独立存在的“真权利”，以致产生权利真相和假象的二重判断。可见善意取得之发生，全系动产物权缺乏适当的公示方式所致。

（三）占有意义不确定性的由来

近代民法占有制度向来有两个源头。罗马法上的占有，乃是不问本权,对物为事实支配之占有,对其保护以独立的占有诉权为中心。而日耳曼法之占有,固然也是事实状态,但同时也是权利,它本身有所谓防卫、攻击、移转三个方面的效力。这两大传统对占有的性质有不同认识,“盖罗马法上之占有系与真实之支配权相分离,而日耳曼法上的占有系与真实之支配权相结合”。[①] 罗马法强调对事实支配之维护,以维护和平与秩序;日耳曼法占有则强调对本权的关注,为保护本权而保护本权之外衣。[②]近代之占有既系于此两种占有,就“既不同于罗马法的占有制度,又不同于日耳曼法的占有制度,而是混合了两种占有制度并有所发展的制度,从而在占有制度价值上也体现出多重性”。[③] 概括而言,现代占有兼有三大功能:一是占有保护之机能,源于罗马法之占有;二是表彰本权之机能,来源于日耳曼法之占有;三是取得本权之机能。[④] 三种功能统一于现代占有之中,使之具有三重身份:一般交易第三人所见之占有,既是作为物权权能之占有,此时占有者可能是所有权人也可能是他物权人;又是作为单纯事实之占有,此时占有者可能是债权人或无权占有之人;还是作为物权公示手段的占有。一个占有就同时具有这三种性质。

动产的占有兼有多重身份,其多种功能难免互相干扰,由于占有内涵的复杂性所致。一方面,鉴于占有保护机能,应当加强对占有支配本身的保护,本权与占有不但可以而且应当分离,但这种分离同时使物权与其公示外观不一致,势必减弱占有的公示功能;另一方面,如强化其表彰本权功能,根据公信原则,物权与公示就不应分离,公示的绝对效力就被“权利外衣”的身份吸收了,无意中

---

① 谢在全:《民法物权论》,中国政法大学出版社 1999 年版,第 935 ~ 938 页。

② 参见姜战军:《论占有权利推定对不动产上占有的适用》,载《法律科学》2001 年第 4 期。

③ 同上。

④ 参见谢在全:《民法物权论》,中国政法大学出版社 1999 年版,第 938 ~ 940 页。

使占有又多了一个身份,占有之权利外衣的一面借助对公示效力的保护而空前强化,难免减弱其理念性,真权利的独立存在就非常困难。占有的公示功能使占有与物权无法分离,而占有的保护功能又使物权与其公示难以直接同一,正是由于占有的内涵不明,最终使物权的理念性与外在性不能并存,既要"不即于相",又要"不离于相",使人处于两难之境,乃至发生真假分裂的矛盾认知。

如此一来,占有的多重身份使其法律意义暧昧不明,更使其不同功能互相干扰,尤其是难以绝对强化占有公示的公信效力,造成占有制度陷于左右为难、自相矛盾的尴尬境地,以其作为动产的公示手段,并非明智之选择。因此,学者公认,动产以占有为公示方法,有不能完全公示权利表象之缺点,在所有权观念化,导致占有与本权分离现象日益增加后,这种缺点益形显著。[①]

三、以善意的要求弥补占有公示缺陷

以占有作为动产公示手段,主要是基于早期的社会共同生活经验。近代以前,由于商品经济不发达,以他物权、债权等形式让渡占有的情形极少,一般来说都是权利人自己占有,因此,占有与本权很少分开,一般情况下是结合在一起的,因此,占有伴随本权乃是常态,从占有外观推断物之归属亦是约定俗成的社会共同经验,占有表彰本权成为自然而然的社会共识,据占有推断的本权是唯一和准确的结论,没有真假之争。

但此后随着商品经济的发达和法律抽象之功,物的利用日趋复杂,利用背后的归属浮出水面,抽象物权观念深入人心,人们在观念上开始区分占有和本权,在归属的平台之上,纯粹的占有让渡成为可能和经常,随着物的利用关系深化和他物权的发达,占有与本权的不一致便从偶然转为常态,此亦为人们日常所习见,物权与

---

① 参见谢在全:《民法物权论》,中国政法大学出版社1999年版,第220页。

占有分离，遂成为物权时代的社会生活新经验。因此，在现代看来，随着物权"观念化"程度的进一步加深，仅以占有公示物权的经验基础已不再充分，占有公信力和权利推定功能大大减弱，再加上简易交付的引入，其公示效力更弱，这使"占有本即不能就物权内容为完全公示之缺点更加恶化"，[①]已经有人指出："占有公示的权利内容不具有明晰性，因而占有的公信力不能被过高评价，只能借助法律的技术处理而具有'从占有人处取得权利的人推定为善意者'的功能，并借助善意保护的一般法律原则保护权利取得人以维护交易安全。"[②]

物权变动之公示，古已有之，罗马法上的动产、不动产均以"交付"即占有移转为公示方法。中国唐代以来即有立契、申牒或过割制度，宋代以后，田土登记又有鱼鳞图册之设，然其主要目的在于征收税赋，次要目的在于诉讼质证。[③] 总体来看，不动产的登记是妥善的公示方法，而动产的公示需求较弱，但随着近代物权之价值化、抽象化趋势加深，两方面的公示需求趋近。[④]为补救动产占有公示技术的不足，现代各国采取的解决方法主要是权利证券化和动产权属登记，[⑤]然而因登记成本和交易效率所致，把动产公示统一为登记亦不现实，法律仅仅提供了大型船舶和飞机的登记制度，社会亦默认了多种公示手段的并存。[⑥]

在以多种手段综合判断动产物权的情况下，单纯的动产占有权利推定功能进一步下降，只有相对的效力，占有的公信效力就打

① 谢在全：《民法物权论》，中国政法大学出版社1999年版，第58页。

② 张家勇：《物权法区分原则的意义及其贯彻逻辑》，载《法商研究》2002年第5期。

③ 参见谢在全：《民法物权论》，中国政法大学出版社1999年版，第57~58页。

④ 谢在全：《民法物权论》，中国政法大学出版社1999年版，第57~58页。

⑤ 同上。

⑥ 参见鄢一美：《所有权本质论》，载《现代法学》2002年第5期。其中谈到很多边远乡村就禽畜和林木的类似"公示"风俗。

了折扣。由于动产的非所有人占有已经成为“常态”,动产占有的权利推定既然容易被推翻,谁也没有权利相信占有人就是所有人,即不能为积极之信赖,只是基于主观诚信,有权不相信非占有人为所有人,即只能有消极信赖。据此可见,善意取得的作用机制,正是在占有欠缺绝对公信力、只能产生消极信赖的情况下产生的。

四、善意取得与绝对所有权制度的变迁

按上文所述,从最根本点上来说,善意取得产生于物权理念性与外在性的矛盾,而这一矛盾又源于占有作为公示手段的不足,这又是在财产观念的变迁过程中占有意义的演变与混淆造成的。而占有的身份多重与功能干扰,使动产物权没有可资信赖的公示外观,其外在性、理念性互相矛盾,互相否定。一方面,它阻碍了所有主委托占有的动机,使动产的社会性利用关系远不如不动产发达,主要状态仍是自己占有,本权与占有结合;另一方面,这又助长了从占有认本权的旧经验,进而促使人们把物权再一次等同于经验的事实支配,使物权的抽象本质成为虚妄,占有之权利外衣的一面借助对公示效力的保护而空前强化,使动产物权与占有难舍难分,结果抽象的物权无法确立,物权向“gewere”倒退,致使人们把抽象本权重新装入“gewere”这件旧外衣中去,这样认识的结果必然又执着于支配诸权能,又一次从个人自由看物权,物权又一次退回到个人的封闭世界,造成对外在性的反动,最终使理念性与外在性两个方面都不能完全确立。当不动产借助登记这一非物质化的公示技术,在与占有分离的绝对性的道路上大步前进之时,动产物权却始终无法与占有分开,仍停留在占有法制、相对财产权的边缘裹足不前,这实是理性的无可奈何之境。

与此同时,动产之上物权绝对性的两个方面不能贯彻到底,则物权与占有的分离无法完成,也影响着动产占有制度的发达。有学者已经敏锐地觉察到:近代占有制度混合罗马法与日耳曼法的

规定，隐含着难以调和的矛盾，罗马法基因自然要求对占有的保护如同对权利的保护一样，是一种独立于权利的保护并与权利保护并行的制度，日耳曼法基因则强调占有表彰本权却时时要求占有向本权回归，天然地区分有权占有与无权占有，并视无本权之占有为一种反常现象，时时表现出纠正的欲望，体现为对无权占有，尤其是恶意占有的歧视与非难。[①]其实，罗马法何以坚持占有心素，主要的关怀还是在于对占有人自由与人格尊严的保障，德国法保护占有真正富有魅力之处恰恰在于无权占有也受保护，它与财产的最终归属确定无关，但却绝对与当前占有人的"内在我的"之自由相关，因此，优先于所有主的财产权非依公力救济程序不能改变。这样独立的占有制度，有其不同于物权制度的自身价值，而在近代社会，人权意识的高涨、私权神圣的观念、稳定社会秩序的重要性，使"占有制度维护支配秩序的价值已成为其首要价值，进而由发展为占有制度唯一价值的趋势"，[②]这一价值有赖于强化占有保护功能，而占有向本权的回归，将占有与本权重新结合，使得这一功能难以独立建立起来，二元体制区分本权与占有的法思想前功尽弃，罗马法意义上的纯粹占有不复独立存在，现代占有中的占有保护也就丧失了独立的法律基础。

可以说，善意取得制度使动产无法彻底完成理念化与外在化，而停留在占有时代。善意取得记载着物权与占有分离的全过程，背后深刻反映着财产制度的演化历史，在现实的利用关系向名义的归属关系演进的过程中，动产占有公示功能强化，但由于经验思维根深蒂固的影响，特别是"gewere"的权利外衣功能通过占有公示功能借尸还魂，使人们又不自觉地去从现实支配中把握物权，把

① 参见姜战军：《论占有权利推定对不动产上占有的适用》，载《法律科学》2001年第4期。

② 姜战军：《论占有权利推定对不动产上占有的适用》，载《法律科学》2001年第4期。

物权还原为占有，种种不同的观念纠缠混杂，产生类似时空穿梭的错乱感，从而产生真假二相的困惑，特别是当善意取得被解释为以手护手的时候，就完全带领我们回到了“gewere”时代。①

如果说从经验到理念是财产法观念的进步，那么善意取得是占有法制的最后一个堡垒，如果它可以通过改进公示技术得到解决，实现动产物权的真假统一，那么以支配为核心的“实质物权”观念本应到了瓦解之时。但近代交易发达的市场社会却带来了另一潮流——财产的价值化、资本化，导致物权与债权的界线模糊，注重经济实质的“权利束”观念流行，在市场之地，“拥有某物”被化约为“拥有某物的市场价值”，由于市场足够大，该价值不但可被数字化而且可以被同数字的它物替代，物的个性消失，有体物、物自体的归属不再重要。同时，将来可索取的利益和现在名下的利益亦无本质不同，无论以什么名义，现实享用的利益实质都一样。层层迷雾掩盖了归属的诉求，经验的支配实质、对物关系重新被重视，动产通过物权进行定分止争的动因减弱，最终使对人关系意义上的物权秩序、以绝对性为核心的物权观念并没有在动产之上贯彻下去。特别是动产物权与占有的分离没有进行到底，历史的脚步在这里犹疑起来，这一切使善意取得这一最不可思议的制度因其内在矛盾不再突出而被保留下来，留下这一块化石，作为新旧财产权利形式的联结点，向我们诉说着财产观念变迁的历程。

总之，所谓善意取得问题，本身是物权绝对性内在矛盾所催生的，由于绝对性要求的两个方面，即理念性与外在性，无法在动产之上统一起来。而由于占有的三重性质互相干扰，动产以占有为公示手段存在公示不足的缺陷，于是只好辅以善意要件，在个案面

---

① 实际上，现代物权的绝对性本质及其理念性与外在性，主要发生在不动产领域，而动产始终无法完成这一过程，动产之上有没有严格意义上的物权？这个很有疑问。德国法中不动产所有权制度的发达程度远超动产，恐怕并非仅仅因为经济原因。

前本着私法衡平理念的要求进行的特别例外处理,由第三人取得。以物权的绝对性这个视角出发,第三人取得是对绝对性的某种限制,这种限制的原因是因为法律无法为动产物权创设合适的公示手段,也就是说,在动产中,物权绝对性缺乏合适的实现工具,难以真正在动产的变动过程中得到贯彻。善意取得是在占有的公信功能不足,但又无法创立更好的公示技术时采取的衡平措施,但是其代价是始终欠缺更完美可靠的公示技术,始终使所有主面临失权风险,法律承诺的对抽象物权的绝对保护难以兑现,我们并未给所有主自由让渡动产占有提供一个好的法律保障,还阻碍动产利用效率的提高。它本身恐怕不是什么值得褒扬的有为制度,只是一个法律漏洞的反映而已。

第三节　善意取得与公信力的同构问题

从成因的分析来看,善意取得的生成在于动产公示手段的不足,而必须辅以第三人善意要件。可见善意取得的构造基础为“动产+善意”。这其中蕴涵了适用这一制度的核心要件——善意,也天然地限定了善意取得适用范围——动产;一般所谓之“动产善意取得”之名词既已暗示了这一制度的适用机制,即动产变动中出现真假矛盾时,以第三人的善意补充权利假象来对抗权利真相,直接取得。但由于近代物权法中善意取得构成要件兼有罗马法与日耳曼法两方面的因素,造成关于善意取得构造基础上的许多困扰,主要是客观善意标准与公信原则相衔接,时时有背离善意这个主观问题走向以手护手的倾向。

一、同构论与替代论的主张

学者在讨论物权变动模式之时,关于善意取得与公信原则的关系上出现种种不同的同构主张。一是构建物权法统一的公信制度以代替善意取得，有人主张，“在物权法上全面确定公信制度，即可取代善意取得制度”。[①] 二是统一的公信原则作为动产善意取得的构造基础，在此基础上同时构建要件一致的动产与不动产的善意取得，我国2007年《物权法》即采此立场。三是以善意取得、公信原则替代区分抽象原则。上述观念通过强调善意取得与公信原则的结合而使其各自得到强化，呈现出构建统一完善的善意取得制度的趋势。

其实，这里首先涉及关于善意取得语词含义的理解不同，狭义理解的善意取得仅适用于动产，在我国2007年之前的关于物权法的著作中，一般将善意取得制度置于动产物权的得丧变更中进行讨论，并将善意取得仅限于动产物权的取得。但很多著作采广义立场，即统一的“从无权利人处取得”。在不同理解面前，广义的善意取得概念当然未必错误，单纯的讨论善意取得应不应该扩大到不动产，往往陷入无望的语词困境，但这两种制度下的取得有着显著不同的构造基础和要件，因此强调其区别更有意义。而动产善意取得与登记公信力制度间区别的关键，在于二者的构造基础不同，即占有与登记的效力不同，这也是同构论和替代论者极力抹杀的一点微妙却重要的区别。

二、构造基础的差异

同构论倾向于建立一种统一适用于动产和不动产的广义公信制度，即要求占有和登记有统一的公信力，逻辑前提是关于“占有公信力”的学说，其出发点是“公示方法有保护从事交易之善意第三人之机能，此种机能，自法律上效果观之，即为公信力”，[②]动产的占有与不动产的登记具有相同之公信力，该公信力为动产不动

---

① 屈茂辉：《动产交付制度研究》，载《中国法学》2002年第4期。

② 谢在全：《民法物权论》，中国政法大学出版社1999年版，第60页。

产两方面善意取得的共同依据，也是统一构建“公信”制度的两个支撑点。《德国民法典》的登记公信力和占有公信力被认为是公信原则的典型立法例，学者多以《德国民法典》第 892 条和第 1006 条为依据，一体论述动产与不动产的公信原则或公信力制度，[①]但严格考察《德国民法典》有关条文的规范意旨，却难以支持上述结论。

（一）公示什么：物权变动而非物权存在

公示原则就其本来含意而言，仅仅限于“物权**变动**须公示”，只是一项关于物权变动的原则，是动态过程中的原则，公示原则必须是在物权变动领域来讲，而且必须是关于依法律行为进行的物权变动。依严格意义的公示原则，公示方法是法定的，亦对应法定的效果。交付是动产的物权变动的公示方法，而登记是不动产的物权变动的公示方法。物权变动的交付模式来自罗马法，早期的所有权变动依《十二铜表法》规定的严格仪式，即“曼兮帕蓄”（Mancipatio）和“拟诉弃权”（Cessio in jure）。公元前 6 世纪，查士丁尼废除这些烦琐形式，统一把交付作为移转所有权的程序。登记一般认为源自日耳曼法，记载让与合意文书的发达，遂演变为登记制度。[②] 物权变动经过公示之后，即发生法律上的公信力。

但学者讨论公示原则时，这一最初含义显然被扩大了，其规范对象从动态扩大到静态，公示对象从物权变动扩大到物权存在，其公示方法亦从动态的“登记和交付”扩大到“登记和占有”，典型的认识是认为占有在静态和动态中都有公示手段的功能。物权变动的公示是因何以及怎样被扩大成为物权动态静态双方面的公示，甚至转而以静态公示为重心，此事难考，但这样一种扩大的倾向确实是存在的。因此，学者虽然认为“物权变动的公示，在多数场合

① 谢在全：《民法物权论》，中国政法大学出版社 1999 年版，第 60～61 页。

② 参见王洪亮：《不动产物权登记立法研究》，载《法律科学》2000 年第 2 期。

也是物权现状的公示”,但同时亦承认“尽管如此,公示的对象之重点应置于物权变动还是物权现状,仍是一个有争议的问题”。[①]

这一扩大解释正是为引入占有的公信力而做的理论铺垫,因为“倘使公示的本体不是物权的现状,则无法解释作为公示方法之效力的公信力问题”,公信力所要解决的是静态的现状信赖,“其所提供保护的依据是对占有的信赖而不是对交付的信赖”。[②] 舟桥谆一明确指出了这一扩大解释的目的在于支持公信原则,“只有这样公示原则与公信原则才能获得统一的理解”,[③]也就是说,这是公信原则理论证成的第一步,然而这第一步,正是经由把公示重心由动态的交付移至静态的占有的概念偷换来完成的。

上述扩大解释思路显然潜移默化地影响了法学的思维,大多数学者解释该原则时强调该原则是在“物权变动时”必须公示,但在进一步论证其效力时就从变动中动态的“交付”直接扩大到静态的“占有”,这看似漫不经心的一步是一系列推论的起点,由此开始,变动公示的效力被逆向赋予了静态的占有,于是动产占有就被认为是表明动产权利状况的静态公示方式,在统一的公信原则中更借用了登记的公信力,就具备了公信效力。然而,这一结论却已经偏离了公示原则的本意。占有而非交付,成为构建动产善意取得的基础,这已经不是关于善意取得基于交付的解释了。

《德国民法典》第 932 条规定的善意取得,显然是建立在交付效力之上而非对占有的信赖之上,该条适用的对象是“依第 929 条所为之让与”,而该法典第 929 条则是关于“合意加交付”的动产转让物权行为,受让人善意的直接依据是对交付本身的,当然对出让人占有的信赖亦可解释为信赖交付本身的一个原因,二者常常

---

① 肖厚国:《物权变动研究》,法律出版社 2002 年版,第 11 页。

② 同上。

③ [日]舟桥谆一:《关于物权变动的所谓公示原则》。转引自同上书,第 11 ~ 12 页。

是重合的，但不必一定重合，信赖交付与信赖占有毕竟不等值，把信赖对象由交付置换成占有缺乏依据。

公示对象的转换以及占有对交付的替代，不仅背离了善意取得的本意，而且产生了新的结论，公信原则的内容亦由此侵入：扩大了的"公示"内容要求分享法律对物权变动公示规定的效力，于是占有被认为具有公信力，并与日耳曼法占有观念中的本权外衣作用相联结，被认为具有和登记一样的权利推定效力。这是善意取得借助占有的"公信力"得以扩大的第一步，但是，占有的公信力到底有没有法律依据呢？

（二）凭何信赖：经验猜测而非法律保证

依《德国民法典》第891条、第892条的规定，不动产的登记有全面的推定效力和公信力，故登记可为信赖之基础。相反地，占有被认为一种公示手段，其更多的不是基于法律规定的效力，而是学说和社会生活经验的判断，考民法典条文，并无关于占有的积极信赖基础的公信力规定。[①] 因此，一个来源于法定，一个来源于经验，二者在提供信赖基础方面有着重大的差异。在此若发生任何真假二重相的矛盾而需要保护第三人时，所需的条件也因之不同。

鲍尔·施蒂尔纳指出，权利表象理论的适用以取得人的善意为条件，但这一善意的内容，因占有或登记而不同：就登记而言，"与动产之善意取得不同，因重大过失之不知，不妨碍民法典892、893条（登记公信力）之适用"，并指出"法律上如此区别处理的理由，乃立法者认为土地登记簿相比较于占有，能提供更为坚实的信赖基础"。[②] 登记公信力适用的结果是绝对的，只有在极端情形下对存在重大恶意的取得人，由"司法判例借助民法典第226条、第

① 《德国民法典》第1006条的规范意旨并非为第三人提供信赖基础，不可解释为公信力，参见下文分析。

② 参见［德］鲍尔·施蒂尔纳：《德国物权法》（上册），张双根译，法律出版社2004年版，第500页。

826 条之规定，以权利滥用而施以救济”，[1]这里的规则是原则上取得，例外地不取得，不取得的原因并非公信力不足，而是权利滥用禁止。但动产却无上述坚实的信赖基础，单纯的占有信赖不足以成为取得的依据，第三人的善意成了核心要件，而善意的认定，标准显然也更高。具体规定产生重大区别，其背后的根源正在于占有与登记，在公信力方面的依据和效力不同。

公信原则暗示公示具有普遍信服的公信力，但这一效力因动产和不动产而有不同，“不动产登记的效力是为法律所保证的”，而“动产物权的占有交付是依据社会常识建立的公示手段”。不动产登记的推定效力是有法律保障的全面推定，这是第三人对登记为积极信赖的充分基础，因此在不动产上，登记与权利是重合的，“权利表象取代权利本身”；[2]但在动产中，虽然鲍尔认可占有的权利推定效力，“在一定的可能性上，可由作为事实上持有的占有状态推导出所有权的存在”，但也指出占有与本权只是“相吻合的可能性极大”、外部标记反映真实法律关系有着“极大的可能性”，[3]也就是说，占有表彰本权，只能是一种近似的猜测，就直接法律保证的真实性而言，与不动产登记相对应的动产存在的法定公示方法是什么？动产公信力的基础是什么？答曰：没有。虽然有学者也倾向于把占有作为公示方法，但这种公示显然是有限的，而且经常是违背法律目的的，故“权利表象取代权利本身”不但常常与事实不符，而且恰恰是法律力图避免的一种判断，因为那样一来，就等于变相禁止所有权人通过委托占有来实现利益了，于物之利用效率提高，于所有权人正当行使权利，于法律的公平原则均有不符。

---

① 参见［德］鲍尔·施蒂尔纳：《德国物权法》（上册），张双根译，法律出版社 2004 年版，第 500 页。

② 同上书，第 489 页。

③ 同上书，第 61～65 页。

既然占有并无法定的公信力,法律全面赋予其公信力又不恰当,那么第三人对占有的信赖永远只能是消极的有限的信赖了。沃尔夫对此指出:通常情况下物权转移的可识别性只有随着物的实际占有的转移才能体现出来。例如,在《德国民法典》刚开始施行时,人们还可以认为,通常情况下的占有人即所有权人,但是,占有作为公示手段的功能在今天的经济制度中已经大大地丧失了,因为在所有权保留、融资租赁以及担保所有权中的商品都是经常被非所有人的占有人使用,债权人再也不能因为自己的债务人占有很多物就相信他有很多财产。[①] 在这些新的现实面前,对占有的信赖基础进一步被新社会经验动摇着,"占有表彰本权"的推定效力进一步削弱,所谓占有的公信力就更加没有依据了,在占有信赖之上确立的公信原则无异于空中楼阁。

(三)为谁推定:推定不等于公信

在《德国民法典》中唯一规定占有推定效力的是第1006条,学者往往把这一条文作为占有公信力的依据,与该法典第891条、第892条关于不动产登记的推定效力的条文相对称,据此构建统一的公信原则,因此该法典第1006条的规定常常被作为占有公信力的基础。但仔细斟酌其条文原意,该法典第892条题目为"土地登记簿的公认作用",条文内容为"**为有利于根据法律行为取得一项权利或权利上之权利的人**,土地登记簿中记载的内容视为正确",特地表明是为了取得人(第三人)利益的推定。而该法典第1006条对占有权利推定设定的前提却是"为动产占有人的利益,推定占有人为所有人"。该法典第1006条的前设条件"**为动产占有人利**

① 参见[德]曼弗雷德·沃尔夫:《物权法》(第2版),吴越、李大雪译,法律出版社2004年版,第15页、第75页。

益”是个不可忽略的限定，[①]该条文题目即为“为动产占有人的权利推定”亦进一步揭示了规范意旨：

1. 该权利推定是为占有人本人设立的是一个“对己推定”，而非第三人得援引者。

2. 推定的结果应该是有利于占有人利益，而不是不利于占有人。

3. 该推定的目的是为占有人在诉讼中免于就所有权举证的，权利推定的作用是举证责任倒置。

沃尔夫对占有的推定功能亦指出：法律从这一情形（占有）中通过创制有利于占有人的推定得出结论——他就是该物的所有权人。这一推定的目的是：占有人因而在诉讼中无须证明其所有权，他可以依赖该法典第1006条的推定，举证义务由对占有人所有权的异议人来承担。[②] 这一规范意旨是与该法典第891条关于登记的正确性推定相对应的，根据该法典第891条的规定，登记亦发生举证责任倒置，“在这一点上，该法典第891条和第1006条有相同的推定功能”。[③] 显然，关于不动产登记效力的两个条文中，该法典第891条是权利正确性的对己推定，与该法典第1006条相对应的是这个，而该法典第892条是一个对人推定。这两个功能不同，该法典第891条是权利正确性推定，该法典第892条是公信力问题。该法典第892条是一个面向第三人的推定即公信力规则，动产中与该法典第891条对应的是该法典第1006条，而与该法典第

---

① 不应认为这一前设的限定条件是句无关紧要的废话，有“法学计算机”之称的《德国民法典》中不可能有任何无用或误导的限定句式，值得注意的是，第891条、第892条就无任何这种限定。

② 参见［德］曼弗雷德·沃尔夫：《物权法》（第2版），吴越、李大雪译，法律出版社2004年版，第75页。

③ ［德］曼弗雷德·沃尔夫：《物权法》（第2版），吴越、李大雪译，法律出版社2004年版，第220页。

892 条对应的条文是缺失的,也就是说,对动产占有,法律并没有规定一个公信效力,所以把登记的公信力解释成"公信原则",认为公示都有公信,并让占有分享这一公信力是没有法律依据的。

对此,鲍尔虽然把占有和登记并列为物权公示方式,并一体论述公示的三项功能,即转让作用、推定作用、善意取得作用,但也同时强调了其功能各自不同的侧重点,谈到了第 1006 条和第 891 条两项推定的旨趣不同。"仔细比较一下《德国民法典》第 1006 条和第 891 条之规定,就会发现二者间存在一项重要区别:该法典第 1006 条规定的,是仅有利于占有人之推定,而土地登记簿中所体现的法律关系,任何人均得主张,故其推定作用完全有可能不利于被登记者。"①可见,该法典第 1006 条的规定是为占有人本人(一般情况下是所有权人)的利益赋予的一项推定效力,以免除所有权人在涉及权属争议的诉讼中证明所有权的责任,对此推定,第三人无权援引,更不能用来推出不利于所有权人的结论,不能作为第三人积极信赖的基础。因此说该法典第 1006 条既不是占有的公信力,又不可作为善意取得的依据,否则,就正好与其规范意旨相左。

《德国民法典》对占有效力推定范围的这一限定,显然与其他立法例不同,因此,那种极力推崇占有公信力的法制,必然地要对此做出修正,以突破构建统一公信原则的这层障碍。例如,法国、日本民法就无这一限制,推定可由第三人援引,其占有的"公信力"就相当于《德国民法典》第 892 条关于登记的公信力,这是一个很有趣的现象,谢在全就我国台湾地区"民法"论及占有推定时谈道,"权利推定之效力,不仅占有人自己可以援用,第三人亦可主张之",故可据此请求查封债务人占有之动产,并特地指出,我国台湾地区"民法"在这方面的规定与《德国民法典》第 1006 条是不同

---

① [德]鲍尔·施蒂尔纳:《德国物权法》(上册),张双根译,法律出版社 2004 年版,第 62 ~63 页。

旨趣的,没有“为占有人之利益”这个前提,故其推定之主旨非在保护占有人而在表彰本权,“故不仅为占有人之利益,对其不利益亦得适用”,[①]这样悄悄地改换前提,实际上把为所有权人本人设立的推定置换成损害所有权人的所谓公信力。

(四)取得方式:法定取得而非行为取得

登记公信力和动产善意取得面对的问题是相似的,都是第三人对权利存在发生误信,误信的原因则是存在某种权利假象,这一点上二者是相同的。但是,二者在发生真假二重相的具体表现上是不同的:动产发生的是权利瑕疵,即无权处分人具备有处分权的假象;而不动产发生的是公示瑕疵,即登记簿不正确的登记。对此,两项制度在处理方式上也是不同的,公信原则通过全面推定功能而把登记错误“视为”无错误,但善意取得则并无把无权处分视为有权处分的机制,而是在否认处分效力的前提下,直接规定第三人取得,因此,这是两项不同的制度。

《德国民法典》第892条和第893条,其规范的出发点是登记错误。在登记和真实的法律关系不一致的情形下,“权利表象取代权利本身”[②]“正是在权利不正确登记的时候,土地登记簿的公信力才开始发挥作用”[③]“以假乱真”。沃尔夫甚至提出土地登记簿之登记具有“设权效力”,[④]就是说公信力有把假的权利变成真的权利的功能,于是公示瑕疵不影响权利的绝对效力,不正确的登记对外则是真权利,以维护登记的公信力来消灭真假二相,在公信基础上维护物权的绝对性。据此思路,《德国民法典》第892条和第

---

① 谢在全:《民法物权论》(下册),中国政法大学出版社1999年版,第964页。

② [德]鲍尔·施蒂尔纳:《德国物权法》(上册),张双根译,法律出版社2004年版,第489页。

③ [德]曼弗雷德·沃尔夫:《物权法》(第2版),吴越、李大雪译,法律出版社2004年版,第220页。

④ 同上书,第229页。

893条规定了不动产登记的全面公信力，第三人依照公信的效力正确地取得物权，其取得行为被认为是正常的取得，有效性不是建立在善意之上，与其附会成“客观善意”，不如说在建立不动产登记制度后，善意取得的原理以及规则在不动产法领域已经无法适用了。[①] 因此，王利明教授认为，公信原则的适用前提是有权处分，因为登记记载的权利人在法律上推定其为合法所有人，其作出的处分均为有权处分，[②]这一理解是适合于不动产登记的。

而动产善意取得的前提是无权处分，这是让与人的权利瑕疵，该瑕疵并未因善意取得而消失。不动产登记的公信力是“姑以真论”，而善意取得却恰恰没有这种变假为真的机制，也恰恰是在承认假象就是假象的前提下，通过引入善意要件作为取得的依据，以第三人的善意来弥补权利自身的瑕疵，它不是基于有效法律行为的取得，而是法律直接规定的原始取得，正说明了这一性质。因此，善意取得是动产物权的取得方式，却不是不动产物权的取得方式，是依法律特别规定而法定取得、原始取得。就制度面临的问题和解决的思路而言，即使采用广义的用法认为《德国民法典》中基于关于不动产公信力的规定是不动产的善意取得，但其制度的作用前提、作用机制与传统的动产善意取得也是大相径庭的，二者只是效果上的类似，但在制度构造方面却实难统一。

（五）信赖什么：消极信赖而非积极信赖

由于不动产登记的法定推定效力和公信力，当事人对登记有权为全面、绝对之信赖，故就登记物权，同时存在积极信赖与消极信赖的保护，即已登记之物权，视为存在，而未登记或已注销之物

---

① 参见郑云瑞：《论西方物权法理念与我国物权法的制定》，载《上海财经大学学报》2006年第3期。

② 参见王利明：《试论我国不动产登记制度的完善》，载王利明主编：《民商法研究》（第5辑），法律出版社1999年版，第235~236页。

权,视为不存在。[①] 这是关于登记公信力的两方面内容:一是消极信赖,即作为与公示内容不同的权利状态,对其不存在的信赖,即“不公示的物权变动不生效或不能对抗第三人”之意思;二是积极信赖,即作为公示内容一致的权利状态,对其存在的信赖,即“已登记的物权纵使登记有误权利不存在,对于信赖登记者亦产生如同权利存在的效果”。登记的积极信赖,其直接依据是《德国民法典》第892条关于公信的规定,而非由公示原则本身自然导出的结论。

依公示原则,第三人仅有权产生消极信赖,即信赖未公示的物权未发生,并不能直接导出积极信赖。公示原则产生的消极信赖保护被称为“公示力”,[②]公示力不等于公信力,即不包含积极信赖,后者成立尚需法律明文规定的公信力才能存在,这一点在不动产上没有问题,但在动产,在德国法中,这一规定是缺失的。依前文所述,《德国民法典》明文规定的不动产登记公信力,并没有对称的规定动产占有公信力,该法典第1006条的本意不是产生一项对第三人有利的全面推定。因此,对第三人来说,只能根据公示原则的规定,对占有人的占有进行消极信赖,不能为积极之信赖,而动产善意取得的善意内容,恰恰是要求取得人“相信出让人就是所有权人”,单纯对处分权限的信赖不能构成善意。[③] 因此,仅从占有效力中不能得出直接发生取得的结论。

可见,消极信赖本来是公示原则的效力,即所谓“公示力”,同时也被认为是公信原则的内容的一方面,但动产公示的公示效力不应被偷换为公信力。它只是不全面的消极内容,第三人仅可信

---

① 参见[德]鲍尔·施蒂尔纳:《德国物权法》(上册),张双根译,法律出版社2004年版,第506页。

② 肖厚国:《物权变动研究》,法律出版社2002年版,第12~14页。

③ 参见[德]曼弗雷德·沃尔夫:《物权法》(第2版),吴越、李大雪译,法律出版社2004年版,第258页。

赖物之上不存在未公示之物权,无论是他人所有权还是某种限制物权,以此来说秘密的物权人不能对抗第三人,如此而已。消极信赖类似于公司登记簿中未登记事项不得对抗第三人,是为"人们有权相信登记簿的沉默"的规则,第三人以消极信赖可以对抗动产的真权利人追夺,因此,第三人对动产权利状况不是基于公信,而是一种"不信"。该"不信"的心理状态,就是一种"不知而且不应知",这是构成善意的前提,再加上其他要素,才共同构成善意取得的基础,故善意取得并非直接来源于假象的动产占有"公信原则"。

三、同构论与替代论批判

(一)同构的困难

据前文分析,《德国民法典》第892条意义上的"公信力"制度与善意取得实际上不是一回事:二者并无共同的信赖基础,分属法律行为取得和法定取得。笔者同意多数学者的意见,认为二者只是功能近似,机制有别,其区别可归纳为四点:一是不动产登记有权利推定功能,善意取得并无此推定而直接保护信赖;二是不动产登记公信导致交易有效,善意取得导致即时取得;三是前者的适用前提是有权处分,善意取得适用于无权处分;四是公信的信赖指第三人信赖登记,是为"客观善意标准",善意取得是第三人信赖有处分权,善意的判断比较复杂,是为"主观善意标准"。[①] 这些区别是重要的、本质性的,不能替代或等同,也无法统一成一个制度。

如果采广义用法把登记公信力的内容也解释成善意取得,则在适用该制度时,又要面临区分动产与不动产两种适用条件,二者

---

① 分别参见王利明:《试论我国不动产登记制度的完善》,载王利明主编:《民商法研究》(第5辑),法律出版社1999年版,第235~236页;屈茂辉:《动产交付制度研究》,载《中国法学》2002年第4期;于海涌:《物权变动中第三人保护的基本规则》,载《法律科学》2001年第4期。

强行捏合起来共性很少，致使统一的广义善意取得无法统一构成要件而形成统一规则。动产善意取得与登记公信力的同构难题，使人怀疑公信原则在动产与不动产两个领域内是否等值？或者说，动产占有到底有没有完全意义上的公信力和推定效力？至少，以统一的公信原则作为构建动产不动产统一善意取得的基础是困难的。或许正是考虑到构造基础方面的重大差异，在采广义用法的时候，学者也总是小心地避免那种简单等同和替代的说法，例如，对于那种动产之上的以善意为核心的传统意义的狭义善意取得，孙宪忠老师有时称为"罗马法上的善意取得"，而对根据《德国民法典》第892条发生的不动产取得，则多按照德国学者的习惯称为"从无权利人处取得"。

占有公信力理论对在德国主义物权法有关制度的解释中，一方面，把动态的变动公示及其效力引入静态的物权存在，逆向地赋予占有以公示力，这样就把信赖保护由动态的物权变动扩大到静态的物权存在；另一方面，对不动产登记与动产占有的效力一体解释，通过篡改《德国民法典》第1006条的规范意旨，把为占有人利益的推定解释为面向第三人的公信力，从而把公信力由不动产扩大到动产，经由这两方面的扩大解释，统一的公示公信原则被证成，在此基础上，善意取得与登记公信力二者实现同构，这是一种扩大善意取得的思路。如前所述，其论证过程是有漏洞的：一是物权变动公示不能被修改为静态的物权存在公示；二是占有与登记显然有不同的推定效力，难以统一解释，占有并无公信力；三是善意取得中善意的要求恰恰是对占有公信力缺失的补充，因此，这两个制度的构造基础不同。就这三点而言，统一的公信原则的建立是非常困难的。

统一公信理论在任何立法例之下都是难以成立的。法国、日本民法基于各自社会乃至法律制度，以及当时登记制度是否已完备等各方面考虑，就不动产登记未采取公信原则，为弥补其不足，日本实务上是以禁反言法理及登记推定力，以补登记公信力之不足。[①] 有学者对这些立法例总结为：德国民法就动产不动产均认可了公示公信原则，但法国、日本民法对不动产仅确立公示原则而没有赋予登记以公信原则，相反只是就动产安排了公信原则。[②]《法国民法典》第 2279 条（动产占有相当于权源）被认为是动产公信原则在法律上的典型表达。[③] 总体来看，在意思主义和对抗主义立法模式下，不动产登记没有全面的公信力，不能为积极之信赖，仅动产有公信力（占有相当于权源），无法成立统一的公信原则；在德国物权法的公示要件主义之下，情况则相反，登记有完全的推定功能和公信力，可为积极信赖，反而是动产的占有仅有公示力，无法定的公信力，仅能消极信赖，亦不能成立统一的公信原则。

（二）"公信力"不能直接导致取得

在公信原则理论的基础上，"占有公信力"理论被作为动产善意取得的构造基础。学者观察到，综观各国和地区民法，"对动产物权几乎都实行公信原则""占有推定力与公信力在近代法律上的结晶是善意取得制度的确立，动产占有公信原则是善意取得的基础"。[④]

笔者认为，善意取得引入不动产领域，将与登记公信力发生冲突，势必要求修改公信力的规则。二者表面上貌似相同的第三人保护制度，但却有着不同的运行机制。这里有一个观念的问题：物权的有无，并非根据任何当事人的意思而判断，尤其鉴于物权的绝对权本质，不能有任何相对性，是法律问题不是事实问题。对不动产来说，根据《德国民法典》第 892 条直接推定权利，只有一个绝对

---

① 参见谢在全：《民法物权论》，中国政法大学出版社 1999 年版，第 61 页。

② 参见［日］远藤浩等：《新版民法——物权》。转引自肖厚国：《物权变动研究》，法律出版社 2002 年版，第 13 页。

③ 参见肖厚国：《物权变动研究》，法律出版社 2002 年版，第 17 页。

④ 肖厚国：《物权变动研究》，法律出版社 2002 年版，第 342 页。

的物权真相，当事人如不信赖，还能去信赖什么？因此，第三人无须其他条件即可绝对予以积极之信赖，登记名义人就是所有主，推定的结果是直接导致处分行为有效，在此基础上发生有权处分，根据有效的法律行为继受取得，不是善意取得。

而动产的占有人只是“像”所有主，像的前提恰恰在于“不是”，说明他绝对不是所有主，“像”和“是”是两种不同的判断，只有前者才可能产生真假矛盾，因法律并未推定占有人为处分权人，须由当事人说明自己有充分的信赖根据，动产规定善意取得正是动产占有欠缺登记的绝对公信效力，恰恰因为欠缺绝对的推定效力，不能积极信赖，其信赖须以善意为补充，法律才需要保护对假象的合理信赖。但这种保护绝无把假象转化为真相的意思，因此，善意取得只是直接干预物之归属，纵然处分无效，第三人也能根据法律的规定而取得。

因此两种制度是不同的制度，在不动产发生登记记载与实际权利状态不符之情形，对第三人不适用善意取得保护，而依登记之公信力使其取得物权。[①] 不动产的登记公信力之下，发生的不是严格意义的善意取得，所谓客观善意的说法实在牵强。

依前文分析，在德国法制之下，积极信赖与公信力只有对不动产的登记而言，所谓动产的公信力是没有法律依据的，第三人无权单纯积极信赖占有人就是所有权人，就动产而言，由于公示的要求仅仅是关于物权变动的，不能自然推及静态的物权存在，更不能逆向地推出动产占有是公示方式，占有的“公信力”于法无据，只是日常生活经验，而且是特定历史时期的生活经验，“占有表彰本权”并非完全正确，故占有并不必然发生公信力，依公示原则本身仅能发生消极信赖，无权直接进行积极信赖，人们不能直接相信占

---

① 参见孙毅：《物权法公示与公信原则研究》，载梁慧星主编：《民商法论丛》，法律出版社 1997 年版。

有人即所有人,必须想到另外还存在虽未占有却仍保留物权的真权利人,第三人信赖利益的保护完全委诸特殊规则解决,在确认处分无效的同时直接规定其取得。善意取得强调善意要件正是为弥补占有公信力的不足,在此就效果而言,“善意 + 交付 = 善意取得”,但占有本身却无法定公信力,善意取得不应建立在占有公信力之上。

(三)原则与规则不能互相取代

公信原则是一个经常被谈到的命题,许多著作直接将其列入物权法基本原则之一,是为“物权三原则说”的公示公信原则。[①]关于公信原则或“公信力原则”内涵的经典表述为:公信原则系指依公示方法所表现之物权纵不存在或内容有异,但对于信赖此项公示方法所表示之物权,而为物权交易之人,法律仍承认其具有与真实物权存在之相同法律效果,以为保护之原则。由这个总出发点,同时指导着不动产的登记公信力和动产的善意取得。如此,即便承认动产和不动产有共同的“公信原则”,但考虑到动产和不动产物权取得在取得机制、构造基础上的重大差别,也应当把这个共同的“公信原则”当作一种宏观的理念看待,其要点仅仅为:保证善意第三人在物权变动中不吃亏。它是原则而不是规则,不宜下降为具体规定,如此,该原则与善意取得就不是同一层次的东西而无可比性,任何替代主张也是反体系的。

替代论者主张以公信统一动产不动产的规则,第三人直接享受公信的保护即可,无须善意取得,这种思路根本无视物权法体系的位阶逻辑:统一的公信原则如果存在,作为原则,对第三人的保护则是通过确定物的归属实现的,非依善意取得,公信原则落不到实处。而根据物权法定原则,物权取得必须依法定方式,而善意取

---

① 在笔者所见的国内物权法著作中,只有孙宪忠先生不提公信原则,但该先生却对区分原则和无因理论大书特书。

得是法定的原始取得方式之一。

第四节 善意取得与物权绝对性的消长关系

一、扩大善意取得对绝对性造成更大侵蚀

对制度的理解思路影响着对制度的地位评价，目的论、起源论的倾向即把善意取得解释成外在于物权法体系逻辑的政策安排结果，天然的就有通过进一步强调该政策目标而对善意取得进行肯定、维持、巩固乃至夸大的倾向。这样得到强化的善意取得，必然对物权的绝对性造成更大的损害，因为善意取得本身就是对真权利人绝对所有权的外部剥夺，"善意取得的安排照顾了第三人的信赖，但对真实权利人来说，由此所产生的巨大危险也是一目了然的：动产所有权人就必须慎重考虑，他把他的动产托付给谁当作承租人、借用人、管理人。如果他不如此谨慎从事的话，他就有失去他的权利的危险"，[①]无疑，绝对所有权面临的这种失权危险，随着善意取得的扩张而增大，如是，善意取得适用范围和制度空间的大小，与物权法中绝对性的贯彻程度，为负相关的函数关系。

欲讨论善意取得的范围和地位，不应离开其法理基础和成因，从其由来的追索中，我们看到它来自物权理念性与外在性的冲突，是占有公示效力有限所致，本是为解决动产真假二相矛盾，在特定情况下为实现个案公正而行衡平的产物，那么它的地位就内在地规定于这个前提中了，作为其前提的真假问题有哪些情况，善意取得的适用范围就有多大。这其中有一个互动的问题：如果刻意夸大善意取得的作用，那么，一方面，会巩固物权真假二重相剥离的现状；另一方面，也会把许多本不应适用善意取得规则的情况纳入

---

① ［德］鲍尔·施蒂尔纳：《德国物权法》（上册），张双根译，法律出版社2004年版，第65页。

其作用范围，也必然通过扩大的善意取得而增加权利与表象不一致的情形，这样就更进一步人为地强化善意取得的作用空间，于是物权的绝对性被进一步蚕食。因此，善意取得与物权绝对性之间，亦有此消彼长的矛盾关系：在绝对性贯彻比较彻底之处，善意取得的作用范围有限，而在善意取得大行其道之处，绝对性贯彻困难，于是种种“较强权利与较弱权利”“能对抗第三人的物权与不能对抗第三人的物权”等相对性观念盛行，在后一种情况下，又推动人们把关于物权本质的认识构建于支配性之上，承认那种不对抗第三人的“物权”也是物权，从而进一步削弱物权的绝对属性，对物权体系的逻辑严整性造成更大的损害。

从立法例和学者的论述亦可见证：被扩大、强化的善意取得，始终与对抗主义、相对所有权等观念相伴而生，在它们的相互关系中，善意取得既有弥补绝对性缺失的功能替代作用，又有进一步肯定、维系那种物权相对支配观念的作用，这里是互为因果的。

二、“公信”命题下善意取得的扩张倾向批判

（一）同构与扩张违背法理

如前一节所述，在动产和不动产统一的“公信原则”学说的思考之下，一方面，有学者主张以动产善意取得制度解释不动产登记的公信力问题，并将其扩张入不动产；另一方面，主张动产善意取得的基础在于动产占有的公信力，从而虚构出“占有公信力”制度，修改善意取得的构造基础，如果其论证成功，则善意取得得到这一客观善意标准的支撑，而摆脱了善意认定困难的适用限制，而轻易得到强化，并同时扩展入不动产领域。但同构论与替代论本身存在重大理论缺陷，它抹杀了动产善意取得和不动产登记公信力在构造基础、作用机制方面的差别，“占有公信力”更是于法无据，其结论是不可靠的。

善意取得扩张到不动产领域，以“不动产的善意取得”解释登

记公信力问题，不仅依据不足，而且与固有的物权法观念造成冲突，因为传统上，学说与立法例很难接受这样的同构或替代。在不同的立法例下，均承认动产的善意取得，而不动产的情形解释上比较复杂，意思主义法制下不动产公示欠缺公信力，无法成立善意取得，自不待言，①而形式主义的德国民法中是否规定了不动产的善意取得？采广义用法的学者会把《德国民法典》第892条的规定称为不动产善意取得，但以严格意义来讲，我国学者对此条是否构成善意取得多持否定立场，认为不动产既有公信力保护，故无设立善意取得的必要。② 对此法制的解释是：《德国民法典》第932条意义上的善意取得仅适用于动产，继受德国法的法律也如此规定。③总之，通说认为，善意取得制度，大陆法系各国及地区民法规定仅适用于动产，不动产不适用善意取得制度。④ 民法论著对善意取得的介绍也是放在“动产物权的取得方式”中，作为动产的特有制度来对待，故一般认为，“善意取得之标的物，以动产为限”。⑤

同构论通过虚构“占有公信力”抹杀两种制度的差别，依据不足。此外，在实践上，善意取得在统一公信力学说的支持下呈现效力加强和向不动产扩张两种趋势，对动产、不动产物权各自方面的绝对性造成了更大威胁。

（二）占有公信力学说对动产物权绝对性的损害

以占有公信力为构建善意取得的法理基础，实际上是对罗马法善意保护理念的偏离，而偏向的是日耳曼法占有观念。例如，谢

---

① 参见肖厚国：《物权变动研究》，法律出版社2002年版，第297页。

② 同上书，第400页。

③ 实证法上规定善意取得一体适用于动产不动产的，据说只有《俄罗斯联邦民法典》（第302条）。参见张家勇：《物权法区分原则的意义及其贯彻逻辑》，载《法商研究》2002年第5期。

④ 参见郑云瑞：《论西方物权法理念与我国物权法的制定》，载《上海财经大学学报》2006年第3期。

⑤ 谢在全：《民法物权论》，中国政法大学出版社1999年版，第221页。

在全即持此见解，认为“动产物权之善意取得实系承认占有公信力之直接规定”。[①] 在我国台湾地区“民法”确实如此推论成立，而一系列推论的开端，就是拿掉《德国民法典》第 1006 条“为占有人利益”这个前提。然而，此等认识推及《德国民法典》，误人深矣。法国、日本的“民法典”中之所以不同于《德国民法典》占有推定规则，关键就是这一前提，这些国家对占有都规定了全面的推定效力，对占有可为积极之信赖，其制度背景就是物权与占有区分不严格，而《德国民法典》第 1006 条规定的那个“为占有人利益推定”的前提恰恰是预防了这种情况，立法者之所以小心翼翼地加上这一限制，正是考虑到占有与物权必须分离，这种分离，如本书第三章所述，正是彻底的物权绝对性所要求的，因此，不承认占有公信力的立法实际上也是在维护物权的绝对性。

而占有公信力理论，通过复活占有的权利外衣功能而阻碍了绝对所有权与占有的分离，表现为一种占有吞并本权的倾向。特别是强调客观善意标准时，在核心构成要件中，第三人取得的原因让位于所有主占有丧失样态，善意取得的机制已经十分接近日耳曼占有制中的“以手护手”了。[②] 这样在关注占有问题而非主观善意的前提下，善意取得的理解就是一种外在剥夺所有权的思路。例如，奥诺雷认为：“在法国法中发现了一种剥夺权利的无情方式，其中‘对动产的占有即相当于权源’这一法谚被解释为：如果货物的保管人通过买卖、赠与等方式将货物交付于他人，他就因此剥夺了寄托人的财产权，后者只能通过诉讼请求保管人赔偿损失。”[③] 这种理解正是一种失权机制，活脱脱的“以手护手”。

善意取得的核心要件还应是第三人的善意，占有本身没有法

---

① 谢在全：《民法物权论》，中国政法大学出版社 1999 年版，第 968～969 页。

② 参见谢在全：《民法物权论》，中国政法大学出版社 1999 年版，第 968～969 页。

③ [法]奥诺雷(A. M. Honoré)：《所有权》，金可可译，载公法评论网：http://www.gongfa.com/caichanquanaonuolei.htm，最后访问日期：2018 年 8 月 17 日。

定公信力，只能基于社会生活经验而对第三人提供一个关于所有权的不充分的信息，无法直接为积极之信赖，这样第三人形成善意的余地就很小，特别是随着社会经济发展和物的利用效率提高，在非所有权人占有已经在很大程度上成为常态的时候，任何人都没有理由径直相信占有人必然是所有权人。而善意取得的基础正是因为其信赖理由的充分与否，并不是以面向第三人的“权利推定”，对第三人承诺了这项法律的保证，并由此而蛮横地剥夺所有权人的，绝对不是这样，第三人不能放心大胆地援引《德国民法典》第1006条，该条是一项与他无关的制度，他只能在《德国民法典》第932条的制度框架内尽力证明他的善意，由于该善意的证明越来越困难，他取得的可能性也就越来越小，并不是我国一些学者热烈期望的那样前途远大。

在动产方面，若基于和公信原则的同构而人为夸大善意取得，并进而以保护善意取得为借口强化占有推定效力，则会对动产的负面作用更加严重，这等于进一步促进占有本权的结合，权利外衣观念复活，并实质上阻碍权利人转移占有以提高物之利用效率的动机，从某种意义上来说，权利人转移占有，转让使用价值以获得价值的产权安排，也是一种交易，这种交易就这样被阻碍了，如此，号称关注交易安全、本意在于保护公正的善意取得，因过于扩大而带来了新的不公正，其固有的促进交易的功能反而阻碍了别的交易类型，善意取得成为一项自相矛盾的制度。

(三)不动产领域引入善意取得的危害

善意取得本身就是对绝对所有权的一个突破，其本来面目如果仅仅停留在动产中作为一个特则适用，则危害有限，但若扩张入不动产，则这种危害必然随之扩及整个物权法领域。然而，就我国《物权法》的规定来看，通过整合统一的“公信力”制度，一体构建动产不动产统一的善意取得，主张善意第三人在不动产上与动产中一样同受公信力保护,并“应为同一解释”,以保持逻辑一致性,[1]这种主张在我国《物权法》制定过程中颇具代表性,并深刻地影响了我国《物权法》的格局。

以上述同构思路实现善意取得向不动产领域的扩张,首先是与不动产登记规则发生冲突。因为登记的普遍、公开和正确,因此,在不动产的权利真相判断上,第三人难以构成“不知且不应知”。因此,在建立不动产登记制度后,善意取得的原理以及规则在不动产法领域已经无法适用,故当代善意取得制度只能在动产物权领域内发挥作用。[2]

在此冲突面前,若以善意取得与不动产登记规则硬捏合在一起,非但理论上有缺陷,也必然会对不动产物权的绝对性造成威胁。若把善意取得的核心要件——善意,引入不动产登记公信力的规则中,实际上就是对登记公信力规则进行修改,修改的实质就是弱化了登记的公信效力,只能在第三人为善意时才有权信赖,这样就降低了登记推定的绝对对世效力,第三人时时要想到登记名义人可能不是真权利人,在登记物权的背后还有另一个物权,一物一权原则在这里实质上被怀疑,这就是引入相对观念而削弱不动产的绝对性。

总之,统一公信原则学说及其与善意取得互相替代等主张,理论上有缺陷,实践中有危害。在动产善意取得与不动产登记公信力之间无法统一的事实面前,如果以统一的“公信原则”取代善意取得,意味着赋予占有以绝对公信力,占有与物权再次结合,必然增加所有主的失权危险;而以善意取得取代公信原则,以善意补充对登记的信赖,则必然减弱登记的推定效力,使之仅有相对效力,

---

① 参见肖厚国:《物权变动研究》,法律出版社2002年版,第402页。

② 参见孙宪忠:《物权法的基本范畴及主要制度反思》,载孙宪忠:《论物权法》,法律出版社2001年版,第28~33页。

反增多真假的困扰。二者统一构造基础的两难之境在于无法兼顾两个方面的绝对性：若统一要求主观善意，等于第三人对登记不能绝对信赖，登记公信力下降，也是对公示原则的破坏，等同于引入对抗主义，承认有对抗力和无对抗力的两种物权，不动产物权的绝对性削弱；若统一要求客观善意，以公信原则为基础，等于赋予占有以法定公示效力，等于否认占有与本权分离，占有等于本权，既损害了物的充分利用，又变相剥夺了动产物权的真权利人的权利，绝对物权倒退回日耳曼占有。总之，在善意取得被人为夸大和巩固的地方，动产物权的绝对性减弱了。

三、"物权变动模式"命题下的扩张倾向批判

（一）变动模式能否自由选择

在我国《物权法》制定前后的热烈讨论中，"物权变动立法的模式选择"一直是最大的热门话题，如何在借鉴德国物权法体系过程中继承取舍，如何在物权变动立法主义的公示要件主义或对抗主义、公信原则、善意取得三者间对比优劣高下，换算成本效益，进而决定取舍存废，成为重大理论热点，论者纷纷提出各自不同的立法方案。其中，主要有三类：一是以善意取得代替无因性理论；[①]二是以公示公信原则取代物权行为理论和抽象原则；[②]三是以公示公信原则取代善意取得。[③]

如果坚持体系的思维，一以贯之地把物权概念中的绝对性贯彻到底，则所谓物权变动模式选择的问题是个假问题，因为如果物

---

① 参见王泽鉴主编：《民法学说与判例研究》，中国政法大学出版社1998年版，第267页。

② 参见于海涌：《物权变动中第三人保护的基本规则》，载《法律科学》2001年第4期。

③ 参见屈茂辉：《动产交付制度研究》，载《中国法学》2002年第4期；于海涌：《物权变动中第三人保护的基本规则》，载《法律科学》2001年第4期。

权法是科学的,那么其体系内就不能有自相矛盾的成分,物权、债权二元区分的逻辑贯彻是物权行为与债权行为的区分原则以及物权行为的抽象、无因性,物权绝对性的必然结论是物权公示原则和公示要件主义,这些都是同一个问题在不同侧面的分别表述,它们内部和谐一致而规定于共同的物权绝对性这一灵魂,构建于绝对性之上的物权,在其静态、动态中都应该始终如一,物权变动中的公示要件主义是其逻辑的结论,模式是不可选择的。

反之,在物权变动中寻求理论简化,任意裁剪体系,或者把静态中物权概念属性中的东西在动态层面弃之不顾,或者是把物权性归结于现象的支配性上,如此思维不再受绝对性的束缚,可以把物权变动作为一个孤立问题,而自由地思考物权变动模式问题,在其思考中面向政策目标或经济效率而非面向法理和逻辑,于是倾向于选择较为浅显的意思主义或对抗主义,而对公示要件主义天然反感,于是上述种种替代理论的提出就很轻易,其中善意取得取代形式主义、无因理论的建议更为我国学者所青睐,在这样的非体系的自由思考之下,原先在物权法中作为动产取得一种特殊例外规定的善意取得,被赋予特别重大的意义,并进入物权变动模式的视野而得到空前的夸大,于是其固有的侵蚀物权绝对性的副作用也必然会随之倍增,如果这种学说体现到立法中,那么其将对物权绝对性造成颠覆性的损害和系统地背离,此事非同小可。

(二)替代论思路的对抗主义实质

严格意义上的善意取得适用的前提是无权处分,但在模式选择的命题之下其被赋予了更多使命,由于观念上对物权行为及无因理论的本能抵制,学者借助善意取得来解决一切涉及第三人利益的物权变动问题。有的学者认为连环交易中应适用善意取得;有学者认为,二重买卖中应适用善意取得,谓《法国民法典》第

1141条的规定就是善意取得[①],更多学者讨论善意取得与无因性的关系,认为无因是善意取得的基础;还有人认为二者同质,乃至认为无因理论对第三人保护不如善意取得方便的论点,更为多见。这些认识显然把善意取得扩大到有权处分问题上了。

这样扩张善意取得,是服务于意思主义和对抗要件主义的。其中心理动因还是试图阻击物权行为及其无因理论,我国学者出于对无因理论的本能反对,往往试图绕过它而寻求更为便捷的方式解决其所涉及的问题,通过某种功能替代思维而刻意夸大善意取得。因此,在物权变动模式命题下强调善意取得的观点,其实是在论者拒绝无因理论、形式主义,但又无法解决各种权利的相对性及意思主义、对抗要件模式带来的不可欲结果问题,而不解决又有违公平时,善意取得被"派来救场"。

例如,在二重买卖情况下,如不坚持物权绝对性,因而不严格区分物权债权,则物可由意思而转让,合同生效买受人即取得所有权,就同一个标的物每签订一个合同就产生一个新所有权人,在这数个所有权中,成立在先的优于在后的,但其中一个获实际交付,则其他所有权都落空,在法理上甚不可解,于是有人以善意取得解释。如此,因所有权可取决于意思,但不知此意思的第三人仅可信赖外观,善意取得被用以处理一切公示外观与内心意思不一致问题,一切因保护信赖公示而对抗当事人内心意思,以限制"真权利人"的规定都被认作善意取得(如此我们就有了统一的"保护第三人"制度),善意取得"一统天下"。

如德国有学者所论,虽然抽象物权契约理路有"疏于生活"之嫌,但借助于它,可以把庞杂的现实生活关系依法律技术归纳调

---

① 参见屈茂辉:《动产交付制度研究》,载《中国法学》2002年第4期;于海涌:《物权变动中第三人保护的基本规则》,载《法律科学》2001年第4期。

整，从而建立起清晰的可以控制的法律体系。[①] 无因理论不仅有功能上的价值，更高的价值还是在于其逻辑上的科学性，以及对整个物权法体系、对物权基本理念内在逻辑的一致性。如果抛弃物权行为及其无因性和形式主义等理论，那么物权变动中欲求公平保护第三人，就只能从权利的相对性和消极信赖理论出发，求诸扩大解释的善意取得。

扩大解释的善意取得如果一定要实行，则其所需的一个必要的背景是背弃物权的绝对性和排他性，代之以"相对所有权""一物多权"的思想，淡化物权的理念性和外在性，还原为关注现实支配的"财产权"，这样一切才有了合理的解释：当事人可以约定物权，物权可依意思而变动，亦得因合同瑕疵而无效，由于相对主义、对抗主义无限制地承认"真权利"，必然促使物权本体与公示外观发生不一致的情况大增，为弥补在根本问题上背弃绝对性和形式主义而造成的具体问题上的混乱，须特别强调公信原则，变动效果仅在特定当事人之间有相对效力，不得对抗善意信赖外观的第三人，后者据此可以对外观的信赖对抗真权利，发生善意取得，这正是对抗主义的思路。

善意取得的直接依据是对公示的消极信赖，扩大解释的善意取得与意思主义、对抗主义的对接，是经由对"消极信赖"的宽泛解释实现的，经由侧重"不公示不能对抗第三人"之解释，消极信赖直接与对抗要件主义实现对接，消极信赖基础上的善意取得与对抗主义互为因果。这样顺手把对抗主义的要求包装成"信赖"理论，以扩展善意取得的作用，强调公示的"对抗力"，扩大解释公信力，频频用"善意取得"四处"堵洞"，于是善意取得"大放异彩"。

---

① 参见［德］K. 茨威格特、H. 克茨：《抽象物权契约理论——德意志法系的特征》，孙宪忠译，王晓晔校，载《外国法译评》1995 年第 2 期。

(三)反过来助长物权的相对性趋势

对抗主义法制下承认不公示因而不能对抗第三人的也是物权,即一种相对支配的物权,实质上是引入了相对所有权观念,故物权变动涉及第三人问题委诸善意取得,似是而非的替代结果是系统地削弱物权绝对性。如果能秘密设权或自由变动,而因不公示,仅在当事人之间有效而无法对抗第三人,这时就发生所有权的相对性,结果造成物权变动当事人与社会公众产生不同认识,某项物权对某人来说存在,对其他人来说却不存在,对这人来说在此,对那人来说又在彼,则物权失去准确之定在而沦于"莫须有"状态,这是违反体系的,因为绝对性要求所有权有自己的本体和明确效力,有或无,只有一重真相,唯一的任何人都可辨识的存在。扩大善意取得的作用类似流氓软件,引进的结果是它会潜在地修改体系的固有内容,从而动摇绝对所有权制度的体系安全。

这种因不公示而不能对抗第三人的相对物权,是制造很多善意取得现象的原因,也是一些论者对善意取得情有独钟的原因,由此善意取得的作用显得越发重要,扩大善意取得必然反过来巩固并助长物权的相对性。由于"公示对抗主义向人们提供的公示激励并不充分,于是在交易活动中难以期望每一物权变动恒伴有公示表征。不仅如此,由于对抗主义未赋予公示以公信力,它仅仅提供了物权变动的消极信息,人们不能信赖公示在法律上的真实性"。[①] 通过允许大量不须公示的秘密"真权利"存在,第三人的信赖基础就不再稳固,信赖理由不再充分,随时应该想到在公示外观之外还有秘密的真权利存在,始终对权利的真相处于半信半疑状态,而权利的真相亦失去准确的定在,由公信原则从外部予以切断,随着第三人的信赖与否而左右,于是物权本体成了一种永远若有若无的"莫须有"的存在。不但逻辑上如此,实际效果也正好符

① 肖厚国:《物权变动立法诸理论问题》,载《法商研究》2002 年第 5 期。

合该逻辑。孙宪忠先生指出，“从实践调查来看，对抗主义扩大了事实物权和法律物权的脱离”，[①]印证了这一推理。

因此，在不同的观念框架内，善意取得与物权行为及无因理论乃至形式主义的体系，呈此消彼长的关系。换言之，关于善意取得范围大小的问题，不同财产法制必有不同结论。在坚持物权绝对性、物权变动无因性和形式要件主义的观念之下，产生真假矛盾的情形就很少，善意取得的适用也就很有限。反之，增加物权相对效力、消极信赖的情形，就扩大善意取得，而扩大的结果是进一步增加权利的相对性，这是一个互动的过程。如果我们一方面将物权作为思维工具，另一方面又背弃物权的绝对性，降低形式的要求，把权利系于内在的意思，人为制造出一些脱离公示外观的“真权利”，为策公平，要求以善意取得取代无因理论去救场，这无非是先制造出问题再寻找解决方案的学术游戏。

四、“保护第三人”命题下的夸大倾向批判

（一）目的论的不适当暗示

目前，善意取得风靡一时，“在我国理论界已成为保护第三人利益维护市场交易秩序的主导理论”，但正如有学者观察到“其实际作用被不适当地夸大了”。[②] 这种夸大，反映在一些学者从“保护第三人”这一共同目标出发，认为善意取得和公信力可以取代物权行为，起到保障交易安全的作用，无须物权行为理论。代表性的观点是王泽鉴提出的替代说，认为无因理论之主要功能在于保护交易安全。只因德国普通法时代不承认善意取得才使此理论有必要，但民法典既已对善意取得设有明文，足敷保障交易之用，无因

---

① 孙宪忠：《中国物权法总论》，法律出版社2003年版，第187页。

② 于海涌：《物权变动中第三人保护的基本规则》，载《法律科学》2001年第4期。

理论已失去存在理由。[①]

善意取得的效果是牺牲所有权以保护善意第三人,其更间接的效果是保护交易安全。在这方面,区分原则和物权行为无因性理论也具有保护第三人的功能。功能的相似性使人产生了对其效率进行比较的动机,比较的结论直接证成有关的功能替代思路,但是,但如前文所说,规范的功能说明不能代替其法理说明,亦不是法律正当性的主要根据,更不能倒果为因。正如善意取得在罗马法和日耳曼法两方面的最早起源与交易安全无关一样,无因理论在其提出之初也并非出于保护第三人这个目的。

对物权行为及无因理论保护第三人功能的批评,其主要理论资源是赫克运用利益法学所做的分析,但雅各布斯教授特意指出,物权行为理论创立时并没有考虑交易安全,其目的仅仅在于解释基于给付发生的不当得利。指其功能不足实际上误解了无因性理论的适用范围,"因为物权行为作为一种处分行为,必须以具有处分权为要件;而善意取得制度中,处分人没有处分权,因此,其中的物权行为效力待定,可见二者适用范围不同:物权行为保障的主要是连环交易中的交易安全,它以有处分权为条件,善意取得保护出卖人无处分权的交易,不需要处分权,它们之间没有必然联系"。[②]既然物权行为理论本意不在于解决无权处分以保护第三人,那么以其在这方面的功能不足而主张代之以扩大的善意取得,这种批评可谓不得要领。

(二)内在与外在的不同保护机制

公示要件主义是一种内在预防机制,其思考出发点是把第三人当作物权关系内在当事人,把物权本身当作一项涉他的绝对权,

---

① 参见王泽鉴主编:《民法学说与判例研究》,中国政法大学出版社1998年版,第267页。

② 谢鸿飞:《物权行为中的三重问题:概念体系与语词还原》,载《民商法学》2003年第2期。

因绝对性自身而必然证成公示的要求。但意思主义或对抗主义是外在预防机制，其思考方式是把物权当作权利人自身情事，物权变动被认为只涉及变动双方当事人，在与第三人无关的认定之下，公示不是必需的，唯在变动之外、变动之后，为了某种社会目标的要求，为了交易安全和保护第三人的信赖，才发生的公示需求，而公示与否被认为可选择的，“不公示不对抗第三人”成为合理的做法，因为该法制之下，物权并不以对抗第三人为目的，而显然以支配物为目的。绝对性不是物权的核心要素，公示也就不是物权变动的必要条件，这是符合其逻辑的，这里的“物权”和“物权变动”都只有相对的意义，仅仅以得支配物为已足，并未强调权利的绝对排他效力。

对抗模式之下的第三人真是一个有趣的人，他在物权中一直被对抗，但有时反而会对抗别人，表面看与他无关的一项物权变动，却必须时刻为他着想而设计变动模式。其实，按照绝对性之对人关系思路，第三人本来是物权关系的当事人，而平时正是罔顾这一法律关系结构，在支配说影响下，片面从物权人看问题，把物权理解为权利人的私事，物权变动亦为权利人与法律行为对方间的私事，对第三人是封闭的，这是不对的，当物权变动之时，也就是当权利真正开始离开个人领域而在社会层面发生作用的时候，才忽然想起他来。

由于物权支配性与对物关系的习惯思维，使人们把物权及其变动当作自己单方行使权利的自由，时时欲以意思自治原则行事，反映在法律上就是物权变动的意思主义，这样就产生了物权变动的对内、对外两层关系，对内关系中以支配物为内容的物权由双方意思而确定地变动，而对外关系中该变动因未公示而不能对抗第三人，这样一个对内有效的物权变动，在对外方面却是无效的，通过确认其对外无效，保护不知情的善意第三人，这种保护是一种外在的保护，是与物权关系本身无关的外部干涉，纵然以保护第三人的政策目标从外部加以调控。但是，一来这种调控缺乏与物权体系内基本制度的整合，成为生硬的外部直接干预；二来这种调控本身又进一步加剧了真假二相对立的矛盾。在保护第三人、保障交易安全的命题下，寻求最简明经济的“物权变动模式”，很容易扩大善意取得而吞并物权行为理论。

第三人的利益需要保护，但这种保护本身应以逻辑和法理为基础，还必须要服从公平原则的调控，不能不加限制地强化而危及所有权人的利益，那就制造另一种不公正，强调第三人优越的思路是认为抽象第三人背后代表着交易市场，代表着整个社会，所代表的那些东西有更高的价值。但问题都是相对的，站在某一具体第三人的立场来看，抽象的所有权人背后也代表着社会，第三人背后代表着市场交易安全，所有权人背后也同样代表着他物权交易的市场，缘何要被轻视呢？物权人和第三人互为社会，过分强调任何一端都会打破平衡，所谓“动的安全”高于“静的安全”，如前所述，完全是一种虚构。

把物权还原到法律关系中，许多问题就明晰了，在法律关系的框架内，第三人和物权人互为对方，物权是他们之间的法律关系，因此，物权问题恒有社会性，这种社会性基于在法律关系内的平等保护而能维持平衡，既不会出现把物权当成权利人私事而罔顾第三人信赖的极端，又不会出现强调社会高于个人而过分强调第三人、损害物权人的另一个极端，不需要矫枉过正的社会政策干预，在法律正当性的基础上兼顾了社会妥当性，因此，基于物权绝对性的统一逻辑，在法律关系框架内，通过区分原则、物权行为及形式主义等贯彻工具，实现对第三人的内在保护，比起划分内外关系，在对立前提下的外部干预思路更有科学性，“无因性原则在更高的层次上维护了交易公正”。①

内在的保护机制,既有深厚的法理基础,又兼顾了公平与妥当,因此,就逻辑与价值两方面综合考虑,在第三人保护问题上,孙宪忠先生的主张是“采取以无因性为原则,以善意取得为补充的模式”,这一思路值得赞同。

(三)对物权绝对性和体系安全的影响

夸大善意取得的主张,“醉翁之意”还是为了抵制物权行为及无因理论:通过论证善意取得对第三人的保护比无因理论功能更好,既避免了正面否认物权行为理论的难题,又成功阻击了物权行为及无因性,通过夸大善意取得,进行功能替代,乃至虚构出一个统一的“第三人保护制度”,是我国学者对无因理论进行“围剿”的常用手法之一。但是,其反体系、反逻辑的理论缺陷,却对整个物权法体系及作为其基础的物权绝对性造成很大的损害。

功能替代论的功利思维,天然倾向于进一步强化规范的某一功能,如果这种倾向过于强大,则有可能超过必要的度,不但过分损害另一方即所有权人利益,而且会动摇法理和逻辑的稳固结构,这种主张借助从第三人保护这个命题中窃取来的社会性价值的支撑,对传统的绝对所有权观念构成很大的威胁,所谓“动的安全”高于“静的安全”“不正当胜于无秩序”、社会价值高于个人权利等观念,对物权绝对性的潜在损害是难以抵抗的。就其效果而言,这种外在保护切断了第三人保护与物权自身属性的关系,一方面,把公示当作物权变动之外的事实行为,变动因意思而发生,不强求公示,巩固权利的相对性和莫须有状态;另一方面,又通过强化善意取得而进行外部干预,这种干预很难把握恰当的度,很容易因过分强化而反过来过度侵害所有权,这也正是前文谈到的普通法时代

---

① 孙宪忠:《物权法的基本范畴及主要制度反思》,载孙宪忠:《论物权法》,法律出版社 2001 年版,第 32 页。

的学者们对善意取得深恶痛绝，称为“谋杀所有权的计划”之原因。

以统一的“善意取得”“第三人保护”来“扬弃”物权行为等，由于欠缺逻辑性，在适用上反而会造成更多的困扰，人为增加权利与外观不一致情形，其一个结果是一物多卖或交付前买受人再次转让，将导致“若干个当事人都成为同一标的物的合法所有人并互为第三人”，导致纠纷丛生，[①]如买受人再行转让，必使所有权的本体与外相更加远离，对有关交易的诸当事人造成极大之困扰。

在真假二相面前，强调公信原则——物权行为无因理论，致力于消除减少这种分裂，而强调善意取得则是肯认并加强这一分裂，两种体制分别服务于不同的物权观念，前者是遵循并贯彻物权绝对性的，后者则在把物权性归结于支配性的认识之下，容忍并助长着物权的相对化，其对物权体系的整体性危害是深远的。因此，物权变动中涉及第三人保护的问题，应该立足于物权的绝对性这个基本立场，坚持区分原则，淡化公信原则，限制善意取得，由体系自身实现公平保护第三人的功能，不能顾头不顾尾地一边抱怨强制公示限制了意思自治，一边在这种“自由”的结果损及第三人时另外提出一个“保护第三人”的政策目标，进行外部干预，最终导致体系凌乱，人为制造相对物权，然后再来找解决的对策，在解决一个问题的时候产生 10 个问题，然后再逐一解决并产生更多的问题，这种思路除了产生大量的论文成果外，实在看不出什么好处。

五、善意取得的有限性

夸大善意取得的方式，一是通过统一“公信力”命题，二是通过“物权变动模式选择”命题，三是通过“第三人保护”命题，从这

---

① 参见于海涌：《物权变动中第三人保护的基本规则》，载《法律科学》2001 年第 4 期。

三个方向上对善意取得进行强化、扩张，而进一步降低物权绝对性的。在占有公信力学说、同构论和替代论、第三人保护理论中，不正当地夸大善意取得，引入变相的物权相对性，严重威胁了物权法体系的基础，其理论后果值得警惕。

因此，克服上述三种倾向，须对善意取得适用范围和制度地位进行客观评价，作为一种特殊情况下的例外制度，它是在动产公示技术不发达时的一种无奈之举，以法理衡平精神弥补的一项特殊制度而已，虽然被支持者赋予很多显要价值，但其外在地剥夺所有权的副作用显然也不可忽视，而第三人和真权利人之间的利益冲突更需要平衡，这就决定了善意取得不可无限制夸大。

（一）适用要件的限定

由善意取得的成因，先天地决定了其构造基础在于"动产+善意"，在此基础上进行具体化，就是善意取得的构成要件问题，构成要件自身就是对制度空间的一种限制。

学者对善意取得构成要件的归纳大同小异，按适用标准掌握的宽严尺度有三要件说、五要件说和六要件说等几种观点。我国台湾地区学者根据有关规定，对善意取得适用要件作了严格限定，一般有以下几个方面：(1)标的物须为动产，而且不包括全部动产，其中要除去那些法律规定要依登记为变动对抗要件的动产，主要是车船等物，还要除去须背书转让之动产，主要是记名有价证券等，以及依证券化表彰之动产，如仓单提单等，遗失物与盗赃原则上亦不得适用善意取得。这样，善意取得在适用对象方面，范围很小。(2)让与人须为动产占有人。(3)让与人须为无处分权人。(4)受让人已经受让动产之占有，即物已交付。(5)受让人须系善意，该善意的内容是"不知让与人无处分权"。[1]

传统学说对善意取得构成要件的归纳有两点是共同的，即标

① 谢在全：《民法物权论》，中国政法大学出版社1999年版，第221～229页。

的物为动产和取得人的善意,这是两大核心要件,也是对善意取得适用范围的最重要限定。也正由于这两个限定,先天地决定了传统善意取得理论不能解决如下两个问题:一是不动产领域的登记制度使得经典意义的善意取得无法再继续发挥作用,因为不动产物权是物权整体制度的重心,该原则的实际作用已经被极大削弱了。二是在动产领域内,“善意取得制度发挥的作用也是日渐消退”,其原因在善意的证明困难,无论是罗马法的主观标准还是近代以来学说提出的客观标准都难以很好地解决此问题,因此其适用余地不大。就此而言,“罗马法的‘善意取得’理论的积极作用确实是被不适当地夸张了”。[①]

(二)适用范围的有限性

如果严格区分物权和债权,区分内外行为,最大限度地减少了权利在三方当事人之间的效力相对性情况,以严格的形式要求实现了权利存在状态的确定性,有就是有,无就是无,不存在“不对抗第三人的物权”的中间样态,一般不存在秘密的真相和公开的假象,表里不一致情况极为罕见,真假矛盾就被降到了最低,善意取得的适用就非常有限,再按照传统学说对善意取得构成要件方面的控制,其适用余地就更为有限,试以涉及第三人的交易行为和易于发生真假二重相的不同案型说明之。

案型1:连续交易。甲将一物出卖给乙,乙又将其出卖给第三人丙,均已交付,现甲乙之间的合同有瑕疵而撤销。对此,乙仍是所有主,并无权利假象,乙处分之时是有权处分,丙根据有效法律行为受让并取得,不受甲的追夺。此时适用无因理论,转让行为有效,不适用善意取得。

案型2:一物数卖。甲将一物出卖给乙,交付之前又将其出卖

---

① 孙宪忠:《物权法的基本范畴及主要制度反思》,载孙宪忠:《论物权法》,法律出版社2001年版,第29页。

给第三人丙,并已向丙交付。对此,甲乙纵然约定所有权转移,因未公示而未生物权效力,甲仍是所有人,无权利假象,仍为有权处分,两合同都有效,而丙的所有权优先于乙的债权,适用公示要件主义,行为有效,不适用善意取得。

案型3:无权处分。甲将一物委托乙占有,或通过观念交付由乙实际占有物,乙违反约定将物转让给善意第三人丙。对此,真权利在甲,乙只有权利的假象,其绝对无处分权,其转让行为无效,但法律直接规定丙取得所有权,不适用物权行为,适用善意取得。

案型4:占有脱离。甲之一物被盗、遗失,落入乙之手中,乙又转让给丙,乙只有权利假象,其转让无效,但除特殊情形根据“公开市场原则”例外取得以外,一般也不适用善意取得,丙纵为善意,不能取得。

案型5:登记错误。甲将其物以乙的名义登记,乙以登记所有主名义转让给丙,根据登记的推定效力和公信力,乙推定为权利人,转让行为有效,丙根据登记公信力因生效处分行为取得,不适用善意取得。

案型6:秘密设权。甲在其物上通过合同为乙设定一项他物权,但未依法公示,后甲又将其物转让给丙,因该项他物权未依法公示,不产生物权效力,并无真权利发生,甲此时处分有效,丙安全取得,适用公示要件主义,不适用善意取得。

可见,在形式主义之下善意取得的适用范围是很小的,仅适用于上述各类“不一致”案型中第三种案型和第四种的特殊情况。至于其他的不一致情形,则主要依物权的绝对性效力,按照物权行为规则解决。从总体的制度作用来看,善意取得仅针对有限的特殊情况,不必一心寻求变奇为正,对其过分夸大既无依据又无必要。

(三)发展前途的有限性

善意取得借助公信原则而强化的思路是有逻辑缺陷的,占有的公信力也很值得怀疑，这反映在对“善意”内涵诠释上的“积极观念说”与“消极观念说”，以及“主观标准说”和“客观标准说”之分歧。

当代以来，鉴于“占有表彰本权”的命题不符合现代社会生活经验，善意取得面临信赖基础之重构，这在德国判例上，是“通过严格善意之构成要件”实现的，即仅仅占有作为信赖的基础对善意取得的构成不再充分，“如果通常情况下不可信赖，而竟加以信赖，即被认为有过失，如此一来，过失的认定极其容易，借着过失认定的容易化来弥补占有作为信赖基础的不充分”。这样信赖的内容就不仅仅是占有，而是将各种经验事实作为基础为综合判断，才可信赖，才受保护。这一过程可归结为客观善意标准向主观善意标准的回归，究其根源，无非是“只有善意才是善意”。①

在此背景之下，以客观标准确定主观心态不再合理，在当代信息高度发达的社会，善意证明难度加大，导致其适用更加困难，造成善意取得地位下降，有感于此，使一些对第三人抱有极度同情的学者对善意取得深感忧虑，提出“善意取得存在内在缺陷”，对第三人的保护坚持以主观善意为要件，构成“这一制度的致命缺陷”，使人深感“对善意取得的法律地位需要重新评价”。②

为因应善意取得对第三人的保护不周，有学者提出应当向不动产登记的“客观善意标准”看齐，乃至用统一的“公信力”制度解决这些问题。笔者认为，那样做的实质是赋予占有以绝对的公信力，绝对的“积极信赖”的权利推定效力，这不仅意味着向“gewere”倒退而背叛物权与占有分离的二元体制，而且会扼杀财富的社会利用。此外，占有的公示功能源于生活经验的约定俗成，

---

① 肖厚国：《动产善意取得制度研究》，载梁慧星主编：《民商法论丛》（第13卷），法律出版社2000年版。

② 于海涌：《物权变动中第三人保护的基本规则》，载《法律科学》2001年第4期。

谁也没有权利去强化或弱化之，除非我们改进公示技术，以法律为动产创设一种更为明晰科学的新公示手段，那时我们才可以宣布赋予其绝对的推定功能，使人尽管“积极信赖”“客观信赖”，实现动产物权与其公示的直接同一，从而消除真假矛盾，但如此强大的“公信”结果恰恰是消灭了善意取得本身。

强调主观善意正是对善意取得法基础的回归，弱化信赖占有本身的“客观善意标准”，也正是现代经济生活新经验的反映。这样看来，如果我们抛开政策学的惯性思维，克服对第三人的过度偏爱，用民法固有的公平原则指导个案的解决，善意取得的适用将限于很小的范围内，而且随着信息的高度发达和资源利用的进一步深化，其适用余地应会越来越小。德国学者亦承认，“用客观标准来确定主观心态非常困难，在当代信息高度发达的社会，善意的举证的困难更大，司法上有根本不能解决的问题”。[①] 正是根据这一点，德国法学家认为，该原则在当代社会的作用只能越来越小，它必须从以前广泛适用的角色中退出来。“在现代社会，善意取得这个比较古老的保护第三人利益的原则，具有一种不可完全排除、但又不可能发挥重点作用的特点。正因如此，将其比喻为人类的‘盲肠’这个食草动物时代的‘残留物’。”[②]

由善意取得的适用困难出发，可以发生两个方向的考虑：一是若以交易安全论和公信原则为构造基础理解善意取得，出于对善意取得的偏爱，会思考怎样克服这些困难，以完善善意取得并谋求更大的发展空间，比如引入客观善意标准等；二是相反，通过如实地把善意取得看作物权法的一个漏洞，看作一个权宜之计，则会认为善意取得的认定困难是一件好事，对此法律漏洞，原先通过民法

---

① Baur/Stümer, Lehrbuch des Sachenrechts, Verlag C. H. Beck, 1992, Seite 44. 转引自孙宪忠：《物权法的基本范畴及主要制度反思》，载孙宪忠：《论物权法》，法律出版社2001年版，第29页。

② Baur/Stümer, Lehrbuch des Sachenrechts, Verlag C. H. Beck, 1992, Seite 44.

基本原则层面的信赖理论、外观理论、表见理论、禁反言法理等进行干预和修补，以特则形式例外地承认第三人善意取得，乃是不得已之举，现在该漏洞自己在萎缩，则立法者断无去巩固这个漏洞，完善它甚至扩大它的道理，不如袖手旁观，乐观其自行消亡。因此，善意取得之萎缩与弱化，正反映着绝对所有权制度自身在完善，反映着物权法的进步，不亦乐乎？

小　结

善意取得制度是物权法中的一个特殊制度，其上众说纷纭，学说和理论对其从不同角度上进行了诠释、辩解和评价。本章通过对方法论问题的反思，提出善意取得并非任意的政策规定或简单的“以手护手”传承，应在私法自身的体系内寻其根源，其正当性规定于当事人之间基于“基础法律关系”所生的权利、义务与责任，制度的最终根源是私法伦理。

第三人善意取得，实际效果是阻断了物权的追及，这是对物权绝对性的一个反制，或许是整个物权法中唯一突破物权绝对性原理的地方。笔者认为，善意取得前提问题的发生是由于关于动产之上权利状况判断的真假二重相，即权利人未充分公示的秘密真权利和第三人据外观判断的表现权利，二者间的不一致。而这一真假二重相又来源于物权绝对性自身的固有矛盾，即在权利本体上的理念性与运行上的公开性（外在性），这两个方面在不动产中是和谐的，但在动产中却互相冲突，原因在于动产物权以占有为公示技术，而由于占有的多重身份导致这一公示技术的明晰性不足，导致权利本体与权利外相的剥离，由此生发善意取得问题，就此而言，善意取得问题发生的原因是动产物权缺乏妥善公示手段的结果，动产物权因欠缺足够充分的公示技术而无法把绝对性贯彻到底，致使绝对物权在动态的物权变动中沦于被第三人对抗的境地，也可以说，善意取得并非先进的完美制度，而只是一个法律漏洞的反映。

善意取得虽小，通过对它的夸大和不适当的泛化，却有侵蚀物权绝对性的危险，“千里之堤溃于蚁穴”，善意取得就是这个“蚁穴”。在观念上，善意取得与物权绝对性有一个此消彼长的关系，有限的善意取得只能对绝对性造成微小的破坏，而对善意取得这一法律漏洞的人为夸大却有侵蚀物权绝对性这一体系基础的危险。本章着重强调，夸大善意取得以之阻击物权行为及无因理论的主张，其论证过程不可靠，其结论根据不足，实践中亦无多大实益。

以公信理论强化的善意取得要求统领动产、不动产两大领域，其在构造基础上的困难致使善意取得向不动产的扩张，以及动产占有分享不动产登记公信力都难以成功，有关统一和强化的主张，则有在这两个方面动摇动产和不动产各自物权绝对性的危险；以交易安全、第三人保护强化的善意取得，外在地限制所有主追及，要求善意取得取代物权行为及无因理论，其理由并不充分，其主张更对物权绝对性在动态中的贯彻有颠覆的危险；以物权变动模式的比较和选择思路强化的善意取得，将善意取得与对抗主义模式对接，因其简便而要求替代形式主义、要件主义和区分原则的主张，则更彻底地背离了物权绝对性，通过在物权变动的动态过程中承认、巩固那种“不公示不能对抗第三人”的相对支配状态，系统地引入物权相对性观念，其实是对整个物权法体系的背叛。总之，无论以什么理由无限夸大善意取得，最终都会整体否认建立在物权绝对原则基础上的物权法体系，把物权都改造成某种“相对”权，于是在概念和原则层面确定下来的原则，在涉及物权变动的领域得不到坚持，并会反过来影响体系安全。

本章强调，欲讨论善意取得的范围和地位，不应离开其法理基础和成因，既然它本是为解决动产真假二相矛盾，在特定情况下为实现个案公正而进行衡平的产物,那么就不宜过分夸大其地位。从范围上来看,它受到构成要件的严格限定,仅应适用于动产;仅适用于无权处分案型,从地位来看,鉴于对占有信赖基础之不足和善意认定的困难,其适用余地有限,而且随着社会发展和观念进化,呈现出逐步萎缩的趋势。在此背景下,善意取得只能是特定情况下的一个特殊例外规定,不能夸大为一项完美的制度并赋予原则性地位。否则,若一方面宣称物权是个绝对权,另一方面却在涉及变动和公示等问题上,通过引进"占有公信"、滥用善意取得、错解无因理论等手法,甚至通过实行所谓"对抗主义模式",变相地制造物权的相对性,使当事人时时无法确切地判断权利真相,这不是立法者对人民进行欺诈吗?

总之,本章对善意取得问题的认识如下:

1. 它是一项剥夺所有权的特殊规定,是物权绝对性的唯一例外。

2. 它的形成是动产缺乏法定公示手段造成的,本来就是个漏洞,并非多么进步的制度。

3. 善意取得作用范围的大小,与物权绝对性原理是一个此消彼长的关系,夸大善意取得不但违背法理,而且会侵蚀物权绝对性,动摇物权体系的安全,而其过分侵害物权人方面,正当性也值得疑问。

4. 随着本权占有分离的趋向和人们观念的进步,善意的认定难度加大,适用余地减少,地位日渐萎缩。

一句话:善意取得是对物权绝对性的动摇,但它是有限的。

第五章　绝对性之反思

第一节　财产权二分体系的反思及评价

一、对物权债权二分体系的反思

建立在绝对性原则之上的物权概念及物债二分财产权体系，在体系严整、逻辑明晰的正面效果之外，也许缺乏弹性是其付出的代价。人们对这样一个体系的价值难免心存疑虑，各种新问题、新观点，也不停地冲击着这一体系。当前对此问题进行反思批评的著述很多，有的发现了这一体系的固有缺陷，有的反映了在《德国民法典》以来100年的经济社会发展过程中出现的新情况和提出的新挑战，有的则是有关观念的互相作用之下使人在认识上产生的困扰。

（一）债权物权之间存在模糊状态

模糊状态问题是物债二分法构建之初出现的逻辑难题。其中，有些权利、利益、地位和状态难以用清晰的二分法进行性质定位，如债权人处分其债权时的地位，如在债权让与的情形，在德国法上称为“类似所有权之地位”

(eigentiimeihnliche Stellung);[①]又如,如果物权以某项债权为客体,则“拥有”的思想本身会产生一定的困扰,如有价证券的情况,权利性质难以确切区分,表现出物债二分体系的有限性,这是简单的物权、债权概念都不能容纳的逻辑困境,故是二元体系固有的局限。

(二)“债权物权化”与“混和形式”

债权物权化,是指债权逐渐具有了物权的某些特征,主要是具备一定程度对世性,具备某些介于物债之间的“中间性质”,梅迪库斯称其为“绝对权和相对权之间的混和形式”。[②] 其范围主要包括两种特殊情形:一是“预告登记”,我国《物权法》第 20 条已引进这项制度;二是“买卖不破租赁”,在近代民法中已成了带有一定普遍性的政策,如《德国民法典》第 571 条、第 580 条、《法国民法典》第 1743 条(1945 年第 45—2380 号法令)、《日本民法典》第 605 条都采纳了这一立场。我国《合同法》第 229 条、《担保法》第 48 条、《物权法》第 190 条、《城市房屋租赁管理办法》第 11 条亦肯定了这一原则。“买卖不破租赁”的法理引发了人们关于“租赁权”性质的争论,学者分别提出债权说、物权说、中间权说等进行定位,在立法上,虽然大部分立法例都把租赁权规定在债权编,但归入物权的也不是没有,如日耳曼法曾将不动产租赁权规定为一种物权,[③]日本的旧民法也曾将租赁权规定为物权。[④] 无论如何归类,有一点是肯定的,即其不再是典型的物权或债权。

---

① 参见孙宪忠:《德国当代物权法》,法律出版社 1997 年版,第 24 ~ 25 页。因为对债权的处分行为是典型的支配,就此而言也可以说债权人对其债权也是一种支配权。

② [德]迪特尔·梅迪库斯:《德国民法总论》,邵建东译,法律出版社 2000 年版,第 59 ~ 60 页。

③ 参见刘得宽主编:《民法诸问题与新展望》,台北,三民书局股份有限公司 1980 年版,第 134 页。

④ 参见房绍坤:《论不动产利用的二元结构》,载《民商法学》2003 年第 8 期。

(三)“物权债权化”的趋势

与债权的物权化相反,物权有时会表现出债权的某些性质,因而从另一个方向上向中间靠拢,有人将此总结为“物权的债权化”,其实际指称范围则各不相同。梅夏英博士所称的物权债权化主要是客体方面的,包括大量的有价证券成为所有权客体、权利质押也开始出现等“权利上的物权”现象。[①] 郑云瑞教授总结的物权债权化趋势包括:一是担保物权具有债权性;二是物权的证券化;三是分期付款买卖、融资租赁、租买及让渡担保中的受让人所享有的物权来自于合同。[②] 冉昊博士总结的物权债权化主要泛指一种总体倾向,包括近代以来以所有权为典型的物权逐渐“价值化”,所有权实现的方式不同于传统等新倾向。[③]

(四)新财产类型和边缘性权利

物债二元体系因其强烈的建构色彩和形式逻辑区分,无法纳入现实生活中出现的一些特殊权利,而来自不同法系国家和地区的特殊财产形式亦无法与之兼容,此外新出现一些权利类型既无法归入物权又无法简单归入债权。典型如英美法系的信托,有学者提出,大陆法系二元体系难以容纳和解释信托,英美法通过“双重所有权”理论获得了与其传统理论相一致的解释,而大陆法系学者却“一筹莫展”。[④] 信托、法人财产、建筑物区分所有等几个问题一直以来是学者诘难大陆法系物权理论及二元体系的几个主要话题。

---

① 参见梅夏英:《财产权构造的基础分析》,人民法院出版社2002年版,第81页。

② 参见郑云瑞:《论西方物权法理念与我国物权法的制定》,载《上海财经大学学报》2006年第3期。

③ 参见冉昊:《论中间型权利与财产法二元架构——兼论分类的方法论意义》,载《中国法学》2005年第6期。

④ 参见马新彦:《罗马法所有权理论的当代发展》,载《法学研究》2006年第1期;梅夏英:《财产权构造的基础分析》,人民法院出版社2002年版,第81~82页。

（五）“第三人侵害债权”法理的挑战

当前在各主要国家及地区，第三人侵害债权法理都有发展，英美法系国家固然有这方面的著名判例，而在固守物权绝对、债权相对的大陆法系各国及地区，亦不乏各种学说理论的支持。有学者主张据此修改传统的二元体系，如此相当于普遍赋予债权以绝对效力；亦有学者将此问题归结为债权物权化，谢在全先生据第三人侵害债权法理认为，绝对性并非专属于物权者，[①]如是，非但物债二元体系的标志性区分被打破，物权自身的存在基础亦摇摇欲坠。

二、反思之反思

二分体系自身的问题无疑是存在的，但如何看待这些问题，以及在何等原则之下着手完善物权体系，则是另一个更重要的问题。在一些实际上是老生常谈的新提法、新思潮面前，我们在反思传统物权理论的同时，也应当反思自己的观念，这些思潮的真实价值尚需客观评估。

（一）二分体系的逻辑缺陷与区分能力

1. 物债“交错”背后的纵向合作

因为概念的有限性，“模糊状态”与“混和”是存在的，仅从纵向的联系来看，基于“拥有”思想的固有暗示，当权利指向的对象是一项债权时，如何“拥有”一项债权成为智识上难解之困扰，这就是所谓物权概念的“有限性”，即它不能总是很好地表达这一思想。毕竟，拥有某物和拥有某项权利有时并非同一之含义，[②]特别是在权利的客体是债权的时候，对这一抽象对象之支配有时很难

---

① 参见谢在全：《民法物权论》，中国政法大学出版社 1999 年版，第 27～28 页。

② 奥诺雷举例说，如果以“对一支钢笔拥有权利”来替代“拥有一支钢笔”，那么也可以跟着得出结论说，“该所有人对钢笔上的权利拥有某些权利”，但为何要在权利的第二次序就停下来呢？此外，英美法上也有学者提出“所有权权利的所有人”（owner of the right of ownership）等困扰智识的语词困境。

纳入通常的物权观念中。但是,对债权的"拥有"并非通常之典型情况,主要是一些有时被称为"物权化"的证券实物形态的债权。但实践中人们发现,当标志一项债权的证券,特别是有价证券已被人理所当然的当作一个物件来拥有之时,"拥有债权"所带来的困扰却似乎并未成为问题,这也许得益于证券化带来的确定性。换个角度来说,似乎也表现了物权可以与债权交流合作的能力,即学者所谓的物权之"目的性与手段性"。

二分法体系只是要区分财产权利的两种不同表现形态,并未意味着这两种权利类型必须隔离,而恰恰是为两者的交流合作预设了潜在的可能。一方面,物权有时是债权的目的;另一方面,债权亦可成为物权指向的对象,在满足有关要求之后,可以成为质押、转让乃至归属的客体。目的与手段的转换,在商品充分流通的过程中,这是一个没有终结的循环。对此关系如何看待是个态度问题,固然可以说是"物权与债权关系的模糊化",但也可以从中看到其显示了物权的适应力,这不应简单地说是区分本身的失败,因为区分恰恰是这种合作的前提。

2. 弱化绝对性标准导致的"模糊"状态

有学者谈到二元体系区分不足的原因,在于该体系在设立之初就必然地内含矛盾:一是物权的对世性含义与支配性含义之间有混合,即依据对世/相对标准在《德国民法典》中划归后者的债权在许多情况下,也具备支配性;二是物权的对世性含义与有体性含义之间有冲突,即依据对世/相对标准在《德国民法典》中划归前者的物权在许多情况下,并不具备有体性,而划归后者的债权反而是有形的;三是物权的支配性含义与有体性含义之间不吻合,即依据支配/请求标准应划归前者的物权在许多情况下,不具备有体性,20世纪以后这突出表现在知识产权的问题上。有学者据此判断,这是"《德国民法典》划分物权债权时,中间就存在无法完全划清的混合状态”。[1]

显然，这里对物债界分坚持了多重区分标准，把作为逻辑界分依据的绝对性标准和作为样态描述的支配性标准，以及有体无体等标准叠加在一起，各自或共同地来执行界分物债的任务。其实，这才是真正导致“模糊”的原因。多重界分标准并用，是对绝对性单一标准的扰乱，物权的绝对性要求，权利有无绝对性效力是其唯一本质所在和唯一判断标准，因为它是一种形式逻辑的工具，非此即彼，必居其一。而有无支配、是否有体是大多数情况下经验总结，有时会与绝对性界分结果一致，有时难免会有分歧，以致某项情况又像支配又像请求，产生这些困扰的原因就在于支配请求既然是对权利外观的描述，亦非逻辑上完全对应的相反两极的系统，以致难免如此。

交叉适用多重标准必然增多这种分歧的情况，论者所举“使用承租人、用益承租人、借用人根据债务关系而享有的占有和使用的权利也应算是对物的支配权”的情况，也就是拉伦茨所称之“相对支配权”，而拉伦茨在论述这三项相对支配权时，正是为了强调其物权属性不在于支配而在于绝对性。拉伦茨的结论是，尽管这些情况显示了某些支配特性，看起来像物权，但却绝对不是物权。

3.“过渡”与中间区域问题

日本学者强调二元体系区分相对性，强调大部分权利是在所有权与金钱债权这两种典型情况的“两极”之间的“中间状态”权利，因此，在学理上应当批评那种“非此即彼”的绝对性质划分。[2]这种貌似公允的折中思维符合大多数情况下的生活常识，我国学者坚持认为存在过渡阶段的看法也很普遍。

---

① 冉昊：《论中间型权利与财产法二元架构——兼论分类的方法论意义》，载《中国法学》2005年第6期。

② 参见[日]我妻荣：《日本物权法》，台北，五南图书出版股份有限公司1999年版，第15~16页。

这样的猜想对于其他的分类模式或许有极大价值,但是物债的区分是质的区分而不是量的区分,区分的要点不在于权利的强弱、涉及利益的动态静态等(那是人们根据区分结果作的观察),能否对抗(一切)第三人是一个确然的是非判断,也许相对性可以是相对的,但绝对性却一定是绝对的,因为效力范围方面出现任何一点瑕疵都会损害其绝对性,不能再称为"绝对"了,如果某项财产权能对抗第三人而不能对抗第四人、第五人,尽管其或许会就有某些支配的表征,却不能归于物权了,而只是一项效力很强的债权。这里区分仍然是很清晰的,所谓"中间区域"也许只是一种想象。

以其适用过程中出现的某些例外来怀疑二元体系的总体价值,亦非妥当。应当说,现实生活是如此的丰富多彩,人们经济交往的方式在当今如此复杂多样,这对法律关系的构建和权利类型的判断确实提出了很大挑战,经常会遇到困扰的状况。而任何区分体系——只要你有区分的动机,都无一例外地会产生一些模糊状态,这是必然的,人身权和财产权还有模糊状态,这需要更准确、更精深的分析透视。如果因为这些"模糊状态"的存在使人怀疑二元体系的价值,甚至主张干脆独立出一个第三类型,把二分法变为三分法,那么同样的逻辑应该用于第三类型本身,人们要追问这三种之间各自又有模糊状态,那么为什么不进一步细分为五分法、六分法乃至N分法呢?乃至最终使每一种权利类型都只包含一项权利为止,每一项权利的具体性质归于一个案分析。至此,也就完全结束了类型化本身。

(二)债权物权化与"交融"趋势辨析

1.债权物权化:特例而非趋势

时下讨论"债权物权化"的著述很多。其中最常被谈到的典型例证是租赁权问题,此外还包括经济生活领域内出现的许多新情况,由于新的经济发展现实的推动,所有债权的效力并非完全效力平等,其间总有或强或弱的差异,某些债权类型在满足特定要件后亦可获得一定范围的对抗效力,在经济生活领域,这种债权之间效力强弱的不平衡有时也会被称为物权化。

严格意义的"物权化"仅发生在某些债权性的支配利益具有了对抗第三人效力的情况。德国学者杜尔凯特对所谓"债权物权化"的说明是:如果针对某个人的"相对权",在某种情况下也或多或少地针对第三者,人们把这种情况就叫"债权物权化"。[①] 拉伦茨也赞同这种认识,他明确概括说,"这里,'物权化'就意味着'绝对性'",[②]正好说明,判断是否发生物权化,亦以绝对性为依据。

德国学者讨论的债权物权化主要指两种特殊情形,即"买卖不破租赁"规则以及预告登记。这两个领域上强化债权效力都是出自特定政治目的的特别安排,其中承租人的对抗权显然是受到当时社会背景的影响,带有很强的社会政策性,现代各国物权法均不断强化租赁权,这体现在赋予租赁权以更强效力、延长租赁权的期间等,其中赋予其"买卖不破租赁"之对抗效力为其最显著者。预告登记的意义被认为是一种对债权的保全,这种保全赖于获得一种对抗第三人的效力,而就权利的性质而言,"这种被保全的债权仍然属于债权",但在这一前提下又具有了某种只有在绝对权的情况下才有的权利,由此而"物权化"。

拉伦茨提醒,当这项被保全的债权受到侵犯,而依《德国民法典》第823条进行侵权的保护时,必须"只针对上述违反预告的土地取得人,而并不针对其他的第三人"。租赁的情况亦类似,并无

---

① [德]杜尔凯特:《债权的物权化》。转引自[德]卡尔·拉伦茨:《德国民法通论》,王晓晔等译,法律出版社2003年版,第302页。

② [德]卡尔·拉伦茨:《德国民法通论》,王晓晔等译,法律出版社2003年版,第302页。

一个可以对抗任何人的有效的返还请求权。[①] 鲍尔·施蒂尔纳亦持相同见解,并指出,"虽然一直有将这种'已强大'的债权性权利及其法律地位,在理论上提升到物权序列的倾向,但并无效果,因为它们只是显露了物权的个别特性,事实也是这样,它们只具有'部分地'物权特性,再多一点,它们就没有了"。[②] 也就是说,虽然"买卖不破租赁",但承租人享有的依然是一个强化了的合同债权,并没有产生出一个国内论者常常讨论其性质的,叫作"租赁权"的物权类型。

据此,严格意义的"债权物权化"首先要明确以下三个判断:(1)它是仅发生在法有明文的个别情况;(2)"物权化"是有限和片面的,本质依然是债权;(3)因为仅具有部分的对抗效力,所以仍然称"债权物权化"。从上述说明中可以看出,德国学者在客观冷静又小心谨慎地用着这个术语,不似我国台湾地区学者谈及此问题时表现出来的明显热情。

如此,首先是就事实判断而言:微观上,某些债权出现了物权的部分特征,具备了片面地对抗力,但其性质仍然是债权而没有转化为真正的物权;宏观上,个别的权利会呈现物权债权化、债权物权化特征,但不代表债权作为一个权利类型而整体性的物权化运动。把个别现象夸张解释,并说成是一个潮流趋势,用来指称整个一个类型的权利体系"物权化""债权化",这是对个别现象的不恰当夸大。

2."交融"的有限性

就物权化带来的效果而言,一些学者的认识是:因当代出现了显著的物权债权化和债权物权化的"趋势",有人把这两方面的问

① 参见[德]卡尔·拉伦茨:《德国民法通论》,王晓晔等译,法律出版社 2003 年版,第 302～303 页。

② [德]鲍尔·施蒂尔纳:《德国物权法》(上册),张双根译,法律出版社 2004 年版,第 50 页。

题概括为债权物权的“**交融**”，称“二者界限日益模糊”，[①]有人观察到“越来越多的债权被赋予物权的效力”，[②]有人认为此趋势在冲破物债二元壁垒，“现代民法中的物权和债权不断地从两极向中间转化”。[③] 上述认识的债权物权化与物权债权化显然比拉伦茨所说的情形严重，似乎不仅是个别而是一种总体性“趋势”，同时权利也“质变”出新的权利类型。比如，租赁权成立的基础仍然是债权关系，但因为各国立法赋予其对抗所有人的物权效力，因此使其发生变性，“使租赁权成为一种混合型的新权利”，不能再绝对地称其为债权或物权了。并总结说，在法律上将上述新权利归于物权和债权均显失效，意味着大陆法系财产权制度陷于困境。[④]

但求诸社会现实，可发现作为财产权主体部分的大量的物权、债权仍在有序运行着，所谓物权化现象并未在各领域明显显现，学者所举适例左右不过有限的几种情形，就算最夸张的论者也未能证明出有“大量”的债权在物权化，而由物权法定原则和公平正义的考虑，随便赋予很多债权以对世效力更是不可想象的，如果某些财产是借助与担保等其他权利的结合，或者借助其他的财产计划的精密安排而实现了更大的安全和现实性，那么对此笼统的归结为其中涉及的某项债权“物权化”，亦非妥当。至于那种根本无视物权法定原则，直接宣称某些物权化了的债权就是物权，更是错误。根据这些个案特例总结出的关于物权、债权的界限越来越模糊，其差异越来越小的印象，主张应从根本上否定物权与债权的区

① 梅夏英：《财产权构造的基础分析》，人民法院出版社 2002 年版，第 80～82 页。

② 尹田：《物权与债权的区分价值：批判与思考》，载《人大法律评论》编辑委员会组编：《人大法律评论》，中国人民大学出版社 2001 年版，第 2 页以下。

③ 冉昊：《论中间型权利与财产法二元架构——兼论分类的方法论意义》，载《中国法学》2005 年第 6 期。

④ 参见梅夏英：《财产权构造的基础分析》，人民法院出版社 2002 年版，第 80～81 页。第二章第四节“大陆法系财产法的当代困境”。

分,难免操之过急。正如谢在全先生指出的,“不能因此谓物权债权已无区分之必要”。[①] 那种在解构整个二元体系意义上的所谓“债权物权化”提法,实在是歪曲本意的夸大其词,并不确切,又缺乏实益,要求消灭物债区分的主张则更是趋向极端。这里还要反过来看,若非已有了明确的物债两种类型化区分和物权绝对性等分析工具,我们还能站在哪里谈论债权物权化?

(三)关于物权债权化“混合”的辨析

所谓物权债权化,不同学者各自的表述指称不一,举其要者,有指所有权及用益物权等发生的价值化、观念化、资本化、证券化等现象,亦有学者把“权利上的物权”称为物权债权化的,而物权的证券化问题则最常被举为显例,这些现象常常被举为消融物债界线的另一方向上的趋势。

随着市场经济的高度发展,经济形态由相对静态到频繁交易,他物权体系发达,价值目标由归属中心转向利用中心论,即“从管领到用益”的潮流,于是归属关系越来越抽象,权利离开物质表面的极端表现形式就是资本化和证券化。原有物权的支配方式发生了改变,从古代和近代的偏重支配实物转到充分利用其价值,人们对财产的观念不再限于古老的“支配”思想,但是他物权亦是物权,这是物权领域内发生的现象,不宜称为债权化。至于不动产物权的证券化,最多只能说无体化而已,而新产生的权利是独立之权利,与本来的不动产物权并非一个,经由证券化实现物债的功能合作与转换,亦非转化为债权。

还有学者以债权化来表达原先的有确定物质形态和可感知外观的传统物权,变得无形无体抽象起来,但是物权与债权的区别并非实体利益和抽象利益的区别,权利本身本来就是无体的抽象的意志存在,从原先的支配表象上转换为现在的观念存在和资本乃

---

① 谢在全:《民法物权论》,中国政法大学出版社1999年版,第29页。

至符号上,成为可交易的对象,无损其原先的权利品格。其实,这里关键的问题还是如何看待,在很大程度上,这是对物权理念性的不恰当解读而已,这一误解背后的动因,还是因为论者把物权看作对物关系,并在“支配物”这个方向上形成“物权不能脱离实物”暗示,当这一暗示遭遇物权本性中的理念性和观念化时,就会被认为出现了某种背离传统的新变化。

其实,严格意义上的“物权债权化”,在逻辑上是不可能的,如前所述,债权化的标志不是无体性,而应当是权利丧失普遍对抗效力发生质变,如果发生这样的情况,那就说明原先的权利不存在了,而通过交易转换成了另一种或很多种新权利。作为一种财产权类型的物权,本身是不可能债权化的,因为丧失绝对性就丧失物权性,即便它有着某些支配的表象也不再是物权了。

(四)二分体系不能容纳的新财产

有一些新的边缘的权利类型无法简单归类为债权或物权,但这并不意味着区分物债区分本身不科学。学者所列举的例子中,许多是这些“新的权利”无法独立存在而已,其中有的是原先的债权或物权具备了某些特性而不再典型,有的只是一种地位、利益,其权利性尚未显现,无从类型化,有的是由一些通常债权、物权、利益和地位聚合而成的“广义财产”,无统一之新质。如我妻荣先生所举者,“企业”等“经济性地位”作为“新财产”的情况,[①]当然不能把企业归为物权或债权,问题是,它根本不是任何一种“权利”。权利类型的整理是一个面向生活事实抽象分析的结果,法典中所列客观权利类型未必与生活中各种权利的具体样态一一对应,特别是不同权利出现结合形态之时,如果并未形成新质,不妨对其拆解分析,分而述之,拆解权利束的结果,对其不同部分的性质做不

① 参见[日]我妻荣:《日本物权法》,台北,五南图书出版股份有限公司1999年版,第15~16页。

同判断,债权归债权,担保归担保,用益归用益,还是数个明晰的法律关系。

又如证券化的权利,之所以说流通的无记名有价证券"从其内容看是某种债权,但对其亦可进行类似物权之支配",就是一定要把涉及的问题当作一项统一的权利,但是不妨认为这里存在纵向的内外两层权利,证券本身记载的请求权是债权,但这个证券因为具有了物的外观确定性,证券本身就是一个物,是新出现的法律产品,对其支配亦无不可。权利质押的情况也是涉及两个法律关系的叠加,在各自的功能范围内各自分别处理也不是不可能,为什么一定要统一起来呢。

另外,不规定并非意味着不保护,法律对权利以及类似权利的利益、地位等进行保护的方式是多方位的,有时一项地位可以借助其他权利的效力实现间接保护,甚至兼有公法私法的保护,也可以专门的特别法保护,未必一定要到财产权谱系寻找一席之地而要求改变既有体系。

真正困难的问题是来自不同法系国家和地区的异质财产权制度如何移植的问题,信托财产权即其显例。信托是英美法的产物,其产生本是为了执行特殊的功能,适应当时当地的社会法律形势,难以用物权法的概念进行分析定位,其实就算在英美法中,对其性质争论也不小。如此,这样一种特殊且存在争议的财产制度是否如有人形容得那么完美尚有疑问,移植的必要亦需论证。

(五)第三人侵害债权法理对二分体系的冲击辨析

第三人侵害债权问题是一个长期争论的热点问题,在判例法国家合同法判例中确立的"引诱违约"和"干涉合同关系理论"基础上,有一种观点认为大陆法系应普遍引入这项制度,并面向这个需求变革其固有的二分财产权结构。这种观点特别批评了大陆法系民法学者对这个问题不应有的固执成见与审慎态度,特别是其坚持绝对权—相对权严明划分的立场要求承认债权也有绝对性。

但是学者在试图论证这一法理与大陆法系财产体系的兼容方面，存在着理论缺陷。

1. 前提性误解："绝对性"不等于"不可侵性"

第三人侵害债权理论的支持者为纳入这项制度，一种思路是通过歪曲解释物权的"绝对性"，最常被援引的依据就是"权利的不可侵"理论。为了与物权的效力对接，支持者通过解释物权的绝对性为"保护之绝对性"，等值于"不可侵性"，学者坚持，基于权利的平等保护原则，亦应把专属于物权之"绝对性"即不可侵性同等地赋予债权，由权利之不可侵犯性这一普遍原理而直接导出债权之不可侵犯性被认为是"理论上的飞跃"。[①] 谢在全先生的论证颇有代表意义，按其理解，物权之特性之一为"保护之绝对性"，谢氏进而推论：对于债权来说，第三人对此给付请求权应否尊重？或是否负有不可侵犯之义务，结论显然。况债权既属权利之一种，法律自应予以同等之保护，殊无容许第二人侵犯之理。准此以言，他人对债权乃至任何一种权利负有不得侵犯之义务，故债权在受不法侵害时，得依侵权行为之规定请求损害赔偿。[②]

可见这般片面理解物权的绝对性，正是导出第三人侵害债权法理基础的一个前提。但这一理解本身是不妥当的，如本书第一章所述，谢氏关于"保护之绝对性"有些"买椟还珠"，绝对性要义在普遍对抗，重点在其效力的范围，若仅仅解释为"任何人不能侵入或干涉，法律即给予物权人绝对保护"实是把重心放在物权的权利共性上了，从权利存在之外的外在方向上说的，他人不可侵，法律予以保护，这正是一切权利通性，如此理解完全没有把握住物权真正的特性。绝对性是学者在总结物权特性一致赞同的一项，怎

---

① 参见尹田：《物权与债权的区分价值：批判与思考》，载《人大法律评论》编辑委员会组编：《人大法律评论》，中国人民大学出版社 2001 年版，第 2 页。

② 参见谢在全：《民法物权论》，中国政法大学出版社 1999 年版，第 27～28 页。

么总结物权特性反而总结出了一切权利之通性？故若全面准确地把握绝对性要义，则所谓“不可侵性”是另一个范畴，无法与物权的绝对性等值，第三人侵权或许有经济的社会的合同法的侵权法上的理由，物权法这里也难以突破物债对立的障碍。正是基于此，传统民法立足于严谨法理，并未轻易向这种要求妥协。于是，第三人侵害债权理论在英美法可以得到赞同，在大陆法系的法国、日本亦被大多数学者肯定，也许因为这些地方的“债权性”等价于“请求性”而非“相对性”，在德国却无法取得通说地位，也许正因为德国学者对绝对性基础之上的物债二元体系把握最为严谨。

2. 债权直接约束第三人的逻辑与正当性难题

全面确立第三人侵害债权制度，最明显的弊端是违背第三人知情权。依谢在全先生的见解，债权获得绝对性效力的障碍在于其请求权性质带来的外部识别困难，债权是请求权，与物权易辨识的支配表现不同，既不是对物的支配，又不是对债务人的支配，其权利关系难以从外部识别，故认定侵权比较困难。但问题显然不仅如此，公示尚不是最大的障碍，在很多，其实在大多数情况下，第三人就是在明知他人债权之时亦可“侵害”。如一物二卖之后买受人就是这种情况，一方面固然是自由竞争，应当鼓励而不应当限制；另一方面是民事主体正常行使权利的行为，本身并不具违法性要素，社会观念上也并非认为其违法或可责难，学者也不得不承认“纵使已先明知已有其他债权存在，原则上亦非侵害债权”，因此客体有没有公示性显然不是问题所在。其实，真正的障碍由债权的本性决定，债权是相对权，仅仅存在于相对双方的当事人之间，其效力直接约束的是债务人本人，而第三人游离于这个封闭的法律关系之外，不是义务人，不承担给付义务，亦不受该法律关系约束，他是完全自由的，反过来，债权人若企图以据其意思达成的债权约束第三人，则反而是对第三人行为自由的侵害了。对于第三人来说，该债权关系完全是透明的，可视而不见，谈不上履行也谈不上侵犯,权利只可能受到义务人的侵犯,不可能受到非义务人的侵犯。如此,第三人直接侵害债权的说法,在逻辑上不能成立。

3. 物权化并非保护债权人的最佳方案

建立在不可侵性上的谋取绝对性效力的思路,缺乏坚实的法律依据而难以成立,化解之道就不应从“物权化”这个方向找。从另一方向着眼,第三人不受债务关系拘束,并非说他不受任何其他关系拘束,拉伦茨的“基础法律关系”理论和近代民法的公序良俗、诚实信用、禁止权利滥用诸原则俱可成为其理论基础。保护债权人的法理基础不应建立在债权的对世效力上,第三人侵害债权的不法性在于违背公序良俗和禁止滥用原则之上,第三人不是受到债权本身的拘束而成为债权的义务人,而是基于对其他民事主体平等法律地位的尊重,正如在保护占有的情形类似,不是直接地侵害了某项具体的财产权,而是侵害了更高位阶的人本身“固有权利”,具体来说,是通过侵害债权人作为民事主体所享有的“其他权利”而妨碍了债权人行使债权,故亦有学者指出,“所谓不特定人不得侵犯债权,实际上是不特定人不得侵犯债权人的人身自由权。所谓债权之不可侵性,实际上是人身自由权之不可侵性”。①

如果这样构建第三人侵害债权理论,则不需借助于债权的对世效力,第三人不会仅仅因为正常竞争或行使权利构成侵权,其违法性要素和可非难性存在于行为的目的和样态方面,这需要更严格的构成要件才能认定侵权,于是主观要件,特别是目的、方式成为核心要件,这正是当前大陆法系各主要国家及地区通说所主张

---

① 李锡鹤:《对债权不可侵性和债权物权化的思考》,载《华东政法学院学报》2003 年第 3 期。

的方案。[①] 上述国家和地区在第三人侵害债权问题上所持的基本态度如下:(1)加害人须出于故意;(2)加害行为违背善良风俗。只有同时具备这两个要素才能在规范的层面上构成“第三人侵害债权”。本书认为这一立场不失公允,更有充分的法律依据,如此一来行使这种损害请求权是根据普遍的人与人之间的信赖义务关系,不是根据其债权,更不能向第三人主张其债权。故这种保护,不是债权本身的对世效力,更不是债权物权化。在法理上,既可保护债权人利益实现最大公平正义,又无损于财产权体系的严谨,二元体系与债权人的保护并无矛盾,所谓债权物权化的要求也大可不必了。

三、结论

物权绝对性基础之上建构起来的物债分立财产权体系,或许存在一些问题,而时代的发展不断出现新情况、新需求,有时难免会感到既有体系不能解决所有问题。但物债二元类型划分以及概念法学抽象分类的类型化,提供了强大的逻辑说明基础,其价值是主要方面,这些瑕疵与其价值比起来实在微不足道,况且其中还有认识的问题以及人为夸大的因素,问题总体上并未严重到要削弱绝对权与相对权划分以及物权绝对性效力的程度。正如梅迪库斯在谈到“绝对权和相对权之间的混和形式”时所说,“不过这种混和形态只是些例外,绝对权和相对权之间差异的根本意义并不会

---

① 《德国民法典》第826条“以违背善良风俗的方式对他人故意造成损害的人,对他人负有损害赔偿的义务”,可适用于这种情况,前提是符合其前设要求。《法国民法典》第1382条所保护的利益虽包括侵害他人债权,但通说解释应以加害人具有故意为要件。《日本民法典》第709条所称权利亦包括债权,但依“相关关系理论”,认为债权的侵害须以侵害行为出于故意为必要。我国台湾地区对这个问题的处理基本同于德国,适用我国台湾地区“民法”第184条第1款后段“故意以背于善良风俗之方法,加损害于他人者”的规定。以上参见王泽鉴:《侵权行为法》(第1册),中国政法大学出版社2001年版,第57页。

因此而改变,民法典第二编和第三编的分立,正是以这一差异为基础的”。[①]以其出现的个别瑕疵为理由轻易地破坏体系,抛弃既有概念及分析工具,显然是不明智的。须知“德国民法典编纂的体系特征并不是五编制,也不是在法典的开始设置总则编,而是对物法与债法的截然区分”,[②]如此物债两大体系甚至是整个民法体系化的结构基础,岂可轻易动摇。通说主张,应从总体上保留二元体系格局,坚持绝对权、相对权区分的思路,同时完善内部结构,并适应新的要求,以多种手段综合运用,保障两者之外的其他权利类型,本书亦赞同此立场。

第二节　不同财产权观念的冲击

一、两种财产权构造模式及其联系

(一)财产权的绝对、相对两大构造模式

相对于从罗马法到近代大陆法系民法中的“绝对所有权”观念传统,日耳曼法及受其影响的财产法制是以所有权的相对性为标志的,英美法就所有权一直未形成立法上和理论上较为完整的构造,而具有相对性和具体性的特点:在所有权本身的构造上,权利的绝对性不彰显。无论是“ownership”还是“property”“title”,都只有“相对的意义”,都是“针对具体的人而言”,“英美法系相对所有权概念给人一种财产无最终归属的感觉”。其表现,一是权利客体不是特定物而是抽象的“利益”;二是“同一财产可在空间上无阻碍地进行权益分割,而不影响利益归属的合理性”。[③] 上述具体

---

① [德]迪特尔·梅迪库斯:《德国民法总论》,邵建东译,法律出版社2000年版,第59页。

② [德]霍尔斯特·海因里希·雅科布斯:《十九世纪德国民法科学与立法》,王娜译,法律出版社2003年版,第182~183页。

③ 梅夏英:《财产权构造的基础分析》,人民法院出版社2002年版,第40~45页。

的微观制度差异的总根源还是在于构造基础上，两大法系财产权构造的主要区别在于是否存在“绝对所有权”。绝对性之有无，既是两大法系财产权区别的标志，绝对性本身之内涵精确程度，也是大陆法系内部德国法系与其他法系相区别的标志。这样，大体而言就形成了财产权制度和观念的绝对、相对两大立法体系。

（二）内在联系与相互影响

现代民法的绝对物权观念来源于罗马法，但不坚持绝对性或绝对性不那么彻底的“财产权”观念亦来自罗马法，要追寻谁是罗马法的真正继承者是困难的，因为几乎所有的现代财产权制度都可以从罗马法上找到其根源，而罗马法是一个不断进化着的、时间跨度达千年的庞杂系统。两大体系之间的互相渗透影响无疑早就开始了，比如，所有权的排他特点既是后期罗马法，又是现代民法的基本原则，但罗马法里所有权的非排他概念也并非完全陌生；双重所有权现象一直被视为日耳曼封建法的特色，但罗马法法制的一个时期亦曾存在大量的双重所有权，古典罗马法承认“市民法上的所有权”的共存和涉及同一财产的“万民法”所有权；至于罗马法上发展出来的对人之诉与对物之诉的格局，也曾是日耳曼封建法中所采用的诉讼格局；罗马法中的某些人役权，指定某项财产由其无夫权婚姻的妻子和子女受益，以及主人为了对财产的管理把某些财产委托给奴仆作为其“私产”，主人与奴仆分割“基金”的安排，这些制度实质上很类似英美法中的信托，相对的双重所有和质的分割很为明显。另外，团体本位被认为日耳曼所有权的特色，以此区别于罗马法所有权的个人主义，但罗马法上所有权制度的起点恰恰是团体享有而非个人所有，个人所有权只是其后期演进的结果。在财产制度的近现代发展上，日耳曼法的“gewere”更被纳入物权法体系，成为德国法中占有制度的一部分；而英美法系被视为经典的布莱克斯通式的所有权观念源于罗马法的“dominium”

而借自民法法系。[1]

绝对所有权与相对财产权这两大模式之间在区别的前提下，有千丝万缕的联系，在微观制度构造上的联系抛开不说，首先在制度和观念的渊源上，罗马法观念和日耳曼法观念本非互不相干的两个源头，在某种意义上，甚至可以说它们是同源的，这种同源性质，似乎暗示了一般财产权制度的某种发展方向和发展逻辑。

二、两种所有权观念及其发展逻辑

（一）相对模式在抽象技术方面的弱点

英美法系的相对财产权因绝对性缺失，缺乏理性透视，抽象程度不高，这表现在：

1. 权利与权利客体混同，财产等同于财产权。在这方面保留的是人类早期法制的遗迹，这种遗迹在绝对所有权模式的发展初期也出现过，这也是两种所有权模式同源的证据之一。学者观察到，“很有意思的是，与大陆法系几乎水火不容的英美法几乎重走了罗马法的原路，因为在罗马法中也曾存在权利与权利客体不分的问题”。在罗马法中，物也被分为有体物和无体物，而无体物也是包括权利等。但是等到《德国民法典》明确界定了物权，并将物权的客体界定为有体物时，大陆法系已经走出了这个误区。[2]

2. 物债区分不严明，欠缺债权、物权的严格区分和类型化。以一般“财产权”笼统解决物权债权和任何物以及权利本身的问题，

---

① 虽然普通法学者不能如民法法系学者那样对所有权有高度抽象的认识，但是，17 世纪英格兰的许多自由主义政治理论，并未沿着普通法的固有思路，而是最大限度地运用了建立在大陆法系“dominium”概念基础上、经由现代自然法学者的发展了的抽象财产法律的理论，正是这一抽象所有权的传统，构成了当代政治学理论中的财产权观念主体。See Ppavlos Eleftheriadis; “The Analysis of Property Rights”, *Oxford Journal of Legal Studies*, 1996, Vol. 16, No. 1, 34 – 50, Oxford University Press, 1996, p. 33。

② 参见方新军：《财产死亡了吗?》，载《华东政法学院学报》2004 年第 6 期。

逻辑上显然是更朴实一些，基本问题上缺乏理性抽象和体系化理论支撑，造成在其实际运作方面无比的复杂和混乱，虽然在学说理论上可以认为“英美法也存在对物关系和对人关系的划分”，但是，即便是其理论上的划分也是不清晰的，如前所述，这里的“划分”也仅仅是述及两种权利在现象、数量上的微小差别，在司法实践中，“英美法中对物权、对人权的使用也非常混乱”。[①]

3. 占有与所有权不分。英美财产法中，占有与占有权的同一性，这一制度渊源仍然在于日耳曼占有法的权利外衣观念。

英国法学家劳森亦承认：“如果可以按照大陆法学家的方式来全面审视财产法的话，英国的财产法肯定会安排得更好一些，有些制度也会得到大大的完善。然而，遗憾的是，我们的法学家却是‘只见树木，不见森林’”。[②]

（二）两大模式优势比较

相对财产权模式在逻辑上的“短板”带来的是某种应用方面的优势，即欠缺严密体系和概念法学的束缚，反而使财产权表现出更大的灵活性，而经验主义方法论在适应现实生活需要方面更为便利，如此两种财产权模式，如同两大法系总体上的制度特色一样，在“价值与逻辑”两大方向上各擅胜场。英美法坚持“并非生活为了概念，而是概念为了生活”的非概念法学思路，便利和灵活是显而易见的，其制度虽在技术性方面不占优势，但表现出更明显的生机与活力，这是我国学者对英美法财产权盛赞不已的原因。对两大法系财产法进行比较后，一些学者得出结论：大陆法系严格概念法学之下的物权法，在纷繁复杂的市场经济面前受到了强有力的挑战，如传统的物权债权体系不能涵盖或解释新出现的财产

---

① 梅夏英：《财产权构造的基础分析》，人民法院出版社 2002 年版，第 47 页。

② ［英］F. H. 劳森、B. 拉登：《财产法》，施天涛等译，中国大百科全书出版社 1998 年版，第 232 页。

权利如知识产权和信托财产权利等，阻碍了财产的充分利用；而缺乏严密理论体系的英美财产法则绕过了大陆法系的误区，具有较强的适应性、包容性和生命力。①

相对所有权除了在其适应性和灵活性，以及直接反映私法自治方面对个人自由的彰显之外，还有一个明显的制度**过渡功能**，在这里两种财产模式的同源及其内在联系表现得更加明显。

关于相对财产权模式价值方面的优长，及对绝对所有权体系最常见的批评，是关于“归属和利用”的比较，有人认为财产权的发展逻辑是从归属到利用，日耳曼—英美法财产权制度中利用关系发达，对财富的充分利用有更大的灵活性，甚至认为英美法财产权“缺乏严密理论体系”也是一个优点，因为物债不加严格区分，这使其摆脱“物权法定”和概念法学束缚，而以契约形式设定财产权，“保证人们对财产权的充分利用”。②

但是这样的批评严格来说是不公平的，第一，从历史起源来看，所有权的绝对、相对更多的是法律技术问题，归属与利用不代表任何社会发展方向，更不能与社会经济情况简单对应；第二，物权法并非忽视利用问题，相反，它为财货利用提供了多种法律手段，形成了所有权、他物权、占有、债权四大机制，英美法只有一个财产权工具，拿大陆法四大机制的 1/4 去和英美法财产权制度的整体相比较而论其功能简单，其结论有失公允。

在这方面，绝对物权模式表现出更高的理性和技术成熟度，以根本问题上的严格和抽象带来了微观制度运作中的简明。仅就技术而言，绝对性基础上建立起来的物权体系显然更加精密科学，如果比较制度优劣，则物权法或大陆法系的绝对所有权制度无疑在

① 参见马俊驹、梅夏英：《财产权制度的历史评析与现实思考》，载《中国社会科学》1999 年第 1 期。

② 梅夏英：《财产权构造的基础分析》，人民法院出版社 2002 年版，第 49 页。

逻辑上占优势，这是经验主义的英美财产法无可比拟的。

（三）两种模式相互较量的发展方向

在罗马法的绝对所有权模式的演进过程中，并非一直实行单一的绝对所有权，在特殊的历史时期，相对所有和多重所有都出现过。比如，罗马法中的衡平所有权，以及中世纪注释法学派设计的那种领主所有权和佃户所有权的划分，但在大陆法系内部，这种相对所有权一直未取得稳定和主导的地位，而更多的是一种过渡手段，在由一种归属秩序向另一种归属秩序过渡的过程中，新出现的权利为了克服固有体制的阻碍，以"拟制"的名义而经由衡平机制暂时有限承认之，特别是古罗马社会"从身份到契约"的家族瓦解和社会分化过程中，原先的公有制状态向个人所有权过渡。期间，为了克服身份限制和交易障碍，法学家发挥智慧，以分类的形式，通过"拟制"承认各种不具备市民法所有权全部条件的"不完全持有"，而等后来这种新的权利形式逐渐壮大，在量上丰满起来，在质上独立出来，并成为主流形态以后，再取消有关分类，给予名正言顺的统一保护，至此实现绝对、完全所有权的再度统一。至此，原先的旧所有权内容逐渐被蛀空，被抽象得徒有虚名，而新出现的所有权在承继其绝对性内核的基础上成为新的主导形态，后来居上地吞并前者，旧的所有权发生"死亡"，衡平所有权、佃户所有权、"准所有权"成为真正的所有权，相对所有权和多重所有至此完成体制转换的过渡功能，亦随着有关区分的统一而退出历史舞台，全社会的确定归属秩序在新的基础上再度稳定下来。大陆法系内部这种相对所有权的过渡和转换功能给人以深刻的启发，在社会财产制度转换时期很有借鉴意义，如我国的国有企业产权改革，一度就是采用的这种"双重所有"模式，简直就是罗马法所有权发展史的再现。

从财产发展史来看，罗马法系的所有权演进经历了一个公有—相对（多重）所有—绝对（个人）所有这样一个发展链条，呈现出一个不断分解下去的方向，这是一种确定不移的趋势。梅因认为，随着“从身份到契约”的家族解体和社会分化，罗马法在不长的时间里不断进化到相当高的成就，就财产权的形式而言，罗马法的所有权制度自身在不断的演进中，到后期已经到了相当发达的阶段，但蛮族征服曾一度使这个过程被打断，但是所谓日耳曼法，不过是“伪装成日耳曼部族习惯的中期罗马法”，因为日耳曼民族在与罗马长期的交往中已经接受了早期、中期罗马法的一些内容并渗入其部族习惯，保存下来，并未随后期罗马法的演进而消亡，“征服罗马帝国的日耳曼人，他们自身的制度中有相当数量的罗马法成分，这是他们长期寄居于罗马领土边境的时候吸收的”。[①] 而在征服过程中显然又受到后期罗马法的影响，“经过提炼的罗马法与野蛮惯例相混和”而成就封建制度，其中复活了许多在罗马世界早已废弃不用的特色，制度依然在原先方向继续演进，“已经终止了的分解过程又再度开始，并在某种程度上直到现在仍在进行中”。[②]

按亨利·梅因的看法，罗马法所有权神话一般的进化过程是一部浓缩的人类财产发展史，呈现一个确定不移的发展方向和强大的生命力，这个过程就算被打断，也不是走上另一个方向，或者在别的起点上，而是回头倒退回中期状态去，在中间的某个点上重续发展史，这个过程可以一再重复，在不同地域、按不同速度各自发展着。欧洲各国的财产权制度各自从罗马法进化的某一时段受到其影响，并按照本民族的性格延续下去，所以说，罗马法的所有权制度在各个地方分别发展着。就此而言，他特别批评了英国财产法的落后，指出“英国站在法律变化的主流之外，重复着古代法

---

① [英]亨利·梅因：《古代法》，沈宗灵译，商务印书馆1959年版，第160页。

② 同上书，第77页。

律的现象”。[1] 由此以观,是否可以认为,就财产权形式这方面而言,后期罗马法及直接承继其最高发展成就的德国物权法,已经走到了成熟的物权制度的彼岸,而其他国家还不同程度地走在半路上?就如梅因所说的,“欧洲大陆上的财产史是罗马法的动产法消灭封建土地制度的历史,虽然在英国所有权的历史还没有接近完成”?[2]

当然,这样轻率的下结论尚缺乏足够依据,且没有多大意义,在当今英美法财产观念占优势的时代更加不合时宜。梅因在19世纪的时候观察的结论,在当今似乎被证明未必正确,社会经济和法律制度的互动机制是复杂的,英美法财产权似乎表现了更强大的生命力,在解决当代的新问题方面显示出明显的灵活性和有效性,甚至随着全球化的浪潮有席卷一切之势,相反,传统的民法法系绝对所有权体系却在经受着种种新情势的考验,不断受到学者的批评,似乎处于很被动的局面。在各种复杂情势面前,空谈制度优劣和对现实的适应性并无多大意义,而且历史正在发展进程中,轻率预言两个模式的发展前景更是不智。但是至少有一点可以确定,即相对所有权模式并非必然代表更先进、更完美的制度,也未必代表绝对所有权的演进方向。如果从相对所有权到绝对所有权的发展逻辑尚待印证,那么相反的判断更加不可靠;如果应当以绝对所有权一统天下是个不一定正确的主张,一些学者主张的以英美法财产权取代罗马法绝对所有权,并认为这代表更先进方向的说法,则更加错误。

三、两种模式的冲突:所有权的泛化与失灵

如前所述,绝对所有权和相对所有权两种构造模式,分别在逻

---

① [英]亨利·梅因:《古代法》,沈宗灵译,商务印书馆1959年版,第160页。

② 同上书,第155页。

辑和便利方面各有优长，两种制度之间既有同源性质，又有发展逻辑上的密切联系，很难简单判断哪个是“更好的”制度。但随着美国主导的经济全球化的压力，各种向英美法的“先进”财产权制度“并轨”的主张开始出现。鉴于构造基础上的绝对与相对之别，这样的“融合”是否真的可行尚有疑问，更大的问题在于人们有时抹杀两大财产制度的整体性差异，在某个微观的具体制度中轻易地进行比较借鉴，或者拿两种体制中的相似概念互相解释，动辄以相对财产权观念下的东西强加进物权体系，最终因异质因素的扰乱导致物权法体系“体系破碎”，更使人得出许多颠覆性的结论。比如，有作者以罗马法的绝对归属之所有权观念解释英美法中的信托等问题，指责大陆法系的“绝对所有权理论并不总能很好地解释英美法系财产关系”，于是提出“所有权的失灵”；有时又反过来，以英美法系的相对利用之“所有权”观念解释大陆法系的物权，于是提出“所有权解体”。

“所有权失灵”的说法来自所有权泛化使用的倾向，梅夏英等提出“近代以来，大陆法系倾向于运用‘所有权’理论去分析所有的财产关系”，导致“所有权的泛化”，进一步，由泛化导致“所有权失灵”，即“依靠所有权的泛化并不总能使问题迎刃而解，所有权失灵的情况时有发生”。该“失灵”现象有三大突出表现：一是公司法人和股东财产权问题，即关于承认法人所有权是否会带来公司、股东对同一财产的“双重所有”；二是建筑物区分所有权的问题，这里双重乃至多重所有的现象更明显；三是信托财产的性质问题，这里是典型的双重所有。上述三种现象被认为是对大陆法系经典的“一物一权”原则及权利绝对性的重大挑战，上述“失灵”现象“充分说明了大陆法系所有权并不是一个万能的概念”。[①] 然

① 梅夏英：《民法上所有权概念的两个隐喻及其解读》，载《民商法学》2002 年第 9 期。

而,上述推论貌似合理且合乎潮流,实则蕴涵着似是而非的观念错误。

首先,说大陆法系"倾向于运用'所有权'理论去分析所有的财产关系"而导致泛化,这个判断没有依据。该学者认为,"大陆法系将整个民事权利体系大厦建立于所有权这一基石之上,自然分析一切问题会回到所有权",这真是对大陆法系所有权理论的污蔑,大陆法系特别是德国法系中严明的权利分类体系似乎被该学者忽视了,而物权债权区分、物权知识产权区分、物权与占有区分、所有权与他物权区分等制度现实似乎也被视而不见,其论断明显与事实不符。实际上,用所有权理论去分析一切的,正是典型的英美法学者思路,这里的泛化问题不是大陆法所有权本身导致的,也不是大陆法系学者自己导致的,恰恰是英美法中借用大陆法系"所有权"概念,并不加限制地滥用的结果。

罗马法绝对所有权概念,经由布莱克斯通等介绍到英美法世界中,在学说理论和人们不严格使用的语境中经常被援引来说明问题,早就出现泛化现象。一些英美法学者指出,所有权概念在人们的日常思维中是如此的根深蒂固,并因过度滥用而致其内涵变动不居,以至于"对所有权概念的任何一般说明都会玄妙难测,政治哲学家们在讨论它的时候显然各自说的不是同一回事,而法律工作者之间也用以指称各自不同的东西"。[①] 英美法学者对所有权的泛化使用,不仅表现为权利与客体不分、权利与占有不分,物权债权不分的"大一统"财产权(property)概念,更严重的是这种泛化甚至超出了财产权领域,有时甚至用所有权概念来解决人身权问题,如前文所说的洛克"自身所有权"学说和"拥有自身"观念即明显例证,这里所有权不仅被认为代表一切财产权及财产权客

---

① J. W. Harris, "Who Owns My Body", *Oxford Journal of Legal Studies*, 1996(16), No. 1, 57 – 85.

体,还被用来代表一切的“权利”,究其最终根源,无非是理性主义贯彻不到底,权利类型体系和法律关系理论都不发达、分析工具单一的结果。

其次,“失灵”现象的本质无非是不同财产权概念的混淆,而不是说概念本身在其体系中有什么逻辑困难。“失灵”论者也认识到,“失灵”的原因在于混淆。该学者进一步指出,从深层分析,失灵现象映射出传统思维模式的“两个误区”,一是以量的分割模式理解质的分割模式,二是以物的空间归属模式分析权利本身的归属和流通。[①] 但大陆法系何时企图以自己的“质的分割”“物的归属”去分析另一制度中的问题了?这里所谓的两个误区,不过是拿一个体系中的观念去套另一个体系罢了。故所谓“绝对所有权失灵”现象的实质,是“绝对所有权和相对财产权无法互相解释”,至于因为一种体系内的概念解释不了另一体系的现象,就说这个概念失灵,那更不是一种公正的可靠结论。

最后,两种有着不同构造基础的财产权既然无法通约,难以互相解释,那么各自体系内的微观部分相互移植、借鉴的难度就很大,但这不是“失灵”问题,而是不同体系的排异性。当代强势的英美法产权制度的影响下,相对财产权观念冲击着大陆法系传统的绝对所有权观念,信托制度、法人财产制、所有权保留买卖等对“一物一权”提出严重挑战,直接撼动传统的绝对性原则,问题直抵所有权本质这个核心了。人们在思考:未来的产权模式将日益朝向碎裂化、专门化、具体化的趋势发展,那么它究竟是罗马法所有权理论的新发展还是返祖?极端的观点是整体性地背离绝对性,如我妻荣认为,绝对所有权理念已经不合时宜,建议引入日耳

---

① 参见梅夏英:《民法上所有权概念的两个隐喻及其解读》,载《民商法学》2002年第9期。

曼的所有权制度。[1] 但更多的不是那么极端的主张，而是要求在绝对所有权基础上吸收借鉴部分相对所有权成分，有学者建议修正大陆法系物权理念，放弃"一物一权"，弱化绝对性，在涉及信托、公司财产等问题上重新引入双重所有权和相对所有权。[2]

全面背离绝对性的主张显然不可取，因为这无疑是一种"削足适履"要求，因此，有学者站在相反立场上，以彻底否定双重所有权为基点坚决捍卫绝对性原则，认为近代大陆法的所有权制度之所以选择了罗马法的模式，从西欧中世纪的双重所有权到当代的"一物一权"，是人类社会摧毁以身份等级为特征的封建制度、清除财产上的封建身份束缚所做的重要努力，如果今天我们承认双重所有权，就会使具有身份性质的所有权制度或观念死灰复燃。[3] 学者指出，没有"一物一权"精神的物权绝不是大陆法系物权制度的物权，否定"一物一权"即否定物权概念、物权制度本身。[4]

除了上述政治考虑外，引入相对所有权因素最大的问题是，任何微观制度的"引进"融合，必然要涉及对现有制度、概念、观念和方法论的修正，对"绝对性"这一物权构造基础造成不可容忍的冲突，直接撼动整个物权法体系的大厦。有学者明确论证了这种体系的不相容性，指出"任何一种'双重所有权'的理论，其实质均在于对所有权的肢解。这种肢解改变了所有权的基本性质，否认了所有权的绝对性或者排他性，弱化了所有权制度规范财产归属关系之'定分止争'的基本功能，破坏了物权制度最为基本的观

---

① 参见[日]我妻荣：《物权法》；载王利明主编：《民商法研究》(第2辑)，法律出版社2001年版，第294页。.

② 参见马新彦：《罗马法所有权理论的当代发展》，载《法学研究》2006年第1期。

③ 参见孟勤国：《物权二元结构论》，人民法院出版社2002年版，第104页。该学者对绝对所有权的私法伦理价值给予了极高评价。

④ 参见孟勤国：《物权二元结构论》，人民法院出版社2002年版，第104页。

念”。[1] 因此,任何以“失灵”为借口,要求绝对所有权制度修正自己以图能解释相对财产权制度下的有关内容,都潜藏着对整个物权法体系安全的威胁。

谢哲胜先生建议,承认受托人和受益人分享“形式上的所有权和实质上的所有权”,两者相加就构成完整的所有权,受托人和受益人所享权利内容又不相同,因此是质的分割。但这种日耳曼式的质的分割理念随之引入双重所有权制度,显然难以同物权法已经根深蒂固的观念并容,真正执行起来未必如此容易。另外,移植的必要性也很有疑问,信托之类财产形式或许正是因为英美法体系内欠缺科学物权体系的无奈选择,物权法模式之下,发达的他物权体系为当事人提供了各种便利,似乎引入信托的急迫性不是那么强烈。

还有学者建议,改用功能移植的思路,不直接全部照搬,而是在现有法律环境下综合财产法、契约法等多种法律工具,通过建构其信托财产的独立性,总体上实现信托的功能,如此,或许用这种特别法例外安排的思路,可以解决其与物权法直接冲突的问题。

四、绝对所有权的“解体”理论及其批判

有学者在把罗马法绝对所有权观念视为“传统”,而把英美相对财产权视为“新潮”的认识背景下,津津乐道于一些英美法学者提出的“所有权解体”理论,来强调绝对所有权制度的局限性,据此证明“抽象所有权概念是无实际意义的”。[2] 其观点有一定的代表性,亦为其他学者不断引用,但是,通过对“所有权解体”理论本身的考察可以发现,该理论有其特定的背景和内涵,用来直接作为

---

① 尹田:《论一物一权原则及其与“双重所有权”理论的冲突》,载《中国民法学精萃》(2003 年卷),机械工业出版社 2004 年版,第 252 页。

② 梅夏英:《民法上所有权概念的两个隐喻及其解读》,载《民商法学》2002 年第 9 期。

否定绝对所有权的理论工具，并非妥当。

（一）“所有权解体”理论的主要观点

“财产权解体”的理论（The Disintergration of Property）是由美国法学家托马斯·C.格雷（Grey）提出的，[①]其主要论点如下：

1.在权利客体上，强调无形财产的重要性，提出财产（property）与物（things）不同，财产不局限于物。他批评了那种把所有权客体统一于有形物的定见，并指出“在现代资本主义的经济中大部分财产（property）是无形的（intangible），我们（英美法系）已不再拥有包括简单的物品所有权和一般被称作财产权的各种各样的法律权利在内的统一的财产权概念”，主张“消除财产权（property rights）和物（things）之间的任何必然联系”“目前设计和操作发达资本主义经济的法律结构的专家们可以根本不用‘财产权’这个概念”。[②]

2.在所有权的性质上，通过强调权利束概念，认为现代财产拥有秩序是“多人共同拥有”，这样一种变体的“多重所有”观念。格雷借用了霍菲尔德的权利束学说，认为就所有权（ownership）而言，“现代的专家们把统一的所有权概念分解为多少有些模糊的一束权利”（a bundle of rights）。[③] 一个物可能同时为多人所拥有，每个人各自享有一些特别的权利。

3.在政治理念和道德方面，弱化绝对所有权的伦理价值。近代民法的绝对所有权概念负载的完善人格、张扬自由等政治理念和意识形态功能已经成为过去，在当代政治法律环境下，所有权概念已经分解了，权利束的概念在消除传统地依附于财产权身上的神圣光环。

---

① 参见［美］托马斯·C.格雷：《论财产权的解体》，高新军译，载《经济社会体制比较》1994年第5期。

② 同上。

③ 同上。

(二)对其批判

格雷通过论述完整所有权概念的解体,用权利束概念分析所有权,重新强调的是有限的、具体的、相对的财产权利,强调一件物品可以为多人分别拥有,而社会"对权利束概念的普遍接受"的结果:一是权利效力的绝对性越发模糊,二是所有权的重要地位下降,分解了的所有权被各种具体的相对权利取代,"在法律和政治理论中财产权将不再是一个重要范畴"。该理论被人们与吉尔莫的"契约的死亡"理论相提并论,认为其"实际上是在宣告财产的死亡"。"所有权分解"理论尽管为一些学者所极力推崇,但在英美法学者中亦有批评之音,Donahue 等对格雷进行了有力的反驳,指出其论证的缺陷[①]:

首先,概念问题上,其反对的是财产和物的混同,但自己又落入了财产和财产权混同。[②] 格雷通过论证"现代财产权的客体不再是物"而论证财产权解体,但英美法上"诉讼物"是广义的物的概念,本身就包括了权利,无形财产的出现也并没有违反其一贯的制度传统。

其次,关于权利束观念这个论据,过分忽视了两种权利类型的区分。霍菲尔德的理论虽然通过强调对人关系而摒弃了"对物支配"的古老见解,但他在切断所有权与实物之间的联系上却走得太远,完全忽视了有体物在划分权利类型和对权利"划界"的功能。霍菲尔德只对任何有价值的利益之上的权利做了效力分析,而不区分这些利益究竟是因何种客体而产生,"那么财产权就可以被笼统地称为利益权,有意思的是,霍菲尔德在权利的内容上反对布莱克斯通用'支配'这样空泛的用语,但他自己在权利的客体上却使

① 参见方新军:《财产死亡了吗?》,载《华东政法学院学报》2004 年第 6 期。

② 格雷在文中也是交互在财产(property)和财产权(property rights)这两个意义上使用"财产"一词,这符合英美法财产权观念的传统。

用了‘利益’这种同样空泛的语词”。[1] 通过权利束概念对财产权进行的是另一种意义上的泛化,因为任何有价值的利益都可以这样解析而没有任何不同,泛化的结果是最终消除任何权利分类的界限,“一切有价值的权利和利益”都笼统地纳入所谓的财产法来调整而不作任何分类,是不能解决各类权利的保护问题的。[2] 霍氏理论对所有权泛化使用的倾向有增无减,并未完成通过类型化整理而清晰界定所有权概念的理论任务,并且造成更大的分类困难。

最后,关于所有权解体瓦解其道德基础的认识。所有权的伦理功能不再被强调,但这不是法律发展的另一个方向,而仅仅是私权神圣成为社会现实之后,有体物财产权不再占据中心地位,甚至已不再是财富的主要来源,结束了统一的泛化财产权一元独霸的局面,无论如何,财产权概念一元局面的瓦解非但没有侵蚀资本主义的道德基础,反而增加了其内涵。因为财产的种类增加了,对私人财产权的保护范围也就扩大了,人们再也不是生活在静态的权利结构中,而是生活在一个越来越复杂的权利网络中。

(三)理论实质及其对物权绝对性的反证作用

格雷的理论并非如国内一些学者热烈赞美的那样完美无缺。更重要的是,格雷的理论有其特定的制度和观念背景,其某些判断也只有在这个背景中才是有意义的,脱离其背景,在更一般的意义上谈论任何“所有权”解体,特别是断定“绝对所有权”作为一种制度体系而解体,则不恰当。笔者认为,格雷的学说与其直接借用来论证罗马法绝对所有权的弱点,毋宁说是英美法语境下所有权理论自身中的问题,其解体学说无非反映了学者对相对所有权体系

---

① 方新军:《财产死亡了吗?》,载《华东政法学院学报》2004年第6期。

② 正如万德威尔德所指出的那样,“把商业秘密当作财产并不能决定它应受保护的程度”。参见[美]肯尼斯·万德威尔德:《十九世纪的新财产:现代财产概念的发展》,王战强译,载《经济社会体制比较》1995年第1期。

的某种反思和批判，而这种批判的结果，恰恰反面证明了绝对物权体系中物权、所有权制度的科学性。

1. 在客体方面，"消除财产和实物必然联系"，仅仅是权利与客体区分的要求，以及依照客体不同进行权利类型化的要求。格雷的新发现的实质无非是无体物的范围扩张，而这种扩张要求对权利类型明晰化，结束那种权利与客体不分、物债不分的局面，格雷的归纳不在点上。

物与财产的区别不是其自身属性和范围的区别，而主要是思维模式的区别，前文探讨过这个差别：财产是主观观念，而物则摆脱了一定的主观性。① "无形财产"概念往往是权利和权利客体混同的结果，在早期，由经济社会发展水平和认识水平所决定，物、财产、财产权是重合的，这是对物关系支配性的观念，而且英美法上把对于有体物的债权也一并纳入财产范围，这里债权作为第二层级的权利也是以某有体物为对象的，这主要是一个权利与权利客体不分的问题，在并不追求体系化的英美法系，这个问题可以容忍。但随着经济发展导致"无形物"范围的扩张，笼统地解决包括有体物和债权、知识产权等无体物的泛化"财产权"就难以维持共同规则，这就必然产生了让这些权利"分家"的要求，也就是类型化要求，因此，格雷所说的财产权解体，在关于权利客体方面的真相无非是摒弃泛化的"财产权"概念。这是格雷观点的实质，其立足于英美法系的制度现实得出的结论，也只在其制度背景下有效。

强调解体的原因是原先对所有权的过度泛化，所有权固然不是万能的，但在不进行权利分类的情况下，泛化的用法却倾向于用所有权来指代各种权利甚至非人身自由等权利，这种严重的泛化，不严格的用法，当然易于被"解体"。但在德国法学中，其实对上

① 物强调客体是客观自在的物，而带有我人格烙印的物而非自然之物，则被称为财产。

述意义上的"解体"早就认识到，也早就已经解决了，《德国民法典》一开始就没有采用广义的物的概念，也没有那种泛化的笼统"所有权"用法，一开始就是把有体物的物权和债权分开，和知识产权分开，在类型化基础上执行不同规则，学者还强调，英美人原先所谓的财产法，实际上相当于德国人的物权与债权的组合，与德国人缜密的思维相比，英美人的思维显得十足的幼稚和混乱。①

可见，在关于物和财产关系上，所谓所有权解体的真相，应该是权利类型化，即所有权与他物权、物权与债权、与知识产权等进行明晰界分的要求，一句话，从只有一个思维工具"所有权"一元局面到类型化的财产权体系，这样一种内在要求而已，这种意义上的"解体"主要是要求结束那种泛化使用所有权的情况。这是英美法系内部简陋观念趋向更精致的财产权体系的要求，不代表任何新情况，更不能借用来说明大陆法系内部的问题，因为在这里，上述分解过程已经完成，因此，国内学者以格雷的学说来提出在物权法体系下"所有权解体"，文不对题。

2. 由权利束观念证成"多人共同拥有"的相对所有秩序，直接承继的就是日耳曼多重所有权、相对所有权观念，这其实是英美法学者一个源远流长的思考方式。边沁、霍菲尔德等通过反对布莱克斯通式的"绝对支配"观念，以分析的方法而非抽象的方法对所有权概念加以解析，通过强调所有权的对世性，并把对世性强调为针对每个具体义务人，而引入了所有权的"权利束"观念，这是对统一所有权进行分解的开端，其实质是看到了所有权中蕴涵的对人关系的权利共性，但没有看到特性，并进而把绝对性、对世性的"对抗一切人"命题拆解为"对抗每一个人"，这就最终消融了物权与债权的界线，在强调权利共性的基础上丧失了物权的个性。这种思路背离形而上学传统，通过观察权利的作用而非权利的内在

① 参见方新军：《财产死亡了吗？》，载《华东政法学院学报》2004年第6期。

构造入手,很容易导致对绝对所有权概念进行“原子化”解析的倾向,普通法学者把物权债权的区分归结为数量差别,所谓“多重权利”(multital right or claim)和“少量权利”(paucital right or claim)、“复合权利”与“单一权利”区分,以及各种各样的“权利束”“权利群”(bundle of rights)观念皆其表现。

这样拆解的结果,统一的所有权既无存在的意义,而每一项分解出来的具体权利都不具有绝对、完全的属性,都是有限和相对的,“解体”现象是其必然结论。因为这些权利束本来就不同于抽象的绝对所有权,在权利束观念下,“我们并不能就财产关系形成一种概念化的统一财产权体系,财产权只能是一个结构松散、形态各异的权利体系”“财产权是一个复数名词”,这一复数权利束的各个组成单位各自有不同的性质,所以就“没有必要进行权利性质之争”。上述结论显然只在相对财产权观念体系中才被视为理所当然,而大陆法系的所有权、物权恰恰是在抽象基础上的完整统一体,这一抽象构建在绝对性的坚实基础之上,显然是避免了“支配”和对物关系、权能列举等误导性思路才能达成的,否则,若抛开绝对性而以具体支配关系去构建,则难以抵挡权利束观念的“解体”压力。

上述论证过程忽略了物作为客体的重要建构意义,霍菲尔德的分析思路避免一个错误的同时导致另一个错误,这一错误的根源在于,强调了物权绝对性的第一层含义(对人关系),而弱化其第二层含义(普遍对抗关系),最终因其片面性而瓦解了物权概念的构造基础——物权绝对性。有学者亦认可“抽象所有权和具体权利束之间存在着不可调和的矛盾”,[①]格雷“所有权解体”理论的实质,无非是不能用大陆法系绝对所有权思路去解释英美法财产

---

① 梅夏英:《民法上所有权概念的两个隐喻及其解读》,载《民商法学》2002年第9期。

权或所有权(property)。

总之,“所有权解体”理论是立足于英美法财产权的传统和制度现实,在有关观念互相冲击的作用下做出的判断,这一判断对其制度观念背景而言或许是有效的。其理论实质是克服所有权的泛化倾向,解体是法律关系结构和权利类型化的内在压力,故英美法“property”的解体不代表大陆法物权概念的解体。而在“权利束”这个论据方面发生解体的原因是,片面强调对人关系而弱化普遍对抗关系,这样动摇物权的绝对性基础,进一步强化具体、相对的权利观,又由于缺乏明晰的财产权类型体系,难以用单一所有权概念解决一切财产问题,直接得出统一所有权已经解体的印象。所有权解体理论提出的原因,是难以用大陆法系的绝对所有权概念去解释相对财产权之下的种种泛化现象,这是不同财产权观念的冲突问题,并不代表任何具有启发性的新的发展方向,宣布“所有权的死亡”为时过早。

第三节　绝对性诸原则与意思自治的关系

一、表面矛盾

意思自治是近代民法的基本原则之一,私人决策自由是私法的根本特征,在私法领域,人的自由具有最高的终极价值。私法自治精神如此深入人心,已经被看作不言而喻、不可质疑的基本信仰,从而内在地决定着民法的基本理念与性格。与公法的“管制法”理念相反,私法理念在于“自治法”,“在私法中,占据主导地位的通常是那些自由的、不需要说明理由的决定”。[①]

但在物权法领域,自由与自治似乎受到了限制,物权的绝对性

① [德]迪特尔·梅迪库斯:《德国民法总论》,邵建东译,法律出版社2000年版,第21页。

及贯彻这一原理的物权法定、公示诸原则,以及与此直接相关的物权变动形式主义等规则,共同的作用结果是赋予物权法鲜明的强行法色彩,表现为对物权关系较多的干预和监控,从而使物权法制度体系呈现出法定主义、强行规范的鲜明特色,与债权法的契约自由、任意规范特色形成鲜明的对比。对此有学者惊呼:似乎民法的基本特征在物权法领域内突然消失了,民法的自治精神即私法自治原则仅仅适用于契约法而完全不适用于物权法。[①]

在自由所有权观念之下,这种矛盾并不显著。在物权"支配性"的构造基础上,所有权自由恰恰是得到强调的,故以支配性为核心构想的物权、所有权制度,强调的重心是人对物的自由,所谓占有、使用、收益、处分四大权能,也同时是权利人对物的四大自由。正是出于对支配性的强调,法国式所有权制度始终表现出对权利人自由的关怀,表现为权能核心主义的所有权观念、强调"不受限制"的绝对所有权观念以及权利变动中的意思主义,其支配性和绝对性是统一而且完美合作的,共同服务于权利人的自由与自治,这种完美合作的原因,在于法国法系中所有权绝对性的重心在于权利行使方式的绝对,因此是和"支配"紧密相连的,两者共同作用的结果,是把封闭的"人对物关系"这一单元看作所有权的全部内涵,故无限的自由自治是其显要特色。

但在法权的所有权观念中,在权利性质的绝对性之上构建的物权中,上述精神显然被修正了,这一观念并不把物权看作与他人无关的私事,而恰恰看作与一切人的关系,普遍的对抗是物权的全部内涵,据此,权利的重心不是内部的对物支配自由,而是对外的绝对对抗关系,即与第三人的尊重、服从义务相连的那些东西。既然如此,在第三人作为物权关系的参加人,而第三人和物权人又是平等主体的认识前提下,为维持这一法律关系的平衡,权利人单方

① 参见尹田:《物权法定原则批判之思考》,载《法学杂志》2004年第6期。

面的对物无限自由就不是唯一的关怀对象，而且权利人自由和利益的实现必须通过外在的对抗机制设计才为可能。如是，物权的内容及其变动就时时要围绕第三人来设计了，权利的存在、内容、变动都必须以清晰的可识别的方式让第三人知晓，这是要求第三人尊重的前提，这一要求就是物权法定、类型强制、权利的确定性、变动的公示原则以及变动形式主义等制度。这些制度，如果以坚持支配性对物关系的思维看来，显然是对权利人固有自由的外部限制和干预，对其无限自治的否定了。在这里，看来物权的支配性与绝对性不但不合作，反而有相反要求，在这种技术化的绝对性基础上，无限的"所有权自由"似乎被否定了。

绝对性有关原则在保护第三人、实现公平、促进效率等方面的价值显而易见，其法律上的正当性亦很充分，唯一的问题为：对物权人的过多干预，是否限制了权利人固有的自由？物权绝对性诸原则及一系列强行法，是否违背了私法自治的民法基本精神？

二、所有权自由与第三人自由的同等实现

法权的所有权观念并未把物权看作当事人的单方自由，而是看作法律关系的内容，而私法关系是平等主体的关系，"把人当成目的而非手段"的私法伦理，要求任何一方不得以其自由为借口压迫另一方，故私法权利恒兼顾法律关系双方，要保障的是双方自由的同时实现，说物权的本性是绝对性而非支配性，更强调的就是这一方面的要求，对此本质及其与自由的关系，康德论述得最为深刻。康德把私法的本质归结为"我的自由和其他人的自由共存的全部条件"，而这也是权利的本质所在，权利是一些条件的综合，"根据这些条件，任何人的意志行为，按照一条普遍的自由法则，确实能够和其他人的行为相协调"，权利与任何人单方面的内心意思无关，任何个人的单方自由不是权利的正确内涵，自由"在任何方面都不是构成性概念，而仅仅是一种调节性概念"，而权利本身

"只代表一个人的自由和别人的自由的关系",因此,权利的普遍法则是"外在地要这样去行动:你的意志的自由行使,能够和所有其他人的自由并存"。[①] 据此,权利不仅仅意味着权利人的自由而是双方自由的关系,不能只强调物权人的自由而忽视第三人的自由。假如强调对物处分自由,按照私法自治的原则不同意就行为的内容和形式受到任何限制,假如设定一项内容不同于《物权法》规定的新"物权",假如进行一项物权的变动而不按照法定方式公示,那么又根据什么去要求第三人承认尊重我的"物权"及其变动?如果法律支持我的这些要求,那等于让第三人受到我内心意思的约束,则第三人的自由就无从谈起了,第三人就沦为我实现自由的工具和手段,如是,自由的冲突不可避免,显然,这不符合私法的基本精神和真正的权利内涵。

在相对法律关系中,特别是在合同领域,因为只涉及双方当事人,故他们之间自由的并存关系比较简单,通过充分协商谈判的契约,在一对一合意的基础上同时实现了双方的决策自由。但在物权关系中,法律关系是一对多的,在对物关系支配观的固执成见之下,义务人的自由容易被忽略,特别是在物权变动中更易于被看作法律关系之外的人,第三人在物权这一绝对法律关系中,常常处于被动和消极的地位,既无从表达意思,难以和物权人平等协商,又很难知道物权人内心的意思,此时物权人单方自由的强调显然更会加剧这一不平衡,这类似于合同法对格式合同的加强干预控制,这种控制的原因就是,此前已经出现了当事人一方对另一方实质上的强制,法律为达到均势,从外部进行反向强制,即干预处于强制的一方以实现衡平,这是出于同一逻辑。梁慧星老师指出:近代民法中的私法自治原则的两大前提,即平等性与互换性,从 19 世

① [德]康德:《法的形而上学原理——权利的科学》,沈叔平译,商务印书馆 1991 年版,第 23 ~ 41 页。

纪末开始已经开始丧失,出现了严重的两极分化,①为解决这一失衡状态,法律特别强调"抑强扶弱",这一逻辑在民法各个领域都有所显现,物权法的强制性问题亦属之。

因此,物权如果是科学的法权概念,其隐含的双方自由并存的要求,就意味着对任何一方自由过分扩张的限制,这种对物权人自由的干预和限制并非是对私法自治的否定,而是为了更普遍的自由,在更大的视野内,这种安排很好地保障了权利人与义务人双方的自由空间。

三、绝对性诸原则与物权人自治的一致性

通说认为,物权法属于强行法范畴,而物权法之所谓"强行法"性质,主要是通过物权法定原则得以体现的。这是否说明了物权法的管制法性质?甚至,如一些学者主张的,说明了"物权法的公法化"?笔者认为,不应如此简单归类。

首先,物权法定和强制公示等规则,并未剥夺物权人固有的自由。强行性规范并未给他课加新的义务,那种以单方意思约束第三人的自由从来不属于物权人的固有自由范畴,私法自治的本意是在个人事务的范围内自治,物权人在其支配领域内的自由自治丝毫没有受到限制,物权人的占有使用收益处分等自治并未受到任何剥夺,限制的只是超出其权限范围的企图。撇开正当性的要求不谈,禁止这一结果也并未让他损失什么,违反这些规定,也不会为其带来惩戒和法律责任,就此而言,其自由没有受到限制。

其次,这些强行性规范,出发点与目的并非管制和干预,而是为其提供自治的可能性基础。有关强行性规范并未干涉行为人的

---

① 参见梁慧星:《从近代民法到现代民法——20世纪民法回顾》,载梁慧星主编:《民商法论丛》(第7卷)法律出版社1997年版,第234~242页。另参见[德]迪特尔·梅迪库斯:《德国民法总论》,邵建东译,法律出版社2000年版,第144页。

固有自由，同时也无意代替物权人自己的意思和利益安排，其“强行法”性质的真实面目无非是为解决涉及第三人问题时，为物权人自治提供更稳妥的制度平台：物权法定是从技术性上规范不同的权利类型，确定“物权”这一法律产品的确定属性，为当事人提供可供选择的权利品种，提供不同的可供选择的选项，而为其自由选择创造前提；公示原则和要件主义，则是动态过程中，为物权变动设定的游戏规则，为当事人依规则进行的处分自由提供的法律途径。总之，物权法定和公示并非为法定而法定，其规则的目的是实现在涉及第三人情况下的自治可能性，终极目的还是服务于物权人自治的，在这个意义上，有学者指出，物权法应是自治法，将物权法归于强行法的认识与私法自治的理念不符。①

物权、所有权不是自然产品而是法律产品，其中的“强行法”成分无非是该产品的技术性成分，法律创设这些技术门槛和游戏规则，恰恰是为这种自由的行使提供制度平台。其中关窍如苏永钦教授所说，是“就可自治的范围提供有关物权变动及分际的必要规范，为人民的自治提供准则”。② “强制”是为“自治”服务的。

绝对性诸原则和私法自治之间是手段与目的的关系，是一致的，这些规范无意于干涉物权人固有自由，而是为其行使自治提供条件。物权法定原则限制物权的自由创设，但不限制权利人对物权的选择自由，不限制权利人的行为自由。③ 在物权变动的公示要求方面，也仅仅是为确保这种变动发生对抗第三人效力的条件，据以使物权人获得一个对世效力的更强的保护，这是对其意思自

---

① 参见王洪平、房绍坤：《论私法自治与物权法定之辩证关系》，载《法学杂志》2005 年第 5 期。

② 参见苏永钦：《走入新世纪的私法自治》，中国政法大学出版社 2003 年版，第 73 ~ 74 页。

③ 参见苏永钦：《私法自治中的经济理性》，中国人民大学出版社 2004 年版，第 113 ~ 114 页。

治固有内容的增强,而非削弱。根据公示原则和要件主义,当事人才可以决定是否进行某种物权变动,而不必担心该变动因第三人的事后对抗而遭到否定。

最后,在法定和强制下仍保留物权人的自治空间。法律规定了不同效力等级的权利类型,由当事人根据自己情况,在此权利谱系内自由选择,并同时满足其相应技术要求作为代价,就如购买更贵重的商品需付出更高的价格,如果当事人认为这种控制限制了自己,他完全可以不付出这个代价,退而选择效力更弱的权利类型以保留更大的自由。反之,若一方面寻求物权强大的对世效力,另一方面又不愿承受其代价,那是一种不公正的想法。

苏永钦教授把物权法的“强行法”性质解释为“游戏规则”和“权限规范”,提出这些规范“是权限规范而不是行为规范,所以是强制而不强行”。权限规范的强制性是规定不同物权类型的内容,并规范其变动方式,而无意干涉当事人的决策权。不遵守法定、公示原则,也并未使当事人失去什么,最多,他无权享有公示主义和物权法定对应着的那些好处而已——那些好处,就是更切实稳妥的物权绝对性,是对抗要件和意思主义制度背景下,法律所不能提供的新东西。

法定主义之下的自治空间还表现在以下方面:若不按照绝对性原则行事,违背物权法定和强制公示,法律亦未加以制裁,仅仅是不能发生相应的物权效果,其意思仅仅是欠缺对抗性,其“权利”也许可以是某种支配、某种利益,但不被认可为物权,如此而已,这样看来,所谓德国公示要件主义的结果,与法国的公示对抗主义,实质上并无差别,区别只在于一个“绝对物权”的名分而已。法律效果都是可以自由选择的,法律提供了不同的选项,选择了其中一种就不应要求其他选项中的好处,如果得不到该好处,不能得出说法律对权利人进行了干涉和限制,甚至惩戒,那样想是没有道理的。

四、法定与形式主义之下的更大自治空间

物权法定、公示主义、物权行为等，并未给当事人科加新义务，并未真正限制权利人的固有自由，并未使权利人减少任何东西，相反的，却为当事人多提供了一个选择的机会，扩大了他们意思自治的选择范围，就此而言，这些原则恰恰是私法自治的强化和扩大，如是，则兼顾了物权法固有的绝对性原则和强行法色彩，与私法自治精神这双方面的要求。这一作用可通过以下逻辑的解释加以说明：

1. 这些规范仅仅是为当事人提供一个新的选择机会，如果选择了按有关规范行事，即可享受相应的绝对性保护。

2. 如果选择不按照它们行事，则当事人并不构成违法，也不会受到惩罚，也不会损失什么，仅仅是其意思不能发生相应的物权效力。

3. 不发生物权效力并不等于不发生任何效力，当事人的利益和自由也并非不受保护，在不涉及第三人的场合，虽然不生物权效力，当事人意思自治也会产生相对的效力，其意思本身若无不法性，即可产生债权的效力，受到相对的保护。

据此，当事人的意思在法定主义和要件主义之下，仍然是受保护的，并不低于意思主义变动模式，具体而言：

首先，在物权设定方面，物权内容法定和类型强制不允许当事人自己发明于法无据的“物权”，但只是不承认其为物权，而非认定其意思不法。在合同当事人之间，仍不妨按照其约定的权利内容进行交易。例如，在德国法上，假如银行在一项抵押中约定债务人对抵押物不得进行变更，该项约定并非抵押权的固有内容，不生抵押权效力，不能对抗第三人，但不妨碍该约定“可以在债法上或

者以地役权的形式得到实现”。[①]

其次，在物权变动方面，区分原则和要件主义也并未强令当事人意思必须公示，反而为其契约自由预留了制度空间。在区分原则之下，原因行为的成立生效不受结果行为的影响，该行为符合合同法的规则即可产生债权效力，切断结果行为的影响就是为了保障该债权效力。据此，若嗣后的变动行为不成立或不生效，则其不能连带的影响债权合同无效，其顺理成章的逻辑恰恰是依据该合同效力而由违约人承担违约责任。在此区分原则对合同意思的保护就体现出来，这比没有区分原则和公示要件主义的制度更为合理。例如，我国《担保法》一个广受批评的缺陷就是把原因行为和物权行为混为一谈不加区分，实质上就是把结果行为当成原因行为的生效条件，[②]这样的安排不但完全违背法律自身逻辑，反而更大地损害了当事人的合同利益与合同自由。

最后，从另一个角度来说，区分原则在逻辑上把一个交易合同分为两步，两步之间的空间就为当事人预设了一种“违约自由”，违约自由的提法或许表述不太科学，但其基本含义值得肯定，当事人在缔结契约后，至少在履行之前他还有一次机会选择是否实际履行，区分原则恰恰就给他提供了这个机会，否则，若不加区分地基于契约直接发生物权变动，一物二卖等情形下权属情况更复杂，只能通过其他理论去解释，由法律从外部直接判断所有权归谁，而不能由当事人自己选择了。因此，从更广的视野来看，公示原则和物权行为理论，既非对私法自治的否定，相反的，它们可以在更广的领域内保障当事人更全面的自由。

---

① [德]曼弗雷德·沃尔夫：《物权法》(第2版)，吴越、李大雪译，法律出版社2004年版，第15页。

② 我国《担保法》第41条规定，当以合同设定抵押权时，“抵押合同从登记之日起生效”；第64条规定，质押合同自质物移交于质权人占有时生效；有关司法解释则进一步解释为“土地使用权抵押时，如果未办理登记手续，则应当认定抵押合同无效”。

总之,强制与法定从根本上来说,不但与传统的意思自治相一致,而且通过严明的权限规范和游戏规则,为当事人创设了更大的自治空间,在权利的相对效力和绝对效力之间,当事人是可以选择的。当事人若非在意一个"物权"的名头,亦完全可以以私密的合同效力约定某项利益的实际享有,或不去进行公示以寻求获得物权绝对效力,在某些情况下获得债权的保护,这也可以得到和意思主义体制下相似的效果,而绝对性物权及其所要求的公示、物权行为等,无非在此之外为当事人提供了另一种可以这样选择的可能而已。

五、法定与强制:在于概念而非实际效果

(一)权利设定中的自由与"束缚"

有学者强调,英美法系摆脱了概念法学的束缚,不局限于"物权法定原则",可以根据社会需要,以契约形式设定财产权,以实现人们对财产的充分利用。① 这种把物权法定理解成管制和干预的思路,实际上是错解了其意旨,即"就可自治的范围提供有关物权变动及分际的必要规范,为人民的自治提供准则,特别是争议发生而不得解决的时候",②只是从另一个角度去支撑私法自治而已。

即便从效果方面,也得不出物权法定对当事人与生俱来的自由有过多干涉的结论。概念法学的出发点不是被动反映生活实际,物权概念也不是从社会实践中直接来的,其本质是对社会生活实践做出的法律形式方面的设计。物权法的"强制"本来就是被动的可选择的强制,以"请君入瓮"方式使人自愿受其"强制"而已。人们可以在遵照其技术要求的前提下享受"物权"这一概念的便利,亦可不进入物权世界,其"以契约形式设计(不损害第三

---

① 参见梅夏英:《财产权构造的基础分析》,人民法院出版社2002年版,第49页。

② 苏永钦:《走入新世纪的私法自治》,中国政法大学出版社2003年版,第92页。

人的)财产权”之自由并未被剥夺，其实际结果与学者理想的那种不受法定主义限制状态并无不同。可见，服务于概念明晰物权法定，与那种理想的“根据契约设定财产权”的思路相比，并未过多束缚人的自由。如果既要求保暖，又抱怨穿衣服限制了自由，那样的思维就是无理的。

（二）要件主义与对抗主义模式在效果上的一致性

表面上来看，对抗主义模式似乎为当事人提供了更大的自由，当事人可仅以契约意思发生物权变动，保护自己的隐私或商业秘密，免除强制公示的高成本，似乎其自由得到全面的保护，论者也多是由此入手认为对抗主义更符合私法自治精神，批评绝对性原则之下公示要件主义的僵硬以及对当事人私法自治的过度干预。

对抗要件主义所存在的制度背景，并未把物权性归结于绝对性，其物权概念也并不清晰，与债权的区分也并不严格。因此，在承认不能对抗第三人的相对支配也是物权的前提下，承认该“物权”可以因意思而变动生效，这在其制度内部也无逻辑困难。但该“物权”若向第三人生效，则必须向第三人公示才可，相对的意思表示只能产生相对的关系，对世公开才能产生绝对效果，此事天经地义，没有一种正当法律允许相对意思、相对关系约束第三人，第三人的信赖利益及自由是一项对世权设置时刻要考虑的条件。因此，对抗主义的要义是“不公示不对抗第三人”；在这方面，要件主义是“不对抗不能发生物权效力”，因为所谓物权效力也就是对抗第三人的效力，那么这两种主义在效果上没有什么区别。概念之后是规则，构造于绝对性基础上的形式物权概念，只是把上述有关涉及第三人的规则简化的表述，它设置了一个含义严格的绝对物权，并为此权利设置了相应技术门槛，跨过这个门槛就进入物权法的绝对保护世界，而若不谋求绝对性和对抗力，则当事人也无必要去公示，在相对的债权安排下亦可支配物，只要其特定的相对人受该债权约束不予干涉即可，故绝对性及其要求的公示要件主义，并未减损行为人的自由决策空间，其在执行意思自治方面，如果不是更强，起码也比对抗主义做得一点也不差。

因此，在两种变动模式下，“不公示不生效”与“不公示不能对抗第三人”，实际效果是等值的，公示要件主义只不过隐含了一个理所当然的前设判断，即“不能对抗第三人的不是物权”，中间只差了一个名字。是不是物权这个问题，不在于有没有直接支配物的自由，其全部内涵在于能否取得普遍对抗效力，如果不介意权利的性质是不是物权这样一个荣誉称号，如果无意谋求普遍对抗，当事人仍然有着选择自由，对抗主义能达到的这些便利，公示要件主义同样能达到。

（三）绝对性诸原则以严明概念来简化规则

形式主义并非外在地干涉行为自由，对法律行为形式的要求背后，是区分不同权利类型，加以不同范围、强度保护的逻辑。在区分物债的制度框架内区分两种行为，并分别规定两种行为的形式要件，物权、债权的分界既在于有无绝对性，即能否对抗第三人，那么其行为形式的要求也必然因此而有区别。与对抗主义相比，这种明晰地区分既有逻辑和体系的支撑，又达到了简化规则的效果，而在私法自治方面的实质效果方面是大体一致的，唯一区别的是，这里有一个严格的物权概念作为一系列规则的联结点，这些规则无非是“不公示不能对抗第三人”“不能对抗第三人不是物权”“物权以普遍的对抗力为构造基础”等。如此，学者在物权变动模式中关于对抗主义优点强调，关于要件主义干涉意思自治的忧虑，有关争论所争者无非一个“物权”的名头。

同理，法定主义和要件主义总的出发点是坚持严格的形式物权概念，即坚持绝对性为物权核心，“倘所有权或其他物权，当事人得恣意约定其内容或为不同种类之约定，则物权也者将流为一法律名词，空有其名而已”，[①]非但如此，若无强制公示和区分原则、物权行为无因理论等保障，当事人任意以秘密意思自由创设、转让、变动物权，由于公平的考虑该秘密意思不足以对抗第三人，于是产生大量的对内有效、对外无效的“相对性权利”，此时固无绝对性诸原则来对当事人缚手缚脚，但这样的相对权利与债权又有什么本质区别呢？丧失绝对性内核，缺乏诸原则支撑的“物权”，也只能“空有其名而已”，如果说从自由的视角，物权可以抛开绝对性而在支配性的基础上构建起来，那它构建起来的也只是一个虚名，在概念内核里拿掉了绝对性，但在物权变动的动态过程中却不得不区分“能对抗第三人的物权”和“不能对抗第三人的物权”，即区分绝对物权和相对物权，岂非又绕回来了？这恰恰说明绝对性是物权制度不可缺失的本质属性。

六、结论

物权法定、公示主义、区分与抽象等绝对性各项衍生原则，并未真正限制权利人的固有自由，并未使权利人减少任何东西，相反的，给他们多提供了一个选择的机会而已，扩大了他们意思自治的选择范围，就此而言，这些原则恰恰是私法自治的有力实现方式。在实际效果上，有关原则与私法自治原则并无根本矛盾，不是互相否定的关系，而是和谐合作的关系，在合作中互相限制而各自趋于妥当。强制和法定所提供的不是限制和束缚，只不过通过区分物权、债权两种权利以及两种法律行为，在承认相对意思表示仅有相对效力的前提下，不承认单方或双方的权利设定或变动意思产生物权效力，而不承认其物权效力的实质就是不得对抗第三人，这与对抗模式等实际效果是一样的，法定与强制只是把这些规则通过绝对性基础上的严谨“物权”概念加以简化而已。

---

① 谢在全：《民法物权论》，中国政法大学出版社1999年版，第42页。

第四节 物权的限制与社会化问题

近代民法以所有权绝对原则为基本理念之一，但是进入现代以来，随着社会化思潮的推动，该原则不但受到学说的不断质疑，而且反映在立法司法实践上亦有重大变迁，在法律观念上，所有权的社会说及社会连带学说应运而生，所有权不得滥用、所有权之行使应符合公共利益、物权应受到法令限制、所有权并非绝对等观念，已成为新的社会共识。为平衡各方权利人利益及个人利益与社会公共利益冲突，兼顾私权行使与环境保护、资源养护、社会管理、伦理道德等各方面要求，对物权以宪法、行政法和各项专门法规加以干预，亦成为各国或地区通行的做法。在观念和生活实践的双重推动之下，所有权的限制以及社会化乃至公法化遂成为物权法的重大问题，所有权、物权的绝对性似乎受到了前所未有的挑战。学者多认为，社会化代表了一种与传统物权观念不同的发展趋势。[①] 谢在全先生指出绝对性地位下降，已不足为物权的主要属性，主张舍弃物权的绝对性。[②] 由是，物权的绝对性是否已在某种程度上被否定或降低，降低到什么程度，现代物权法上是否有一个与物权绝对性相反动的发展趋势，实有检讨之必要。

一、物权的限制及社会化的主要影响

（一）物权的限制

在物权法的发展趋势上，学者观察到“迄今为止，一直存在一种不可动摇的趋势，这就是对所有人随心所欲处分其财产的自由，

---

① 谓现代物权法的现代化发展趋势可以概括为以下几点：其一法律本位社会化；其二法律性质公法化；其三法律关系扩张化；其四法律界区模糊化；其五法律形式复杂化。参见余能斌：《论物权法的现代化发展趋势》，载《中国法学》1998 年第 1 期。

② 参见谢在全：《民法物权论》，中国政法大学出版社 1999 年版，第 25 页。

加强法律上的限制”。[①] 这“使得所有权由绝对性演变成为系负有条件而且可以限制之权利”。[②] 限制是多层次、多角度的，按其法律依据既包括公法上的限制，也包括私法上的限制。

公法对所有权的限制措施主要包括国有化、征收、征用、没收、罚款等强制措施，这些措施更多的时候被解释为物权、所有权的“社会化”和“公法化”；狭义的物权限制主要来自于私法内部，包括民法典中的限制条款和商法的限制，其中德国民法内部的物权限制首先突破了“所有权无限制”传统，被认为不同于《法国民法典》，在财产权制度上具有时代特色的创造，限制主要包括以下方面：

1. 权利行使目的的概括性限制。主要是在主观方面，关于权利行使不得滥用、不得损害他人的限制，《德国民法典》第226条规定：“权利的行使不得专以加害他人为目的。”《日本民法典》第1条第1款中增加“不许权利滥用”的规定。

2. 权利行使方式的概括性限制：主要是公序良俗原则的限制，以及《德国民法典》第903条“以不违背法律和第三人的权利为限”的前提限定性条款。

3. 法律明文规定的物权人对某些干涉的容忍义务，包括不作为义务和作为义务。一是因缺乏利益而对他人合理的无害干涉的容忍义务。例如，《德国民法典》第905条规定，“如所有权人对排斥他人在空中或者地下的干涉并无利益时，则不得排斥此种干涉”，为空间权法理以及电力、电信、交通等公共事业的发展预留了制度空间。[③] 二是依据“较大利益原则”的容忍义务。主要适用于不动产，除相邻关系外，还包括因紧急避险、自助等紧急状态的容

① ［德］罗伯特·霍恩等：《德国民商法导论》，楚建译，中国大百科全书出版社1996年版，第189页。

② 谢在全：《民法物权论》，中国政法大学出版社1999年版，第116页。

③ 参见孙宪忠：《德国当代物权法》，法律出版社1997年版，第102页。

忍义务;因越界建筑的容忍义务;必要通道的容忍义务;不可量物侵入的容忍义务。在土地之外,动产受到国家征收、产品政策、消费者保护等特别法规的限制。

(二)"物权社会化"

19世纪末20世纪初以来,各种社会问题激发了人们对传统民法三大原则的反思,所有权绝对与契约自由同时受到社会伦理道德的重新拷问,于是,根基于社会本位之所有权社会化思潮应运而生。从所有权的限制到物权的社会化,往往是出于同一思考的,但社会法学从根本上怀疑了"私权"的价值,倡导"一切权利皆为社会权"。强调私人所有权不仅是权利亦含有义务,所有权之行使对社会亦有应尽之职分,需兼顾社会利益。[①] 社会化比起一般所谓之所有权限制,视野更广,图谋更大,理论更加系统。

社会化思潮的立法首先反映在宪法上,1919年德国《魏玛宪法》第153条规定,"所有权附有义务,对其行使应同时有益于公共福利",极有代表性地体现了这一思想,第二次世界大战后的《德国基本法》第14条对此原则加以重申。这被认为是社会化的开端,对嗣后各国物权法立法产生深远而广泛的影响,此后,意大利共和国《宪法》第42条,第二次世界大战后日本《宪法》第12条、第13条相继随之。在公法之外,私法上则有民事权利滥用禁止原则、公共利益与公序良俗原则等物权、所有权的各种限制,亦被认为是社会化理论的产物。社会化立法使物权法产生三个方面的变化:一是所有权受限制,具有了"公共性与义务性";[②]二是他物权优位化;三是间接社会化,即公有制、国家干预、福利国家政策、折中型市场经济等政策干预造成的"社会化",然而严格说来,这不是物权本身的社会化。

---

① 参见谢在全:《民法物权论》(上册),中国政法大学出版社1999年版,第8页。

② 谢在全:《民法物权论》(上册),中国政法大学出版社1999年版,第117页。

上述社会化学说和立法，有时被赋予很高的评价并得到许多新理念的支撑而强化，出现了所谓“物权的社会本位”这一判断，即认为经由社会化洗礼的现代物权，已经不再是传统的个人所有权精神下的制度，而是以社会为本位，社会利益、社会正义等，成为所有权必须服从的首要价值，个人利益和个人自由必须为其让路。所谓“物权社会化”潮流，被认为是从近代民法到现代民法的法律演进的一个标志，即“从个人本位到社会本位”的运动，这被认为财产制度确定不移的发展方向。①

(三)“物权公法化”

所有权限制和“社会化”潮流发展的极端形式，是有人提出的“物权公法化”，在更广的视野内，这一变化被视为整个“私法公法化”的重要内容与体现。

自罗马法学家对法律作出公法和私法的分野以来，财产法一直被理所当然地划归私法领域，物权是民事主体一项重要的私权，该私权的绝对性具有对抗公权力的效力，这是传统的民法认识。但进入在20世纪以来，随着社会经济发生显著变化，在经济学上的凯恩斯主义和法学方面的社会法学派等思潮推动下，基于社会公共利益的追求而强化国家干预的呼声不断，出现所谓“私法公法化”的趋势，其中在物权、所有权制度领域，这一趋势的压力最为明显，经济上和道德上似乎都有充足的理由把物权纳入国家统一干预之下。此外，大量的新财产直接产生于公法规范，人们观察到物权的设定、保护、限制等无不受到公法调整，学者总结的“物权法的公法化”主要表现为：

1. 从调整方式来看，财产问题的公法调整增多，涉及物权的公

① 有学者追溯了财产发展史，论证了物权立法至少经历了两次由个人本位到社会本位的转变。参见高富平：《物权法原论》(上册)，中国法制出版社2001年版，第285页。

法规范大量增加。其中资源、环保方面的公法化倾向至为显著。

2. 从自治与管制的关系来看，公法对所有权及他物权的干预增多。这主要表现为物权的限制。此外，物权的保护似乎也越来越借重公法的力量。

3. 从物权法的基本原则来看，从绝对放任到法定主义。特别是根据法定主义进行的登记制度，本身必须借助公权力机关，这样私法行为就无法逃脱公法干预。

4. 从物权的来源来看，基于政府合同、行政法规等产生的“新财产”更是制定法的直接产物，经典的“人支配物”的自然权利观显然不能解释工业产权、养老金等新财产类型，于是财产权的渊源也呈现公法化。

对上述表现，有学者断然解释为现代物权法在性质上已经发生改变，已不再是单纯的所谓“私法”，而是私法与公法的融合，在法律性质上其公法性不断加强，其私法公法化的发展趋向显而易见。①

二、物权社会化及限制的正当性反思

许多论者在统一的命题下探讨这一系列新潮流，在德国学者中间，基尔克发展了“禁止权利滥用”之法理，但耶林则首倡“社会性的所有权思想”，但仔细分析上述潮流的实质和理念基础，并非完全相同，大体可以分为两个思路：一个是私法内部以私法伦理为基础，对所有权的过度滥用加以消极限制的思路，主要体现为一般所言“所有权限制”制度；另一个是以“社会正义”等社会目标为旗帜，外在的、直接的对物权、所有权加以积极的干预，主要体现为公法化。在出发点上，前者以“保护第三人”为理念基础，后者以“社会利益”为理念基础，这一点微妙的差别带来的是不同的结果，由

① 参见高富平：《物权法原论》（上册），中国法制出版社2001年版，第285页。

此对传统民法的绝对所有权制度冲击亦有不同。

在私法的视野内强调的是作为个人的第三人，但这些潜在的第三人易于被某些观念联想为组织起来的统一体——社会，于是物权就被看作权利人与“社会”的关系，这看似理所当然的一步，其实是从私法视野迈入公法世界的关键，物权的本质从中被修改，私法范围内的物权消极限制命题就被更改为社会本位之下的积极干预命题，从限制走向公法化。社会本位的立法有着外部性和积极性，在深度和广度上超过单纯的滥用禁止原则等私法自身限制，这是对所有权性质的根本改变。

（一）为保护第三人的消极限制有充分正当性

消极限制主要着眼于保护第三人，同样是保护私权的思路，根本出发点是谋求物权人权利与第三人权利的同等保护，在把第三人看作私法视野内的独立平等主体而不看作“社会”整体的代表时，禁止滥用、公序良俗原则的限制都是私法内部的限制，这一思想见于《德国民法典》第 903 条“以不违背法律和第三人的权利为限”的前提限定，该法典第 905 条则首开消极限制的先河，其出发点依然是“他人利益”，相邻关系原理的限制即属此类。因绝对性自身的逻辑的限制亦属此类，物权法定、物权公示、变动行形式主义、公信原则、善意取得等制度，都是围绕着保护第三人这个命题展开的，也都服务于“物权绝对性”这个前提判断，主体的平等性和物权的普遍对抗效力，这两个前提合作地推出保护第三人的结论，因第三人保护而对物权进行的限制，是一种内在的、消极的、私法的限制，是由物权属性内在规定了的，故限制不违背物权绝对性，不违背私法传统，其法理上的正当性充足。

内部消极限制与私法伦理的一致性表明，这些限制不是社会化或公法化，更不是系统地背离私法伦理，与公法化的某些“社会正义”要求有着本质的不同。

(二)公法外在干预与积极限制应当有度

如果说禁止滥用、物权法定等内在限制机制还是私法内部的自我调节,那么公法化或社会化旗帜下的外部干预机制,则涉及对民法、物权法构造基础的根本性背离。在席卷20世纪的强大"社会化"思潮的推动下,人们反思传统、寻求"社会正义",重建更合理社会的雄心膨胀,伴随着对传统市场经济"看不见的手"的质疑,民法上出现显著的"私法公法化"运动,反映在物权上就是从个人所有权到社会所有权。社会化理论,乃是以调和个人主义之下之个人利益(利己心)与公共利益冲突为出发点,要求修正传统民法奉行的基本理念本身,听起来似乎不错,但其法理正当性先天不足。

1. 过分限制私权导致私法的衰落

从罗马法以来,公法与私法的区分,其最大的价值在于维持一种分权格局,公权不得任意侵入私权领域,国家在市民社会之外,才使宪政和自由都成为可能。但社会化思潮和公法化则力图消除这种壁垒森严的分野,特别是第二次世界大战后随着社会化所导致的福利国家政策、国家干预市场、政府膨胀、集体主义盛行、司法自由裁量权扩大等事实,导致"全能政府"的公权扩大倾向,国家与社会、公法与私法的界限被一些人极力模糊,从而导致了前所未有的"私法的危机"或"私法的衰落"。

社会法学思潮对传统私法精神的颠覆,狄骥可谓先驱,其认为传统民法理念已经被19世纪以来两个新观念所代替:一是"个人的主观法权观念为本"的法律制度被"迫使个人遵服社会规则为本"的法律制度所代替,法的本位由个人本位转向社会本位。二是主观法之玄想观念被"社会功能"所代替。反映在所有权方面,所有权不再是所有人的主观法权,而是财富持有人的社会功能,取决于自我意志的主观权利是不存在的玄想。①

这些主张显然是私法传统所不能承受的,传统民法将私权神圣奉为民法三大基本原则之一,而所有权则是其中的核心,"如果说民法是一部民事权利宣言书,那么所有权无疑是其中一个极其重要的篇章。全部财产法不过是围绕所有权而规定和展开的",②保护私人所有权成为法律"赖以存在的基础"及"主要目标",成为"一个自由政府的基本准则"。③ 但经由所谓"新观念"的重新构造,私法不再是私法,权利不再是权利,当国家与社会、公法与私法、权利与义务之间的界线都模糊之后,支撑整个近代民法的基本价值理念,失去基本的贯彻工具而脆弱不堪,特别是私权的篱笆不再牢靠,单凭国家政策目标的外在调控去实现正义,个人自决、平等自由等精神很容易被任何打着正义旗号的外来干预所颠覆。事实正是如此,狄骥的社会连带说和社会功能理论,最终导致了所有权的"权利否定说",根本否定所有权为一项权利,所有权不但被弱化,而且被根本否定了,他说:"人在社会并无自由,为尽一己之职责,只有依社会利益而行动的义务。"④权利否定、义务至上,这里就不再是对所有权的妥当性进行调整的问题,而是从价值上否认其神圣地位,代表着对私法根本理念的背叛,因此,狄骥的学说被认为在强调社会性方面过于极端,那种把所有权视为某种社会功能的见解"与关于设立所有权的出发点是不相一致的",即反私法的。

---

① 狄骥对民法上的"权利"概念十分不以为然,认为权利的意义类似于"灵魂"一样是虚无缥缈的,因此拒绝接受传统民法尊崇私权的习惯,特别是对私法中被奉为神圣的所有权概念,更是大加批评。参见[法]狄骥:《拿破仑法典以来私法的普通变迁》,徐砥平译,上海会文堂新记书局1937年版,第242页。

② 张俊浩:《民法学原理》(修订版),中国政法大学出版社1991年版,第385页。

③ [美]伯纳德·施瓦茨:《美国法律史》,王军等译,中国政法大学出版社1989年版,第19页、第160页、第91页。

④ 梁慧星:《中国物权法研究》,法律出版社1998年版,第250页。

2."社会本位"潜伏的身份社会倾向

"社会本位""团体本位"有时被说成19世纪以来的新观念,其实这一观念一点也不新,恰恰是法律发展的早期观念,法律和人类共同进步的方式就是团体的不断分解过程,人类社会进步所谓"从身份到契约"的过程是艰难的,而且远未完成,不仅要对抗现实困难的阻挠,还要对抗旧观念借助新面具而打扮成的"新思潮"的考验。传统观念如此根深蒂固,早期团体本位的本能力量不断在牵制着个人独立自由的力量,这无论在法律还是道德上都有反映,最显著的表现就是两种截然不同的道德观和"正义"观,身份社会的道德对人提出更高的要求,时时暗示人是团体的一员,必须关心团体的兴衰、他人的幸福,倡导利他主义和奉献精神等;而契约社会的道德是低调的道德,要求人们遵循正当法则,"各得其所"即可,君子爱财,取之有道,维持个体的独立自决和利己心前提下,人们因为遵守共同的法则而非共同的目的而联结成社会,这是"市民社会"构建的基础。

两种道德和两种社会、两种法则显然在财产问题上会有不同的表现,从罗马法到中世纪,再到近现代民法,随着社会"从身份到契约"的发展,物权、所有权的发展呈现一个清晰的方向是从团体到个人,总的趋势是所有权之上附加的身份色彩和非经济内容逐步被剥离,其私权性质逐步彰显。但社会化、公法化的主张却要求逆转这一过程,首倡所有权社会化思想的耶林提出,应以社会的所有权制度取代个人的所有权制度,[①]在法国,狄骥力倡所有权的本

---

① 其主张是:所有权行使之目的,不仅应为个人的利益,同时也应为社会的利益。参见梁慧星:《中国物权法研究》,法律出版社1998年版,第246页、第250页。

质在于“社会功能”。[①] 这些观点与古老的身份社会的流行观念不谋而合，在某种意义上，所谓“社会连带”无非身份社会的另一个称谓而已，只不过代替古代氏族团体的是重新组织起来的全能政府，代替封建领主的是虚构的“社会公共利益”，至于社会本位观念是代表历史进步方向还是代表向身份社会的倒退，那就见仁见智了，哈耶克就是坚持后一种评价的。

社会化对所有权观念演进的逆转，也可以通过一个最流行的说法反映出来，即所谓“所有权负义务”的说法，当这一判断出现在《魏玛宪法》等一些宪法性文件中的时候，它或许更多的是一种观念宣示，主要是纠正一些极端个人主义偏见，把所有权拉回到法权世界中来。但民法学者有时倾向于在所有权的本质中直接注入义务内容，王泽鉴先生认为所有权本质中蕴含义务。[②] 这种把所有权看作权利义务综合体的认识，其实与古代社会中，所有权作为家父特权内容，以及作为马尔克公社成员所具有的身份，以及“权利束”观念，有着本质的相似性，这样返祖的理解方式有着威胁所有权概念完整性的危险。对此，本书认为，对《魏玛宪法》的规定不宜直接理解成所有权本身中包含义务内容，而应当理解为所有权人负义务，所有权并非无限制，所有权不能游离于法律和社会之外。如有学者所指出的，虽然权利和义务确实有着密切关系，但是权利和义务的界限是泾渭分明的：权利就是权利，义务就是

---

① ［法］狄骥：《拿破仑法典以来私法的普通变迁》，徐砥平译，上海会文堂新记书局1937年版，第15～16页。其提出：所有权不是一种权利；而为一种社会功能。所有主负有完成社会功能之义务；倘若他不完成这个义务或做得不好，如……统治者强迫他完成所有主的社会功能是合法的干涉，这个干涉在确保他所持有之财富依照它的用途加以使用。

② 参见王泽鉴：《民法物权（通则、所有权）》，中国政法大学出版社2001年版，第162页。

义务。[①]

3. 对绝对所有权原则的重新强调

所有权的外部干预及社会化、公法化迎合了人们的某种求新心理,好谈论"危机"更是一种时髦的学术偏好,但随着这种时尚的过度流行,质疑传统民法原则的新思潮却在成为真正意义上的陈词滥调,而重申传统私法精神的基本原则,以捍卫传统而对抗新思潮的解构,这种立场有时被视为"保守"的立场,有时却被冠以"新"古典,哈耶克即这种又"新"又"保守"的代表人物,[②]通过半个世纪与社会化思潮系统辩论,哈耶克孤军奋战式的努力在20世纪70年代随着凯恩斯主义的谢幕而被重视,"以观念战胜观念"获得了广泛的赞同,这意味着经过20世纪社会化思潮的洗礼,而回归传统私法的基本共识,传统的价值重新被重视,这样一个反复的过程。经此反复,人们认识到极端的个人自由、无限的所有权,与极端的社会至上、无限的国家干预一样,都是应当避免的极端观点,极端放任个人主义与全能政府一样,都是有害于真正自由的,如何在这两个极端的主张之间寻求平衡和妥当,成为最有意义的问题。

因此,对物权社会化和限制的把握,始终应当在遵循私法自治、私权神圣这个最高位阶原则的前提下,任何法定和强制都要出于私法的思维,以逻辑而非政策为基础来构建,应特别警惕那种径直以政策目标从外部干涉私法秩序的公法化倾向。私法视野之下,物权作为绝对权,是权利人和一个抽象第三人的关系,而不是权利人与"社会"构建的关系,后者显然是一个公法关系。物权法

---

① 参见余能斌、范中超:《所有权社会化的考察与反思》,载《法学》2002年第1期。

② 在一篇跋文中他特地声明:我所谓的"自由主义",与今天那些打着"自由主义"旗号而进行的任何政治运动都无甚关联。参见[德]弗里德利希·冯·哈耶克:《自由秩序原理》,邓正来译,生活·读书·新知三联书店1997年版,跋。

为了保护消极第三人而对权利人单方滥用行为进行限制，但这种限制很容易经由对第三人作为“一切人”联结起来而构成“社会”的想当然思维方式，并以社会的强势名义反过来压迫权利人，那样就完全走向了反面，并且违背了私法精神。

这里涉及如何看待西方发达国家的“社会化”的一个前提问题，必须注意到，社会化观念的出现是在绝对所有权成为成熟制度以后的矫枉过正，而有关反思和限制，也是在承认既有基本私法理念的前提下做的调整，绝不意味着根本性背离私权神圣和自由原则为核心的基本民法精神，所有权的限制与社会化，也绝对不是要向身份社会或日耳曼法回归，现代民法中出现的一些新情况未超越近代民法确立的那些原则。“直到今天，所有权为完全的物权和排除他人非法干涉的性质仍是各国民法坚持的基本理念。”①考虑到上述背景，其中一些有针对性的提法，未必能原封搬来指导我国的物权立法和物权观念，因为中国社会从身份到契约的进步刚刚起步，私权神圣观念还远远未能真正成为影响社会心理的共识，旧的身份社会传统、崇公抑私的习惯思维、强大的公法干预都是摆在私权面前的障碍，因此，首要的问题是建立而不是解构，是强化绝对性而不是先强化限制和提倡公法化。在此社会背景面前，不加区别地盲目追捧新潮思想未必是理性选择，如有的学者所言，“当前讨论私人所有权社会化问题为时尚早”，如果不顾中国的现实而刻意追赶“新潮”，只会步民国初期民事立法之后尘，断章取义地理解西方所有权社会化之价值观，这样做只会让中国固有法的传统价值观达到借尸还魂的效果。②

---

① 马俊驹、江海波：《论私人所有权自由与所有权社会化》，载《法学》2004 年第 5 期。

② 同上。

(三)对社会正义与公共利益本身的反思

1. 对“社会正义”价值的质疑

“社会化”的主要魅力在于道义上和经济上,一是其自命的纠正绝对所有权制度某些弊端,以实现劫富济贫的正义性目标,增进“公共福利”;[①]二是解决资源的社会化配置和高效利用问题。[②] 社会法学的法律观是“活的法”,注重法律的社会过程、社会效果,耶林在《法律的目的》一书中集中表述了这一立场:法律重在保障个人利益和社会利益的和谐,保障个人利益的总和即社会总体利益。其核心论据是“公共利益”和“社会正义”高于一切,并取向这个最高价值而修改传统私法的理论和制度。

在20世纪主流观念的影响下,“社会的”与“正义的”成了同义语和代名词,种种弱化私权的主张借助了强势社会观念的支撑,有着难以抗拒的说服力。在主流社会化价值观强大的压力下,没有人胆敢对社会公共利益“说不”,除了哈耶克,因此其对“社会正义”的挑战在20世纪特别引人注目,用他自己的话来说,“至少我认为自己有责任把人们从‘社会正义’这个梦魇的支配下解救出来,因为这个梦魇正在把人们的善良情感变成一种摧毁自由文明一切价值的工具”。[③]

论战首先是从方法论开始的,哈耶克旗帜鲜明地反对社会法学派和全能政府的信仰者所尊崇的“理性”,即“建构论的唯理主义”。[④] 对于那种认为人能够根据可识别的目的,自觉地设计法

---

① 马新彦:《罗马法所有权理论的当代发展》,载《法学研究》2006年第1期。

② 参见高富平:《物权法原论》(上册),中国法制出版社2001年版,第45页。

③ [英]弗里德利希·冯·哈耶克:《法律、立法与自由》(第2卷、第3卷),邓正来等译,中国大百科全书出版社2000年版,第3页。

④ 这些思想家之间的论争中,除了对“保守主义”“自由主义”等词汇有着截然相反的理解外,他们对“理性”也有着相反的理解。哈耶克所反对的不是康德的实践理性,即人能抽象地把握道德法则的理性,而是以一种可识别的具体政策目标来解释并设计规则的倾向。

则、修改法则的"理性",他斥之为"致命的自负"。[①] 在抑制以人的理性干扰法律的冲动方面,其主张与历史法学派不谋而合,在这方面,20 世纪的社会化思潮,特别是社会法学派改进法律的主张,就成了他们共同的论敌。哈耶克在《法律、立法与自由》第 1 卷中着重强调了大社会的不可知性和无目的性,认为私法作为文明的工具是"人之行动而非人之设计的结果",是一种"处于自我进化过程中"的"自生自发的秩序";[②]在此立场之上,第 2 卷着重论述了"社会正义"理念的似是而非,指出其在成因上是误解了大社会的规则和秩序,在本质上是一种虚构的空洞无物的幻象,在实际效果上有着瓦解大社会构造基础的潜在危险,因此旗帜鲜明地向"社会正义"挑战。在第 3 卷中,他着重从公法和政治角度探讨了"全能政府"自命为"公共利益"代表者面目的扩张危险,重新评估了维系自由的宪政和分权机制,总的出发点是限制和防范公权以保护私权本位的市民社会。这是从基本信仰和方法论出发,为维护私法传统价值而对社会法学进行的系统论战。

立足上述分析框架,哈耶克对社会正义、社会本位等 20 世纪的时髦思想进行抨击。首先,认为社会正义是个假命题,只是虚构出来的"幻象"。哈耶克指出,任何正义与否的道德评价,本质上只适用于:(1)行为(而非行为结果);(2)个人的行为(而非社会安排);(3)个人行为的方式(而非目的动机),据此,我们只能判断某

---

① 他强调,人可以抽象地理解那"自生自发"的秩序,却不能自作聪明地去干涉秩序和修改法则,那样必然带来灾难性后果。参见[英]弗里德利希·冯·哈耶克:《法律、立法与自由》(第 1 卷),邓正来等译,中国大百科全书出版社 2000 年版,第 73 页;[英]F. A. 哈耶克:《致命的自负》,冯克立等译,中国社会科学出版社 2000 年版,第 75 页。他反复指出"大社会的基本秩序不可能凭空设计,从而也不可能以特定的可预见结果为目标",法律"既不是被发明出来也不是为实现某种目的的"。

② 从而指出"那种因现代社会已变得如此复杂而主张我们必须刻意规划现代社会的观点是极其荒谬的,也是在完全误解了这些发展进程的情况下造成的结果"。参见[英]F. A. 哈耶克:《致命的自负》,冯克立等译,中国社会科学出版社 2000 年版。

人的某项具体行为方式正义与否，而不能说社会结果正义与否，因为道德和正义与否，都是规范有理性的个人，无法来评判总体的社会。在反建构论的视角下，无人为自发秩序产生的社会结果负道义上的责任，“社会正义”这个提法和“一块有道德的石头”一样毫无意义。“我真正意识到‘社会正义’这个皇帝原来没有穿衣服，这就是说社会正义根本就是一个空洞无物、毫无意义的术语。”①

进而，其认为社会正义的诉求不但是虚幻的，有时甚至是反动的。哈耶克对社会正义这个价值本身的否认，基于其关于存在两种秩序、两种道德的论述。② 哈耶克所推崇的是传统私法理论的“内部规则”“自由的法律”，它是自发形成的抽象的行为规则体系。反之，取向于特定目标而由政府刻意设计的规则是“外部规则”“立法的法律”，这是一套“目标的体系”。遵循内部规则，有助于形成“内部秩序”，这是一种“自生自发的秩序”“扩展的秩序”，③正因其无为，才能无不为，这样任由每个人根据分散的知识追求分散的目标，并展开横向的合作与竞争，这正是传统私法理念

---

① [英]弗里德利希·冯·哈耶克：《法律、立法与自由》（第2卷、第3卷），邓正来等译，中国大百科全书出版社2000年版，第2页。

② 哈耶克发现，存在两种不同的道德体系，一种是以古代的休戚与共和利他主义为主题的旧道德，它主要产生于先民们在艰苦生存条件下，以集体主义价值为核心；而历史发展到文明条件下以后，这项观念就不再是合理，社会结构经由梅因所归纳的“从身份到契约”的巨大飞跃，那些促成独立、分散的社会成员自由和平合作的游戏规则，就成为新时代的新道德，其基本规训，就是建立在休谟三大原则（产权确定、缔约自由、信守承诺）基础上的私法，后人又将私法的基本原则归纳为私权神圣、身份平等、意思自治、诚实信用等。可以看出，这种新道德观念，与前者相比，内容简化，标准降低，趋于中性，它是低调的道德（这可能正是“世风日下，人心不古”的原因所在）。

③ 抽象规则自发形成的秩序之所以称为扩展秩序，是因为它表现了一种可以不断向外延展的能力，由于不像组织秩序那样强调目标的一致性，降低道德要求，它使不同偏好、不同目标的个体之间都可以和平共处，这就打破了部族社会、小群体、身份社会的封闭性，使以共同规则维系的社会不断扩大，这是一个陌生人可以进行广泛合作的世界，维系其存在的就是共同服膺的道义及规矩。这样的秩序状态称为大社会、开放社会，是一个真正的江湖，这是坏蛋和异端们广泛合作的法治可能性。

的价值所在；而外部规则的推行促成的是“外部秩序”，它把一系列目标按优先顺序整合，为此更多地强调管理与服从，对个人自由进行最大程度的干预。哈耶克指出，大社会的基础是这种无目的的内部规则、内部秩序，这些规则的主要内容都存在于私法之中，大社会的维系与发展，必须加强这些规则的力量而不是削弱它。在这方面，现代法学的一些主张刻意混淆“法律”（内部规则、自发秩序）与“立法”（外部规则、组织秩序）的界线，以图使后者从前者盗取“合法性”并最终吞并前者。总之，开放的大社会及其内部规则是社会进步的方向所在，而旧的利他主义等观念之所以仍在起作用，反映出一种渴望重归部族社会的返祖冲动，是一种假“社会道德”之名的“小团体的本能的怀乡病”。这种旧观念因为契合我们基因中的远古本能而被一再“借尸还魂”，被冠以正义之名，时时表现出强大的动员能力，以多数人的名义，以公共利益的名义，压迫脆弱的私权，摧毁私法的内在秩序。

2. 对“公共利益”价值优先的质疑

和社会正义联结在一起的“公共利益”也同样受到哈耶克的质疑，人们通常把利益划分为个人利益、国家（公共）利益和社会利益，所谓公共利益意味着联结起来的全体社会成员的共同目标。[①] 社会法学的一个基本立足点是倡导公共利益高于个人利益，这一认识特别是在我国有着很大的市场，学者们并且时时通过夸大“利益冲突”的严重程度，来进一步劝导人们更多地牺牲私利以造福社会，这些倾向由于盗用了道德的名义而有着压倒性力量，“在此情况下，所有权、使用权沦为社会公共利益的婢仆”。

---

① 参见［英］A. J. M. 米尔恩：《人的权利与人的多样性》，夏勇等译，中国大百科全书出版社 1995 年版，第 190 页；［美］罗斯科·庞德：《法律史解释》，邓正来译，北京中国法制出版 2002 年版，第 71 页。“公共利益”的假设意味着“社会”中的成员对应予承认和保障的各种“社会利益”达成了一致的认识，但实际上这种共识在一个社会成员彼此并不相识而且不知道相同的特定事实的大社会中是很难达成。

但是哈耶克首先质疑了上述分类的有效性,并指出,“共同利益或公益这两个术语,直到今天仍是很难给出明确定义的概念,由统治集团的利益所指向的几乎任何内容,都有可能被塞到这些概念当中去”,暗示着一种目的相关而非规则相关的外部秩序状态,但这样的共同目标能否形成尚有问题,随着社会规模的扩大而更加虚妄。在大多数情况下,任何具体的公共利益只不过“在暗示我们应当赞同某个特定群体所提出的要求而已”,①很难不被特定利益集团盗取作为要挟社会的借口。哈耶克在《法律、立法与自由》第2卷中着重探讨了劳动者、消费者等组织起来的利益集团,假借公益之名谋取小团体私利,乃至谋求本团体特权的危险倾向。这时公共利益和共同目标是阻碍市民社会自发秩序发展的力量,大社会的发展规律充分说明,社会的“公共利益”范围越小,社会的规模越大,文明和开放的程度越高。

“公共利益”不仅在其构成实质上有疑问,其在合法性上同样值得怀疑。究其根本,社会公共利益为何被置于如此高的地位,以至于人们天然的认为其有资格压迫私权?这里社会法学派的说理更多的是借助人们从古代社会流传下来的本能力量获得优势的,说到底还是观念的力量。“以观念战胜观念”端非虚言,私法传统理念和价值还需强调而非弱化。社会利益高于个人利益的说教不仅欠缺法律的正当性,最大的危险是可能导致“多数人暴政”,某些团体特权和政府目标经由这般道德包装,更易于打开公权大规模入侵私法的缺口。譬如,所谓“物权公法化”提法,将最终葬送自由所有权制度。因此,哈耶克对任何名目的公共利益和社会正义都抱有怵惕之心,并指出只有在实现普遍利益的时候,才能允许

① [英]弗里德利希·冯·哈耶克:《法律、立法与自由》(第2卷、第3卷),邓正来等译,中国大百科全书出版社2000年版,第2页。

对个人施以强制,此乃自由传统的一项基本原则。[①]

哈耶克提出的正确的利益区分应当是区分"特殊利益与普遍利益",普遍利益不是积极的特定的共同目标,而仅仅是"可能增进每个人追求自己目的的机会的条件",它本质上是由抽象行为规则维系的,而绝非任何可识别的"特定目的"意义上的"公共利益"。除了型构大社会的抽象行为规则本身之外,普遍利益多存在于资源、环境保护等方面,基于这些利益的维护而限制私权,是为维护人类共同生活条件的"基本利益"限制,消极的限制有更可靠的正当性基础,故权利人对归属于他的物,在该物具有资源和环境的属性时具有维持、涵养的义务,受到这方面的限制,不能完全当作自己之物而完全地自由支配甚至"滥用",按照哈耶克的利益分类,普遍利益对应的仅仅是消极的所有权限制。

3. 为权利而与谁斗争?

据哈耶克总结,克服外部秩序、社会正义等虚假观念的暗示,大社会存在和发展的真正基础是那种由抽象内部规则维系的自发秩序,所有权的绝对显然是这些规则中重要的一条,休谟认为,自由社会的三条"基本自然法则"是"所有权的稳定、其转移需经同意以及信守承诺",提出"没有财产的地方就没有公正",[②]对绝对所有权的维护与干涉,往往成为不同观念交锋的焦点。

总之,社会法学派等20世纪的新潮观点虽然风行一时,但其许多极端的主张已经引起思想家的警惕,为尊崇私权而限制公权力的保守兼"新"的呼声在20世纪中后期开始日渐高涨,无疑对限制绝对所有权这个潮流起到了反制作用,于是对私人财产权制度的反思也需要反思,对绝对所有权的限制也需要限制,重申自由主

---

① 参见[英]弗里德利希·冯·哈耶克:《法律、立法与自由》(第2卷、第3卷),邓正来等译,中国大百科全书出版社2000年版,第2页。

② [英]F. A. 哈耶克:《致命的自负》,冯克立等译,中国社会科学出版社2000年版,第34页。

义，捍卫绝对所有权，在社会化思潮的考验下也在被重新强调着。这在国际性人权立法文件中得到反映，[①]在实践层面，突出的表现是第二次世界大战以来西方各国对国有化和征收采取越来越审慎的态度。从观念和实践两个方面来看，对绝对所有权的限制和社会化、公法化并没有被抬高到极端的高度，国内一些学者片面强调这些“新潮”观念以降低所有权绝对性的说法言过其实。实际上，我国在保障绝对所有权方面还做得远远不够，物权、所有权的绝对性，真正需要的不是削弱而是加强，为权利而斗争，任重道远。

三、物权限制及社会化并未否定物权绝对性

随着社会化思潮的风行，物权绝对性似乎受到前所未有的挑战。有人观察到罗马法的绝对所有权理论已经因为社会对平等、民主、公共利益的追求而开始走向衰落。也有人认为，既然对所有权的限制正是日耳曼法所有权制度的重要特征，而资本主义经济深入发展的经验又揭示了自由所有权的种种弊端，就应当引人日耳曼的所有权制度。[②] 表面上来看，所有权的限制与社会化似乎是对绝对性的否定或削弱，但认真分析其理念实质，并非如此。

（一）罗马法系的所有权、物权从来就不是无限的

社会化的鼓吹者通常会强调，绝对性原则是属于“传统”的观念，而社会化是因当今时代经济社会的迅猛发展、资源的充分利用需求、以及社会道德的进化等原因，导致的对传统的反思和颠覆，但是仔细考察财产的发展史，上述认识是不能成立的。罗马法系

① 例如，1948 年联合国大会颁布的《世界人权宣言》声明：“每个人都有独立地以及与他人共同地拥有财产的权利，任何人的财产权都不应当被强制剥夺。”《欧洲人权公约》规定：“自然人和法人有权利和平享用他们的财产，这个权利是不可剥夺的，除非这种剥夺是出于公众利益的需要并且符合法律和国际法一般原则所规定的条件。”

② 参见［日］我妻荣：《物权法》。转引自王利明编：《民商法研究》（第 2 辑），法律出版社 2001 年版，第 294 页。

的绝对所有权自始就不是无限制的,就算个人主义最盛行的时代也是如此。大不列颠百科全书说,在西方文明漫长的财产法历史中,单纯没有附加义务的所有权几乎只在罗马法初期和末期存在过,但即便在那个时候,限制也是处处可见的。罗马法上的所有权首先受到相邻关系的限制,早期的《十二铜表法》即有明文规定,到帝政以后又进一步明确。[①] 此外其他方面还有因公共或社会利益的限制;[②]宗教的限制;[③]环境保护方面的限制;[④]家庭、继承法上为保护妻子、子女利益的限制;他物权与所有权的互相限制。[⑤]

即便是在高扬"所有权绝对"旗帜的法国民法,所有权也从来不是无限制的,《法国民法典》第544条在规定了所有权"不受限制"原则的同时,该条第2句亦以但书形式规定"但法令所禁止的使用不在此限",紧接着该法典第545条又肯定了因公共利益征收的问题,在具体制度方面所有权的限制亦多可见。[⑥] 所以其"绝对"更是一种理念的宣示,真正无限制的绝对所有权,在法权社会

① 参见周枏:《罗马法原论》,商务印书馆1994年版,第301~306页。《十二铜表法》第7条即对相邻不动产的互相限制规则作了详细而具体的规定,以后《大法官法》又规定了拆毁危险邻房的权利,奥古斯都时还规定房屋所有人对房屋有修理的义务,毁坏的应重新建造等。

② 罗马法上规定河流、道路沿岸的土地所有人为便利公众使用河流、道路而受到限制,并负担一定的维护义务,此外,土地所有权人若放任土地抛荒,房屋所有权人若拆除房屋后不再重建,都会面临失权危险。

③ 例如,某人未经同意将尸体或骨灰埋在别人的土地上,虽然侵犯了土地所有人的权利,但因为死者属于低级的神,所以不经大祭司或皇帝发布挖掘令,土地所有人不得擅自将尸体或骨灰掘走。

④ 例如,房屋所有权人排出烟雾、污水应维持在一定限度内,并禁止开设排污过度危害环境的作坊。

⑤ 所有物上设定各种役权、抵押权等,本身就被看作所有人对自己所有权的限制。

⑥ 例如,在相邻关系中,所有物使用造成他人损害的无过错赔偿责任,因权利滥用造成他人损害的过错责任,以及因环境保护、城市规划等特别法上的规定进行的限制。

是不可能出现的。

事实上，在法律发展史上，从来就没有存在过绝对无限制的所有权，早期的罗马法和《法国民法典》对于不动产所有权的行使进行了诸多限制，其后的大陆法系立法也无一例外。日耳曼法中的不动产所有权为相对所有权，更是不证自明。因此，有学者说，“迄今实用的一个根本命题是，没有绝对意义上的土地所有权，只有绝对意义上的动产所有权”。①

（二）绝对性的两个维度

1. 权利性质的绝对与权利行使方式的绝对

物权的限制和消极的社会化，之所以从表面上来看是对绝对性原则的否定，一个重要的原因就是关于物权、所有权“绝对性”存在不同的理解。奥诺雷早已发现了这一区别含义，并指出，“‘绝对’这个词也许是讨论所有权时遇到的最含混的词语，有时它被用来否定利益的‘暂时’性，有时它被用来否定利益的‘可取消性’（易于被他人剥夺或征收），有时则被用来强调其免受社会控制”。而“在最后一种意义上，所有权从来都不是绝对的，即便在个人主义最盛行的时代，它也具有一定的社会属性”。② 在存在歧义的情况下，正是来自对“绝对性”内涵的某些不恰当误解，导致了对绝对性及物权本身的过度夸大，并导致了“物权限制”等命题之下对那种不恰当的绝对性进行纠正的考虑。

以法国为代表的所有权“绝对”是关于权利行使方式的绝对，是一种“政治性绝对”，在对物思维、权能中心主义和自由所有权观念之下，绝对性的内涵更多地具有政治含义，侧重对抗公权力的纵向对抗关系，这种“绝对性”内涵包括**绝对不可侵性、绝对自由**

---

① ［英］R. J. 沃克：《英国法渊源》，夏勇、夏道虎译，西南政法大学出版社1984年版。

② ［法］奥诺雷（A. M. Honoré）：《所有权》，金可可译，载公法评论网：http://www.gongfa.com/caichanquanaonuolei.htm，最后访问日期：2018年8月17日。

性、绝对优越性三个方面；[①]而以德国物权法为代表的“绝对性”是关于权利性质的绝对，这是一种“技术性绝对”，在对人关系、效力中心主义的法权所有权观念下，绝对性的内涵摆脱了任何政治思考和道德属性，表现为侧重平等主体间的横向对抗关系，是一种对世法律关系内的对世权，德国法系物权的绝对性主要是单纯技术考虑的法律效力上的普遍对抗，这种绝对所有权的含义仅仅在于，物权不仅是相对于其他个人是有效的，**相对于整个世界也是有效的(good against the world)**，“‘绝对’一词在这里是用来指这种权利不会发生无效，而且也不是相对的”，[②]或如国内学者所言：所有权是绝对权，仅仅是在相对权的对应意义上。[③]

2. 对物思维下“权利行使绝对”反对任何限制

在对物关系支配说的思维之下，所有权被看作“与他人无关”的权利人个人私事，所有权绝对作为支配性的附属性质，其内涵侧重于行使方式上绝对，早期罗马法上的一种说法是所有权是“滥用”的权利，突出其不受任何限制的性质，法国法的所有权定义继承了这一传统，[④]该定义影响到许多近代民法立法例，成为具有时代意义的近代民法的一条基本原则，在思想渊源上它符合 17 ~ 18 世纪的自由所有权观念，这种观念把所有权视为天赋的神圣权利，所有权地位至高无上，所有权内容宽泛无边，它“上至天空，下至地

---

① 参见温丰文：《现代社会与土地所有权理论之发展》。转引自梁慧星：《原始回归，真的可能吗?》，载梁慧星主编：《从近代民法到现代民法》，中国法制出版社 2000 年版。

② ［英］F. H. 劳森、B. 拉登：《财产法》，施天涛等译，中国大百科全书出版社 1998 年版，第 43 页。

③ 参见钱明星：《论用益物权的特征及其社会作用》，载《法制与社会发展》1998 年第 3 期。

④ 1789 年的法国《人权宣言》第 17 条宣称：“所有权为不可侵犯的神圣权利，非经合法证明确为公共需要并履行正当补偿，不得加以剥夺。”《法国民法典》第 544 条规定所有权为为“对于物有绝对无限制地使用，收益及处分的权利”。

心”,将所有权视为一种“主权”或“准主权权利”,是“神圣不可侵犯的”权利,是“万能的权利”,是“独有的专断的支配权”,是“实际上不受控制的对财产的使用和处置的支配权”,甚至包含了“滥用一件物品的权利”或“糟蹋物品的权利”。①

自由所有权观念下的“绝对”是政治绝对,其重心在于以私权对抗公权的纵向对抗思想,其论据始终不离开权利人人格,以人格的完整、独立和人自身的自由来说明所有权的自由,并以人的神圣来反对任何限制和社会控制。② 诺齐克对洛克财产观的反向推论方式堪为代表。③ 洛克对财产权神圣的说明逻辑如下:(1)如果我不是一个奴隶,其他人不能拥有我自身;(2)因此,必须由我拥有我自身;(3)因此,我也必须拥有我的一切活动,包括对资源的创造和增益活动;(4)因此,我拥有我制造的资源或增益价值。诺齐克借用上述图示,面向人格的独立自由这个目的来逆向推论所有权不应受限制,其逻辑是,若社会剥夺我的劳动成果,就是否认我拥有它们在道义上的正当性,从而否定了第四步结论;进而也就否定了第三步,否认我拥有我自己劳动的权利;进而推翻了第二步结论,即否认我拥有我自己,于是,既然与“我拥有我自己”相反的唯一可能结论就是“其他人拥有我自身”,因此,政府最终否认了第一步大前提,即推翻了“我不是一个奴隶”这个判断,这样,“再分配税”(redistributive taxation)的实质,就是“至少在部分上把我变成了社会的奴隶,并强迫我劳动”,任何社会财富的再分配政策,都

① 这最早是罗马法学家盖尤斯的论断,参见王申义:《论物权的社会化》,载《法学评论》1999年第1期。

② 自由主义的认识路线从自身所有权推出对劳动产品的所有权,以人自身自由的价值来说明私有财产的神圣不可侵犯,受其影响的惯常思维方式就是始终把人身自由问题和所有权问题互相说明。参见本书第二章第三节分析。

③ J. W. Harris. “Who Owns My Body”. *Oxford Journal of Legal Studies*, 1996 (16), No. 1, p. 69.

代表着对自身所有权观念中的经典的自由主义的偏离，对所有权的限制和剥夺，就是对人的自由的限制。①

这种意义上的"绝对"有其特定的时代特色，由反封建的意识形态功能和时代任务所致，主要是强调所有权的刚性，由于直接与政治理念挂钩，被赋予道德属性。但亦由此背景导致这种绝对缺乏直接的技术支撑，有时被夸张到过分绝对，但有时恰恰又很容易被反驳，其绝对性实现的直接支撑是社会观念的认同，无非一种思潮罢了，正如我们所见，观念和思潮本身是易变的，建立于其上的所有权绝对性就缺乏稳固可靠的基础，因此，随着时代变迁，所有权时而被推上圣殿，时而被贬入深渊，甚至被社会连带主义者全盘否定。

3. 对人关系中的"权利性质绝对"自身含限制

《德国物权法》的绝对性重在强调权利性质是一种绝对权，其核心在于普遍对抗、"排除干涉"而不在"不受限制"，观念上从"绝对任意的滥用权"等浪漫理想，到更为技术性的"对抗一切人"。法权的所有权观念之下这种技术的绝对性，其绝对性的力量来自逻辑而非来自道德，因整个物权法体系的支撑而更具有稳定性，故可超然于社会思潮之外，以一种纯粹技术性概念的形式性保持其稳固。在法权所有权观念下，物权作为工具，而非作为宗教，既不谋求那种超级无限的神圣地位，又不至于轻易被思潮的反复所颠覆，同时，这种绝对性自身之中就包含了限制和社会化的内涵，因为所有权是私法主体间的法律关系，其绝对性并非企图获得君临地位，故限制不被视为对绝对性的否定。

物权首先受到其绝对性自身逻辑的内在限制。所有权的概念

---

① See Robert Nozick. *Anarchy, State and Utopia*, Basil Blachwell, 1974, pp. 174 - 175; J. W. Harris, "Who Owns My Body", *Oxford Journal of Legal Studies*, 1996(16), No. 1, pp. 69 - 70.

与所有权的限制同时产生,[1]所有权与他物权之间从它们诞生时刻开始就是互相限制的关系,在此意义上,他物权又被称为限制物权;此外,物权法体系内由绝对性衍生的诸原则,对物权的设定、行使、变动方式进行静态动态的全方位限制,而这些内在限制,一方面是绝对性自身的要求,另一方面又使绝对性获得更系统可靠的技术保障。这些限制早在罗马法上他物权体系发达之时,在学者讨论"裸体所有权"的性质之时,在戴克里先皇帝把行省土地和私地、划界地,统统作为国家税赋来源之时,限制就已经存在了,这并没有被视为社会化或公法化对绝对所有权的否定,与19世纪以来"社会经济的迅猛发展"无关,与社会连带思想和"左倾"运动无关,更不是受到《魏玛宪法》的启发。

4. 从无限到限制是"绝对性"内涵的精确化过程

权利行使的绝对是附属于支配性的次级性质,该观念属于对物关系思路的物权观,绝对性一方面是支配的结果,另一方面是支配的保障,对绝对性的强调是为了确保人支配物的安全与自由,在对物思维中,人的主体尊荣性和自由的神圣价值直接加诸物权之上,出于"践踏我的物就是践踏我本人"的思考,天然地强调那种人在其支配领域内不受限制、唯我独尊的地位,从而走向滥用的立场。由于过分强调物权人的自由而忽视第三人的利益,其暗示的某些不正当行使方式,由于明显的不公正而受到广泛的非难,这也是社会法学派得以乘虚而入从整体上否认绝对所有权的借口,因此,物权的限制与社会化,虽然矫枉过正,但并非空穴来风,确实是为了纠正某些片面和极端的"绝对性"所必需的。

但上述情况在德国法系的物权中并未发生。这里,物权的构建基础在于其权利性质和法律效力的绝对性,通过强调"人对抗

---

① 从罗马法上所有权出现过程来看,最初学者提出所有权、自物权概念,就是为了与役权等他物权相对称。

人”而非“人支配物”，把物权纳入法律关系的稳妥框架内，绝对性不是为了支配的附属而是权利本身，其含义也不是那种为保护支配而强化了的外壳，而仅仅是表示一种普遍对抗的法律关系，所以这种法权的所有权（物权）概念，虽然直接构建于绝对性之上，但天然具有开放和合作的性格，并无那种个人与社会对立的天性，因此，当《德国民法典》对绝对物权加以消极限制，禁止滥用条款和第903条的“不违反法律和他人利益”等前提限定条件的加入，一点也没有冲突和矛盾的感觉，人们也丝毫没有感觉到有某种生硬的外来限制，改变了原来的东西。物权的限制、社会化、公法化的某些要求，与物权绝对性本质之所以和谐一致，前提就在于这种绝对性的内涵更加科学。

四、物权限制及社会化与绝对性的内在一致

（一）对人关系的思路彰显物权的社会性

第一种绝对性的意义之所以常常被理解成支配自由乃至滥用自由，原因就是其绝对性在于行使方式，而支配性才被看作权利本质，这样的支配观仅仅把物权看作人对物的封闭关系，看作主人人格范围之内与他人无关的个人事务，其权利观天然具有单边倾向，也就是说，不具有社会性。如此一来，任何限制都被视为外来的干预，在“社会化”命题下对原有观念的否定与纠正，这里绝对性和社会性是矛盾的。其最终根源也是因为把物权性建立在支配性之上的“对物关系”误导，如德国学者所指出的，“长期以来，所有权仅仅被视为人对客体的关系，这个概念与把法律看作提供给权利人一种自由手段的观念是相吻合的”，但这一观念“由于没有注意到法律为了它专有的目的而调整参加社会生活的合法主体之间法律关系而受非难”。康德批评对物关系说是“流行的幻象”，从而坚决摒弃人对物关系的理解模式，而从“反对一切他人占有”的普遍对抗关系理解物权，正是对那种支配观点的纠正。而对人关系

视角下以效力为中心的物权概念，作为法权的所有权而不是自由的所有权，从一开始就具有社会性，并非是从外部强加的限制。在法律关系中的物权，抽离了对物关系、支配自由的非本质因素，权利的重心从权利人的人格封闭视野，外移至人与人交往的边界之处，“人—物—他人”的三角关系在法律关系框架内实现了平衡，并天然具有社会性内涵。这样，经过绝对性对支配性的纠正，经过对人关系对对物关系的扬弃，绝对所有权不再是单纯个人的东西，但也没有变成纯粹社会的东西，而是具有了“私人性和社会性”的二重性。

只有法律关系框架的引入才能纠正对物关系之误，绝对所有权之所以产生那种“不受限制”的主权色彩，是因为支配说片面强调对物关系而发生的“单边化”误导性认识，这种误导的思维方式因为其不现实、不正当，而不得不借助外部限制加以纠正，社会化是有针对性的。关于物权的限制与社会化，论者轻易归结为日耳曼团体主义传统对罗马法个人所有权观念的冲击，其实科学的物权观念本来就是社会化的产物，具有这种二重性。如前文所述，所有权概念在罗马法上亦是一个逐步确立和精确的过程，这一过程并且延续到“当代罗马法”的发展逻辑中。按照罗马法学者诺贝托·里纳尔迪的总结，这种概念演进的实质是从“主人”的观念到“所有权”人的观念，[①]既是财产从主体人格中剥离出去的过程，又是所有权概念中社会性内涵增长的过程。按其分析，不同的观察角度之下，同一个主体有着不同的隐喻：在对物关系的自由视角

---

① 参见[阿根廷]Norberto Rinanldi：《奎里蒂法所有权(dominio ex iure quiritum)已经死亡》，徐涤宇译，载厦门大学法学院罗马法研究所网：http://www.romanlaw.cn/sub2-117.htm，最后访问日期：2018年8月17日。“罗马人认为自己是那些完全地、无瑕疵地和确定地处于其意志之下的东西的‘主人’；相反，他‘拥有’那些由他‘所有’(propias)的物，他不得不为这些物面对义务，例如支付租税，或不得无限制地使用或享用之。”

下，他是一个“主人”，主人优先于物，有不受限制的倾向，在支配自由中他也确实不应该受限制；但在所有权人的观念之下，显然淡化了那种绝对对物自由的倾向，术语“proprietas”已经不是一种绝对的权力，而是一种包括支付任何形式的赋税在内的附有适当限制的权利。总之，一个主人是自由的不受限制的，而一个所有权人不得不受到限制。

可见，罗马法所有权概念，作为一个动态演进的概念而不是一个固定公式，自身中生发出限制和社会性的内涵。这个内涵由于常常被隐藏在对物支配关系之下而易被忽视，需要不断地被发掘和表述出来，而这就是通过在物权、所有权定义中克服支配说的固有对物关系思维习惯，以对人关系加以重构来完成的，这一过程处在不断地重复深化中。近代以来，按照自由主义所有权理论的推演方式，所有权和人格同构，因为人是神圣的，人权是天赋的，人的自由是不应当受限制的，因此遗传了这些基因的所有权也是神圣的、天赋的，不应受限制的权利。这些逻辑直接源自家父权的“dominium”观念，正如家父权是绝对的、无限制的，产生于家父权的也是无限制的。这都是早期的观念，罗马法上直至共和发达时期，并不存在关于所有权（法权意义）的抽象观念，但在其推理中存在着关于主人和权力的具体观念，因此，也存在对其物进行任意处分的具体观念，甚至在他的东西是家子时可以杀害之。而根据嗣后出现的法权的“所有权人”观念，以及构造于绝对性基础上的物权概念，他是所有权人，他对物享有什么并非法律关注的对象，权利的要点是与他人的法律关系，也就是他人的消极义务，而他要求他人承担这项义务的同时，有责任告诉它们权利在哪里，他就不能不受到物权法定和公示主义等“限制”。

从主人到所有权人，就是从对物关系到对人关系，从支配性到绝对性，是罗马法所有权概念演进过程的现代延续，这是一个统一的过程，法律技术在坚决的进步着，财产权的法律关系日渐明晰，在物权概念构造基础以绝对性进行重构的基础上，物权及其绝对性自身的内涵趋于精确和妥当，真正所有权的发现过程同时也是旧观念的解体或死亡过程，如诺贝托·里纳尔迪所说，现代法中，把“propiedad”和“dominio”作为同义词使用是可以接受的，但死亡的是罗马人所拥有的而被我们认知为“奎里蒂法上的”所有权之旧概念。总之，罗马法所有权中蕴涵的社会性内涵是被发现和重新强调了，这并非其他法制传统带来的新东西。

（二）财产权来源的“公法化”对应物权的“获得性”

在对物关系思维下的自由所有权观念和“人格财产权”观念中，倾向于把财产权和单纯的人格权、自由权等一样，看作人自身的自然权利，因此，对物关系的支持者大多对所有权持自然权利观。启蒙思想家和古罗马的一些观念都有这种倾向，因相关法域财产法中缺乏权利类型的位阶与分类体系，而更加得到强化，并因天赋人权学说的广泛推行而得到普及，成为一种牢固的定见。“所有权神圣不可侵犯”的理念就建立在自然权利观基础上，因为“古典财产权结构的形成是对自然状态的模拟”，所有权作为一种神圣的自然权利，天然与任何限制、社会化等相矛盾，因此，“强调其为私权利，应由意思自治主导的私法调整，而尽可能地禁止公权力对其的干涉”。①

但上述观念显然不符合财产权发展的新情况，当今一个显著的新问题是：越来越多的财产权类型由法律创设出来，这对自然权利观的思路造成很大的困扰。特别是随着“债权优位”和工业产权等大量无形财产的增加，又由于大量法律直接创设的、与古典的支配实物无关的新权利类型进入财产谱系，导致所有权的自然权利属性被瓦解。查尔斯·瑞奇（Charles A. Reich）教授提出了“新财产”学说，指出特许权（privilege）等丰富了传统私权“right”的范

---

① 参见冉昊：《制定法对财产权的影响》，载《现代法学》2004年第5期。

围,特别法创设的其他新财产类型剧增,[①]由于它们是法律创设而非生而具有的,故不是自然权利,又由于创设它们的大多是公法规范,或者是由公法调整的结果,故它们不是传统意义上的私权,在这个意义上,这些新财产正是财产权“公法化”的有力证据,是公法而非私法在调整着它们,该教授特别强调了政府对新财产秩序的主导作用。

把上述过程解释为“公法化”在特定背景之下是有意义的,主要就是克服了财产权的自然权利观的不恰当暗示,特别是对于纠正自由所有权观念的某些误导很有意义。但是权利来源上的公法渊源不能直接证成权利本质的“公法化”,由公法法规的调整而出现的新财产,固然使得所有权、财产权的自然权利性质更加弱化,其作为“法律产品”的实证主义色彩更加明朗,但这无损其私权品格。特别是,在法权所有权思维之下,上述情况的发生亦无损物权的绝对性,因为物权及其绝对性的依据,并非存在于是不是自然权利这一点上。物权、所有权的非自然权性质并非什么新发现,物权就其本身来说,作为一种“外在的你的我的”,它与内在你的我的亦即人格和自由无关,这是符合康德关于物权性质的三个基本判断之一,即物权、财产权不属于天赋权利和自然权利,而是法定的后天获得的权利,即其“获得性”。因此,“新财产”的出现和发达,与其说是私权公法化,不如说是从自由所有权观念向法权所有权观念的正确回归。

(三)对物权行使方式的限制无损物权性质的绝对性

波斯纳提出“权利的不相容性”理论,认为绝对的排他是不可

---

① See Charles A. Reich, "The New Property", *The Yale Law Journal*, 1964, Vol. 73. 就美国法律创设的“新财产”列举了包括职业许可(occupational licenses)、特许权(franchise)、政府合同(government contract)、补贴(subsidies)、公共资源使用权(use of public resources)等项目,我国在环保方面的“排污指标”,以及其他因可交易而具有财产价值的各类指标,也应该属于此类。

能的。但其理论显然混淆了权利和权利的行使，把物权性质的绝对性解释为物权行使方式的绝对性。按绝对性的真正含义，并非谋求不受限制的超级自由，是要求任何人都负起承认物权不予争夺的义务，绝对的归属在任何情况下都是可以明确的，在特定情势中，权利应当归于哪一方是可以确定的，权利意味着“正当”，损害他人的滥用行为却绝非正当，只要在特定情势中总有一个可以识别的唯一正当的利益安排，绝对性就是可以实现的。

真正需要限制的是那种“权利行使方式”意义上的绝对性，是权能，即支配的内容，与权利本体无关。如果没有限制，则“绝对（行使方式的）所有权”将是一种毁灭性的力量，因此，一个有序的共同体必须要在所有权的内容中加入限制和义务的内容。奥诺雷举例说：“我可以自由使用我的汽车，但不能用来撞倒我的邻居或撞毁他的家门，如果他反对的话，我甚至不能开进他拥有的土地，同样，我不能在未买保险的情况下开车。”在不动产方面，“我可以在我的土地上随意营造，但不能放任建筑物倒在邻居的土地上，我可以在节日放烟花，但不能导致邻居的房子着火”。[①] 这样说是正确的，但这些限制只是对权利行使的限制，奥诺雷据此主张在所有权概念中加入义务和禁止内容，则根本扭曲了所有权概念的本质，把权利行使方式的限制偷换到权利性质的限制中来，也混淆了限制的真正含义。按照奥诺雷同样的分析方式，我们可以说，我有人身自由，但没有随便闯入他人住宅的权利，我有著作自由，但我不能发表侮辱他人的作品，但我的人身自由和著作权就因此受到限制了吗？显然不是，正如禁止伤害他人不是人格权的内容，禁止滥用也不是所有权概念的组成部分，这些情况中限制的都是权利行使的方式，权利本身一直在那里，滥用本来不应当是所有权的效

① [法]奥诺雷(A. M. Honoré)：《所有权》，金可可译，载公法评论网：http://www.gongfa.com/caichanquanaonuolei.htm，最后访问日期：2018年8月17日。

力,任何限制都无损权利自身的品格。在前面举的例子中,我们丝毫看不到所有权本身哪里有受限制的地方,因为虽然法律不允许我开车撞人或开进别人花园或不买保险,但法律并没有剥夺所有权,汽车的所有权人地位一点也没有受到影响。

因此,应当区分权利本身和权利的行使,物权作为绝对权,其本体仅仅是普遍对抗他人的一项法律依据,至于如何行使是另一个问题,对权利行使的限制也不是对权利本身的限制。对奥诺雷的思路,也可以用一位英美法学者的话来反驳,“使用一件武器实施侵害或谋杀是犯罪行为,但这与被告对该武器拥有的所有权却没没半点关系”。[①] 谢在全先生也认为,“对所有权之归属与所有权之行使予以区分”,权利滥用禁止的法理在于“所有权固应归属于个人,但其行使则与公共利益有关而应受社会规制”。[②] 这在法国法的立法者看来显然也是理所当然的,“在立法者看来,公法中对土地的建筑性或其营业用途的限制,这些限制不会影响到所有权制度的核心,即所有物属于所有权人的排他的意志领域和支配范围”。[③] 对于一些把物权限制看作改变物权性质,甚至提出“物权相对化”的说法,孙宪忠老师正确地指出,限制或许可以说是对所有权效力的弱化、软化,但不能说是相对化,并非限制成一项相对权,那种从物权限制和社会化立法中总结出“物权相对化”的主张是错误的。[④] 总之,所有权、物权的限制只是对权利行使方式的限制,是对权能和支配的限制,而不是对物权本身的限制,故无损物权的绝对性,限制只是修正一些早期观念上片面强调权能的偏差,与其说限制,不如说向其真正本质的回归。

---

① J. W. Harris, “Who Owns My Body”, *Oxford Journal of Legal Studies*, 1996 (16), No. 1, p. 60

② 谢在全:《民法物权论》,中国政法大学出版社 1999 年版,第 116 页。

③ 尹田:《法国物权法》,法律出版社 1998 年版,第 121 ~ 131 页。

④ 参见孙宪忠:《中国物权法总论》,法律出版社 2003 年版,第 160 ~ 163 页。

五、绝对性内涵的确定与物权科学性

综上所述，当代物权、所有权的限制、社会化和公法化运动，与物权概念及其绝对性基础是和谐一致的，而人们之所以会把它们之间看作矛盾冲突的关系，至少部分的原因是关于所有权的两种观念，不同的构造基础以及关于“绝对性”的两种意义相混淆的结果。

对物关系和自由所有权观念之下，在早期罗马法和法国法中那些表面看更加绝对的无限自由的所有权，一方面，恰恰是因为法律技术欠缺，绝对性无充分贯彻工具而仅仅停留在概念层面，其变动过程却无可避免地产生了那种“不能对抗第三人”的相对状态，导致其“绝对”无非一句空话而已；另一方面，又错误地片面强化支配，强调权利行使不受限制，其权利具有强烈的自然权利色彩和权利的封闭、单边属性而欠缺社会性，这是忽视所有权对人关系本质而造成的错觉。这样的绝对所有权，当然须以社会关系纠正之，以期平衡，从此可见，限制是对自由的保障，这绝非老生常谈的套话。在很大程度上，限制和社会化的真相是朴素的对物思维向科学物权概念的继续进化，是绝对性内涵的精确化过程，也是所有权向其本性回归，而不是别的，更不是对自身绝对权本质的反动。

但在自由所有权观念内部的微调和修正，在不改变所有权“支配物”之构造基础的前提下，外在地限制和社会化运动，有时会被过分强调而有矫枉过正之危险，因此，物权的私人性与社会性的二重性必须同时兼顾。在最初对所有权、物权的定义中，错误地把物权性建立在支配性之上，导致了那种单边主义的滥用倾向，这是第一个偏见，因这种滥用导致的不当后果被发现并强调，为了克服它而强调限制，以“社会化”和“公法化”等命题来外在地干涉所有权，矫枉过正，这是第二次偏见。与其通过两个极端的偏见“负负得正”来达到正当与平衡，何如一开始就把物权的基础建立在更稳妥的法律关系基础上？

因此，所有权限制的真相，是向真正科学的所有权回归，从自然权利到法律权利，从主人到所有权人，从对物关系到对人关系，从“不受限制”的行使方式的绝对、政治性绝对，到“普遍对抗”的权利性质绝对、技术性绝对，从近代民法的所有权到德国的物权概念，其实是人们对财产关系的构造基础发生的变化，其集中表现是从封闭的支配性到开放的绝对性，经过法理基础的科学重构，经过自身绝对性逻辑限制的物权、所有权，在更稳妥的基础上兼顾了私人性和社会性的二重性，自由和正当统一起来。这不是对所有权外在的干涉结果和公法化，而是所有权概念的精确化过程，与其说是19世纪以来的新变化，不如说是物权内涵更趋精致，物权通过这些技术性限制找到了自己。

六、结论

过分强调所有权、物权的绝对性，有时会带来损害第三人或公共利益的不正当后果，因此，物权的滥用应当禁止，物权不应当是无限制的；同时，在社会法学、利益法学和凯恩斯主义的推动下，20世纪流行的社会化思潮，要求取向社会正义、社会公益以及资源的充分利用等政策目标，从外部限制所有权，是以随着“私法公法化”等提法，出现了物权社会化、物权公法化等新主张。这些主张在特定背景下是有效的，但不宜过分强调而矫枉过正。物权的消极限制是私法内部的逻辑限制，也是正当的；物权的积极干涉却正当性不足，物权的“社会本位”与“公法化”主张则更潜伏着根本上违背私法精神的危险。在罗马法系所有权制度的发展史上，所有权从来都是有限制的，所有权的绝对性和限制同在，德国物权法中的物权概念更是自身兼有私人性和社会性的二重性，如果克服那些易招致社会法学攻击的错误观念，即在“支配性”和“对物关系”下构造物权的偏见，则限制、社会化与物权绝对性是和谐一致的，限制并未否定绝对性，物权及其绝对性作为法律关系内容和实证法规定的内容,天然具有社会性、获得性、理念性,在这些属性中完全可以化解社会化、公法化的要求。因此,一方面,物权的限制与社会化只是关于物权行使方式的限制,无损权利本体,并未把物权改变成相对权;另一方面,社会化的某些要求意味着对物权概念理解中由于对物关系说的误导而致的一些错误观念,因此,社会化和限制在某种意义上,其真相是物权概念从对物关系说的支配性向对人关系说的绝对性回归和拨乱反正,不仅没有否定绝对性,反而是对绝对性的重新强调。

小　　结

物权绝对性因其过于极端而存在一些问题,对这些问题的反思中学者提出了许多理论和主张,有的是理性的和建设性的,有的指出了绝对性的弊端所在,如关于物债二元体系的类型化不够严密等,但更多的是论者认识上的问题,这其中,有的是刻意夸大问题的严重程度,如债权物权化、物权债权化等,有的是论者自身对绝对性、对物权的内涵存在不恰当的偏见所致,如认为绝对性及其衍生规则违背私法自治等,有的则反映了不同法律体系之间在传统和方法论上的冲突,如所有权的泛化、失灵、解体等理论,还有的是受到流行思潮的影响而对私法根本理念的动摇,如物权社会化、公法化等理论。因此,这些反思本身也需要反思,以澄清各种贬低绝对性及物权法理念的似是而非的困扰,维护整个物权法体系的基础。

物权绝对性基础之上建构起来的物债二分体系存在缺陷,随着社会发展也不断面临新权利新观念的挑战,但类型化的价值是主要方面,问题并未严重到必须削弱绝对性甚至压垮二分体系的程度;在财产制度发展史中出现的绝对物权、相对财产权两种模式中,各有优劣而彼此联系,两种模式下有不同的观念和方法论传统,因此,各自的概念无法直接比较和互相解释,否则就容易发生所有权的泛化、失灵甚至"解体",这些问题并非任何一种制度自身的缺陷,而恰恰是论者以此释彼产生的困扰认识。其中,"所有权失灵"的真相是绝对所有权概念不能解释相对财产权概念,"所有权解体"理论则是以英美法系的观念来冲击绝对物权概念,"解体"论的部分理论实质是克服所有权的泛化倾向,以及法律关系结构和权利类型化的内在压力,不代表大陆法物权概念的解体,宣布"所有权的死亡"尚为时过早。物权法定、公示主义、物权行为等绝对性各项衍生原则并未真正限制权利人的固有自由,反而是扩大了意思自治的空间,其中的法定与强制只是以概念简化规则的结果,有关原则与私法自治原则并无根本矛盾,恰恰是私法自治的有力实现方式。当今物权法的发展出现的所有权限制、社会化乃至公法化的思潮,对克服过分强调的绝对性的弊端是有益的,但不宜过分强调而矫枉过正。物权在私法内部的消极限制是正当的;物权的积极干涉却正当性不足,物权的"社会本位"与"公法化"主张则更潜伏着根本上违背私法精神的危险,须加以批评和抵制。物权限制主要是针对对物关系说和自由所有权观念下的权利行使方式无限制的"绝对",真正的权利性质上的绝对性与物权限制不矛盾,限制无损物权作为绝对权的根本性质,绝对性中兼顾了私人性和社会性的二重性,物权限制与社会化正是对绝对性的重新强调和物权真正内涵的回归。

此外,在有关反思中还特别应当考虑国情,在西方经过长期的私法观念的熏陶,有深厚的法律文化的支撑,在法律已经很成熟很完备的前提下才提的一些新主张、新思路,或许有其针对性意义,但在我国的物权法引进过程中显然是次要的问题了,我国缺乏私法传统,社会上私权观念淡薄,正需要明晰的概念和稳固可靠的制度体系,不但是法律自身顺利运行的需要,还要执行一定的宣示功能和法律文化补课任务,所以首要的问题是先要把体系建起来,再徐图完善。

结　语

在关于物权概念的认识思路上，对人关系说比对物关系说更接近物权的本质，逻辑的分析说明，“对物权”、对物关系的背后是对人关系，它们是现象和本质、权利本体与权利作用的关系。在共同的对人关系本质的前提下，物权、债权的区分，从微观上和从宏观体系构建上，都以绝对性—相对性的形式逻辑区分为基础。绝对性中包含了物权体系的权利共性及其区别于债权的个性，足以认定为物权的根本属性，也应当作为物权概念的核心要素。

历史的考察说明，绝对性是在罗马法系内的所有权中经过不断抽象，其内涵最终精确并成为整个物权法体系的构造基础，是罗马法—现代物权法作为一个制度体系，区别于日耳曼—英美法相对所有权模式的标志。而绝对所有权得以确立的背景条件包括“归属”的法观念、商品经济的社会背景、理性主义的法学方法论、明晰可靠的权利证明机制（登记与推定），绝对性是这些条件共同型构的物权法法系文化属性的集中体现。法哲学、方法论的考察说明，以洛克劳动—应得学说为代表的自然法学的自由所有权观念,及受其影响的法国法系所有权,倾向于把所有权看作天赋的自然权利,从人自身出发理解所有权,因强烈的主观色彩而有与人格同化的倾向,更强调对物关系而忽视社会性。而康德构想的物权是一种“理性占有”,受其影响的德国物权法观念,通过强调理念性、强调对人关系摆脱了对物思维定式,概念更为抽象和观念化。“外在的你的我的”观念把物权始终放在法律关系的框架内,实现了物权与人身的分离和与占有的分离,并因此而实现了权利重心向外位移,呈现出社会化和观念性,所有权观念实现了从“自由所有权”向“法权所有权”的观念进化,深深地影响了当代物权法。

绝对性是整个物权法体系内诸多原则、制度、理论的逻辑总起点,是物权体系化的基础,而绝对性本身则经由这些工具在物权法的微观制度中全方位的贯彻下去。从物权法的结构性特征来看,绝对性贯彻的逻辑结果影响了物权法的两大体系特征,即物权与占有的平行保护以及动产不动产的不平衡发展。占有与物权在分别表现对物关系与对人关系方面进行分工,其各自的性质、要件、基础、效力都需要互相对照才能显现出来。对人关系思路构建法律关系的逻辑,造成了人的抽象与物的客观,间接促成物权平等保护及客体限于有体物等结果,并因上述贯彻逻辑贯彻的不平衡,影响了动产中的物权关系不发达。物权法的五大基本原则,都是绝对性的直接结论或必然要求,是物权绝对性的主要贯彻工具,特别是在涉及物权变动的动态过程中,这些原则维护了绝对性的完全贯彻。物权各方面的效力都与绝对性有因果或包含关系,是绝对性的衍生效力。

据此,第一,在概念上,绝对性是物权对人关系本质的最高表述,是物权与占有、与债权的主要区别,因此是物权概念的核心要素;第二,在观念上,绝对性是物权法作为一种制度模式,区别于英美财产法的标志性特征,是法哲学、方法论方面的法权所有权观念区别于自由所有权观念的集中表现；第三，在制度上，绝对性是物权法中许多具体制度的逻辑总起点，是物权体系化的基础。总之，绝对性，而非支配性，是物权的根本属性。

绝对性原理在物权法中的唯一挫折就是善意取得，因为它在实际效果上限制了物权对善意第三人的对抗，这种限制的原因是因为法律无法为动产物权创设合适的公示手段，就此而言，善意取得是一个法律漏洞的反映。善意取得的成因在于物权绝对性中的内在矛盾，由于理念性与外在性无法在动产之上统一起来而产生权利的真假二相矛盾，以第三人的善意弥补占有公示力的不足，是善意取得的制度实质，因此，善意取得和登记公信力无法统一，善意取得更不应扩张到不动产领域，其作用空间有限。善意取得的作用大小与物权绝对性的贯彻程度有消长关系，如果克服了对其刻意夸大以阻击物权行为理论的内心动机，客观看待，善意取得是一项个别情况下的特殊规定，它受到构造基础和构成要件的内外限定，其作用空间和地位有限，而且在日渐萎缩，就此而言，善意取得对绝对性这一物权构造基础的侵蚀作用也是有限的。

绝对性因过于极端化也存在一些问题，但许多反思的观点则矫枉过正，因此，其中利弊还需要理性评价。在物债区分方面，有些中间模糊状态是学者坚持错误区分标准产生的认识困扰，其区分能力不足的逻辑缺陷被刻意夸大了，物权债权二分法的弊端并不如此严重，其价值依然无可替代。在财产权的构造基础方面，绝对物权、相对财产权两种模式各有优劣，困扰产生于观念的混淆和相互解释过程中，所有权泛化、“所有权失灵”“所有权解体”等认识皆是这种观念混淆、体系冲突的结果，不代表大陆法物权概念的解体，反而反证出绝对性构造基础的合理性。在实现私法自治方面，绝对性各项衍生原则保障了所有权自由与第三人自由的同等实现，并未真正限制权利人的固有自由，保留并扩大了意思自治的空间，正是私法自治的有力实现方式，表面上违背自治的法定与强制,主要作用在于概念而非在于实际效果,只是以概念简化规则的结果。在对绝对性的反制方面,私法的消极限制对克服极端的绝对性是有益和正当的,但过分强调外部干预的社会化思潮,在一定程度上走向另一个极端,"社会本位"与"公法化"主张则更潜伏着根本上违背私法精神的危险,受到了哈耶克等人的有力抵制,必须理性对待。禁止滥用等消极限制与绝对性不矛盾,因为绝对性的真正含义在于权利性质上而不在于行使方式上,相反的,物权限制及社会化与绝对性是内在一致的,绝对性的对人关系思维本来就预示了社会性,也本来就把物权看作获得性权利而非自然权利,公法创制"新财产"的事实符合这种非自然权利观,不是"公法化",对物权行使方式的限制也无损物权性质的绝对性,在某种意义上正是向绝对性的真正含义,以及物权的真正本质的回归。总之,应客观理性对待物权绝对性,有关反思不应矫枉过正,特别是考虑到国情的需要,当前物权法的制度建设中,最重要的是确立并稳固物权的绝对性这个基础。

总而言之,物权的根本属性、构造基础、体系灵魂在其绝对性,这一基础并未因善意取得这一特殊例外而崩溃,也能够经受住大多数反思的考验,所以在物权法制度建设中仍应居于核心地位。

参考文献

一、中文参考书目

1. 张俊浩:《民法学原理》,中国政法大学1997年版。

2. 周枏:《罗马法原论》,商务印书馆1994年版。

3. 王家福:《中国民法学·民法债权》,法律出版社1991年版。

4. 梁慧星主编:《中国物权法研究》,法律出版社1998年版。

5. 孙宪忠:《中国物权法总论》,法律出版社2003年版。

6. 谢在全:《民法物权论》(上、下),中国政法大学出版社1999年版。

7. 孙宪忠:《德国当代物权法》,法律出版社1997年版。

8. 李双元、温世扬:《比较民法学》,武汉大学出版社1998年版。

9. 王利明:《物权法研究》,中国人民大学出版社2000年版。

10. 王泽鉴:《民法物权(1)》(通则·所有权),中国政法大学出版社2000年版。

11. 孟勤国:《物权二元结构论》,人民法院出版社 2002 年版。

12. 史尚宽:《物权法论》,中国政法大学出版社 2000 年版。

13. 肖厚国:《物权变动研究》,法律出版社 2002 年版。

14. 江平:《民法学》,中国政法大学出版社 2000 年版。

15. 陈华彬:《物权法原理》,国家行政学院出版社 1998 年版。

16. 梁慧星、陈华彬:《中国财产法》,法律出版社 1998 年版。

17. 王泽鉴:《民法学说与判例研究》(第 1 册),中国政法大学出版社 1998 年版。

18. 刘得宽:《民法诸问题与新展望》,中国政法大学出版社 2002 年版。

19. 法学研究编辑部编:《新中国民法学研究综述》,中国社会科学出版社 1990 年版。

20. 钱明星:《物权法原理》,北京大学出版社 1994 年版。

21. 李开国:《民法基本问题研究》,法律出版社 1997 年版。

22. 常鹏翱编著:《物权法典型判例研究》,人民法院出版社 2002 年版。

23. 王利明:《物权法论》(修订版),中国政法大学出版社 2003 年版。

24. 史尚宽:《债权法论》,中国政法大学出版社 2000 年版。

25. 钱明星:《物权法原理》,北京大学出版社 1994 年版。

26. 尹田:《法国物权法》,法律出版社 1998 年版。

27. 孙宪忠:《中国物权法原理》,法律出版社 2004 年版。

28. 王泽鉴:《民法总则》,中国政法大学出版社 2001 年版。

29. 梁慧星、陈华彬:《物权法》,法律出版社 2003 年版。

30. 高富平:《物权法原论》,中国法制出版社 2001 年版。

31. 王利明等:《民法新论》(下),中国政法大学出版社 1988 年版。

32. 刁荣华主编:《现代民法基本问题》,中国政法大学出版社

1995 年版。

33. 梅夏英:《财产权构造的基础分析》,人民法院出版社 2002 年版。

34. 陈华彬:《外国物权法》,法律出版社 2004 年版。

35. 郑玉波:《民法物权》,台北,三民书局股份有限公司 1988 年版。

36. 高富平:《土地使用权和用益物权——我国不动产物权体系研究》,法律出版社 2001 年版。

37. 马克垚:《西欧封建社会经济形态研究》,人民出版社 2001 年版。

38. 苏永钦:《私法自治中的经济理性》,中国人民大学出版社 2004 年版。

39. 周枏、吴文翰、谢邦宇:《罗马法》,群众出版社 1983 年版。

40. 马俊驹、余延满:《民法原论》,法律出版社 1998 年版。

41. 谢邦宇主编:《罗马法》,北京大学出版社 1990 年版。

42. 苏永钦主编:《民法物权争议问题研究》,清华大学出版社 2004 年版。

43. 曾世雄:《损害赔偿法原理》,中国政法大学出版社 2001 年版。

44. 苏永钦:《走入新世纪的私法自治》,中国政法大学出版社 2003 年版。

45. 尹田:《物权法理论评析与思考》,中国人民大学出版社 2004 年版。

46. 郭明瑞著《担保法》(修订本),中国政法大学出版社 1998 年版。

47. 王利明:《民商法研究》(第 3 辑),法律出版社 1999 年版。

48. 王利明:《民商法研究》(第 2 辑),法律出版社 2001 年版。

49. 邹海林、常敏:《债权担保的方式和应用》,法律出版社

1998 年版。

50. 许明月:《抵押权制度研究》,法律出版社 1998 年版。

51. [德]曼弗雷德·沃尔夫:《物权法》(第 2 版),吴越、李大雪译,法律出版社 2004 年版。

52. [意]彼德罗·彭梵得:《罗马法教科书》,黄风译,中国政法大学出版社 1992 年版。

53. [意]朱塞佩·格罗索:《罗马法史》,黄风译,中国政法大学出版社 1994 年版。

54. [德]迪特尔·梅迪库斯:《德国民法总论》,邵建东译,法律出版社 2000 年版。

55. [德]卡尔·拉伦茨:《德国民法通论》(上下册),王晓晔等译,法律出版社 2003 年版。

56. [英]亨利·梅因:《古代法》,沈宗灵译,商务印书馆 1959 年版。

57. [意]桑德罗·斯奇巴尼选编:《民法大全选译·物与物权》,范怀俊译,中国政法大学出版社 1993 年版。

58. [德]康德:《法的形而上学原理——权利的科学》,沈叔平译,商务印书馆 1991 年版。

59. [英]弗里德利希·冯·哈耶克:《法律、立法与自由》(第 1 卷),邓正来等译,中国大百科全书出版社 2000 年版。

60. [德]霍尔斯特·海因里希·雅科布斯:《十九世纪德国民法科学与立法》,王娜译,法律出版社 2003 年版。

61. [英]F. A. 哈耶克:《致命的自负》,冯克立、胡晋华等译,中国社会科学出版社 2000 年版。

62. [奥]卡尔·门格尔:《国民经济学原理》,刘絜敖译,上海世纪出版集团、上海人民出版社 2001 年版。

63. [奥]凯尔森:《法与国家的一般理论》,沈宗灵译,中国大百科全书出版社 1996 年版。

64. [德]罗尔夫·克尼佩尔:《法律与历史——论〈德国民法典〉的形成与变迁》,朱岩译,法律出版社 2003 年版。

65. [德]鲍尔·施蒂尔纳:《德国物权法》(上册),张双根译,法律出版社 2004 年版。

66. [英]F. H. 劳森、B. 拉登:《财产法》,施天涛等译,中国大百科全书出版社 1998 年版。

67. [古罗马]盖尤斯:《法学阶梯》,黄风译,中国政法大学出版社 1996 年版。

68. [英]洛克:《政府论》(*Second Treatise of Government*),中国政法大学出版社 2003 年版。

69. [美]E. 博登海默:《法理学:法律哲学与法学方法》,邓正来译,中国政法大学出版社 1999 年版。

70. [美]伯纳德·施瓦茨:《美国法律史》,王军等译,中国政法大学出版社 1989 年版。

71. [美]艾伦·沃森:《民法法系的演变与形成》,李静冰、姚新华译,中国政法大学出版社 1997 年版。

72. [英]弗里德利希·冯·哈耶克:《法律、立法与自由》(第 2 卷、第 3 卷),邓正来等译,中国大百科全书出版社 2000 年版。

73. [法]狄骥:《拿破仑法典以来私法的普通变迁》,徐砥平译,上海会文堂新记书局 1937 年版。

74. [英]密尔松:《普通法的历史基础》,李显冬等译,中国大百科全书出版社 1999 年版。

75. [英]R. J. 沃克:《英国法渊源》,夏勇、夏道虎译,西南政法学院出版社 1984 年版。

76. [日]我妻荣:《日本物权法》,台北,五南图书出版股份有限公司 2000 年版。

77. [日]我妻荣:《债权在近代法中的优越地位》,王书江译,中国大百科全书出版社 1999 年版。

78. [德]京特·雅科布斯:《规范·人格体·社会——法哲学前思》,冯军译,法律出版社 2001 年版。

79. [法]狄骥:《宪法论》(第 1 卷),钱克新译,商务印书馆 1962 年版。

80. [英]巴里·尼古拉斯:《罗马法概论》,黄风译,法律出版社 2000 年版。

81. [英]弗里德利希·冯·哈耶克:《自由秩序原理》,邓正来译,生活·读书·新知三联书店 1997 年版。

82. [英]弗雷德里希·哈耶克:《通往奴役之路》,王明毅等译,中国社会科学出版社 1997 年版。

83.《拿破仑法典》,李浩培等译,商务印书馆 1996 年。

84.《德国民法典》,郑冲、贾红梅译,法律出版社 1999 年版。

85.《意大利民法典》,费安玲、丁玫译,中国政法大学出版社 1997 年版。

86.《瑞士民法典》,殷生根、王燕译,中国政法大学出版社 1996 年版。

87. 孙宪忠:《论物权法》,法律出版社 2001 年版。

88. 王泽鉴主编:《民法学说与判例研究》(第 3 册),中国政法大学出版社 1998 年版。

89. 王利明主编:《民商法前沿论坛》,人民法院出版社 2004 年版。

90. 法苑精萃编辑委员会编:《中国民法学精萃》2003 年卷,机械工业出版社 2004 年版。

91. 梁慧星主编:《民商法论丛》(第 29 卷),法律出版社 2004 年版。

92. 梁慧星主编:《民商法论丛》(第 19 卷),香港金桥文化出版(香港)有限公司 2001 年版。

93. 王利明:《著民商法研究》(第 4 辑),法律出版社 1999

年版。

94. 王利明:《民商法研究》(第5辑第二编),法律出版社1999年版。

95. 梁慧星:《从近代民法到现代民法》,中国法制出版社2000年版。

96. 梁慧星主编:《民商法论丛》(第7卷),法律出版社1997年版。

97. 杨振山、[意]桑德罗·斯奇巴尼等:《罗马法·中国法与民法法典化——物权和债权之研究》,中国政法大学出版社1995年版。

98. [美]罗斯科·庞德:《法律史解释》,邓正来译,中国法制出版社2002年版。

二、论文类

1. 孙宪忠:《物权法的基本范畴及主要制度反思》,载孙宪忠主编:《论物权法》,法律出版社2001年版。

2. 王涌:《所有权概念分析》,载《中外法学》2000年第5期。

3. 范进学:《权利概念论》,载《中国法学》2003年第2期。

4. 张恒山:《权利与法律权利概念再辨析》,载《中外法学》2004年第4期。

5. 尹田:《论物权的定义与本质》,载《中外法学》2002年第3期。

6. 易继明、来辉凤:《财产权及其哲学基础》,载《政法论坛》2000年第3期。

7. 陈华彬:《物权的名称、物权的概念以及物权的性质》,载中国社会科学院网:http://www.cass.net.cn/file/2005102550143.html。

8. 冉昊:《论"中间型权利"与财产法二元架构——兼论分类

的方法论意义》,载《中国法学》2005 年第 6 期。

9. 鄢一美:《国家所有权的实现方式——中国物权制度改革的重中之重》,载中国民商法律网:http://www. jcrb. com/zyw/n7/ca435131. htm。

10. 张翔:《从占有到物权》,载《法律科学》2001 年第 4 期。

11. 李开国:《物权与债权的比较研究》,载《甘肃社会科学》2005 年第 2 期。

12. 尹田:《物权与债权的区分价值:批判与思考》,载《人大法律评论》编辑委员会组编:《人大法律评论》(2001 年卷第 2 辑),中国人民大学出版社 2001 年版。

13. 金可可:《论支配权概念》,载《中国法学》2006 年第 2 期。

14. 王利明:《论占有》,载王利明:《民商法研究》(第 4 辑),法律出版社 1999 年版。

15. 王利明:《论所有权制度的演进》,载王利明:《民商法研究》(第 2 辑),法律出版社 1999 年版。

16. 郑成思、黄晖:《法国民法中的"财产权"概念与我国立法的选择》,载《知识产权》2002 年第 3 期。

17. 马俊驹、梅夏英:《财产权制度的历史评析与现实思考》,载《中国社会科学》1999 年第 1 期。

18. 马新彦:《罗马法所有权理论的当代发展》,载《法学研究》2006 年第 1 期。

19. 梅夏英:《民法上所有权概念的两个隐喻及其解读》,载人大复印资料《民商法学》2002 年第 9 期。

20. 郑云瑞:《论西方物权法理念与我国物权法的制定》,载《上海财经大学学报》2006 年第 3 期。

21. 金可可:《康德视野中对人权与对物权的区分》,载《云南社会科学》2005 年第 4 期。

22. 李永军:《私法中的人文主义及其衰落》,载《中国法学》

2002年第4期。

23. 鄢一美:《所有权本质论》,载《现代法学》2002年第5期。

24. 姜战军:《论占有权利推定对不动产上占有的适用》,载《法律科学》2001年第4期。

25. 常鹏翱:《“物”在民法中的隐喻及其困境》,载《华东政法论坛》(第2卷),法律出版社2003年版。

26. 谢鸿飞:《现代民法中的“人”》,载杨柳、汪庆华执行主编:《北大法律评论》(第3卷第2辑),法律出版社2001年版。

27. 苏永钦:《无色无味的民法人》,载李富城主编:《北大法治之路论坛》,法律出版社2002年版。

28. 屈茂辉:《关于物权客体的两个基础性问题》,载《时代法学》2005年第2期。

29. 吴汉东:《财产权客体制度论》,载《法商研究》2000年第4期。

30. 马俊驹、梅夏英:《不动产制度与物权法的理论和立法构造》,载《中国法学》1999年第4期。

31. 邹海林:《抵押物的转让与抵押权的效力》,载《法学研究》1999年第4期。

32. 肖厚国:《动产善意取得制度研究》,载梁慧星主编:《民商法论丛》(第13卷),法律出版社2000年版。

33. 徐国栋:《诚实信用原则二题》,载《法学研究》2002年第4期。

34. 张家勇:《物权法区分原则的意义及其贯彻逻辑》,载《法商研究》2002年第5期。

35. 孙宪忠:《论法律物权和事实物权的区分》,载《法学研究》2001年第5期。

36. 张家勇:《物权法区分原则的意义及其贯彻逻辑》,载《法商研究》2002年第5期。

37. 肖厚国:《物权变动立法诸理论问题》,载《法商研究》2002年第5期。

38. 郑云瑞:《论西方物权法理念与我国物权法的制定》,载《上海财经大学学报》2006年第3期。

39. 陈永强:《论德国法上不动产物权善意取得制度》,载《比较法研究》2005年第3期。

40. 孙毅:《物权法公示与公信原则研究》,载梁慧星主编:《民商法论丛》(第7卷),法律出版社1997年版。

41. 谢鸿飞:《物权行为中的三重问题:概念体系与语词还原》,载《人大复印资料·民商法学》2003年第2期。

42. 孙宪忠:《物权变动的原因与结果的区分原则》,载《法学研究》1999年第5期。

43. 李锡鹤:《对债权不可侵性和债权物权化的思考》,载《华东政法学院学报》2003年第3期。

44. 方新军:《财产死亡了吗?》,载《华东政法学院学报》2004年第6期。

45. 余能斌、范中超:《所有权社会化的考察与反思》,载《法学》2002年第1期。

46. 马俊驹、江海波:《私人所有权自由与所有权社会化》,载《法学》2004年第5期。

47. [德]耶林:《为权利而斗争》,胡宝海译,载梁慧星主编:《民商法论丛》(第2卷),法律出版社1994年版。

48. [美]玛格丽特·简·拉丹:《财产权与人格》,沈国琴译,载公法评论网:http://www. gongfa. com,最后访问日期:2003年8月17日。

49. [法]奥诺雷(A. M. Honoré):《所有权》,金可可译,载公法评论网:http://www. gongfa. com/caichanquanaonuolei. htm,最后访问日期:2018年6月17日。

50. [德]K. 茨威格特、H. 克茨:《抽象物权契约理论——德意志法系的特征》,孙宪忠译,载《外国法译评》1995 年第 2 期。

51. [德]汉斯·哈腾鲍尔:《民法上的人》,孙宪忠译,载《环球法律评论》2001 年冬季号。

52. [美]肯尼斯·万德威尔德:《十九世纪的新财产:现代财产概念的发展》,王战强译,载《经济社会体制比较》1995 年第 1 期。

53. [德]弗里德里希·克瓦克等:《德国物权法的结构及其原则》,孙宪忠译,载《民商法论丛》1999 年第 12 期

54. [澳大利亚]瑞安:《财产法中的占有和所有权》,梁治平译,载中国人民大学法律系民法教研室编:《外国民法资料选编》,法律出版社 1983 年版。

55. 国际编辑委员会主编:《国际比较法百科全书·财产法在结构上的变化》,龙翼飞译,载中国人民大学法律系编:《外国民法论文集选》,法律出版社 1983 年版。

56. [阿根廷]Norberto Rinanldi:《奎里蒂法所有权(dominio ex iure quiritum)已经死亡》,徐涤宇译,载厦门大学法学院罗马法研究所网:http://www.romanlaw.cn/sub2 - 117.htm,最后访问日期:2018 年 8 月 17 日。

57. 王利明:《论物权的概念和特征》,载王利明:《民商法研究》(第 4 辑),法律出版社 1999 年版。

三、英文参考书目

1. Bryan A. Garner (editor), *Black's Law Dictionary* (7th edition), West Publishing Company, (1999).

2. Pavlos Eleftheriadis, "The Analysis of Property Rights", In *Oxford Journal of Legal Studies*, Vol. 16, No. 1, Oxford University Press, (1996).

3. P. Birks, "The Roman Concept of Dominium and the Idea of Absolute Ownership", (1986) *Acta Juridica* 1.

4. Jeremy Waldrom, *Theories of Rights*, Oxford University Press, (1984).

5. Wesley. Newcomb. Hohfeld, " Fundamental Legal Conceptions as Applied in Judicial Reasoning", *Yale Law* Journal. (1919).

6. Cook, "Hohfeld's Contributions to the Science of Law", *Yale Law Journal*, 28(1919), 721.

7. J. W. Harris, "Who Owns My Body", In *Oxford Journal of Legal Studies*, Vol. 16, No. 1, Oxford University Press, 1996.

8. Thomas C. Grey, *The Disintergration of Property*, J. Pennock & J. Chapman (eds.), Nomos No. 22, 1980.

9. Henry Hansmamm, Reinier Kraakman, "The End of History for Corporate Law", *Georgetown Law Journal*, Vol. 2 2001.

10. Charles A. Reich, "The New Property", *Yale Law Journal*, Vo. l. No. 73(1964).

后　记

本书是在我博士学位论文基础上修改删减所成，也是我2018年承担的河北省社会科学基金项目“小产权房问题及其民法规范研究”(项目编号：HB11FX028)研究成果。文稿整理之际，颇多遗憾，发现存在很多不足，看来只能以后弥补了，为自己留一扇打开另一个世界的窗口，相信这里许多富有激情和魅力的思想，会引领自己继续探索下去。

回望在中国社会科学院研究生院3年的学习和生活，师友的关心和支持给我以莫大的帮助，法学所诸位导师的关怀提携我将永远铭记在心。永远感谢我敬爱的导师王家福先生。从考取他的博士研究生，到面试中初次见面，老师慈父般的关怀一直伴随我成长。当我为博士学位论文选题左右为难的时候，老师通过几次长谈，帮我确定了选题方向并亲自拟定了题目，教导我怎样横向拓展思路。当我情绪低落之时，恩师更是适时予以开导鼓励，为了让我安心写作，甚至给我以经济上的帮助。如此种种，不能用任何简单的语言来回报。近来听说老师住院，愿吾师早日恢复健康。在法学所学习期间，我曾多次向梁慧星老师讨教,受益匪浅,其气度风采,令人折服。在论文写作及答辩评优等过程中,孙宪忠老师作为民法室负责人对我们无私指导。孙老师最令人敬服之处是他的严谨治学精神和正直的学术品格,这无疑潜移默化地影响到身为弟子的我们,读他的书令人拍案叫好,听他讲座甚至闲聊更是如沐春风,眼界大开,凡社科院走出来的研究生对此都深有体会。法学所的其他各位老师、谢鸿飞老师、薛宁兰老师、渠涛老师、张广兴老师、于敏老师、易继明老师、常鹏翱老师等,都曾给予过我各种帮助和指导,在此深深致谢。

还要感谢我读硕士期间的导师张俊浩先生。在我心目中,张老师永远是学术道路上的指路明灯,我永远以自己身为张老师的学生而自豪。诚心地祝愿吾师身体健康,心情愉快。具体到这篇文章,要特别感谢中国政法大学的姚新华老师。本书最初思路是在听姚老师主讲的物权法课中萌发的,姚老师虽然述而不作,但其思想渊博睿智,是那种能点燃和照亮他人的人。在攻读博士阶段,社科院原教授法哲学公共课的高全喜老师亦曾对我在学习康德法哲学等方面给予帮助,并亲自指导我完成了一篇关于方法论的读书报告,纳入本书成为第二章的重要部分,在此一并致谢。此外,我一直想对中国政法大学的费安玲老师说一声感谢,我在中国政法大学读硕士期间,费老师在学业上曾给我以很大帮助,安排我在院资料室做资料管理工作,在此期间我阅读了大量珍贵书籍资料,做了十几万字读书笔记,这为我几年后撰写博士学位论文准备了初步思路。师恩深厚,学海无涯,在今后的学术道路上,这些师友情意,永远是我最大的财富。我永远对你们满怀感恩之情,并以今后更加勤奋的努力,更执着的学术探索,为这个社会做出自己的一份贡献。

同时,不能忘记甘苦与共的同窗兄弟姐妹,同届的冯珏、罗瑶、刘文杰、钟书锋,上届的林新生、樊丽君,以及我们下届的袁震、张定军等师弟师妹们,3 年中我们一起问道名山,共同砥砺探讨,花家地小院里初春都不化的雪,法学所老楼里盛夏时节幽深沉静的走廊,那些读过的书,那些吵过的架,你们都还记得吗?多年不见的你们都还好吗?

本书出版过程一波三折,主要归功于河北工业大学文法学院领导的帮助。李子彪院长心系全院发展和每一位教师的科研之路,百般“威逼利诱”大家出成果,公心正气,堪为学者楷模。马立民副院长一直给予兄长般的关怀帮助,几次在我“懒癌”发作打退堂鼓之时予以鼓励、指点乃至严厉批评,还亲自帮我联系出版社,最终促成此事。在本书出版过程中,承蒙法律出版社财经分社沈社长以及刘晓萌编辑多方关照和指导,在此一并致谢。

上一次深夜一边整理修订书稿,一边听着新闻,时当嫦娥一号成功发射,星临万户,天相庄严,脑海中流连着法学体系之美,回想着数年以来物权立法及其施行的实践,思索数千年以来围绕土地财产权的波澜壮阔的人类历史,天地人事,感慨系之,七律一首作结:

厚德无私亦未偏,鱼鳞图册一条鞭。
天朝首重官山法,海上空闻永佃权。
画饼归心人革命,焚膏作茧梦均田。
蟾宫有土堪耕否?寄语嫦娥仔细看。

书稿付梓之际,我的恩师王家福先生尚在住院。近闻王老师名列党中央表彰的改革开放杰出贡献百人之一,被法制日报称为“中国法学界一面旗帜”,真乃实至名归。此书若有功德,愿皆能归于王老师。祝老人家早日恢复健康,多福多寿!

王玉花
2018 年 11 月 28 日

图书在版编目(CIP)数据

物权法律制度构造基础研究：以物权绝对性为核心 / 王玉花著. -- 北京：法律出版社,2018.12
ISBN 978-7-5197-0432-2

Ⅰ.①物… Ⅱ.①王… Ⅲ.①物权法-研究 Ⅳ.①D913.204

中国版本图书馆 CIP 数据核字(2016)第 306253 号

物权法律制度构造基础研究
——以物权绝对性为核心
WUQUAN FALÜ ZHIDU GOUZAO JICHU YANJIU
—YI WUQUAN JUEDUIXING WEI HEXIN

王玉花 著

策划编辑 沈小英
责任编辑 刘晓萌
装帧设计 李 瞻

出版 法律出版社
总发行 中国法律图书有限公司
经销 新华书店
印刷 固安华明印业有限公司
责任校对 郭艳萍
责任印制 吕亚莉

编辑统筹 财经法治出版分社
开本 A5
印张 14
字数 358 千
版本 2018 年 12 月第 1 版
印次 2018 年 12 月第 1 次印刷

法律出版社/北京市丰台区莲花池西里 7 号(100073)
网址/www.lawpress.com.cn
投稿邮箱/info@lawpress.com.cn
举报维权邮箱/jbwq@lawpress.com.cn
销售热线/010-83938336
咨询电话/010-63939796

中国法律图书有限公司/北京市丰台区莲花池西里 7 号(100073)
全国各地中法图分、子公司销售电话：
统一销售客服/400-660-6393
第一法律书店/010-83938334/8335 西安分公司/029-85330678 重庆分公司/023-67453036
上海分公司/021-62071639/1636 深圳分公司/0755-83072995

书号:ISBN 978-7-5197-0432-2 **定价**:69.00 元